新时代中青年学者文库

转型期
农户风险应对机制变迁及其与农业生产率的关系研究

——基于中国农户数据的实证

王 阳 / 著

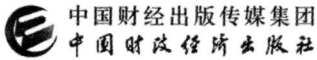

图书在版编目（CIP）数据

转型期农户风险应对机制变迁及其与农业生产率的关系研究：基于中国农户数据的实证 / 王阳著. --北京：中国财政经济出版社，2020.11

ISBN 978-7-5223-0049-8

Ⅰ.①转… Ⅱ.①王… Ⅲ.①农户－风险管理－关系－劳动生产率－研究－中国 Ⅳ.①F325.15

中国版本图书馆 CIP 数据核字（2020）第 175610 号

责任编辑：陆宗祥　　　　责任印制：史大鹏
封面设计：卜建辰　　　　责任校对：张　凡

中国财政经济出版社 出版

URL：http://www.cfeph.cn
E-mail：cfeph@cfeph.cn

（版权所有　翻印必究）

社址：北京市海淀区阜成路甲28号　邮政编码：100142
营销中心电话：010-88191522
天猫网店：中国财政经济出版社旗舰店
网址：https://zgczjjcbs.tmall.com
北京财经印刷厂印刷　各地新华书店经销
成品尺寸：170mm×240mm　16开　24印张　411 000字
2021年2月第1版　2021年2月北京第1次印刷
定价：88.00元
ISBN 978-7-5223-0049-8
（图书出现印装问题，本社负责调换，电话：010-88190548）
本社质量投诉电话：010-88190744
打击盗版举报热线：010-88191661　QQ：2242791300

序

怀着热切期盼的心情，我欣喜地获得并阅读了这一鸿篇大作。我的读后感是：此乃一部理论分析深透、实践方略精准、客观效果显著、研究方法优异、写作技巧高超的上乘之作。

本书作为国家社科基金课题的研究成果，聚焦农户风险应对机制及其与农业生产率的关系问题，也是我国当前具有重大现实意义的一个超大问题。在当前我国农业转型时期，农户的风险应对机制是农业风险应对机制的重点。农户的风险应对机制不仅关乎农户家庭经济的盛衰，而且对我国整体农业产出与效率具有极大影响。因此，这一课题的意义不容小觑。

在农户的事前风险规避和事后风险处置这两类风险应对方略中，作者把重点置于农户的事前风险规避上。这是十分明智的。因为农户的事后风险处置机制在今天的中国农村还受到诸多限制，事前风险应对机制的建立健全在当前具有重大的紧迫性。作者具体而详尽地从新技术采用、短期投入、长期投入、教育投入、资产积累五个方面分析和验证了农户事前风险应对软肋及其对农业生产效率的影响，从而有力地阐明了优化农户事前风险应对机制的意义。

作者基于转型期中国农村经济社会的特点，将中国农户风险应对机制看作是由家庭层面、村庄层面、市场层面、社会层面共四个维度构成的一个整体，并从理论上深入分析了各个层面风险应对机制的内涵、特点、效力、作用机理，从而形成了具有中国特色农户风险应对机制的理论体系。

作者把农户风险应对机制管理的终极目标，科学地认定为提高农业生产率；对于农业生产率，作者又科学地从土地产出率、劳动生产率、技术效率、全要素生产率共四个方面予以分析和综合；继后，作者又分别对四个层面的农户风险应对机制与四个方面的农业生产率之间的关系做出了科学的分析与验证。从而，科学地阐明了农户风险管理的重大意义，奠定了农户风险管理的理论基础。

作者对于如何建立健全农户风险应对机制，对于如何加强和优化农户多层次、综合性风险管理手段，提出了明确的、切合实际的政策建议，从而充分地展示了本著作的实践应用价值。

作者所作的各种阐述与概括，都是凭借对调查数据进行严谨的实证分析得出来的。作者巧妙地利用中国家庭金融调查（CHFS）的农户微观数据，对农户不同层面风险应对机制的有效性，对农户抗风险能力与土地产出率、劳动生产率、技术效率、全要素生产率的关系，对农户抗风险能力与新技术采用、短期投入、长期投入、教育投入、资产积累的关系等，都分别进行了具体的验证，具有充分的说服力。

总之，无论是从理论上说，还是从实用上讲，都应该确认这是一部优秀的著作。

郑景骥

西南财经大学

2020 - 12 - 06

前　　言

　　诺贝尔经济学奖得主舒尔茨曾说，"世界上大多数人是穷人，如果懂得了穷人的经济学，也就懂得了许多真正重要的经济原理。世界上大多数穷人以农业为生，如果我们懂得农业经济学，也就懂得穷人的经济学。"由于农业生产方式的特殊性，"原子化"的小农面临多重不确定性，风险因素是理解农民行为的一把钥匙。自古以来，中国农业生产条件就面临严峻的风险挑战。早在两千多年前的春秋战国时期，管仲就发现齐国农民的典型特征表现为"月不足而岁有余"。一旦遭遇灾荒年景，这种"不足"就更严重，影响也更致命。即使农民能够在一年内生产足够的粮食，但只有度过"不足"的月份，"岁有余"才能实现。对于那些未能跨越青黄不接月份的家庭，年产量上的丰收也就失去了意义。管仲对小农生产的观察，诠释了古人对农业风险的朴素理解，也体现了风险管理对小农生计的重要性。

　　发展中国家农民生计的公认特征是高度的不确定性。农村家庭大多处于"水深及颈"的状态。即使外部风险的微小波澜也会使他们陷于暂时的贫困状态，严重的风险冲击则可能对家庭造成毁灭性的打击。因此，能否有效应对风险对于小农而言是生死攸关的大事。在长期的生产生活实践中，农民创造出多种风险应对策略，彰显了穷人的生存智慧。如果以风险发生的时间为界限，农户应对风险的策略可以分为事前风险规避机制和事后风险应对机制两类，前者是指农户在风险发生之前就未雨绸缪，提前在农业生产经营中采取预防性措施规避风险；后者是指在风险发生以后，农户用于应对风险的各种方法。在事后风险处理机制有效的情况下，农户生产决策不会偏离利润最大化目标，从经济效率角度看是一种较为理想的风险处理方式。遗憾的是，事后风险应对机制在农村受到各种限制，农户普遍缺乏事后风险应对能力。此时，风险规避的农户大多遵循"安全第一"的生存原则，被迫选择事前机制规避风险，例如，谨慎地采用农业新品种和新技术、进行多元化种植养殖和减少生产投入等。尽管这些保守的生产方式能够在一定程度上规避风险，却是以牺牲农业生产率为代价。更糟糕的是，一旦事前风险应对机制失效，农户有可能被迫采取一些极端措施保障生计。比如，放弃子女受教育的机会、推迟疾病的治疗或出售生产性资产等，这将侵蚀农业生产率提高的长期基础，甚至使家庭落入"贫困陷阱"。因此，农户事后风险应对机制是否健全、有效，是影响农户微观农业生产率的重要因素，风险应对机制是理解家庭农业生产经营行为的重要途径。

中国始于20世纪70年代末的农村改革在极大释放生产力的同时，也加速了深植于传统计划经济体制下的农户风险应对机制的瓦解，农村家庭逐渐成为承担风险的主体。与此同时，作为转型中的发展中大国，中国农业正处于由传统农业向现代农业的过渡阶段，提高农业生产率对于中国农业产业安全和"粮食安全"具有至关重要的意义。自新中国成立以来，虽然中国农业生产率表现出色，但与发达国家相比，仍然有很大差距。随着中国经济跨越刘易斯拐点，资源禀赋状况发生了根本性的变化，农业的可持续发展已经无法单纯依靠要素投入的不断增加来实现，未来中国农业的发展越来越取决于农业生产效率的优化和提高。作为农业生产经营的基本单位，农村家庭的生产率是农业宏观生产率的基石，夯实中国农业生产率在于能否提高亿万农村家庭的微观农业生产率。在未来相当长时期内，小农户将是我国农业生产经营主体中的大多数。党的十九大报告提出，要"实现小农户和现代农业发展有机衔接"，体现了决策层对小农户发展的高度重视。但农户在与现代农业对接的过程中，却面临着风险应对能力不足和农业生产效率不高的双重障碍。

在此背景下，本书从风险管理视角研究转型期中国农户风险应对机制与农业生产率的关系，试图对下列问题给出清晰的答案：在经济转型期，农村家庭有哪些风险应对机制？农户不同风险应对机制有什么特征？相对重要性如何？农户偏好何种风险应对机制（组合）？制约农户采用不同风险应对机制的因素是什么？农户不同风险应对机制的效果如何？贫困农户与非贫困户的风险应对机制是否存在差异？农户风险应对能力是否会影响农户生产率，影响机制又是什么？对以上问题的回答，不仅具有重要的理论和现实意义，也蕴含深刻的政策含义。

本研究的理论意义在于：（1）立足转型期的"时代特征"，同时考虑"乡土社会"和"差序格局"等中国元素，把农户风险应对机制划分为家庭层面、村庄层面、市场层面和社会层面四个维度，从理论上构建了具有中国特色的农户风险应对机制分析框架，深化发展经济学对农民风险应对机制的研究，加深人们对转型期中国农户风险管理行为的理解。（2）从理论上深入全面分析农户风险应对机制与农业生产率间的关系。在实证研究上，检验农户风险应对能力能否以及在多大程度上影响农业生产率，并识别了可能的影响机制。理论与实证研究的结论有利于从风险管理视角拓展发展经济学对农户微观农业生产率问题的认识。

本研究的现实意义在于：（1）将农户不同层面的风险应对机制纳入一个统一的分析框架进行理论研究和实证分析，有助于从多维视角增强农户风险管理能力，提高农村家庭综合风险应对能力，帮助农户低成本、高效率地应对外部风险的冲击。（2）对贫富差距与农户风险应对机制关系的研究，有利于加深对贫困发生机制的理解，为精准扶贫提供新的抓手；有助于做好贫困的预防工作，降低贫困脆弱性，帮助贫困农户稳步脱贫，减少已脱贫农户"二次返贫"的风险。（3）对农户风险应对机制与多维农业生产率的研究，为从风险管理视角提高农户微观生产率的策略提供了经验证据，为政府夯实宏观农业生产率的策略提供了新的思路，有利于促进中国农业生产率的健康可持续增长。（4）对影响机制的研究，有助于优化农户生产经营决策，有效阻断农户风险应对机制对农业生产率产生的负面影响。（5）不仅提出了构建中国农户风险应对机制体系应当遵循的若干原则，还提出了建立健全农户四个层面风险应对机制的针对性措施和实施途径。

本书的基本研究思路是：首先，基于转型期中国农村经济社会的特点，将中国农户风险应对机制归纳为家庭、村庄、市场和社会层面四个维度构成的风险应对机制体系，从理论上分析不同层面风险应对机制的内涵、特点、局限性及其作用机理，提出具有中国特色的农户风险应对机制的理论分析框架。同时也对相关变量选取、数据收集、样本特点等问题进行探讨，并利用描述性统计方法初步发现一些规律，作为实证分析的基础铺垫。其次，利用中国家庭金融调查（CHFS）的农户微观数据进行实证分析。此部分是本书的重点和核心，共分为三大部分。第一部分，对农户不同层面风险应对机制的有效性进行实证分析，并建立多个维度的指标衡量农户风险应对能力；第二部分，构建多维农业生产效率指标，实证检验农户风险应对能力与土地产出率、劳动生产率、技术效率（TE）和全要素生产率（TFP）的关系；第三部分，进一步进行机制分析，识别农户风险应对能力能否通过五个可能的渠道（新技术采用、短期投入、长期投入、教育投入和资产积累）影响农业生产率。最后，阐述本书的主要结论，提出构建中国农户综合风险应对机制体系的对策和建议。

从结构上看，本书共包括9章的内容。

第1章 绪论

主要介绍本书的研究背景，说明本书研究的理论价值和实际意义，对关键概念进行界定，确定主要研究目标与研究内容，阐释研究的基本思路和采用的研究方法，详细介绍本书使用的中国家庭金融调查（CHFS）数据库，并对农村样本的分布情况进行说明，最后指出本书的创新之处。

第2章 国内外研究文献述评

对国内外已有相关研究成果进行系统综述，总结和提炼已有研究的发展脉络和代表性观点，发现当前研究存在的不足和有待商榷之处，并基于文献研究提出本书的边际贡献，为后文的理论分析与实证研究奠定文献资料基础。

第3章 风险冲击与农户风险应对策略

首先，全面总结农户风险冲击的来源和后果，采用2011年CHFS的农村样本数据，利用描述性统计方法检视中国农户实际面临的风险。其次，系统考察农户风险管理策略，基于农户理论构建相应的模型，从理论上分析农户风险应对机制的作用机理。最后，利用2015年CHFS的农户数据进行描述性统计分析，初步发现中国农村家庭风险应对机制的特征，为构建中国特色农户风险应对机制分析框架提供经验支撑。

第4章 中国农户风险应对机制及其有效性分析

首先，考虑儒家文化和"关系网络"等中国元素对根植其中的风险应对机制的影响，归纳总结中国农户风险应对机制的"中国特色"。其次，从多维视角把中国农户风险应对机制看做由家庭层面、村庄层面、市场层面和社会层面风险应对机制构成的整体，分别探讨不同层面风险应对机制的内涵、特点、功能和作用机理，提出具有中国特色的农户风险应对机制分析框架。最后，建立理论模型，考察农户不同层面风险应对机制受限对家庭风险应对能力的影响。

第5章 转型期农户风险应对机制与农业生产率的关系

首先，采用CHFS在2011年、2013年和2015年三轮调查的农村样本数据，对农户不同层面风险应对机制的时间变化和区域（东部、中部和西部）差异进行探索性的描述性统计分析。其次，从制度变迁视角构建理论模型分析转型期中国农户风险应对机制的效果。最后，将风险管理能力因素引入经典的农户生产函数模型，从理论上说明农户风险应对能力与农业生产率的关系。

第6章 中国农户风险应对机制有效性的实证分析

本章是本书实证分析的第一部分，利用CHFS具有的全国代表性的农户调查数据，检验农村家庭能否在遭遇收入风险后实现完全保险？识别农户不同层面风险应对机制的效果。基于农户综合风险应对机制模型的估计结果，建立多个维度的指标衡量农户事后风险应对能力，为第 7 章和第 8 章的研究奠定基础。

第 7 章 中国农户风险应对机制与农业生产率关系的实证分析

本章是本书实证分析的第二部分，也是第 6 章研究的继续和拓展。第 7 章采用 CHFS 的农户数据，在更为宽广的农业生产率指标体系下，分别实证检验农户风险应对能力与土地产出率、劳动生产率、技术效率（TE）和全要素生产率（TFP）的关系，并利用第 6 章构造的农户多维风险应对能力指标对进行稳健性检验。

第 8 章 农户风险应对能力影响农业生产率的机制识别

本章是本书实证分析的第三部分，亦是第 6 章和第 7 章研究的深入，考察农户风险应对能力影响农业生产率的机制。继续利用 CHFS 的农户调查数据，识别农户风险应对能力影响农业生产率的五个可能渠道（农业新技术采用、农业短期投入、农业长期投入、人力资本积累和家庭资产积累），深化对农户风险应对机制与农业生产率关系的理解。

第 9 章 研究结论与政策启示

首先，将理论和实证分析的结论归纳、综合在一起，对农户风险应对机制与农业生产率关系这一主题进行全面剖析，更加直观、深入地回答本书提出的问题。其次，阐述构建中国农户综合风险应对机制体系应当遵循的基本原则，并提出建立健全农户不同层面风险应对机制的政策建议。最后，说明本书存在的不足和下一步研究的方向，以此作为本书的结束语。

本书理论研究和实证分析主要得到以下结论：

（一）农户风险应对机制及其有效性的研究结论

第一，农户未能在遭遇风险冲击时获得完全保险，越是贫困的家庭，为了维持基本的生存，越是极力预防消费下降，农村贫困家庭表现出更大的脆弱性。第二，对家庭层面的风险应对机制来说，财富水平、储蓄存款和"家庭网"是提高农户风险应对能力的重要手段。第三，村庄社会资本在帮助农户应对风险冲击时具有举足轻重的作用。尽管农村经历了 40 多年的市场化过程，村庄网络内的风险统筹仍然具有非正式保险的功能。第四，农户无法利用正规信贷和保险市场缓冲风险，非正规的民间借贷是帮助农户应对风险冲击的主要途径。第五,政府补贴和农业补贴在帮助农户应对风险冲击上起到了关键作用,充当了农村社会的"安全阀"和"稳定器"。尽管"新农合"和"新农保"的覆盖率很高,但受保障水平低的限制,在提高农户风险应对能力上的作用不大。第六,贫富差距对风险应对机制有显著影响。"社会安全网"是贫困农户能够依靠的最后屏障,但非贫困户可以利用多种风险应对机制,表现出更强的抗风险能力。由此推论,"一刀切"的政策措施并不一定适合贫困农户,政策效果也会大打折扣。

(二) 农户风险应对能力与多维农业生产率关系的研究结论

第一,农户风险应对能力是影响土地产出率的重要因素,风险应对能力的增强能够稳健地促进土地产出率的提高。本书的研究为依靠提高土地单产来确保食物安全的农业政策提供了新的思路。第二,农户风险应对能力对劳动生产率具有稳健的正向作用。"三农"问题的核心是农民收入问题,增加农民收入的根本途径还是要依靠提高农民劳动生产率。这一发现从风险管理的视角,为促进农民增收的措施提供了新的抓手。第三,在现有技术水平和要素投入下,中国农户的技术效率还有很大的提升空间。农户风险应对能力对农业技术效率具有稳健的促进作用,这一发现蕴含的政策含义是,在促进农业技术效率发展的同时,不能忽视农户抗风险能力的提升。第四,农户风险应对能力是影响全要素生产率的重要因素。因此,在提高农户全要素生产率的政策工具箱中,增强农户风险应对能力是重要的选项。第五,综合农户风险应对能力与多维农业生产率关系的实证分析结果可以推断,如果农民政策是以提高农业生产率和促进农民增收为核心目标,那么增强农户的抗风险能力是解决农民问题的有效途径。

(三) 农户风险应对能力影响农业生产率的机制识别结果

第一,农户风险应对能力可以通过农业新技术采纳的渠道影响农业生产率,风险应对能力不足降低了农户使用农业新技术的意愿。政府应加大农业技术推广力度,加强对农民的技术培训。第二,农户风险应对能力可以通过短期投入的渠道影响农业生产率,风险应对能力不足会抑制农户在农业生产中的短期投入,相关政策应进一步加大农资补贴力度,巩固和增强农户发展农业生产的后劲。第三，农户风险应对能力的提升可以显著提高家庭购置农业机械的意愿和能力，进而影响农业生产率。应当进一步加大农机购置补贴，鼓励农机社会化服务体系发展，提升农业生产机械化水平，发挥农业机械投入对于提升农户生产率均有积极作用。第四，农户风险应对能力可以通过影响教育投资的渠道影响农业生产率。抗风险能力强的农户在人力资本投资上具有比较优势。政策要不断提升农民的受教育水平，鼓励有文化、有见识的年轻人成为新型职业农民。第五，农户风险应对能力能够影响家庭参与风险性金融资产市场的广度和深度，进而影响农业生产率。风险应对能力越强的农户进行资产积累的意愿和能力越高，也越有利于形成财富积累和风险应对能力的良性循环。

本书三个部分的实证研究结果发现，"农户风险应对机制—事后风险应对能力—事前风险应对机制—农业生产率（收入）"之间存在相互促进的动态关系。对于能够应用多种风险应对机制处理风险冲击的农户来说，以上关系会形成良性互动；反之亦反。由此推论，农户风险管理能力也是造成农村内部收入差距的重要因素，富裕农户与贫困农户在抗风险能力上的差距越大，农村内部收入差距就越有扩大的可能。

本书根据理论分析与实证研究的结果，提出了构建农户多层次综合性风险应对机制体系应当遵循的原则：第一，坚持全面综合的原则。既要发挥各个层面风险应对机制的优势，又要使农户不同层面的风险应对机制互相补充，最大限度地提高农户综合风险应对能力。第二，在农村正规风险应对机制还不完善的情况下，重视"家庭网"和社会资本等非正规风险应对机制的补充作用。第三，关注贫困农户与非贫困农户风险应对能力上的异质性，提高农户风险管理水平的措施要"因人施策"，警惕贫困与风险应对能力之间的恶性循环。第四，注意区域差异和制度变迁对农户风险应对机制的影响，动态地看待农户风险应对机制，既"因地制策"，也要"因时制策"。基于以上原则，分别提出了建立健全农户四个层面风险应对机制的针对性措施，构建具有中国特色的农户综合风险应对机制体系。在家庭层面，多措并举增加农民收入和物质资本存量，巩固"家庭网"的风险分担功能。在村庄层面，建设和谐乡村，培育与市场经济相适应的农民合作组织，有针对性地加强贫困农户的社会网络建设。在市场层面，规范非正式信贷市场的同时，积极推进农村正规信贷市场和农业保险市场的发展，实现小农户和现代农业发展有机衔接。在社会层面，要进一步完善农业补贴政策，在加大对农村社会保障投入力度的同时，不断拓宽社保资金的融资渠道，创新和改善服务水平，不断提高农户的的满意度，尤其要重视社会层面风险应对机制对贫困农户的特殊重要性。

总体上看，本书力图在以下四个方面取得突破：

第一，"因地制宜"和"与时俱进"地考察农户风险应对行为。中国农村具有不同于西方发达国家农村的特点，儒家文化、"关系"和民间借贷等中国元素决定了中国农户的风险应对机制的特殊性。此外，改革开放以来，农村经济社会的变迁必然使转型期的农户风险应对机制具有时代特征。本书既重视国情的差异，又考虑时代的变迁，力求客观、真实地研究中国农户风险应对机制。第二，已有研究主要考察农户某种特定风险应对机制的效果，缺乏对农户风险应对机制体系的综合性研究。本书将农户风险应对机制体系归纳家庭层面、村庄层面、市场层面和社会层面构成的整体，将其纳入一个统一的分析框架，可以从多维视角更全面地考察中国农户的风险管理行为。第三，本书从风险管理视角拓展对农户微观农业生产率的研究。一方面，已有研究大多从宏观视角出发，重点分析物质资本、人力资本、制度变迁和技术进步等因素对农业生产率的影响，鲜见从风险管理视角考察农户风险应对机制与农业生产率关系的文献；另一方面，已有研究大多关注某一维度农业生产率的影响因素，对策建议的指向单一。本书从风险管理视角视角，全方位地检视农户风险应对机制与多维农业生产率（劳动生产率、土地产出率、技术效率和全要素生产率）的关系。不仅可以得到一些新的结论；也为已有农业生产率与农户风险应对能力的理论假设提供经验证据。第四，受限于农户微观数据的获取，已有研究多局限在定性探讨农户风险应对机制是否存在或在多大程度上存在的问题，更缺乏对农户风险应对机制效果及其与农业生产经营效率关系的研究。本书利用中国家庭金融调查（CHFS）具有全国代表性的数据，拓展和弥补了这一领域研究的不足。第五，区别于片面强调农户某一（几）种风险应对机制作用的政策倾向，本书提出构建中国农户综合风险应对机制体系应当遵循的原则和实施路径。

目　　录

第1章　绪论 ………………………………………………………………… 1
　　1.1　研究背景与研究意义 ………………………………………………… 1
　　1.2　研究目标与研究内容 ………………………………………………… 14
　　1.3　研究思路与研究方法 ………………………………………………… 23
　　1.4　数据来源 ……………………………………………………………… 26
　　1.5　可能的创新 …………………………………………………………… 36

第2章　国内外研究文献述评 ……………………………………………… 39
　　2.1　农户风险决策行为的理论基础 ……………………………………… 39
　　2.2　农户风险应对策略的研究综述 ……………………………………… 56
　　2.3　农户风险应对机制失灵与农业生产关系的研究综述 ……………… 75
　　2.4　国内外研究述评 ……………………………………………………… 81

第3章　风险冲击与农户风险应对策略 …………………………………… 84
　　3.1　风险冲击的类别 ……………………………………………………… 84
　　3.2　农户风险处理策略的类型及其作用机理 …………………………… 93
　　3.3　中国农户的风险应对机制 …………………………………………… 106
　　3.4　本章小结 ……………………………………………………………… 108

第4章　中国农户风险应对机制及其有效性分析 ………………………… 110
　　4.1　中国农户风险应对机制的特殊性 …………………………………… 110
　　4.2　中国农户不同层面的风险应对机制 ………………………………… 118
　　4.3　中国农户不同层面风险应对机制的选择机理分析 ………………… 127
　　4.4　本章小结 ……………………………………………………………… 131

第5章　转型期农户风险应对机制与农业生产率的关系 ………………… 133
　　5.1　转型期中国农户风险应对机制的描述性统计 ……………………… 133

5.2 转型期农户风险应对机制的特征与有效性分析 ……………… 156

5.3 转型期农户风险应对能力与农业生产率关系的理论分析 …… 163

5.4 本章小结 …………………………………………………………… 171

第6章 中国农户风险应对机制有效性的实证分析 …………………… 173

6.1 数据、变量与估计方法 ………………………………………… 173

6.2 农户风险应对机制有效性的实证分析 ………………………… 184

6.3 农户风险应对能力的度量 ……………………………………… 204

6.4 本章小结 …………………………………………………………… 209

第7章 中国农户风险应对机制与农业生产率关系的实证分析 ……… 212

7.1 农户风险应对能力与土地生产率关系的实证分析 …………… 212

7.2 农户风险应对能力与劳动生产率关系的实证分析 …………… 230

7.3 农户风险应对能力与农业技术效率关系的实证分析 ………… 237

7.4 农户风险应对能力与农业全要素生产率关系的实证分析 …… 247

7.5 本章小结 …………………………………………………………… 258

第8章 农户风险应对能力影响农业生产率的机制识别 ……………… 261

8.1 影响机制分析 …………………………………………………… 261

8.2 数据、模型与估计方法 ………………………………………… 263

8.3 影响机制的识别结果 …………………………………………… 278

8.4 稳健性检验 ……………………………………………………… 289

8.5 本章小结 …………………………………………………………… 297

第9章 研究结论与政策启示 …………………………………………… 300

9.1 研究结论 ………………………………………………………… 300

9.2 政策启示 ………………………………………………………… 307

9.3 有待进一步研究的问题 ………………………………………… 321

参考文献 ……………………………………………………………………… 323

附录：主要变量的来源 …………………………………………………… 347

致谢 ………………………………………………………………………… 367

第 1 章 绪 论

1.1 研究背景与研究意义

1.1.1 研究背景

世界上大多数人都是穷人。如果懂得了穷人的经济学，我们也就懂得了许多真正重要的经济原理（Schultz T W，1980）。世界上大多数穷人以从事农业为生，而农民生计的公认特征是高度的不确定性，农户面临自然风险、市场风险、政策风险、技术风险、健康风险和就业风险等多重风险的威胁。这些风险因素对农户的生产生活产生多个方面的负面影响。中国始于20世纪80年代实行的农村改革，在赋予中国农民生产经营自主权的同时，也使其成为承担和处理风险的主体。作为农业生产经营的微观个体，中国农户的生产生活同样受到来自多方面、多种类及多形式风险因素的制约。风险的不利影响不仅直接关系到农业产出的大小，还会引起农户农业生产的项目种类、规模以及要素投入等的变动，进而影响农民收入的稳定和提高（西爱琴，2006）。

农业生产是社会生产与自然生产的交织过程，对自然环境具有高度的依赖性，频发的自然灾害对农民的生产生活构成了严重的威胁。中国是世界上自然灾害最为频繁的国家之一。旱灾、洪涝灾害、病虫灾害、冰冻灾害和台风等灾害对农业生产带来了极大的危害，已经成为农户收入波动的重要原因。图1-1-1是我国1978~2018年农作物受灾面积及其占耕地面积的变动情况，图1-1-2是我国1978~2018年农作物受灾面积及其占播种面积比重的变动情况。图1-1-1和图1-1-2显示，尽管我国农作物受灾面积占耕地面积的比重、农作物受灾面积占播种面积比重在1978~2018年总体上呈现下降的趋势，但农作物受灾面积的绝对数量却没有同时减少。2018年，我国农作物受灾面积 2 081 万公顷，其中绝收 259 万公顷。因洪涝和地质灾害造成直接经济损失共计 1 061 亿元，因旱灾造成直接经济损失 255 亿元，因低温冷冻和雪灾造成直接经济损失 434 亿元，因海洋灾害造成直接经济损失 48 亿元[①]。总体上看，我国农业生产仍然面临较大的自然风险，减灾防灾形势依然十分严峻。

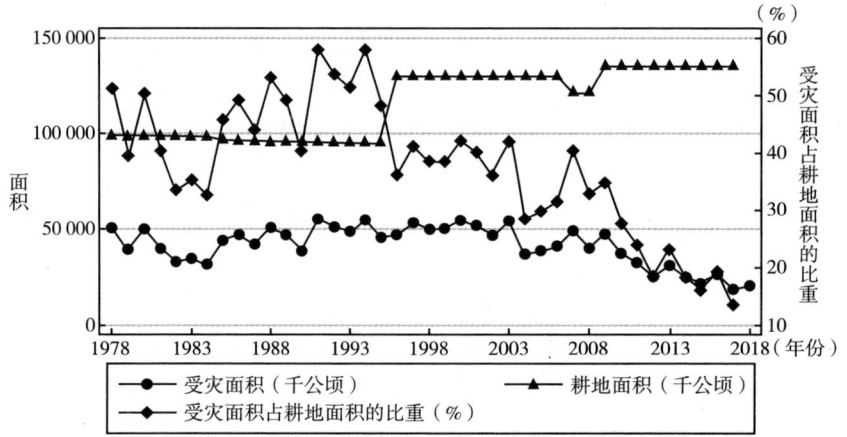

图 1-1-1　全国农作物受灾面积及占耕地面积比重的变动趋势

数据来源：中经网统计数据库。

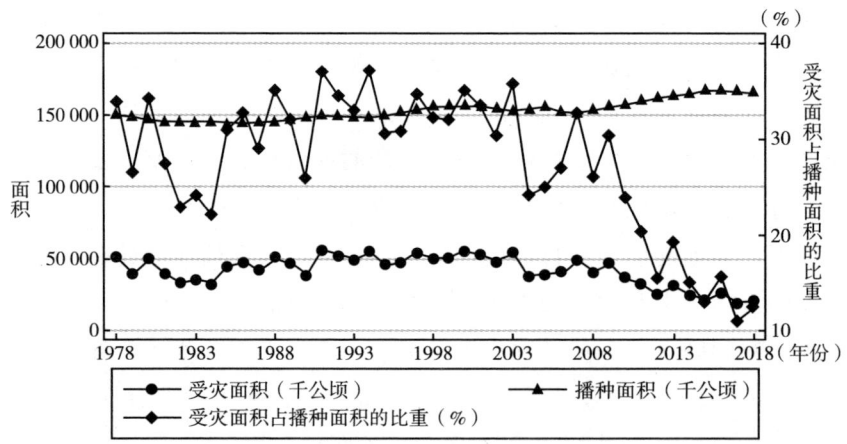

图 1-1-2　全国农作物受灾面积及占播种面积比重的变动趋势

数据来源：中经网统计数据库。

---

① 中华人民共和国 2018 年国民经济和社会发展统计公报 [J]. 中国统计，2019（03）：8-22.

除了自然风险外，农户还面临农产品价格和生产要素价格波动导致的市场风险。20世纪70年代末80年代初，中国农村开始实行以市场为导向的改革，市场机制在资源配置中日益发挥主导性作用。改革之前，农业生产经营面临的风险主要表现为自然风险。随着以放开农产品市场为主要内容的农业和农村改革进程的不断深入，尤其是以取消粮食定购为核心的粮食政策市场化改革，农业生产经营环境发生了根本性变化。与此同时，2001年中国加入世界贸易组织（WTO），农产品市场的开放程度日益提高，市场空间不断扩大，市场领域不断扩充，市场交易内容和方式不断丰富和更新。在国内市场化改革和贸易自由化的大背景下，产品和要素价格波动带来的市场风险逐渐取代自然风险，成为农业生产经营中最主要的风险因素。图1-1-3是1978~2018年我国农产品生产价格指数与商品零售价格指数的变动情况，图1-1-4是我国1978~2018年农产品生产资料指数与商品零售价格指数的变动情况。图1-1-3和图1-1-4显示，农产品价格指数和农业生产资料价格指数的波动幅度均高于商品价格指数的波动程度。这说明，在宏观市场波动中，作为第一产业的农业比第二产业和第三产业的工业与服务业受到更大的影响。农民作为农业生产经营的主体，在物价波动中处于比其他产业生产者更不利的地位。由于农产品收入是农户家庭收入的主要来源，要素投入是农村家庭的重要支出，这也意味着农户面临的市场风险高于从事非农产的经济主体，农村家庭的收入和消费波动也可能更剧烈。

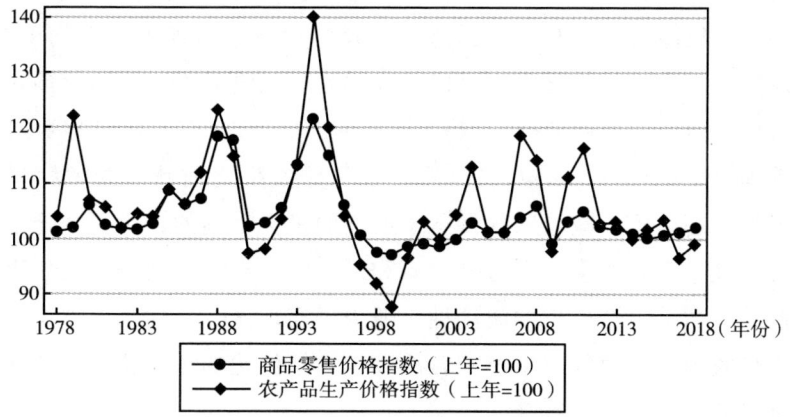

图1-1-3　农产品生产价格指数与商品零售价格指数的变动趋势

数据来源：中经网统计数据库。

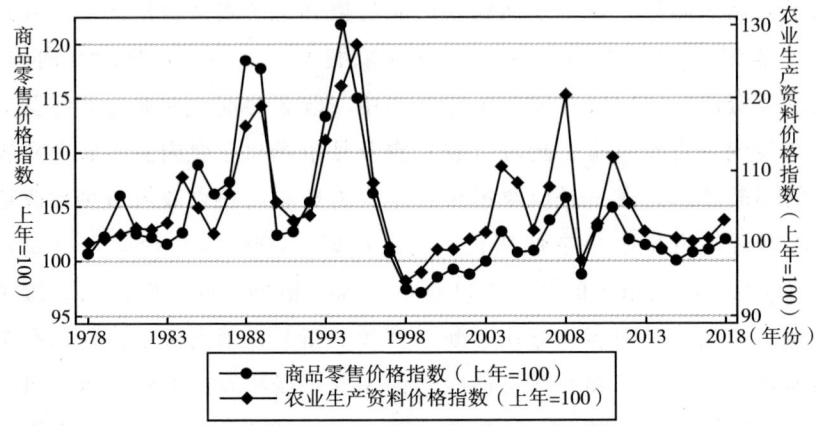

图 1-1-4　农产品生产资料指数与商品零售价格指数的变动趋势

数据来源：中经网统计数据库。

农户不仅要面临天气和市场价格的不确定性，还要应对政策风险、技术风险、健康风险和失业风险等多重风险的冲击，不同的风险经常相互交叉、相互作用，导致农村家庭面对的风险因素日趋多样化和复杂化。农户收入微薄，抗风险能力不强，外部风险很容易使家庭消费产生剧烈波动，威胁家庭的生计，严重的风险冲击可能直接使他们陷于贫困状态。对于贫困农户而言应对风险冲击尤其困难，他们大多处于"水深及颈"的脆弱性状态，外部风险的微小波澜都有可能给家庭带来毁灭性的打击（James Scott，2001）。但农户并非被动地承受风险所带来的福利损失和生存威胁，在长期的生产生活实践中，他们创造出各种应对风险的方法和手段，这些风险应对策略体现了穷人的生存智慧。如果以风险发生的时间为界限，可以把农户处理风险的方法分为事前风险规避机制和事后风险应对机制两大类（Fafchamps，1999）。事前风险规避机制又称为风险管理（risk management），是农户在风险发生之前就未雨绸缪，采取预防性的风险管理措施，减少家庭暴露于风险的机会。例如，为了降低潜在风险发生的可能性，在农业生产中选择谨慎和保守的生产方式规避风险。事前风险规避机制的目的是降低产出的波动性，但为了实现这一目的，农户不得不承受较低的平均收入，导致农户生产经营决策偏离最优化的生产路径，造成效率的损失（弗兰克·艾丽思，2006）。

事后风险应对机制又称为风险应对（risk coping），是在风险事件发生以后，农户采取措施来应对风险的负向影响。本书基于转型期中国农村经济社会的特点，把农户风险应对机制划分为由家庭层面、村庄层面、市场层面和社会层面四个维度①构成的风险应对机制网络（王阳、漆雁斌，2019；刘亚飞，2012；邵秀军等，2008）。由于农户事后风险处理机制不会带来经济效率的损失，是一种较为理想的风险处理方式（马小勇，2006）。在事后风险应对机制完善的情况下，农户可以有效利用家庭层面、村庄层面、市场层面和社会层面的风险应对机制处理风险，他们不会在农业生产经营过程中选择采取保守生产等方式提前规避风险，农业生产决策就不会偏离利润最大化的目标。因此，农户事后风险应对机制（家庭层面、村庄层面、市场层面和社会层面）是否健全、有效，是决定风险事件能否影响农户生产行为的重要因素（Eswaran and Kotwal，1990；Dercon，1996；王阳、漆雁斌，2010）。

遗憾的是，在广大农村地区，农户事后风险应对机制受到各种限制，导致家庭层面风险应对机制的作用十分有限，村庄层面的风险应对机制功能不足，市场层面的风险应对机制发展迟缓，社会层面的风险应对机制还很不健全。这些因素综合交织在一起，使农户的事后风险应对能力普遍不足，难以有效应对风险的负向冲击。处于"脆弱性"状态的农户，大多遵循"安全第一原则"，被迫在农业生产经营中提前采取措施来降低风险发生的概率，预防收入和消费的剧烈波动。例如，采用新品种和新技术时持有谨慎和保守的态度、在狭小的土地上进行多元化的种植养殖，减少农业生产投入。这些保守的生产行为在减少风险的同时，也造成了农业生产率的严重损失（马小勇，2006），阻碍了农民福利水平的提高和农村经济的发展。更糟糕的是，在遭遇严重风险冲击时，一旦事后风险应对能力不足，农户将被迫采取一些极端的风险应对措施。例如，出售生产性资产、放弃子女接受教育的机会等，这将抑制农户生产性资产的积累和人力资本素质的提高，也限制了农业生产规模的扩大（Borner et al.，2015）。综合起来看，农户事后风险应对能力的缺失和不足，不仅会损害农户短期生产能力，还会侵蚀农户长期生产率提高的基础，甚至使他们落入"贫困陷阱"。因此，从风险管理的视角看，农户事后风险应对机制是否有效，农户是否具备事后风险应对能力，将对农户生产经营决策造成重要影响，进而对农村家庭的微观农业生产率产生举足轻重的影响（王阳、漆雁斌，2010；李斌、王阳，2011；马小勇，2013）。

农户是农业生产经营的主体，农户层面的生产率不仅是夯实我国宏观农业生产率的根本保障，也是确保农户收入持续增长的基础。传统的增长理论认

---

① 对相关概念的详细介绍参见本章1.2.1节"关键概念界定"。

为，促进农业增长主要有两条途径：一是依靠农业投入要素的增加；二是依靠农业生产效率的提高。其中要素投入因素具有短期的水平效应，而生产率则具有长期的增长效应。改革开放以来，中国农业分别经历了解决食品问题的阶段和解决农民收入问题的阶段。新时期，不断提高农业生产率是我国跨越刘易斯转折点后保障粮食安全、实现农业健康发展的关键（蔡昉，2015）①。中国农业生产资源特别是耕地资源十分有限，传统农业生产要素（如化肥、农药等）投入的不断增加带来的环境污染问题日益严重，粗放式的农业增长方式难以为继。

图1-1-5是中国1992~2016年耕种用地占比、人均耕地面积的变化趋势。总体上看，1992~2016年期间，我国耕地占土地面积的比重呈现下降趋势，从1992年的13.09%下降到2014年最低的11.26%，虽然2015年和2016年有所提高，分别为12.68%和12.66%，但增幅并不明显。与此同时，我国人均耕地面积也表现出类似的变化趋势，从1992年的0.11公顷/人，下降到2014年最低值时的0.08公顷/人，2015年和2016年有所提高，但也仅为0.09

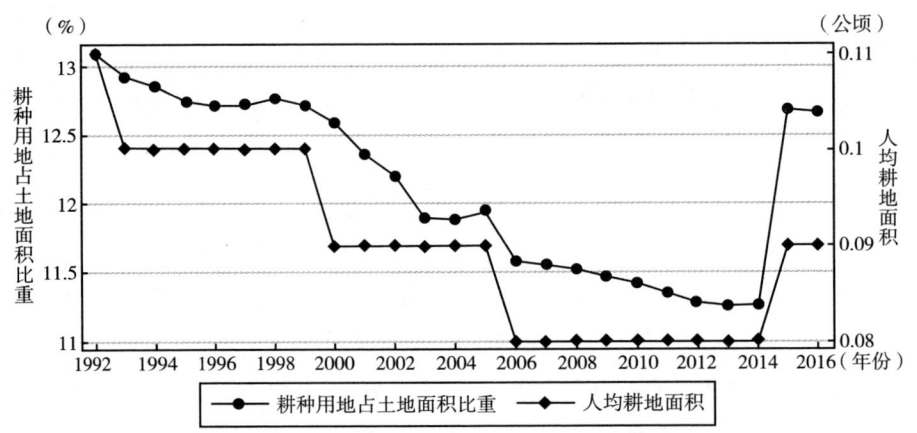

图1-1-5 中国耕种用地占比与人均耕地面积的变化趋势

数据来源：世界经济数据库②。

---

① http://theory.people.com.cn/n/2015/0813/c40531-27454075.html.
② 世界经济数据库汇集了来自WDI、IMF、OECD、WTO、联合国粮农组织、美国能源局等权威数据发布机构的第一手数据资源。覆盖经济总量占全球主导地位的主要国家和新兴经济体共22个国家和地区。内容包括国民经济核算、国际收支、对外贸易、人口就业、财政金融、能源环境、价格水平等专题。数据最早起始于1948年，频度跨越月、季、年度。既可以监测各国和地区重点经济指标，又可以从专题角度进行国家间经济比较。该数据库已近成为国内外学者分析和研究世界经济形势的便捷工具。网址：https://wdb.cei.cn/page/Show.aspx?m=4&ID=580cd750-ef10-4b66-bfac-433ced32dc13&Alias=ICompare.

公顷/人。图1-1-6是2016年中国耕种用地占比、人均耕地面积的国别比较。图1-1-6的上部是2016年不同国家耕种用地占土地面积的比重,世界平均占比为11.06%,我国为12.66%,虽然略高于世界平均水平,但远低于大多数发达国家。图1-1-6的下部是2016年不同国家人均耕地面积的国别比较情况,世界人均耕地面积为0.19公顷/人,我国为0.09公顷/人,远低于世界平均水平,相比于加拿大、俄罗斯和美国等国的差距更大。综合图1-1-5和图1-1-6不难发现,中国耕地资源不仅总量有限,而且人均耕地面积十分狭小。

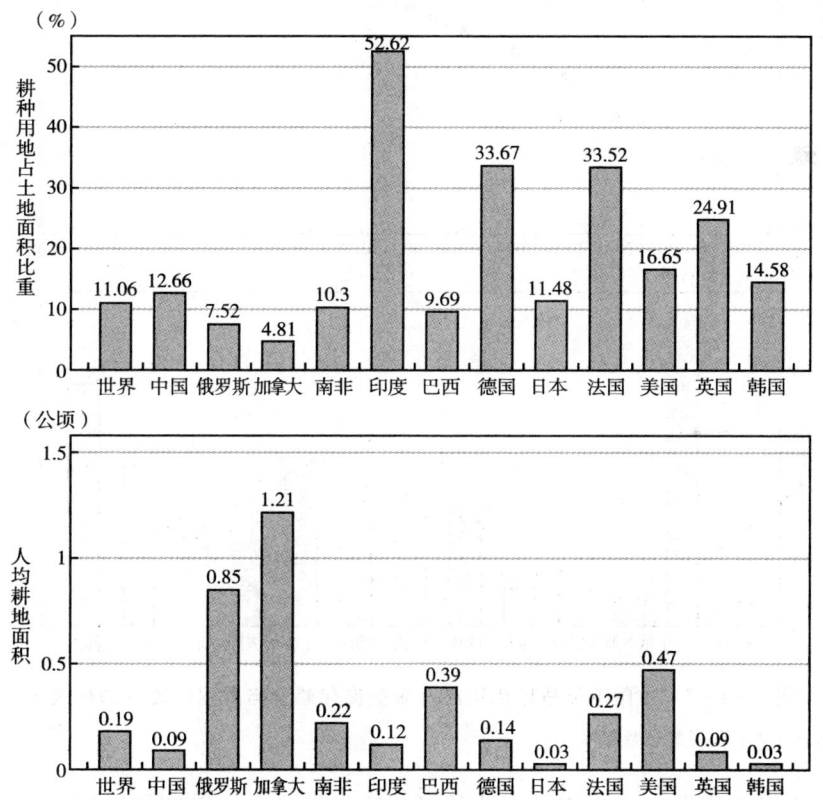

图1-1-6 耕种用地占比与人均耕种面积的国别比较(2016年)
数据来源:世界经济数据库。

图1-1-7是中国单位耕地化肥施用量的变化趋势与国别比较。图1-1-7的上部是我国2002~2016年单位耕地化肥施用量的变动情况。总体上看,在2002~2016年的15年间,我国单位耕地面积化肥施用量呈现上升趋势,上升幅度非常大,从2002年的377公斤/公顷增加到2014年最高的567公斤/公

顷。虽然 2015 年和 2016 年有所下降，分别为 506 公斤/公顷和 503 公斤/公顷，但仍处在较高的化肥施用量水平上。图 1-1-7 的下部分是 2016 年不同国家单位耕地化肥施用量的比较，2016 年世界平均化肥施用量为 140.55 公斤/公顷，我国为 503 公斤/公顷，大约是世界平均水平的 3.5 倍，不仅远远高于发达国家的水平，也高于发展中国家的水平。

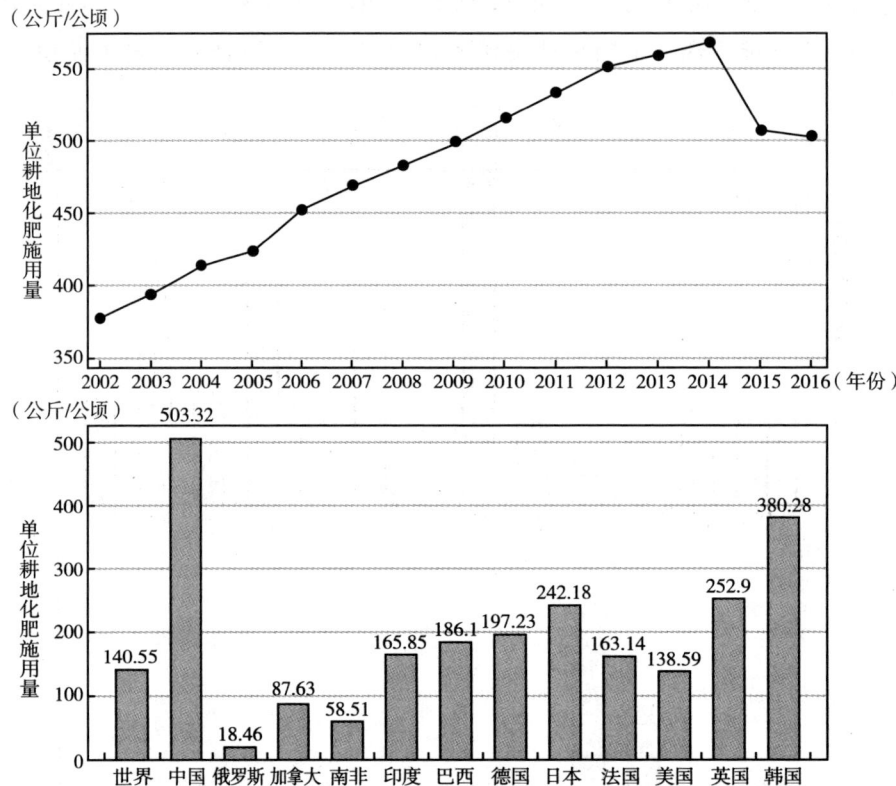

图 1-1-7　中国单位耕地化肥施用量的变化趋势与国别比较（2016 年）

数据来源：世界经济数据库。

以上分析表明，未来中国农业的可持续发展已无法单纯依靠农业生产要素投入的不断增加来实现（王阳，2016）。随着中国经济跨越刘易斯拐点，资源禀赋发生了根本性的变化，解决当前中国农业面临的主要矛盾，越来越侧重于农业生产效率的优化和提高（蔡昉、王美艳，2016）。尽管中国农村改革极大地释放了农村生产力，农业生产率不断提高，但与世界其他国家相比，尤其是与发达国家相比，仍然存在很大的差距。

图 1-1-8 是 1992~2016 年中国人均农业增加值的变化趋势和国别比较

情况，图 1-1-8 上部是 1992~2016 年 25 年间，我国人均农业增加值的变动趋势，在此期间我国人均农业增加值呈现出较快的增长，从 1992 年的 590 美元/人，增加到 2016 年的 1 529 美元/人，增长了两倍多。图 1-1-8 下部是 2015 年世界不同国家的人均农业增加值，2015 年我国人均农业增加值为 1 465 美元/人，仅高于印度的 1 156 美元/人，远低于世界平均水平的 2 211 美元/人，与其他发展中国家和发达国家相比，差距十分明显。

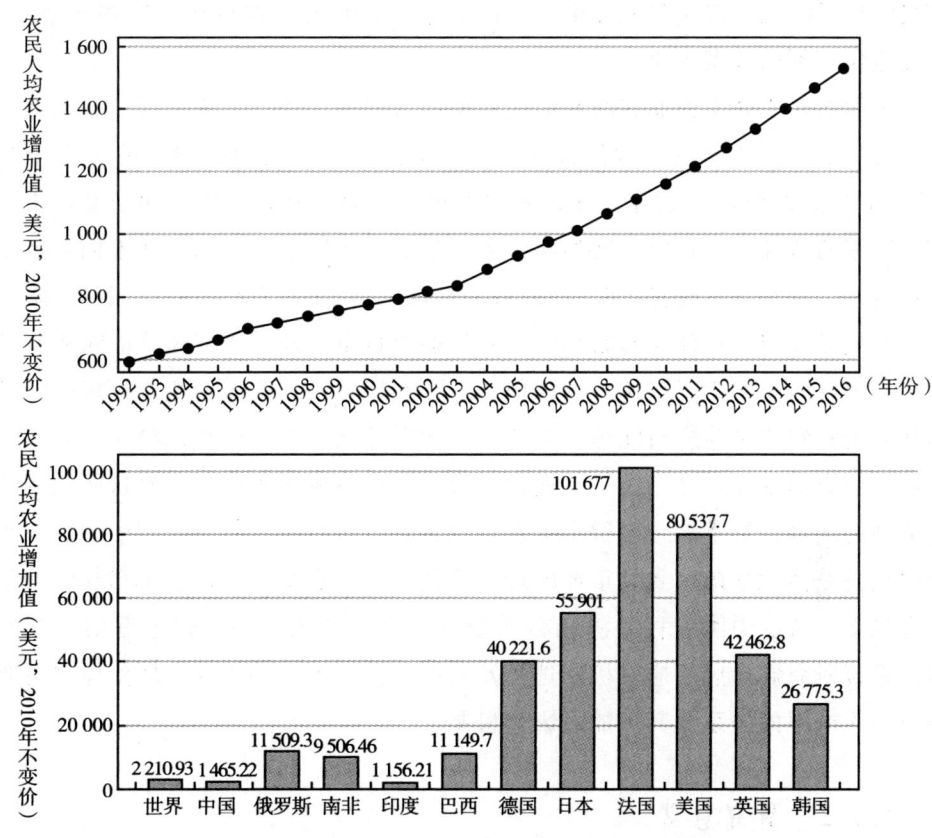

图 1-1-8　中国农民人均农业增加值的变化趋势与国别比较（2015 年）

数据来源：世界经济数据库。

党的十九大提出了乡村振兴战略，作为全面建设社会主义现代化国家的全局性、历史性任务。乡村振兴战略是新时代"三农"工作的总抓手，要解决好"三农"问题，实现乡村振兴，核心在于"产业振兴"。一方面，中国国情的特殊性决定了我国农业生产率稳步增长的重要性。另一方面发展高效农业、不断提高农业生产率是"产业振兴"重要保障，因此，不断提高中国农业生产率对解决新时代"三农"问题和实现乡村振兴战略具有全局性和决定性的意义。党的十九大报告还首次指出,要"实现小农户和现代农业发展有机衔接",体现了决策层对小农户发展的高度重视。但是,小农户和现代农业发展的对接却面临农户风险应对能力不足和农业生产效率低的障碍。农户是我国农业生产经营的基本单位和重要载体,中国农业生产率的提高必须建立在每个"原子化"农户微观农业生产率提高的基础上。在此背景下,从风险管理视角研究农户风险应对机制与农业生产率的关系不仅具有重要的理论和现实意义,而且蕴含深刻的政策含义。

中国农村正处于体制转轨和结构转型的过程中,农户风险应对机制也必将随之发生演变,从而具有时代特征。更重要的是,中国农村特有的"乡土特征"和"差序格局",决定了中国农户的风险应对机制必然有不同于发达市场经济国家的特殊性。在经济转型期的大背景下,中国农户如何选择不同的风险应对机制?制约农户选择风险应对机制的因素是什么?农户不同层面的风险应对机制效果如何?在体制转轨和经济转型的背景下,农户不同风险应对机制的相对重要性是否发生了变化?农户能否综合利用各种风险应对机制处理风险的不利冲击?农户风险应对能力与农业生产率有什么关系?农户风险应对能力不足是否会影响农业生产率,又是通过何种渠道影响农业生产率?对这些问题给出清晰的回答,对于深入理解中国农户的风险应对行为,对于夯实中国农业生产率提高的微观基础,具有重要的理论价值和现实意义。因此,本书在转型期的背景下,考虑中国农村经济社会的独有特征,利用中国农村家庭的微观数据,系统研究农户风险应对机制选择及其有效性,深入剖析农户风险应对机制与农户生产率的关系及其可能的影响机制。

1.1.2 研究意义

1. 理论意义

(1) 构建有中国特色的农户风险应对机制理论分析框架。发展中国家农民生计的公认特征是高度的不确定性。不确定性对于分析农民行为,对于展望农民未来发展有着重要的意义。农户收入微薄,外部风险冲击很容易使他们陷入贫困状态,贫困又进一步使不确定性事件的后果经常把农户置于生存和饿殍之间。面对风险带来的福利损失和生存威胁,农民在长期的实践中创造出各种应对风险的策略，这些风险应对策略体现了穷人的生存智慧。

从20世纪80年代起，国内外学者对发展中国家农户的风险应对机制进行了大量的理论分析和经验研究，农户在不确定条件下的风险管理行为已经成为发展经济学的重要研究领域。当前，中国正处在体制转轨和结构转型的进程中，中国农村特有的"乡土社会"和"差序格局"，使中国农户风险应对机制具有鲜明的"中国特色"和"时代特征"。例如，"关系"是农村社会架构的核心模式，"关系"影响着农村生产生活的方方面面，基于"家庭网络"和"村庄网络"等非正规的风险应对机制在帮助农户处理风险冲击时具有重要作用。此外，随着农村经济社会的变迁，农户风险应对机制嵌入的环境正在发生变化，农户使用各类风险应对机制的约束条件也必将随之演变。这些"本土元素"决定了中国农户的风险应对机制必然有其特殊性。但纵观已有文献，少有立足转型期中国农村经济社会特点深入研究中国农户风险应对机制的文献，而从风险管理视角检视农户风险应对机制与农业生产率关系的文献更是鲜见。

国情的不同需要因地制宜，时代的变迁要求与时俱进。本书立足转型期中国农村经济社会特点，把农户风险应对机制划分为家庭、村庄、市场和社会四个层面，构建具有中国特色的农户风险应对机制理论分析框架，并在此框架内考察农户不同层面风险应对机制的特点和局限性，实证检验农户不同维度风险应对机制的有效性，衡量农户综合风险应对能力的水平。因此，本书的研究有助于深化发展经济学对中国农户风险应对机制的研究，加深人们对转型期中国农户风险管理行为的理解，丰富该领域的研究文献。

（2）从风险管理视角拓展发展经济学对农户微观农业生产率的研究。农户是农业生产经营的主体，农户微观农业生产率的提高夯实了中国宏观农业生产率的基础。但在现代农业生产环境中，农户提高农业生产率的努力面临着风险应对能力不足的挑战。风险对于发展中国家农户的生产决策至关重要，理性的农户不仅要考虑产出的数量，还必须重视产出的波动性，在产出的"均值-方差"①约束下最大化家庭的福利。因此，脱离不确定因素，单纯地从利润最大化的视角理解农民的生产决策行为是非常片面的，农民的很多理性行为将被"落后""愚昧"和"无知"等错误解释所掩盖。

---

① 此处借鉴了金融经济学中"均值-方差"的术语。详见：徐高. 金融经济学二十五讲 [M]. 北京：中国人民出版社，2018.

农户收入水平普遍较低，外部风险冲击很容易使他们陷于暂时的贫困状态，而严重的风险冲击有可能威胁到他们的长期生产能力（出售生产性资产、放弃子女接受教育的机会等）。"原子化"的小农是风险承担的主体，由于事后风险应对机制受到各种限制，农户的事后风险应对能力普遍不足，难以有效应对风险的负向冲击。风险规避的农户大多遵循"安全第一原则"，被迫在农业生产经营中采取保守的生产行为，提前降低风险发生的概率。但这些事前措施在规避风险的同时，也造成了农业生产率的损失，抑制了家庭收入的增长。更糟糕的是，严重的风险冲击可能，侵蚀家庭农业生产率增长的基础，导致农户落入"贫困陷阱"。因此，农户风险应对机制是否健全、有效，将对农户生产率产生重要的影响。本书从风险管理视角，对农户风险应对机制与农业生产效率的关系进行理论分析，实证检验风险应对能力能否以及在多大程度上影响农户生产率，并识别可能的影响机制。因此，本研究有利于拓展发展经济学对微观农户生产率决定因素的研究，深化我们对农户风险应对能力影响农户生产率机理的理解，进而为提高农户农业生产率的政策提供新的经验证据，丰富该领域的研究文献。

2. 现实意义

（1）有利于从多维视角增强农户风险管理能力。我国农村改革已走过40多年的光辉历程，农业生产经营环境已发生了重大变化，农业风险亦已日趋多样化和复杂化。如何在风险环境下增强我国农户的抗风险能力是学界和政策制定部门亟待解决的问题。虽然国内外学者对此进行了一些探讨，但已有研究主要考察在某种特定风险冲击下，农户特定风险应对机制的效果，而缺乏对农户风险分担网络的综合性研究。本书将农户风险应对机制归纳为四个不同层面（家庭层面、社区层面、市场层面和社会层面），把农户不同层面的风险应对机制纳入同一个分析框架，研究结论有助于农户发挥不同维度风险应对机制的比较优势，提高家庭的综合风险应对能力，低成本、高效率地应对外部风险的冲击，帮助农户生产率和家庭收入的稳步提高。

（2）有助于提高农民收入，降低农户返贫风险。风险和脆弱性是个体陷入贫困、返贫的主要原因。贫困不仅表现为当下清贫的生活状态，还表现为在未来面对风险冲击时的应对能力以及陷入贫困的可能性。一般说来，越是贫困的人群，抵御风险冲击的能力越弱，越容易陷入贫困的恶性循环。从长远来看，这不仅不利于构建脱贫的长效机制，也使得当前扶贫的努力"付诸东流"。风险冲击威胁着农户尤其是贫困农户的生存与发展。提高农户风险应对能力，降低其脆弱性，实现脱贫的可持续和防止返贫，是当前精准扶贫工作的重要内容。同时，农户风险管理能力的提高也是乡村振兴战略总要求中"治理有效"的主要表现（吴本健等，2019）。对于贫困农户来说，提高应对风险冲击的能力对于农户跳出贫困陷阱至关重要。本研究有助于贫困农户低成本、高效率地应对外部风险的冲击，帮助农户稳步提高农业生产率和家庭收入，避免农户落入"贫困陷阱"，确保"水深及颈"的农户稳定脱贫。此外，通过增强农户风险管理能力，可以避免已脱贫农户"二次返贫"，巩固已有脱贫成果。

（3）从风险管理视角夯实中国农业生产率增长的微观基础。作为处于转型中的发展中大国，中国农业仍处于由传统农业向现代农业的过渡阶段（李谷成等，2010）。在转型时期，农业生产效率对于中国农业产业安全具有压舱石的作用（钱龙、洪名勇，2016）。当前中国农业面临的主要矛盾，越来越在于农业生产率的优化和提高，我国农业已经进入解决农业生产方式问题的新阶段（蔡昉、王美艳，2016）。提高农业全要素生产率是我国跨越刘易斯转折点后保障粮食安全、实现农业健康发展的关键（蔡昉，2015）[1]。农户微观生产率是宏观农业生产率的基石，中国农业生产率的改善必须建立在农户生产率提高的基础上。本书从农户风险管理视角，研究农户风险应对机制与农业生产率之间的关系，利用中国家庭金融调查（CHFS）具有全国代表性的农户微观数据，不仅实证检验农户风险应对能力是否，以及在多大程度上影响农户生产率，还进一步识别了可能的影响机制。这有助于从风险管理视角优化农户的生产经营决策，阻断风险冲击对农户生产率的短期影响和长期侵蚀，为提高农户微观生产率的政策提供新的思路和工作抓手，对于保障我国农业生产率的稳定提升也具有重要的现实意义。

（4）提出构建农户综合风险应对机制体系的对策建议。农户在生产生活实践中拥有一整套风险应对策略，并通过比较不同风险应对机制的成本，选择依赖何种措施应对风险冲击。因此，旨在提高农户风险应对水平的政策必须要有一个综合的视野。但是，国内已有研究主要集中在对农户市场层面风险应对机制和社会层面风险应对机制的研究上，对在农户风险分担能力具有重要作用的家庭层面和村庄层面风险机制研究很少。不同于当前片面强调市场层面风险

---

[1] http://theory.people.com.cn/n/2015/0813/c40531-27454075.html.

应对机制和社会层面风险应对机制的倾向，本书借鉴发展经济学的最新研究成果，将农户家庭层面、村庄层面、市场层面和社会层面的风险应对机制纳入一个统一的分析框架，基于理论和实证研究的结果，立足于农户生产率和家庭收入增长的目标，提出了构建中国农户综合风险应对机制体系应当遵循的原则，并分别针对完善农户家庭层面、村庄层面、市场层面和社会层面风险应对机制的目标提出了针对性的政策措施，以构建具有中国特色的农户风险应对机制体系。

1.2 研究目标与研究内容

1.2.1 关键概念界定

1. 农户

农村家庭与城镇居民家庭最本质的区别在于，农村居民家庭（以下简称"农户"）是生产和消费合一的独立决策单位。已有研究根据研究目标和研究内容的差异对农户的界定存在差异，常见的有四种定义方法：一是基于户主的户籍情况。如果户主是农业户籍则界定为农户，如果户主是城镇户籍则界定为城镇家庭。二是根据家庭是否拥有耕地（包括转入的耕地）进行界定。如果有承包地则定义为农户，否则为非农户。三是利用居住地进行判断。居住在农村地区为农户，否则为非农户。四是依据家庭成员是否从事农业生产进行划分。从事农业生产则定义为农户，否则为非农户。

本书研究的主要目的主要有三个，一是从理论上说明农户风险应对机制是否有效？以及农户风险应对能力与农业生产的关系。二是从实证上检验农户风险应对能力是否，以及在多大程度上影响农业生产率。三是识别农户风险应对机制影响农业生产率的可能渠道。因此，农户作为本书的研究对象，主要是指居住在农村地区并且从事农业生产活动，收入全部或者部分来自农业的家庭。根据对农户概念的界定，在实证研究部分利用中国家庭金融调查（CHFS）提供的信息，可以准确识别研究对象，保证研究结论的准确性。

2. 农户风险应对策略

农村家庭既是消费单位，又是生产单位，同时承担着生活风险和生产经营风险。农户风险应对策略是指农村家庭赖以降低收入波动所带来的不利后果的各种策略。按照不同的划分方式，农户风险应对策略包括多种形式（马小勇，2009；陈传波，丁士军，2005），如果以风险发生的时间点为界，农户应对风险的策略可以分为事前风险防范机制和事后风险应对机制两类（Fafchamps，1999）。事后风险应对机制又可以进一步细分为事后横向风险应对机制和事后纵向风险应对机制两种，其中，事后横向风险应对机制又被称为"风险分担"或"社会网络内的风险统筹"，事后纵向风险分担机制又被称为"跨时期消费平滑机制"（图1-2-1）。本书主要考察农户事后风险应对机制，后文所指的风险应对机制如不加特殊说明，都是指农户事后的风险应对机制。

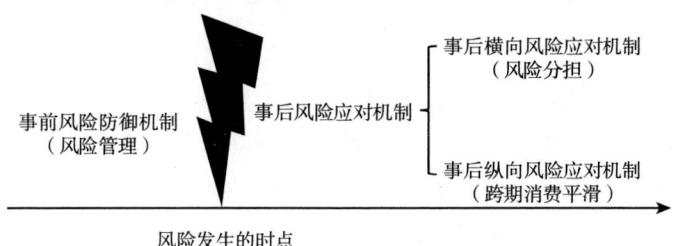

图1-2-1　农户风险应对策略的分类

3. 农户不同层面的风险应对机制

本书立足转型期中国农村经济社会的特点，把中国农户事后风险应对机制分为家庭层面、村庄层面、市场层面和社会层面，这四个层面共同构成了风险应对机制网络。

（1）家庭层面的风险应对机制。家庭层面的风险应对机制是指农户利用家庭自身的力量应对风险冲击。例如，在风险事件发生以后，通过资产储备、储蓄存款和"家庭网络"间的支持来抵御风险。家庭的财富水平越高，储蓄存款的数量越大，"家庭网络"的规模和质量越高，表明农户利用家庭层面的风险应对机制处理风险冲击的能力越强。由于家庭层面的风险应对机制完全由农户自主决策，不涉及个体理性与集体理性之间的矛盾，是一种便于实施和操作的风险应对机制。

（2）村庄层面的风险应对机制。村庄层面的风险应对机制是指农户利用农村社会中既有的、以亲缘和地缘为基础的社会网络来实现风险分担，这种机制能够较好地解决信息不对称和实施问题，是一种低成本的风险分担方式。我国农村"乡土社会"特征明显,在农村经济发展水平还不高的现阶段,村庄层面的风险机制对于帮助农村家庭降低风险冲击的不利影响具有重要意义。但随着中国市场化进程的加快,村庄层面的风险应对机制也存在明显的局限性。

(3)市场层面的风险应对机制。市场层面的风险应对机制是指农户利用正规或非正规的市场化手段来应对风险冲击的一种机制。农户对保险和信贷市场的可接近性、是否能获得关于这些市场的知识与信息,公共政策和制度安排对这些市场以及相应的合约安排实施是促进还是阻碍,这些因素决定了农户市场层面风险应对机制的效果。

(4)社会层面的风险应对机制。社会层面的风险应对机制是指依靠社会组织和国家财政力量,对从事农业生产的农户给予一定的补贴,对收入低于一定标准的农户,以及遭遇灾害和其他风险的家庭给予援助,帮助这些家庭应对和缓解风险冲击的机制。社会层面的风险机制是农村家庭,尤其是贫困家庭的最后一道"安全屏障",也是农村社会重要的"减压阀"和"稳定器"。但高水平和广覆盖的社会保障水平必然受到国民经济经济发展水平以及由此决定的财政力量的制约,因此,农户社会层面的风险应对机制作用有限。

4. 农业生产率

农业生产效率是一个多维度的综合性概念,不仅包括土地生产率和劳动生产率等单要素生产率,还应当包括反映技术利用状况的技术效率(TE)和衡量综合农业生产状况的全要素生产率(李谷成等,2010),不同的农业生产率指标蕴含着不同的政策含义。本书分别从劳动生产率、土地产出率、技术效率(TE)和全要素生产率(TFP)的角度衡量农户微观农业生产率,检视农户风险应对机制与多维农业生产率间的关系。

(1)土地生产率。借鉴(李谷成等,2010;钱龙、洪名勇,2016)的研究,用土地"单产价值"衡量农户的土地产出率,定义土地产出率等于农户的农业总产值与土地投入的比值。

$$Efficiency_i^{land} = \frac{农业总产值}{土地投入}$$

其中,农业总产值用农户生产的农产品总产值表示,主要包括粮食作物产值、经济作物产值、林业产值、畜牧业产值和渔业产值。由于不同农户的农产品在品种和质量上存在差异,将不同种类的农产品产量进行简单加总来衡量产出的方法无法体现产品质量上的差别，更无法直接进行比较。但是，用农产品总产值来衡量农业产出水平就可以解决比较问题，而且农业产值同时考虑了产量和市场价格的因素，而市场价格体现了农产品的质量信息。因此，用产值度量农业产出比用产量指标更加科学（Cai, et al., 2016），这也是大多数有关农业生产率的文献普遍采取的处理方式。

（2）劳动生产率。借鉴已有研究，本书用单位劳动力的农业总产值衡量劳动生产率，定义劳动生产率等于农业产值与家庭农业劳动力数量的比值。

$$Efficiency_i^{labor} = \frac{农业总产值}{农业劳动力数量}$$

（3）农业生产技术效率。农业生产技术效率（TE）用实际产出与对应于前沿面上可能的最大产出之间的距离来衡量，生产前沿面是评判生产单位效率优劣的基准，落在前沿面上的单位被称为"最佳生产者"。实际产出与前沿面的距离越小，表明技术效率越高。技术效率反映了既定技术条件和要素投入下，生产单位对前沿面的不断远离和逐渐逼近上。主要受生产单位使用现有资源能力的影响，体现了生产潜力的发挥程度，是短期生产率变动的主要因素。一旦生产单位落在生产前沿面的"内部"，则表面生产在技术上存在非效率（李谷成、冯中朝，2010；王阳，2017；王阳，2016）。

（4）农业全要素生产率。单要素生产率只能反映土地（或劳动）的变化对农业产出的影响，技术效率也只是从产出前沿面为参照对生产率进行的度量（金福良等，2013）。由于农业生产过程需要同时投入多种生产要素，而且各种要素之间存在相互替代关系，当外部要素市场价格变化时农户会做出积极、主动的响应，根据自己的禀赋特点和市场价格做出调整。这就需要一个能全面反映要素综合使用情况的指标来度量生产率，全要素生产率（TFP）是农业经济学中常用的衡量农户生产过程效率的指标（李谷成等，2010），常用总产出与加权要素投入的比率来度量农户生产过程的综合效率。

本书根据经典的柯布－道格拉斯（C－D）生产函数估计农户的农业全要素生产率。

1.2.2 研究目标

本书的研究源于中国农户风险管理与农业生产率面临的现实问题，试图从理论和实证两个方面深入剖析转型期中国农户风险应对机制与农业生产率的关系，并识别可能的作用机制。基于理论和实证分析的结果，提出构建具有中国特色的农户风险应对机制体系的政策建议。因此，本书有理论研究、实证研究与政策建议三重目标。

1. 理论研究部分的目标

（1）构建中国特色的农户风险应对机制分析框架。全面、系统的梳理国内外相关研究成果，结合中国农村实际，基于多维视角提出农户风险应对机制的整合分析框架。基于以上理论分析框架，立足转型期中国国情和我国农村经济社会的特点，把中国农户各种风险应对机制纳入由四个层面（家庭层面、社区层面、社会层面和市场层面）构成的风险分担网络，把农户风险分担网络看做是由家庭、村庄、市场和社会层面构成的整体。

（2）构建农户风险应对机制有效性的理论分析框架。从理论上构建农户风险分担网络及其有效性的分析框架，并基于此框架考察中国农户的风险分担行为。基于农户理论，从转型期农户风险应对机制的变迁视角，利用比较静态的方法考查农户不同层面风险应对机制受限对农户风险分担能力的影响，并给出动态考察农户风险分担网络有效性的分析框架。

（3）构建农户风险应对机制与农业生产率关系的理论分析框架。利用具有全国代表性的农户微观数据，分别对农户家庭层面、村庄层面、市场层面与社会层面风险应对机制变量进行描述性统计分析，初步发现农户风险应对机制的特点和演变趋势。在此基础上，利用两期农户模型构建经济转型期农户风险应对机制与农业生产率关系的理论模型，阐明农户风险应对机制与农业生产率的兼容性。

2. 实证研究部分的目标

（1）实证检验农户风险应对机制的效果。本书在实证分析的第一部分（第 6 章），基于中国家庭金融调查（CHFS）提供的农户微观数据，借鉴经典风险分担模型，实证检验中国农户能否实现完全风险分担，并在经典风险分担模型的基础上纳入农户不同层面风险应对机制变量，构建扩展的农户风险分担模型，实证检验农户不同层面风险应对机制的效果，以此更加清晰地说明各种风险缓冲机制的实际作用，以加深我们对中国农户风险分担行为的理解。基于实证分析的结果，估计农户风险分担网络的总效果，作为对农户综合风险分担能力的预测,并分别从全国、省级、县级和村级四个范围对农户风险分担能力进行分层,建立农户相对风险分担能力变量,为后续实证分析奠定基础。

(2) 实证检验农户风险应对能力与农户生产率的关系。本书实证分析的第二部分(第7章),从多维生产率视角实证检验农户风险应对能力与多维农业生产率间的关系,通过将第一部分实证分析构建的农户风险应对能力变量纳入农户生产率影响因素模型,实证检验农户风险分担能力对不同农业生产率指标的影响。首先,实证检验农户风险分担能力与单要素生产率的关系,分别考察农户风险应对能力对土地生产率和劳动生产率的影响。其次,利用随机前沿(SFA)方法检验风险分担能力变量与技术效率的关系,把风险分担能力变量引入技术效率损失函数,采用"一步法"估计风险应对能力变量对技术效率的影响。最后,利用"两步法"检验农户风险分担能力是否会影响农业全要素生产率,即先根据CD生产函数估计农户全要素生产率,再识别农户风险分担能力与全要素生产率间的关系。

(3) 识别农户风险应对机制影响农业生产率的机制。本书实证分析的第三部分(第8章)继续探寻农户事后风险分担能力影响农业生产率的机理和可能渠道,并基于中国家庭金融调查(CHFS)的农户调查数据检验和识别这些渠道是否以及在多大程度上存在。这部分的研究力图进一步深化我们对转型期中国农户风险应对机制与农业生产率关系的理解,对于阻断风险冲击对农户生产率的短期影响和长期侵蚀具有重要的现实意义。

3. 为建立健全农户综合风险应对机制体系提出对策建议

提出构建农户多层次综合性风险应对机制体系的政策应当遵循的原则。基于这些原则,考虑转型期中国农村经济社会的特点,立足于农户生产率和家庭收入增长的目标,分别提出建立健全农户四个层面风险应对机制的对策建议,以构建具有中国特色的农户风险应对机制体系。

1.2.3 研究内容

本书主要包括9个方面的研究内容。

第1章:绪论。主要介绍本书的研究背景,说明本研究的理论价值和实际意义,对关键概念进行界定,确定本书的主要研究目标与研究内容,阐释本研究的基本思路和采用的研究方法,详细介绍本书使用的中国家庭金融调查(CHFS)数据库,并对农村样本的分布情况进行说明,最后归纳本书可能的创新之处。

第 2 章:国内外研究文献述评。在深入探讨经济转型期农户风险应对机制与农业生产率的关系之前,需要回顾和梳理已有的经典理论和相关领域文献,并在此基础上总结和发现国内外研究存在的不足和可以改进之处。本章对已有相关研究成果进行系统综述,总结和提炼已有研究的发展脉络和代表性观点,发现当前研究存在的不足和有待商榷之处,并基于文献研究提出本书的边际贡献,为后文的理论框架构建与实证研究设计奠定文献资料基础。

第 3 章:风险冲击与农户风险应对策略。本章共包括 4 个部分的内容。首先,梳理农户风险冲击的不同类型,并采用 2011 年中国家庭金融调查(CHFS)数据,利用描述性统计方法检视中国农户实际面临的风险。其次,归纳农户采取的各种风险应对策略,并基于农户理论,分别构建相应的数学模型考察农户事前风险应对机制的作用机理、事后纵向风险应对机制的作用机理以及事后横向风险应对机制的作用机理。再次,聚焦中国农村经济社会的特点,基于 2015 年 CHFS 的农户调查数据,对中国农户当前风险应对机制的特征进行描述性统计分析,初步发现农村家庭风险应对机制的特点,为构建中国特色农户风险应对机制分析框架提供经验证据。最后,对本章的主要研究内容进行小结。

第 4 章:中国农户风险应对机制及其有效性分析。本章共包括 4 个部分的内容。首先,结合转型期中国农村经济社会的特点,归纳中国农户风险应对机制嵌入环境的特点。其次,从多维视角考察农户风险应对机制,把中国农户风险应对机制看做由家庭层面、村庄层面、市场层面和社会层面风险应对机制构成的整体,分别探讨农户不同层面风险应对机制的内涵、特点和功能,提出具有中国特色的农户风险应对机制分析框架。再次,构建中国农户风险应对机制有选择的理论模型,分别考察不同层面风险应对机制受限对农户风险应对能力的影响。最后,对本章的主要研究内容进行小结。

第 5 章:转型期农户风险应对机制与农业生产率的关系。本章共包括 4 个部分的内容。首先,基于中国家庭金融调查(CHFS)在 2011 年、2013 年、2015 年三轮的农户调查数据,选择相应指标衡量农户家庭层面、村庄层面、市场层面和社会层面的风险应对机制,对样本农户风险应对机制的时间变化和区域差异(东部、中部和西部)进行探索性的描述性统计分析,勾勒转型期农户风险应对机制的特点，预测未来变动趋势。其次，从农户风险应对机制变迁视角构建理论模型，用比较静态方法分析转型期中国农户风险应对机制的效率。再次，在农户生产函数模型基础上引入风险管理能力因素，从理论上说明农户风险应对机制与农业生产率的关系。最后，对本章的主要研究内容进行小结。

第6章：中国农户风险应对机制有效性的实证分析。本章是实证分析的第一部分，利用中国家庭金融调查（CHFS）具有全国代表性的农户微观数据，对农户风险应对机制的有效性进行规范地计量分析。首先，借鉴已有研究成果，建立中国农户风险应对机制模型作为基础模型，利用2011年的CHFS数据，检验农户能否在遭遇收入风险后实现完全保险。其次，在基础模型上分别引入农户家庭层面、村庄层面、市场层面和社会层面的风险应对机制变量，构建扩展的农户风险分担模型，进一步识别农户不同层面风险应对机制的效果。再次，采用2013年和2015年的CHFS数据对估计结果进行稳健型检验，并对可能的内生性问题进行讨论。最后，基于农户综合风险应对机制模型的估计结果，建立多维度指标衡量农户风险应对能力，为第7章和第8章的研究奠定基础。

第7章：中国农户风险应对机制与农业生产率关系的实证分析。本章是本书实证分析的第二部分，也是第6章研究的拓展和深入。本章在第6章的基础上，利用CHFS的农户调查数据，全面考察农户风险应对能力与农户生产率的关系。除了实证检验单要素生产率（土地生产率、劳动生产率）与农户风险应对能力的关系外，还考察农业生产技术效率（TE）和全要素生产率（TFP）与农户风险应对能力的关系。全方位地检验是否确实存在着风险应对能力强的农户相对于风险应对能力差的农户具有效率上的比较优势这一命题。本章共包括5个部分的内容：第一部分和第二部分检视农户风险应对能力与土地生产率和劳动生产率的关系。第三部分基于随机前沿（SFA）方法，采用"一步法"实证检验农户风险应对能力变量与技术效率的关系。第四部分利用"两步法"考察农户风险应对能力是否会影响农业全要素生产率，首先利用柯布—道格拉斯生产函数（CD）估计农户全要素生产率，然后识别农户风险应对能力与全要素生产率的关系。第五部分是本章的小结。

第8章：农户风险应对能力影响农业生产率的机制识别。本章共包括5个部分的内容。一是基于文献综述和理论分析的内容，归纳梳理农户风险应对能力影响农业生产率的机理，并提出可供实证检验的假设。二是说明数据来源和变量选取情况，对变量进行初步的描述性统计分析，并介绍计量模型的估计和检验方法，为实证分析做方法论上的准备。三是利用影响机制模型，检验农户风险应对能力能否通过5种可能的机制（农业新技术采用、农业短期投入、农业长期投入、人力资本积累和家庭资产积累）影响农业生产率。四是对识别结果进行稳健性检验。五是对本章的研究发现进行小结。

第9章：研究结论与政策启示。本章首先将理论分析和实证研究的结论归纳综合在一起，以便更加直观、深入地回答本书开始提出的农户风险应对机制与农业生产率关系这一主题进行全面剖析。在此基础上，阐述构建中国农户综合风险应对机制体系应当遵循的基本原则，并分别提出建立健全农户不同层面风险应对机制的政策建议。最后，说明本书研究存在的不足和下一步研究的方向，以此作为本书的结束语。

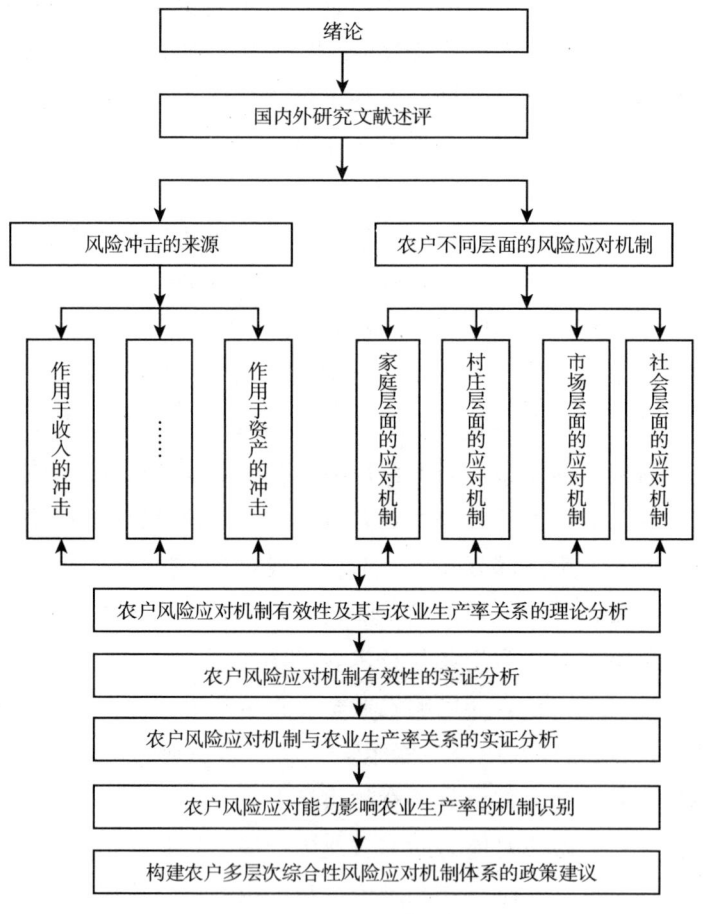

图 1-2-2　研究内容框架

1.3　研究思路与研究方法

1.3.1　研究思路

中国农村改革极大地释放了农村生产力，农业生产率不断提高，但与世界其他国家相比，尤其是与发达国家相比，仍然存在很大的差距。随着中国经济跨越刘易斯拐点，资源禀赋发生了根本性的变化，中国农业当务之急在于农业生产效率的优化和提高。国情的特殊性决定了我国农业生产率稳步增长的重要性。农户是我国农业生产经营的主体，中国农业生产率的提高必须建立在单个"原子化"农户微观农业生产率提高的基础上。党的十九大报告首次指出，要"实现小农户和现代农业发展有机衔接"，体现了中央决策层对小农户发展的高度重视，而提高农户层面的生产率不仅是夯实我国宏观农业生产率的基石，也是确保农户收入持续增长的基础，更是实现"产业振兴"和"乡村振兴"的重要保障。但是，在现代农业生产环境中，农户提高农业生产率的努力却面临农户风险应对能力薄弱的障碍。

农业生产是自然再生产与经济再生产相交织的过程，农户受到气候、市场、政策及技术等一系列自然、经济和社会风险因素的影响。20世纪70年代末的农村改革在赋予中国农民生产经营自主权的同时，也使其成为承担风险的主体。但农民收入微薄，大多处于"脆弱性"的状态，外部风险的"微小波澜"有可能使他们本已艰难的生活雪上加霜，严重的风险事件有可能使他们面临灭顶之灾。农户并非被动地承受风险所带来的福利损失和生存威胁，他们在最大化自己福利的决策中，不仅会考虑产出的期望大小，也会重视产出的波动性风险。在长期的实践中，农户发展出各种应对风险的策略。如果以风险发生的时间为界限，可以把农户处理风险的方法分为事前风险规避机制和事后风险应对机制两类。事前风险规避机制又称为"风险管理"，是农户在风险发生之前就未雨绸缪，采取预防性的风险管理措施，减少家庭暴露于风险的机会。事前风险规避机制的目的是降低产出的波动性，但为了实现这一目的农户不得不承受较低的平均收入，导致农户生产经营决策偏离最优化的生产路径，造成效率的损失。事后风险应对机制又称为"风险应对"，是在风险事件发生以后，农户采取措施来应对风险的负向影响。本书基于转型期中国农村经济社会的特点,将农户事后风险应对机制视为由家庭层面、村庄层面、市场层面和社会层面构成的风险应对机制网络。

由于农户事后风险处理机制不会带来经济效率的损失,是一种较为理想的风险处理方式。在农户事后风险应对机制比较完善的情况下,农户不会在风险发生以前就在农业生产经营过程中采取措施规避风险,农业生产决策也不会偏离利润最大化的目标。遗憾的是,农户的事后风险应对能力普遍不足,难以有效应对风险的负向冲击。缺乏事后风险应对能力会从两个方面对农户生产经营产生影响:

一是处于"脆弱性"状态的农户,大多遵循"安全第一原则"(为了预防收入和消费的剧烈波动),被迫在生产经营中采取措施提前规避风险。例如,采用新品种和新技术时持有谨慎和保守的态度、在狭小的土地上进行多元化的种植、养殖、减少农业生产投入。这些措施在减少风险的同时,对农业生产率亦带来多重负面影响。二是一旦事前应对风险的措施失败,农户将被迫采取一些极端措施的进行应对。比如,放弃子女受教育的机会、推迟对疾病的治疗或出售生产性资产等,这将侵蚀生产性资产的积累,阻碍劳动力素质的提高,损害农业生产率长期提高和农户稳定增收的基础,甚至使家庭陷入"贫困的恶性循环"。因此,从风险管理的视角看,转型期中国农户事后风险应对机制(家庭层面、村庄层面、市场层面和社会层面)是否健全、有效,是影响农业生产率的重要因素。

此外,农户事后风险应对能力与农业生产率(家庭收入)并非单向影响的关系,而是随着时间发展互相影响的过程,"农户风险应对机制有效—事后风险应对能力增强—事前风险应对机制弱化—农业生产率提高—家庭收入增长"之间存在相互促进的动态关系。由此推论,缺乏风险应对能力也是造成农村内部收入差距的重要因素。这是因为,有着较高收入和较为富裕的农村家庭,即使选择了高风险、高收益的农业生产经营项目,也能够较好地承受可能由生产项目失败带来的亏损。越是富裕的农户,农业生产率和家庭收入也越高,未来的风险应对能力也越强,从而形成风险应对能力增强与农业生产率(家庭收入)提高的良性循环。所以,从风险管理的角度看,富裕农户与贫困农户的抗风险能力差距越大,农村收入不平等以及收入差距扩大的现象就越严重。

本书认为,考察中国农户的风险应对机制必须坚持"与时俱进"和"因地制宜"的原则。这是因为,一方面,中国农村正处于体制转轨和结构转型的过程中，中国农户风险应对机制必将随着所嵌入环境的变化具有时代特征，这就需要从经济社会变迁的视角"与时俱进"看待和分析转型期中国农户的风险管理行为。另一方面，中国农村具有典型的"乡土特征"和"差序格局"特征，这些"中国元素"决定了中国农户的风险应对机制必然有不同于其他国家的特殊性，这些本土元素决定了必须秉承"因地制宜"的原则。所以，在研究中国农户的风险应对机制时，如果不考虑中国国情和农村发展阶段，而直接套用西方农户风险管理理论，其解释力将大打折扣，研究结论也值得怀疑。

根据以上分析，本书研究转型期中国农户风险应对机制与农户生产率的关系的思路，可用图1-3-1进行概括。

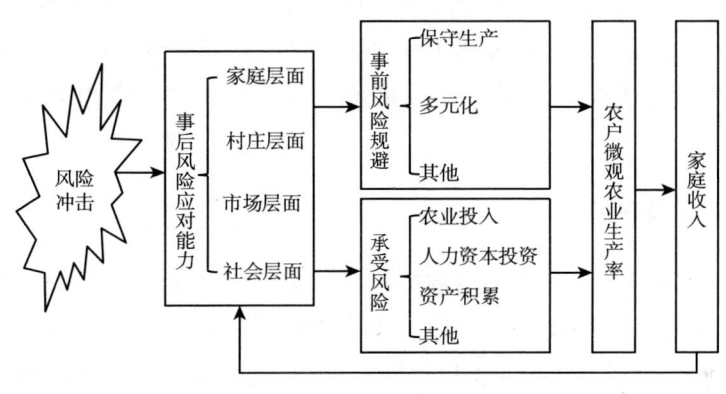

图1-3-1 研究思路

1.3.2 研究方法

本书以理论分析为基础，实证分析为重点，立足理论分析与实证研究相结合。主要采用以下几种研究方法。

1. 农户个体主义的分析方法

本书对农户风险应对机制的研究在新古典经济学的分析框架下进行，主要分析农户经济个体的行为。最恰当和有效的社会科学知识源自对于经济个体行为过程的研究，因为社会系统的变迁是个人行为的结果，对宏观经济的现象的研究最终应落到对微观个体行为的分析。中国农村家庭的微观农业生产率是中国宏观农业生产率的基石，本书对农户风险应对机制与农业生产率关系的研究遵循微观个体主义分析的思想。在理论分析部分，从农户微观视角出发，通过对农户最优化行为的分析，说明农户不同层面风险应对机制的机理、解释农户风险应对机制的有效性及其与农业生产率之间的关系。在经验研究部分，主要采用中国家庭金融调查（CHFS）提供的农户数据，利用微观计量经济学的方法对农户风险应对机制与农业生产率之间的关系进行实证分析。

2. 综合学科的分析方法

本书综合运用了发展经济学、社会学和政治学等多学科知识。在考察农户家庭层面、市场层面风险应对机制的选择及其有效性的过程中，在分析农户风险应对能力对农业生产率的影响及其作用机制时，主要采用行为经济学和发展经济学的方法。在探讨农户非正规风险应对机制和农村社会保障体系时，借鉴了社会学和政治学的许多研究成果和分析方法。在考察转型期农户不同层面风险应对机制的变迁和特点时，综合借鉴了经济学、社会学和政治学的研究成果。

3. 实证研究方法

在数据获取方法上，本书的数据主要来源于西南财经大学中国家庭金融调查中心（CHFS）在2011年、2013年和2015年进行的三轮入户调查数据。在实证分析的章节，主要借用该调查关于农村家庭的数据进行计量分析。此外，本书还依托"扶贫项目检测项目"和"扶贫效果评估项目"，在四川省会理县、河南省罗山县、海南省万宁市抽取部分农户进行访谈调查，以获得更有针对性和细节性的资料信息，弥补CHFS数据的不足。

在数据处理方法上，主要采用多元线性回归模型、二元离散模型（Probit模型、Logit模型）、归并数据模型（Tobit模型）、随机前沿模型（SFA）等计量方法进行实证分析。在计量软件上，主要应用Stata15.0软件进行模型估计。

除了以上方法，本书在理论分析部分还用了比较静态分析方法和分析—综合的方法。

1.4　数据来源

本书所使用的数据主要来自西南财经大学中国家庭金融调查与研究中心

(China Household Finance Survey，CHFS)，中国家庭金融调查（CHFS）从 2011 年开始，每两年进行 1 轮调查。目前 CHFS 已完成 4 轮（分别是 2011 年调查、2013 年调查、2015 年调查、2017 年调查）的数据采集整理工作。但截至目前，CHFS 在第 4 轮（2017 年）的调查数据还没有对外界公开。鉴于数据的可得性，本书采用 2011 年、2013 年和 2015 年已经公开的调查数据进行实证分析①。

该调查全面追踪家庭的动态金融行为，力求为学术研究和政策制定建立一个真实、客观、有效的家庭金融微观数据库。CHFS 收集到的信息主要包括：家庭人口特征、住房和金融资产、负债和信贷、收入与消费、社会保障与保险等内容。该调查针对农村家庭，详细询问了农业投入产出、农用土地、农户信贷渠道、劳动力流动及城镇化等信息，并在 2015 年第 3 轮调查中丰富和细化了农村基层社区治理模块，收集了村庄人口、区位交通、基础设施、社区经济、基层治理、乡村文化等方面的信息。

CHFS 在 2011 年的首轮调查中，样本规模为 8 438 户，覆盖全国 25 个省、80 个县（区、县级市）、320 个社区（村）。2013 年第 2 轮调查在追踪 2011 年受访户的基础上对样本进行了大幅扩充，样本规模为 28 143 户，调查覆盖全国 29 个省、262 个县（区、县级市）、1 048 个社区（村）。2015 年第 3 轮调查在追踪 2013 年受访户的基础上，进一步扩充样本，样本规模达到 37 289 户，覆盖全国 29 个省、363 个县（区、县级市）、1 439 个社区（村）。中国家庭金融调查（CHFS）在抽样设计上的规范性、在调查执行上的标准性、在质量控制上的严格性保证了其采集数据的高质性和有效性，也保证了本书实证研究的客观性和公正性。

1.4.1 数据库介绍

Campbell（2006）从家庭金融研究的角度提出了评判数据库质量的五大标准：（1）数据的代表性；（2）资产类别的完备性；（3）资产的具体性；（4）数据的准确性；（5）数据的持续性。本书主要采用中国家庭金融调查在

---

① 截至本书完稿，CHFS 在 2017 年的调查数据还没有正式对外界公开，这也是本书写作中的一个遗憾之处。随着新的追踪数据的开放，我们也将进行跟进性的研究。在此，特别感谢西南财经大学中国家庭金融与调查中心无偿提供的数据支持，感谢参与历次调查的访员和工作人员的辛勤付出。

农村的调查样本进行实证分析,下文分别从数据代表性、数据的准确性和数据的持续性对本书使用的数据质量进行分析和介绍。

1. 数据的代表性

数据的代表性是指数据样本具有人口整体分布的代表性,尤其是年龄和财富水平,因为很多金融行为与其息息相关。抽样设计是保证数据代表性的关键步骤。CHFS 采用了整体抽样和末端抽样结合的方法。在整体抽样上,采用分层、分阶段、与人口规模成比例(PPS)的方法。以 2011 年的抽样为例,初级抽样单元(PSU)为全国除西藏、新疆、内蒙古、宁夏、福建、海南和港澳台地区之外的其他 25 个省份,2 585 个县(含县、县级市、区,以下统称"县")。

首先,从 PSU 中抽取县,将 PSU 按照人均 GDP 分为 10 层,在每层中按照 PPS 抽样方法抽取 8 个县,得到 80 个县;其次,在每个被抽中的县内,按照非农业人口比重随机抽取 4 个村(居)委会;最后,在每个被抽中的村(居)委会中,按照社区住房价格对高房价地区进行重点抽样,确定家庭户数(20~50 个)。在每个被抽中的家庭中,对符合条件的受访者进行访问,得到具有全国代表性的 8 438 个家庭样本和 29 324 个个人样本。

2013 年为了得到省级代表性,在 2011 年抽样的基础上遵循 PPS 原则扩大抽样框,最终涵盖除西藏、新疆和港澳台地区之外的 29 个省份、262 个县和 1 048 个村(居)委会,共计 28 141 个家庭样本和 97 916 个个人样本。2015 年为了得到副省级代表性,在 2013 年的基础上继续扩大抽样框,最终涵盖除西藏、新疆和港澳台地区之外的 29 个省份、351 个县和 1 396 个村(居)委会,共计 37 289 个家庭样本和 125 248 个个人样本。表 1-4-1 列出了 CHFS 2011~2015 年城镇和农村调查样本所在省份在东中西部的分布情况。

表 1-4-1　　　　　调查样本在不同年份的省份分布[①]

调查年份	东部省份	中部省份	西部省份
2011 年	北京、天津、河北、辽宁、上海、江苏、浙江、山东、广东	山西、安徽、江西、河南、湖北、湖南	吉林、黑龙江、广西、重庆、四川、贵州、青海、云南、陕西、甘肃

---

① CHFS 在 2011 年、2013 年和 2015 年三轮调查中对东、中、西部所包含省份的界定存在一定差别,此处遵照原始数据的定义。

续表

调查年份	东部省份	中部省份	西部省份
2013年	北京、天津、河北、辽宁、上海、江苏、浙江、山东、广东、福建、广西、海南	山西、安徽、江西、河南、湖北、湖南、黑龙江、吉林、内蒙古	重庆、四川、贵州、青海、云南、陕西、甘肃、宁夏
2015年	北京、天津、河北、辽宁、上海、江苏、浙江、山东、广东、福建、海南	山西、安徽、江西、河南、湖北、湖南、黑龙江、吉林	重庆、四川、贵州、青海、云南、陕西、甘肃、宁夏、内蒙古、广西

数据来源：根据CHFS在2011年、2013年和2015年的调查数据整理。

末端抽样是确定住户具体地址的抽样，基于绘图员的绘图工作生成的住户清单列表并采用等距抽样的方法进行，抽样间距等于住户清单总数除以计划抽取户数。首先，确定一个随机起点，随机起点所指示的住户为第一个被抽中的住户；然后，第一个被抽中的住户加上抽样间距，即为第二个被抽中的住户，依此类推，直至抽满计划抽取的户数。另外，由于每户家庭被抽取的概率不同，在推断总体的时候，根据每个县被抽中的概率P_1，每个村（居）委会在县里被抽中的概率P_2，每个家庭在村（居）委会被抽中的概率P_3，计算每户家庭代表的家庭数量为$Swgt = 1/(P_1P_2P_3)$，即每户家庭的抽样权重。

CHFS数据在人口年龄结构和人口统计学特征等方面都与国家统计局公布的数据接近，且CHFS数据的抽样误差非常小。表1-4-2是2011年CHFS调查与2010年国家统计局人口普查在人口年龄分布上的对比情况。该表显示，在人口年龄结构方面，中国家庭金融调查数据与国家统计局数据2010年人口普查结果非常接近。

表1-4-2 CHFS 2011年调查与2010年人口普查在人口年龄分布上的对比

数据来源	人口年龄分布（岁）								
	0~9	10~19	20~29	30~39	40~49	50~59	60~69	70~79	80以上
人口普查	11%	13%	17.1%	16.2%	17.3%	12%	7.5%	4.3%	1.6%
CHFS	9.3%	10.4%	15.9%	15.2%	17.2%	14%	10.3%	5.4%	2.3%

数据来源：根据CHFS2011调查和国家统计局2010年人口普查结果整理。

在人口统计学特征方面，表1-4-3是2011年CHFS调查与2010年国家统计局人口普查在人口统计学特征上的对比。不难发现，中国家庭金融调查各项指标与国家统计局数据2010年人口普查的结果也都比较接近，表明CHFS抽样调查数据具有很好的代表性。

表1-4-3　CHFS 2011年调查与2010年人口普查在人口统计学特征上的对比

数据来源	人口统计学特征					
	城市人口比例	城镇户籍人口占比	城市家庭规模（人）	农村家庭规模（人）	平均年龄（岁）	男性比例
人口普查	51.3%	34.2%	2.89	3.98	36.87	51.4%
CHFS	49.7%	36%	3.04	3.78	38.96	50.5%

数据来源：根据CHFS2011调查和国家统计局2010年人口普查结果整理。

2. 数据的准确性

为了获取高质量的数据，中国家庭金融研究中心在校内招募具有金融学和经济学专业背景的访员，在正式调研前对所有访员进行针对性的问卷培训，确保访员能够准确理解问卷内容。在入户调查过程中，为了实时了解调研质量，调查中心会对调研员的访问情况进行抽样检查。在面访调查结束后，为了降低调查过程中产生的误差，一旦对访员获得的信息有疑问，还会对受访户进行电话回访，确认调查信息的准确性。由于在调查中依托专业的、训练有素的组织管理团队，CHFS在调查实施的前、中、后期都已形成了成熟的操作流程，从抽样设计，到调查执行，再到质量控制等方面都遵循了规范、客观、公正的原则，充分保证了数据质量。

调查数据质量依赖于受访户接受调查的意愿和回答问题的准确性。国际上通用的计算拒访率的公式为：拒访率 = 拒访户数量/（拒访户数量 + 接受访问户数量）。一般而言，城市地区比农村地区拒访率高。表1-4-4列出了CHFS在2011～2015年三轮调查中的拒访率。与其他可公开获得的国内外调查相比，CHFS的拒访率处于很低的水平（路晓蒙等，2017）。

表1-4-4　CHFS 2011～2015年三轮调查的拒访率

范围	2011年调查	2013年调查	2015年调查
城市	16.5%	1.54%	14.1%
农村	3.2%	0.9%	1.2%
全国	11.6%	10.9%	10.8%

数据来源：https://chfs.swufe.edu.cn/yanjiuchengguo.aspx（CHFS官方网站）。

受访者即使愿意接受访问，他们也可能拒绝回答某些问题。对于拒绝回答的情况，一种办法是让受访户选择回答资产规模的范围，以及通过追问方式缩小回答的规模范围。CHFS 也采用这种方法，有效地提高了数据质量。例如，在询问家庭持有的存款市值时，如果受访户回答的额度为整数值，访员会采取中位数法获取更准确的数据；如果受访户拒绝回答，访员则会给出若干范围的选项供其选择。2015 年 CHFS 数据显示，85%的受访户回答了具体额度，9%受访户回答了范围，只有 6%受访户没有提供任何信息（路晓蒙等，2017）。

3. 数据的持续性

数据的持续性是数据库要持续追踪调查家庭，从而获得面板数据；因为面板数据要好于截面数据，能够控制不随家庭变化的异质性，获得更加可靠的实证研究结果。CHFS 是追踪调查数据，每轮调查除了老样本还有新扩样本。表 1-4-5 列出了 CHFS 在三轮调查中的家庭样本追踪情况，2011 年 CHFS 家庭样本 8 438 户，其中农村样本 3 244 户，城镇样本 5 193 户；2013 年 CHFS 调查大幅扩大了样本规模，调查样本家庭总量达到 28 135 户，其中农村样本为 8 932 户，城市样本为 19 203 户，该轮调查共追踪到 2011 年的老样本为 6 846 户，其中农村样本 2 406 户，城镇样本 4 440 户；2015 年 CHFS 调查进一步扩大了调查样本数量，共调查样本家庭 37 289 户，其中农村样本为 11 654 户，城市样本为 25 635 户，2015 年的调查共追踪到 2013 年的老样本 21 775 户，其中追踪农村样本 8 027 户，追踪城镇样本 13 748 户；连续追踪 2011 年和 2013 年两轮调查的样本数为 5 753 户，其中农村样本 2 176 户，城镇样本 3 577 户。这些数据可以帮助我们更好地发现农村家庭特征随时间的调整和变化。

表 1-4-5　　　　　　　　　样本追踪状况　　　　　　　　　单位：户

	CHFS 2011 年			CHFS 2013 年			CHFS 2015 年		
	全国	城市	农村	全国	城市	农村	全国	城市	农村
样本量	8 438	5 193	3 244	28 135	19 203	8 932	37 289	25 635	11 654
追踪 2011 年	8 438	5 193	3 244	6 846	4 440	2 406	—	—	—
追踪 2013 年	—	—	—	28 135	19 203	8 932	21 775	13 748	8 027
追踪 2015 年	—	—	—	—	—	—	37 289	25 635	11 654
2011~2013 年	—	—	—	—	—	—	5 753	3 577	2 176

数据来源：根据 CHFS 在 2011 年、2013 年和 2015 年的数据整理。

综上所述，CHFS 抽样设计的规范性、调查执行的标准性、质量控制的严格性保障了其数据的有效性和高质性，也保障了本书实证研究的客观性和公正性。CHFS 以家庭为单位进行数据的采集，识别家庭的原则为共享收入或共担支出。针对每个受访家庭，CHFS 不仅详细询问了每一个家庭成员的人口特征、工作状况，还详细询问了家庭每一类的资产、负债、收入、支出状况。如果是从事农业生产经营的家庭，还详细询问了务农家庭的农业生产情况，这为本书分析农户风险管理与农业生产率的关系提供了强有力的数据支撑。对CHFS 数据的详细介绍参见甘犁（2013）、《中国家庭金融调查报告·2012》、《中国家庭金融调查报告·2014》和《中国家庭金融研究（2016）》。

1.4.2 农村样本分布

1. 2011 年 CHFS 调查的农村样本分布情况

本书研究的对象是居住在农村地区的家庭①，2011 年 CHFS 首轮调查的农户样本为 3 244 户，2013 年第二轮调查的农村样本扩大到 8 932 户，2015 年第三轮调查的农村样本进一步扩大到 11 653 户。

2011 年的首轮调查采集到的 3 244 家农户样本一共分布在 22 个省份（直辖市）自治区②，其中，东部地区省份 7 个（河北、辽宁、上海、江苏、浙江、山东、广东），中部地区省份 6 个（山西、安徽、江西、河南、湖北、湖南），西部地区省份 9 个（吉林、黑龙江、广西、重庆、四川、贵州、云南、陕西、甘肃）。表 1-4-6 是 2011 年中国家庭金融调查（CHFS）收集的农村样本家庭在不同省份的分布状况，表中数字为对应省份的农户样本量，其中，山西省的农村样本最少，仅有 60 户；河南省的农村样本最多，为 380 户。

2. 2013 年 CHFS 调查的农村样本分布情况

2013 年 CHFS 第二轮调查大幅扩充了农村样本量，收集到 8 932 家农村样

---

① CHFS 的编码原则，是根据国家统计局最新颁布的《统计用区划和城乡划分代码》来定义农村家庭，即农户是指居住地为农村地区的受访家庭。CHFS 问卷中设计有专门的问题，可以准确识别受访家庭是居住在农村地区还是城镇地区。

② 2011 年调查覆盖了全国 25 个省（直辖市），北京、天津和青海 3 个省（直辖市）没有农村样本。因此，农村样本分布在全国 22 个省（直辖市）。

表1-4-6　2011年CHFS调查农村样本在不同省份的分布

东部地区		中部地区		西部地区	
省（自治区）直辖市	样本量	省（自治区）直辖市	样本量	省（自治区）直辖市	样本量
北京	0	山西	60	吉林	99
天津	0	安徽	220	黑龙江	79
河北	179	江西	80	广西	80
辽宁	100	河南	380	重庆	105
上海	70	湖北	320	四川	160
江苏	100	湖南	160	贵州	80
浙江	261	—	—	云南	220
山东	81	—	—	陕西	80
广东	230	—	—	甘肃	100
—	—	—	—	青海	0

数据来源：根据2011年CHFS调查数据整理。

本，一共分布在28个省份（直辖市）①。其中，东部地区11个省份（北京、福建、广东、广西、海南、河北、江苏、辽宁、山东、天津、浙江），中部地区9个省份（安徽、河南、黑龙江、湖北、湖南、吉林、江西、内蒙古、山西），西部地区8个省份（甘肃、贵州、宁夏、青海、陕西、四川、云南、重庆）。表1-4-7是2013年CHFS收集的农村样本家庭在不同省份的分布状况，表中数字为对应省份的样本量，其中天津的农村样本最少，只有58户；湖北省的农户样本最多，为515户。

表1-4-7　2013年CHFS调查农村样本在不同省份的分布

东部地区		中部地区		西部地区	
省（自治区）直辖市	样本量	省（自治区）直辖市	样本量	省（自治区）直辖市	样本量
北京	80	山西	441	重庆	283
天津	58	安徽	385	四川	432
河北	339	江西	336	贵州	386
辽宁	280	河南	448	云南	413

① 2013年CHFS调查覆盖了全国29个省（直辖市），但上海没有农村样本，因此农村样本分布在全国28个省（直辖市）。

续表

东部地区		中部地区		西部地区	
省（自治区）直辖市	样本量	省（自治区）直辖市	样本量	省（自治区）直辖市	样本量
上海	0	湖北	515	陕西	260
江苏	240	湖南	360	甘肃	361
浙江	499	黑龙江	239	青海	274
山东	177	吉林	386	宁夏	159
广东	463	内蒙古	210	—	—
广西	267	—	—	—	—
福建	471	—	—	—	—
海南	180	—	—	—	—

数据来源：根据2013年CHFS调查数据整理。

3. 2015年CHFS调查的农村样本分布情况

2015年CHFS第三轮调查进一步充了农村样本量，共收集到11 653家农村样本，共分布在28个省份（直辖市）①。其中，东部地区10个省份（北京、天津、河北、辽宁、江苏、浙江、福建、山东、广东、海南），中部地区8个省份（山西、吉林、黑龙江、安徽、河南、江西、湖北、湖南），西部地区10个省份（内蒙古、广西、重庆、四川、云南、贵州、青海、陕西、甘肃、宁夏）。表1-4-8是2015年CHFS收集的农村样本家庭在不同省份的分布状况，表中数字为对应省份的农村样本数量，其中，天津的农村样本最少，只有58户；山西省的农村样本最多，有703户。

表1-4-8　2015年CHFS调查农村样本在不同省份的分布

东部地区		中部地区		西部地区	
省（自治区）直辖市	样本量	省（自治区）直辖市	样本量	省（自治区）直辖市	样本量
北京	80	山西	703	重庆	402
天津	58	安徽	565	四川	544
河北	583	江西	334	贵州	386

---

① 2015年CHFS调查覆盖了全国29个省（直辖市），但上海没有农村样本，因此农村样本分布在28个省（直辖市）。

续表

东部地区		中部地区		西部地区	
省（自治区）直辖市	样本量	省（自治区）直辖市	样本量	省（自治区）直辖市	样本量
辽宁	359	河南	448	云南	488
上海	0	湖北	515	陕西	319
江苏	365	湖南	499	甘肃	361
浙江	699	黑龙江	321	青海	273
山东	501	吉林	570	宁夏	159
广东	667	—	—	内蒙古	199
福建	682	—	—	广西	274
海南	300				

数据来源：根据2015年CHFS调查数据整理。

需要说明的是，2011年、2013年和2015年三轮中国家庭金融调查在农村家庭样本的跟踪过程中存在较大的样本流失。如表1-4-5所示，2013年调查共追踪到2011年的农村家庭为2 406户，2015年连续追踪到2011年和2015年的农村家庭仅有2 176户，无论是2011年和2013年两年的追踪样本量，还是2011年、2013年和2015年三年的追踪样本量，都不具有全国代表性（徐丽鹤，袁燕，2017）。幸运的是，2013年调查和2015年调查均在前一年调查的基础上大幅扩充了样本采集规模，2015年追踪到2013年的农户样本量达到8 027户，远远大于2015年、2013年和2011年三年连续追踪到的样本量，也大于2013年和2011年两年连续追踪到的样本量。因此，本书部分实证章节利用2013年和2015年的两期面板数据进行了稳健性检验。本书在进行实证分析时，兼顾数据可获性和指标衡量的准确性，综合考虑不同实证分析的内容和CHFS在三轮调查中的数据特点，最大限度地挖掘CHFS数据库中的农户数据信息，保证实证研究结果的可靠性和科学性。

本书第6章在实证检验农户风险应对机制的有效性时，风险冲击和消费波动是本研究的关键变量，首先需要识别哪些农户受到风险冲击？哪些农户消费发生波动？中国家庭金融调查（CHFS）在2011年的调查问卷中设计了两个问题分别询问了家庭是否经历消费波动和收入冲击。基于农户对这两个问题的回答，可以准确衡量农户消费波动和风险冲击的情况。但CHFS在2013年和2015年的调查中没有继续保留这两个问题，也没有设计替代性的问题直接询问农户是否经历收入和消费波动,因此无法准确获取农户收入与消费波动的信息,只能通过对比农户在 2013 年和 2015 年的收入和消费支出数据来间接获得农户收入与消费波动的信息。因此,为了减少核心变量的度量偏差,获得更加可靠的实证结果,第 6 章借鉴徐丽鹤、袁燕(2017)的方法,主要利用 CHFS 在 2011 年的农户样本数据进计量模型的估计,利用 2013 年和 2015 年的调查数据进行稳健性检验。

第 7 章在考察土地产出率、劳动生产率和技术效率(TE)与农户风险应对能力的关系时,主要基于 CHFS 在 2011 年的农户调查数据进行实证分析。尽管是截面数据,但是利用 CHFS 数据提供的丰富、详细的农户家庭信息,可以准确地度量农户风险应对能力,并尽可能地控制相关变量,缓解遗漏变量偏误问题,获得更可信的估计结果。但在检验农户风险应对能力与农户全要素生产率(TFP)的关系时,在 CHFS 仅有三轮调查数据的约束下,实证分析的数据选取面临两难:一方面,2011 年的截面数据虽然能够准确度量农户风险应对能力,但在估计农业全要素生产率时,由于无法控制农户的异质性特征将产生较大的偏误。另一方面,2013 年和 2015 年的两期面板数据虽然可以更准确估计农户全要素生产率,但牺牲了准确度量农户风险应对能力的优势。由于第七章的关键问题是要准确估计农户全要素生产率,综合考虑以上因素后,按照两害相权取其轻的原则,选择 2013 年和 2015 年的数据进行实证分析。

1.5 可能的创新

本书试图在以下几个方面做出贡献:

1. 立足转型期中国农村特点,既"因地制宜"又"与时俱进"地考察中国农户的风险应对行为

国内已有研究主要借鉴西方经典的农户风险分担模型对中国农户的风险分担问题进行理论与实证分析,但农户风险应对机制具有随时空差异不断变化的特点,在不同国家或同一国家的不同发展阶段,具有不同的表现形式。中国农村正处于经济转型和社会转轨的过程中,市场经济与计划经济因素相互交织,产生出许多较为复杂、在其他国家很难出现的独特现象。本书认为,中国农村不同于西方发达国家的特点也仅仅是不同而已，而不能武断地把这些不同理解为不足。尤其是中国农村兼具"乡土社会"和"差序格局"特征，这些本土元素决定了中国农户的风险应对机制必然具有特殊性。要对这些特殊性在农户风险管理中发挥的作用给出客观的评价，必须考虑中国国情和农村的发展阶段。如果直接套用西方经典的风险分担理论，其解释力将大打折扣，得到的研究结论也值得怀疑。因此，本书立足转型期中国农村特点，考察农户风险应对机制与农业生产效率间的关系。

2. 基于多维视角，把农户不同层面风险应对机制纳入统一的分析框架

已有研究主要考察在某种特定风险冲击下，农户特定风险应对机制的效果，而缺乏对农户风险分担网络的综合性研究。尽管有少量研究检验了农户多重风险应对机制的效果，但实证分析所用的数据年代较早，样本选择范围往往局限在特定区域，无法反映当前中国农户风险分担网络的全貌，研究结论也无法推广。此外，全面、系统分析贫困农户风险分担网络的文献更是鲜见，已有的少量研究多采用定性分析方法，结论是否具有代表性尚需经过严谨的统计实证检验。本书将农户风险应对机制归纳为四个不同层面（家庭层面、社区层面、市场层面和社会层面），把农户不同层面的风险应对机制纳入同一个分析框架，以期更全面地考察农户不同风险应对机制分担风险的效果及其对农户生产率的直接影响和作用机理。

3. 从风险管理视角拓展对农户微观农业生产率的研究

本书从风险管理视角拓展对农户微观农业生产率的研究。一方面，已有研究大多从宏观视角出发，重点分析物质资本、人力资本、制度变迁和技术进步等因素对农业生产率的影响，少有学者从风险管理视角考察农户风险应对机制与农业生产率的关系，而立足转型期中国农村经济社会特点，利用农户调查数据进行实证研究的文献更是鲜见。另一方面，农业生产效率是一个多维度的综合性概念，不同的指标蕴含着不同的政策含义。已有研究大多关注某一维度农业生产率的影响因素，对政策建议的指向单一。本书在多维农业效率指标的研究框架内，全方位地检视农户风险应对机制与多维农业生产率（劳动生产率、土地产出率、技术效率和全要素生产率）的关系，一方面，可以得到一些新的结论；另一方面，也为已有农业生产率与农户风险应对能力的理论假设提供经验证据。

4. 基于农户调查数据，直接检验农户风险应对机制与农户生产率的关系及其可能的影响渠道

受限于农户微观数据的获取，已有研究主要是说明农户各种风险应对机制是否存在或在多大程度上存在的问题，缺乏对各种风险应对机制与农业生产经营效率之间关系的实证检验。为了对以上问题给出清晰的回答，需要进行规范的实证研究。鉴于此，首先，本书CHFS在2011年、2013年和2015年三轮具有全国代表性的家庭微观数据，实证检验农户风险应对机制的效果，以期解释和说明农户偏好于哪些风险缓冲机制，农户综合风险应对能力如何，农村家庭能否实现完全的风险分担。其次，基于农户生产率决定模型，检验农户风险应对能力与农户多维生产率（劳动生产率、土地产出率、技术效率和全要素生产率）的关系。最后，基于机制分析模型，识别农户风险分担能力影响农户生产率的可能渠道，加深我们对转型期中国农户风险应对机制与农业生产率关系的理解，有效阻断风险冲击对农户生产率的短期影响和长期侵蚀。

5. 提出构建中国特色农户风险应对机制体系的对策建议

农户在生产生活实践中拥有一整套综合风险应对策略，不同于当前片面强调市场层面风险应对机制和社会层面风险应对机制的倾向，本书立足中国农村实际，将农户家庭层面、村庄层面、市场层面和社会层面的风险应对机制纳入一个统一的分析框架，阐明构建中国农户综合风险应对机制体系应当遵循的原则，并分别提出建立和完善农户不同层面风险应对机制的政策措施，以构建具有中国特色的农户风险应对机制体系。

第 2 章 国内外研究文献述评

在深入探讨经济转型期农户风险应对机制与农业生产率的关系之前,需要回顾和梳理已有的经典理论和相关领域文献,并在此基础上总结和发现国内外研究存在的不足和可改进之处,为后文各章节的理论分析与实证研究奠定文献资料基础。本章共包括4个部分的内容,2.1 节对农户风险决策行为的经典理论进行综述。2.2 节梳理有关农户风险应对机制的国内外文献。2.3 节归纳农户风险应对机制与农户生产关系的研究成果。2.4 节是对已有研究进行总结性述评。

2.1 农户风险决策行为的理论基础

不确定性和风险对农户经济行为有着重要的影响,风险因素是理解农民生产现象的一把钥匙。风险冲击的程度及其应对一直是发展经济学研究的主题(甘犁等,2007)。发展经济学的早期研究为农户风险问题的理论和经验研究打开了大门。有关农户风险问题的研究试图揭示农户是否和在多大程度上是风险规避的,揭示风险对农业生产与农业增长的影响,发现风险的主要源泉,以及降低风险对农户生计产生副作用的方式(弗兰克·艾利思,2006)。

在农业经济学中,有五个常见的描述农民经济行为的经典理论,分别对应追求利润型农民、风险规避型农民、劳苦规避型农民、部分参与市场的农民和分成制农民(弗兰克·艾丽思,2006)。这些理论都有自己突出的特点,表 2-1-1 从行为目标、市场假设、理论预见、实践效果和政策结论概括了这五种不同理论的主要特征。

在这五个农户行为理论中,关于农户行为的研究到目前为止流行的有两种观点,一个是舒尔茨的"理性小农"理论,另一个是 Ellis(1988)的"安全第

表2-1-1　　　　　　　农户最优化行为理论的比较①

理论	目标	市场假设	理论预见	实践效果	政策结论
1. 追求利润型农民	效率与利润最大化目标	竞争市场	价格效率	积极的农产品供给反应	新资源 新技术 教育 信贷支持
2. 风险规避型农民	考虑风险后的效用最大化	自然灾害 市场风险 社会风险	无效率	农业投入使用不足，偏离最优选择	建设灌溉工程 稳定价格 农作物收成保险 信贷支持
3. 劳苦规避型农民	比较收入与闲暇后的效用最大化	竞争性产品市场 非竞争性劳动市场	无效率	不明确，视农民个体主观反应而定	合作化 教育
4. 部分参与市场的农民	（一般的）效用最大化	竞争市场	价格效率	由一般均衡效应导致的积极供给反应	没有
5. 分成制农民	利润最大化	连锁市场	佃农模型：无"效率" 地主模型：有效率	佃农模型：可变投入利用不足 地主模型：有效率，但市场连锁	农业改革 补贴佃农的农业投入 佃农信贷支持

一"理论（王志刚等，2005）。20世纪60年代，美国经济学家舒尔茨提出的关于发展中国家农户"贫穷但有效率"的著名假说。舒尔茨认为，"在传统农业中，虽然农村家庭大多处于贫穷状态，但生产要素的配置却很少出现显著的无效率"（Schultz，1964）。这一假说对国内外学者关于农民决策行为理论与实证研究产生了深远的影响。由于效率和利润最大化是一枚硬币的两面，因此"农民有效率"的命题，隐含着把利润最大化的生产动机作为农户生产的目标。

但是，舒尔茨的"理性小农"假说存在明显的局限性。因为他忽略了农业生产中的风险因素在农业生产中，发展中国家农户生计的重要特征就是高度的不确定性。这些不确定性因素是大批农户贫困的原因，而贫困使得风险性事件的后果经常把农户置于生存和饿殍之间。因此，"安全第一"理论认为，农

---

① （美）弗兰克·艾丽思. 农民经济学：农民家庭农业和农业发展 [M]. 上海：上海人民出版社，2006：187.

户除了利润最大化目标外，还必须考虑不确定性事件带来的风险。20世纪80年代以来，国内外学者日益认识到风险规避对于分析和理解农户行为的重要性，形成了大量相关的理论和实证研究成果。

2.1.1 农户风险决策行为理论

在已有文献中，存在三类关于不确定性条件下的选择理论，他们的差异主要集中在对"不确定"概念的解释上，其中有两类截然不同的理解：一类理论把不确定性刻画为客观的不确定性，即认为不确定性是客观存在的对可能结果的概率分布，这一理论的代表人物就是著名的冯·诺依曼和摩根斯坦（von Neumann – Mogenstern）期望效用理论；另一类理论则认为不确定是基于个人对可能结果的主观判断，这一理论的代表是萨维奇（Savage）主观效用理论。在这两类理论的中间还存在一些折中的理论，其代表人物是安斯康姆－奥曼（Anscombe – Aumann）状态依赖（或称赛马彩票－轮盘）期望效用理论（田国强，2016）。在农业风险决策理论研究方面，已有文献主要是基于 von Neumann – Morgenstern（1944）提出的期望效用理论，并衍生出许多不同的风险决策理论模型与方法，下文将重点综述有重要影响的农户风险决策理论。

1. 期望效用理论

个体在不确定性环境中对风险的反应是社会学、心理学和经济学研究的重要领域。新古典经济学在分析个体行为时，先验的假定个体在信息完全的条件下追求效用（利润）最大化，忽视了不确定因素对不同风险态度决策者的影响，因此无法很好地说明和解释风险条件下的个体决策行为。对于从事农业生产的农户而言，不仅面临各种风险冲击的威胁，而且信息不完全和信息不对称是常态，先假设他们在确定性环境中能掌握完全信息与农业生产的现实相悖。此外，利润（效率）最大化也并非农村家庭的唯一目标，在不确定性环境中，农户大多为风险厌恶者。因此，新古典经济学以利润最大化为单一目标的决策理论也就难以正确地解释和预测高度不确定条件下的农户决策行为。为了把风险因素纳入个体行为决策过程，经济学家提出和发展了各种不同的风险决策行为理论。

Friedman and Savage（1948）、Markowitz（1959）、Tobin（1958）、Just（1975）

是风险决策行为研究的先行者,这些前期研究的理论基础主要源于 Von Neumann and Morgenstern（1944）提出的期望效用理论①。这一理论蕴含的思想最早出现在 Von Neumann and Morgenstern（1944）出版的《博弈理论和经济行为》一书中。此后，经过学者们的不断完善和发展，形成了期望效用理论的分析框架（Expected Utility Theory），为探究和理解风险与决策行为的关系提供了一个十分重要的理论分析框架。与确定性条件下的利润最大化目标相比，期望效用理论认为，如果经济个体对不确定性事件及其后果有着自己的主观判断，他在选择中将会追求预期效用的最大化。在期望效用理论的分析框架下，可以将风险态度和不确定性因素纳入一个统一的理论框架进行分析。由于农业生产中不确定性和风险因素的普遍存在，期望效用理论已经成为分析农户风险决策行为的基础理论。在农户风险决策行为的研究中，研究者根据研究目的和研究背景，通过拓展期望效用理论，建立不同的效用最大化模型分析农户在不确定性环境中对风险的反应，考察和预测农村家庭在风险条件下的决策行为。

期望效用理论假设农户的偏好满足四个条件（王江，2006）：①完备性（complete）；②传递性（transitive）；③连续性（continuous）；④独立性公理（independence axiom）。完备性是指对于选择空间中的任意两个元素，农户都可以用这种偏好进行比较。传递性是指，如果农户认为 x 不差于 y，y 也不差于 z，那么必然有 x 不差于 z。连续偏好认为一种偏好关系如果在极限下也能保留，就被称为连续的。如果偏好同时满足①完备性和②传递性，则认为这种偏好满足理性。因此，满足以上三个条件的偏好也等于满足理性和连续性的偏好，此时偏好可以用一个连续函数 $u(x)$ 来表示。独立性公理是指如果对任意 3 张彩票 A、B 和 C 和任意 0 到 1 之间的数 α，以下条件总是成立：

$$A \geqslant B \Leftrightarrow \alpha A + (1-\alpha)C \geqslant \alpha B + (1-\alpha)C$$

那么称对彩票的一种偏好关系满足独立性公理。

如果定义农户的偏好是理性和连续的，并且满足独立性公理，那么这样的偏好可用期望效用函数的形式表述出来。也就是说，可以为每种结果 $n = 1, \cdots, N$ 指定一个效用值 u_n，使得对任意两个彩票 $L = (p_1, \cdots, p_N)$ 与 $L' = (p'_1, \cdots, p'_N)$ 来说，必然有：

---

① 期望效用理论又被称为"冯诺伊曼 - 摩根斯坦效用函数"、"vNM 效用理论"、"伯努利原则"。

$$L \geq L' \Leftrightarrow \sum_{n=1}^{N} p_n u_n \geq \sum_{n=1}^{N} p'_n u_n$$

这一结论意味着，满足理性、连续性以及独立性公理的偏好可以表示为期望效用函数的形式（冯诺伊曼－摩根斯坦效用函数或简称 vNM 效用函数）[①]。

$$U(L) = \sum_{n=1}^{N} p_n u(x_n)$$

预期效用理论提出了一系列有关个人应怎样安排风险"情景"的公理，并推断出序数效用函数 $U(Y)$（ordinal utility function）的存在。只要个体能对各种可能结果估算为一系列一致的效用，那么以预期效用最大化为标准就能形成与个体真正偏好相符合的决策。遵循这种思想，可以按照各方案的预期效用的大小对各方案进行排序，并选取预期效用最大的方案。例如，假定一个农户的效用函数为：$U(Y) = \alpha Y + \beta Y^2$；相应的农业生产计划的预期收益为：

$$E[U(Y)] = \alpha E[Y] + \beta E[Y^2] = \alpha E[Y] + (\beta E[Y^2] - \beta E[Y]^2) + \beta E[Y]^2$$
$$= \alpha E[Y] + \beta V[Y] + \beta E(Y)^2$$

式中，α、β 为常数，满足 $\alpha > 0$ 且 $\beta < 0$，$V[Y]$ 代表收益 Y 的方差。按照预期效用理论，农户偏好于预期收益（$E[Y]$）高而收益方差（$V[Y]$）小的生产计划。换言之，若给定预期收益水平，该农户将偏好于收益方差最小的那个生产计划。

期望效用理论并不限定个体的效用函数形式，可以根据需要选择最能描述个体行为的函数形式。由于允许广泛选择效用函数和概率分布，并且考虑了不同决策者对风险的态度，预期效用理论得到了十分普遍的应用。Pope（1982）就曾前瞻性地预言，期望效用模型将会是经济分析中主要的分析方法，在此之后的近 40 年，预期效用及其模型在经济学、心理学等研究领域得到了广泛应用。

尽管期望期效用理论一直是经济学中主要的决策理论（MetteWik and Stein Holden，1998），但是有关预期效用理论也不是没有异议。例如，著名的"阿莱斯悖论"（Allais Paradox）就是违背预期效用最大化原则的例子（季爱民，2007）。此外，也有些学者发现了与预期效用最大化相悖的现象（Kahneman and Tversky，1979）。Mette Wik and Stein Hold（1998）认为，对预期效用模型的通常指责，就是个体并不一定总是根据客观概率在诸多风险

---

① 这一结论被称为"期望效用定理"。见：徐高. 金融经济学二十五讲[M]. 北京：中国人民出版社，2018.

前景中进行选择。同时,有经验证据表明,人们往往倾向于过高估计小概率结果而对于发生概率较高的事件却估计不足;而 vNM 的预期效用模型,并没有明确风险结果到底是与财富水平相关的损益,还是最终财富本身。一些经济学家的研究也为期望效用理论提出了辩护。他们认为,大多数违背预期效用假设的情况都是在精心设计的实验中获得的(Mette and Stein,1998)。Bar – Shira(1992)的研究也证实,只有在结果或者概率不可区分的情况下才违背预期效用假设。

2. 前景理论

值得注意的是,期望效用理论是将效用定义在结果上,而非回报之上的。也就是说,不管农户的初始收入(财富)是多少,最终同样的收入(财富)水平会带来同样的效用水平。举例来说,如果农户甲上年的收入只有 1 000 元,今年有 1 万元;而农户乙上年有 100 万元,今年也只有 1 万元,那么按照期望效用理论,农户甲和农户乙今年的效用水平是一样的。但很显然,农户甲的幸福程度应该比农户乙更高,因为农户乙对那失去的 99 万元的懊悔会让他很难受。对大部分个体而言,对损失的感受要远大于对获得的感受,对失去 99 万元的痛苦感要远比意外获得 99 万元的喜悦感深刻得多。

因此,在定义农户效用时,有必要把当前的状况与某个基准做比较。Kahneman and Tversky(1979)提出来的前景理论(prospect theory)① 就是这一方面的代表。他们认为,失去一笔钱带来的效用损失的幅度,比得到同一数额的钱带来效用增进的幅度要更大。图 2 – 1 – 1 画出了前景理论所认为的效用的变

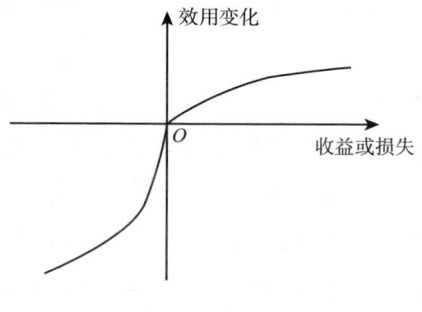

图 2 – 1 – 1 前景理论

---

① 有些文献也将前景理论称作"展望理论"。

化。效用曲线在当前收入水平（作为比较的基准）处有明显的弯折，效用的变化对损失更为敏感。

国内学者也应用前景理论对家庭在不确定条件下的经济行为进行了研究，田珍和应瑞瑶（2010）基于有限理性的假设，从行为经济学的视角，运用前景理论研究城乡居民消费需求扩大的制约因素，并在此基础上提出当前扩大居民消费的政策建议。陈冲（2014）在总结了各类收入不确定性度量方法优缺点的基础上，采用"预期收入离差率"衡量农村居民收入不确定性，从不确定性心理状态和不确定性程度两个方面来考察收入不确定性对我国农村居民消费行为的影响。封福育（2019）基于我国 1999~2016 年的省级面板数据，应用前景理论考察收入不确定性对城镇居民消费率的影响。

需要强调的是，尽管预期效用理论并非完美，但截止目前还没有发现更好的理论取代它，并且通过修正效用函数使其假设条件得到满足时，预期效用理论仍不失为一种有效的方法（Kahneman and Tversky，1979）。事实上，预期效用理论不仅得到了普遍应用，而且基于这个理论还产生了诸多应用广泛的模型方法，被广泛用来分析不确定条件下的选择。例如，考察保险需求和资产市场特征（陈凯，黄滋才，2017）、检验风险对策效率（黄金波等，2016）、研究投资组合选择（姚海祥、李仲飞，2014）等。与此同时，甚至一些人类学家，如 Cancian（1989）、Sutti Ortiz（1983）、Lawrence A. Ruzenar（2000），也开始把期望效用理论引入其研究领域。

农业经济学家的研究普遍支持效用理论与人们实际行为之间的吻合性和一致性（Dillon and Scandizzo，1978；Bar-Shira，1992）。因此预期效用理论及其相关模型方法也被用来分析不确定环境中的农户决策行为。农业生产经营是一个风险过程，大量事实证明，农户对风险是厌恶（规避）的（Hazell，1982）。在实证研究中，如果忽略风险因素，如在建模时遗漏农户风险态度因素，将高估农业产出水平，对农产品供给弹性的估计也将是有偏的，对农户生产资源（如土地和灌溉水资源的价值）的重要性以及技术选择的预测也不正确（Hazell，1982）。因此，在农业经济学研究中，尤其是研究农户生产经营决策行为时，必须考虑风险因素的影响。Pope（1982）发现，在农业经济学研究领域，使用最多的就是预期效用模型，目前为止该模型仍然是农业经济学家研究风险和不确定性条件下生产者决策行为的主要工具。

2.1.2 农户风险态度的研究

1. 农户风险态度的含义

预期效用与个体的主观判断密切相关,因此农户对于风险的态度(attitude)是研究农户风险决策行为必须涉及的一个非常关键的概念。风险态度是个人对于特定对象以一种方式做出反应时所持的评价性的、较稳定的内部心理倾向。本质上而言,风险态度与风险偏好的内涵是一致的。在经济学研究中,风险态度被分为三类:风险厌恶(规避)、风险中性和风险偏好。图2-1-2显示了三种风险态度对应的效用函数,左边是风险偏好者的效用函数,中间是风险中性者的效用函数,右边是风险厌恶者的效用函数。

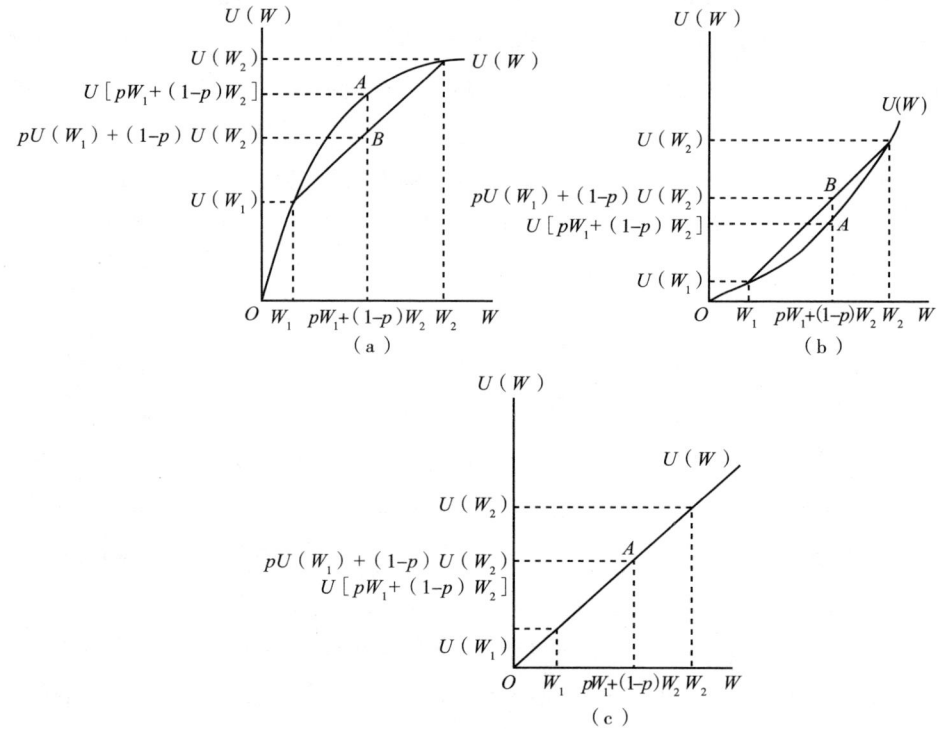

图2-1-2 不同风险态度者的效用函数

农户风险行为的大部分情况均可归入抽彩构架(Hal R. Varian,1991)。上述三个图中,如果用横轴 W 表示农户在风险条件下的农业收入,p 和 $(1-p)$ 分别表示农户获得农业收入 W_1 和 W_2 的概率,纵轴 $U(*)$ 表示相应农业收入带来的效用，那么：①对于风险厌恶的农户而言，$U\{pW_1+(1-p)W_2\} > pU(W_1)+(1-p)U(W_2)$。②对于风险中性的农户，$U\{pW_1+(1-p)W_2\} = pU(W_1)+(1-p)U(W_2)$。③对于风险偏好的农户而言，$U\{pW_1+(1-p)W_2\} < pU(W_1)+(1-p)U(W_2)$。

2. 度量农户风险厌恶程度的方法

发展中国家农户生计的公认特征就是高度的不确定性。相比发达国家的农民，发展中国家的农民往往面临更严重的自然风险，所遇到的不确定性也更加广泛和严重。在一些发展中国家，农民（尤其是贫困农民）的生活缺乏保障是一个亟待解决的问题。遭遇风险的后果就是大批农民的贫困。而对于贫困农户，风险的负向冲击往往会把农民置于生存和饿殍之间。因此，研究发展中国家的农户行为，大多假设他们是风险规避者。Lipton（1968）把避免灾难称为农民的"生存算术"，贫困农户必然会选择回避风险。如果他们不能回避风险的话，就不能在两个收获季节之间维持自己的生活，并可能由此受到生存威胁。农户规避风险的思想也被称为"安全第一原则"。

（1）确定性等值与风险溢价。农户大多不喜欢产量的波动，其背后的思想是认为农户厌恶风险。但农户为什么会厌恶风险？他们厌恶风险的程度有没有差别，能否度量？这些是思考农户在风险状况下的生产决策时必然会想到的问题。这些问题的答案对理解农业生产行为和农业生产率也非常关键，农户对风险的态度（厌恶程度）决定了农户面对风险时的生产决策行为，因而会影响农业生产率。本书在介绍期望效用的分析框架之后，一个自然的延伸就是讨论对农户风险厌恶程度的度量。

图2-1-3是农户风险厌恶的直观表示。图2-1-3中有两条效用函数曲线$u(\cdot)$和$v(\cdot)$，其中，$v(\cdot)$对应的曲线曲率更大（更加弯曲）。在有风险的环境中，个体的效用并非确定的，而是表现为期望效用。农业产出存在大量的不确定性，假设有50%的可能性获得$c+\Delta$，50%的可能性获得$c-\Delta$。尽管农户的期望产出为c，由于不确定性的存在，他们的期望效用$E[u(c)]$和$E[v(c)]$分别低于确定性条件下的效用$u(c)$与$v(c)$，其中：

$$E[u(c)] = \frac{1}{2}u(c-\Delta) + \frac{1}{2}u(c+\Delta)$$

$$E[v(c)] = \frac{1}{2}v(c-D) + \frac{1}{2}v(c+D)$$

所谓"确定性等值"（Certainty Equivalence，简称 CE），就是寻找一个确定性的产出 $ce_u(ce_v)$，这个确定性的产出带来的效用值与风险条件下的期望效用一致。即：

$$u(ce_u) = E[v(c)]$$
$$v(ce_v) = E[v(c)]$$

Hardaker（2004）认为，按照效用函数进行排序与依据确定性等值进行排序是一样的。通过上面两个表达式可以找出与不确定性产出效用相等的确定性产出水平 ce_u 与 ce_v，容易发现，确定性等值均小于 c，它们与 c 之间的距离就是农户愿意为消除不确定性而牺牲的期望产出，也就是农户的风险溢价。

所谓"风险溢价"（Risk Premium，简称 RP），就是一项风险性活动的预期值 c 与其确定性等值 $ce_u(ce_v)$ 之间的差额，也就是个体愿意为避免参与一场公平赌局而支付的数额。Young（1979）认为风险溢价是一个具有吸引力的评价风险规避程度的量度。但是 Young（1979）同时也指出，不管风险规避采用何种度量，风险规避都只能表示局部特征，因为风险规避的表现和程度会随着赌注的大小而有所改变。

确定性等值与风险溢价的大小与效用函数的弯曲程度有关，效用函数的弯曲程度越大，确定性等值就越小，风险溢价就越高。由于效用函数的弯曲程度可以衡量风险厌恶程度，因此确定性等值和风险溢价可以衡量风险效果，并对风险厌恶成本进行量度。如图 2-1-3 所示，效用函数曲线 $v(\cdot)$ 的曲率比 $u(\cdot)$ 更大，表示具有该效用函数的农户为了消除产出的不确定性，愿意牺牲更多的产量。

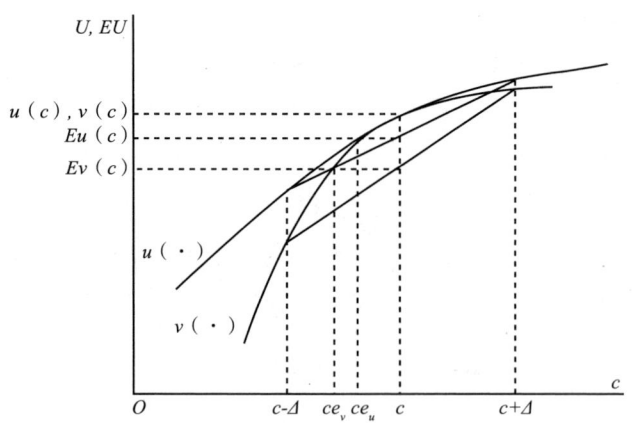

图 2-1-3　风险厌恶程度的度量

尽管确定性等值和风险溢价就可以用来衡量农户的风险厌恶程度。风险溢价越大，风险厌恶程度就越高。但是，这种形式的风险溢价（期望产出与确定性等值之间的差）与期望产出本身以及产量的波动幅度有关，使用起来不方便。我们希望找到一种与具体产量无关，只是刻画农户主观风险厌恶程度的指标。图2-1-3表明，农户的风险厌恶程度与效用函数的弯曲程度有关，那么是否能够从这一点出发来构造衡量风险厌恶程度的指标呢？答案是肯定的。绝对风险厌恶系数和相对风险厌恶系数就是这样的指标。风险偏好可以通过财富或收入的效用函数及相关的预期效用函数求得（Young，1979）。但是具体使用什么样的指标，要根据具体的研究内容及所掌握的有关个体行为者的信息来决定。

（2）绝对风险厌恶系数。在绝对风险厌恶系数提出之前，学者们通常用效用函数的弯曲度或效用函数的二阶导数来衡量风险厌恶程度。Pratt（1964）认为，无论是效用曲线的弯曲度还是效用函数的二阶导数，都不能准确地度量风险厌恶程度，为此他提出了绝对风险厌恶系数的概念和计算方法。对一个家庭财富水平为 y 的农户提供一项农业投资。这项投资成功的概率为 π，此时农户获得数额为 h 的收入，失败的概率为 $(1-\pi)$，农户将损失数额为 h 的收入。假设 h 很小，农户是否会参与这项投资与 π 的大小密切相关。π 越大，农户参与这项投资的回报越会增加。特别地，当 $\pi=1$ 时，农户可以确定性地获得 h 的回报，理性的农户都会参与这项投资。

根据经验，风险厌恶程度越高的农户、越需要更高的项目成功概率 π 来吸引他加入这项投资。定义 π^* 为使得农户在参与和不参与投资之间完全无差异的临界值，π^* 就可以被视为对农户风险厌恶程度的又一个度量。按照 π^* 的定义，把 π^* 进一步表示为农户偏好的函数：

$$u(y) = \pi^* u(y+h) + (1-\pi^*) u(y-h)$$

将 $u(y+h)$ 与 $u(y-h)$ 在 y 处做泰勒展开，可得：

$$u(y+h) = u(y) + hu'(y) + \frac{h^2}{2}u''(y) + o_1(h^2)$$

$$u(y-h) = u(y) - hu'(y) + \frac{h^2}{2}u''(y) + o_2(h^2)$$

其中，$o_1(h^2)$ 与 $o_2(h^2)$ 为高阶余项，在 h 很小的情况下可以被略去，将略去高阶余项后的上式带入：

$$u(y) = \pi^* \left[u(y) + hu'(y) + \frac{h^2}{2}u''(y) \right] + (1-\pi^*) \left[u(y) - hu'(y) + \frac{h^2}{2}u''(y) \right]$$

整理可得：

$$0 = (2\pi^* - 1)hu'(y) + \frac{h^2}{2}u''(y)$$

从中解出：

$$\pi^* = \frac{1}{2} + \frac{h}{4}\left[-\frac{u''(y)}{u'(y)}\right]$$

不考虑常数的影响，进一步定义：

$$R_A(y) \triangleq -\frac{u''(y)}{u'(y)}$$

其中 $R_A(y)$ 就是绝对风险厌恶系数（coefficient of absolute risk aversion）[1]，从定义可以看出，绝对风险厌恶/规避系数是一个有关财富水平的函数，而不是一个确定的常数。当 $R_A(y) > 0$ 时，表示农户是风险厌恶/规避的；当 $R_A(y) < 0$ 时，表示农户是风险偏好的；当 $R_A(y) = 0$ 时，表示农户是风险中性的。绝对风险厌恶系数 $R_A(y)$ 越大，为了吸引农户参与投资，就需要越高的项目成功概率。

$R_A(y)$ 可以被解释为不同结果在空间上单位效用的边际变化（Raskin and Cochran，1986）。绝对风险厌恶系数一经提出就得到了广泛的应用，成为量化分析农户风险态度的常用指标之一。但正如 Hardaker（2004）所指出的那样，绝对风险厌恶/规避是一种很常用但也经常被滥用的概念。他认为，首先，绝对风险厌恶系数并非一个确定的数值，而是收入（财富）的函数。其次，绝对风险厌恶系数的大小受到度量单位的影响，不同的度量单位之间不具有可比性。

（3）相对风险厌恶系数。Arrow（1971）首先提出了相对风险厌恶系数的概念，但其度量却源于 Pratt（1964）提出的方法。类似于绝对风险厌恶系数的推导，可以推导一个应用更为广泛的衡量风险厌恶程度的指标——相对风险厌恶系数 π^* [2]，在上述推导绝对风险厌恶系数的时候，假设农业投资项目盈亏的数量与农户的财富规模无关。在定义相对风险厌恶系数时，假设项目盈亏的数量是农户财富水平的一个固定比例。对一个财富水平为 y 的农户提供一项投资，这项投资成功的概率为 π，此时农户获得数额为 θy 的收入，失败的概率

---

[1] 因为这种方法最先由普拉特（Pratt）和阿罗（Arrow）提出，所以绝对风险厌恶系数也被称为阿罗 - 普拉特绝对风险厌恶系数（Arrow - Pratt measure of absolute risk - aversion，简称 RAR）。

[2] 这一指标又被称为阿罗 - 普拉特 - 德菲内特相对风险厌恶系数（Arrow - Pratt - De Finetti measure of relative risk - aversion，简称 RRA）。

为 $(1-\pi)$，农户将损失数额为 θy 的收入。换言之，农户面对的投资项目规模与其初始财富成正比（比例因子为 θ）。仍然假设 θ 是一个很小的数，同样定义 π^* 为使得农户在参与和不参与投资之间完全无差异的临界值：

$$u(y) = \pi^* u(y+\theta y) + (1-\pi^*) u(y-\theta y)$$

将 $u(y+\theta y)$ 与 $u(y-\theta y)$ 在 y 处做泰勒展开，并略去二阶导以上的高阶余项，可得：

$$u(y+\theta y) = u(y) + \theta y u'(y) + \frac{\theta^2}{2} y^2 u''(y)$$

$$u(y-\theta y) = u(y) - \theta y u'(y) + \frac{\theta^2}{2} y^2 u''(y)$$

将上式带入式，有

$$u(y) = \pi^* \left[u(y) + \theta y u'(y) + \frac{\theta^2}{2} y^2 u''(y) \right] + (1-\pi^*) \left[u(y) - \theta y u'(y) + \frac{\theta^2}{2} y^2 u''(y) \right]$$

整理可得：

$$0 = (2\pi^* - 1)\theta y u'(y) + \frac{\theta^2}{2} y^2 u''(y)$$

从中解出：

$$\pi^* = \frac{1}{2} + \frac{\theta}{4} \left[-\frac{y u''(y)}{u'(y)} \right]$$

不考虑常数项，定义相对风险厌恶系数：

$$R_R(y) \triangleq -\frac{y u''(y)}{u'(y)}$$

3. 度量农户风险态度的方法

国内外学者也对农户风险态度进行了测量，归纳起来主要有三种方法。

（1）实验方法测量风险态度。这种方法是以期望效用理论为基础，采用实验方法来测量农户的风险态度，即设计具有不同预期回报与方差的抽彩，通过农户的选择来判断其风险态度。Liu（2008）在对中国农户生产行为的研究中用实验方法来测量农户的风险态度，考察了农户风险态度与抗虫棉花技术采用间的关系，结果表明风险规避倾向强的农户更晚地采用抗虫棉花。赵佳佳等（2017）借鉴实验经济学的研究方法，从四个维度测量了苹果种植户的风险厌恶水平，实证分析了风险态度对苹果安全生产行为的影响。毛慧等（2018）

采用肉鸡养殖户的调查数据，利用实验方法测度了农户的风险偏好，对农户技术采纳行为与农户风险偏好之间的关系进行了实证分析。高杨和牛子恒（2019）采用实验经济学方法，测度了山东省 445 户菜农的风险厌恶程度，利用 Logit 模型分析风险厌恶程度对菜农绿色防控技术采纳行为的影响。但用实验方法测量农户风险态度也存在局限性：因为，农户在实验情景下的选择可能与其在生产过程中的实际选择并不一致，把农民的决策行为与让农民做的摸彩实验结果等同起来，得出错误推论的危险性非常大（Binswanger and Sillers，1983）。因为常识告诉我们，许多农民把摸彩看做游戏，很少联系到自身的生存。

（2）通过计量方法进行测量。这种方法是使用风险的客观指标（如价格变动、产量变动等）经研究处理后得到关于农户风险程度的结论。现有的研究对生产风险的测量大多是基于 Antle（1987）提出的矩方法，这种方法暗含着投入（或其组合）决定生产风险的假设。这种方法首先估计给定投入情况下产出的概率分布，然后根据农户的实际投入与利润最大化投入之间的差距来判断农户的风险规避倾向。Shajari（2006）基于这种方法考察了伊朗农户的风险态度对新农作物种子的使用情况的影响，发现新种子的使用会增加农户所面临的风险，风险规避倾向增强会对农户使用新种子的行为产生显著的负面影响。王志刚等（2005）利用四川和重庆三个县的农户调查数据，考察了中国农户的风险态度。研究发现，收入风险对其农业新技术的采用以及化肥的施用量并无显著影响，据此推断农户是风险中性的。

（3）Tobin 度量法。Tobin（1958）基于风险和预期收益无差异曲线的风险度量方法，也提出了一种度量风险态度的方法。假定投资者的效用函数为 $U(\bar{W},\sigma)$，其中 $\bar{W}$ 是一个时点末的预期财富水平，而 σ 是标准差。则当 $d\bar{W}/d\sigma > 0$ 时，投资者是风险规避的，而当 $d\bar{W}/d\sigma < 0$ 时，投资者是风险偏好的。绝对风险规避的度量与 $\bar{W}$ 和 σ 的无差异曲线的斜率有关。斜率分别大于、等于和小于 0 时，表示曲线的弯曲，即向 σ 轴凸或凹，分别表示风险规避程度上升、不变和下降。但是这种方法在农业经济研究中很少使用。

2.1.3 不确定性与农户生产行为

如果把农业产出作为随机变量，理性的农户在福利最大化的决策中，不仅要考虑产出的期望大小，也必须重视产出的波动性风险，实现"均值-方差"的综合考量①。已有经验研究大多支持农户是风险规避者的论断（Dillon and Scandizzo，1978；Binswanger and Sillers，1983），认为农民的行为遵守"安全第一"的拇指规则，Ellis（1988）也提出"安全第一"的风险规避型农民理论来阐述农民的经济行为。国内外学者的研究大都认为，风险规避使农户做出的资源配置决策是次优的（Wolgin，1975；Bliss and Stern，1982）。

1. 风险条件下的农户生产决策

新古典经济学分析农户规避风险对农业生产行为的影响可以用图 2-1-4 中的曲线进行描述。图 2-1-4 中三条曲线分别对应一种农业可变投入（例如：农药、化肥和农膜等）数量与农业产出变化之间的关系。农业产出用价值单位进行衡量，因此图中三条曲线是包含价格因素的总产值曲线。将这三条曲线与投入成本曲线结合，可以看出不同投入水平下的利润或亏损状况。

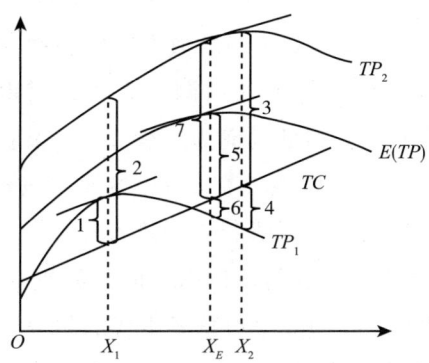

图 2-1-4 风险与农户生产决策关系图

假设由于天气的不确定性，农业生产面临自然风险的威胁。如果未来的降雨量有两种可能性，一种是降雨量缺乏的坏天气，农民只能获得很低的农业产出，对应总产值曲线（TP_1）；另一种是正常降雨量的好天气，农户可以获得较高的产量，对应总产值曲线为（TP_2）。在农业生产实践中，农户常会依据经验，对未来的天气状况进行主观判断。例如，对于一个已从事 10 年农业生

---

① 此处借鉴了金融经济学中"均值-方差"的术语，详见：徐高. 金融经济学二十五讲[M]. 北京：中国人民出版社，2018。

产的农户，如果10年中有6年风调雨顺，有4年干旱少雨，那么出现好天气的主观概率就是0.6，出现坏天气的主观概率是0.4。未来的农业产出应当是预期的农业产出，对应曲线为图2-1-4中的$E(TP)$：

$$E(TP) = 0.4TP_1 + 0.6TP_2$$

在考察风险与农业生产的关系时，TP_1和TP_2对应着自然状态的后果。曲线TP_1反映了在坏天气的情况下，不同农业投入与农业产出的关系，曲线TP_2反映了在好天气的情况下，不同农业投入对农业产出的影响。与风调雨顺的天气相比，干旱少雨的天气会导致很差的收成，即在同样的农业投入下，干旱天气的农业产出更低，这也是TP_1曲线总是位于TP_2曲线以下的原因。$E(TP)$是以主观概率为权重，TP_1和TP_2的加权平均数[①]。

图2-1-4中TC是总成本曲线，表示随着农业投入的加大，总成本不断增加。横轴上的三个不同的投入数量，代表了农户根据主观风险判断所做出的生产决策。

根据图2-1-4可以分析风险对微观农业生产效率的影响：

（1）在农业投入X_1点上，它与干旱少雨时的配置效率一致，与投入X_1对应的农业产出曲线TP_1的切线的效率与总成本线的斜率相同，说明边际产出等于边际成本，农户实现了坏天气下的利润最大化，获得的利润为线段1。但是，如果好天气发生，农户获得的利润为线段2。如果农户缺乏事后的风险应对能力，即使坏天气发生的可能性仅有0.4，按照"安全第一原则"，他们会尽力规避风险，按照最坏结果那样进行农业投入。

（2）在农业投入X_2点上，它与风调雨顺时的配置效率一致，与投入X_2对应的农业产出曲线TP_2的切线的效率与总成本线的斜率一致，说明边际产出等于边际成本，农户实现了好天气下的利润最大化，获得的利润为线段3。但是，如果坏天气发生，投入X_2将使农户遭受严重的损失，如图2-1-4中的线段4所示。如果农户具备较强的事后风险应对能力，尽管好天气发生的可能性只有0.6，他们仍能抓住获取最大利润的机会（线段3），而不会为了尽力规避风险，采用比较安全的投入X_1获得较少的利润（线段1）。从动态上看，这一结论有一个重要的推论，即风险分担能力越强的农户越有可能获得更高的收入，而收入的增长又会反过来提高家庭的风险应对能力，从而使风险应对能力强的农户进入"收入增加—风险应对能力提高"的良性循环，使风险应对

---

① 由于此处的例子中天气只有两种自然状态，所以两个状态发生的概率之和必然等于1。

能力差的农户陷入"收入下降—风险能力弱化"的恶性循环,这也为理解低收入群体落入"贫困陷阱"无法自拔提供了新的视角。

2. 风险规避与农业生产效率

风险规避行为对农户生产效率的影响主要源于农民不愿意冒险选择收入低于某个特定水平的风险性生产活动[①]。例如,如果一个农村家庭维持基本生活的收入为 3 000 元,那么在他做出生产经营决策时,他不会选择净收入低于 3 000 美元的概率高于 0 的生产活动。Roumasset(1976)把最低收入水平以及关于这一水平最大可接受的风险称为"安全第一"的经验法则。图 2-1-5 在新古典经济学的框架下分析了农户风险规避行为对农业生产效率的不利影响。对于一个理性的农户,最优农业生产投入应当满足:

$$E(MP) = MC$$

即农业投入的预期边际产出价值 $E(MP)$ 等于投入的边际成本 (MC)[②]。农户根据以往的经验,在考虑了好天气和坏天气的可能性之后选择的这个投入数量是最大利润(效率最高)的投入。在图 2-1-5 中,预期边际产品曲线 $E(MP)$ 与投入的边际成本曲线 MC 相交的 B 点对应的投入数量 X_E 就是在风险条件下农户的最优投入数量。

但是,如果农户风险应对能力很弱,将遵循"安全第一"原则,在风险发生以前就规避风险,此时对投入的选择满足:

$$MP_1 = MC$$

这一选择将保证农户在好天气和坏天气发生时都能获得维持家庭基本生存的收入。但是,只有在坏天气发生时农户能达到利润最大化(效率最高),在其他情况下这一投入都是次优的选择,因为其偏离了利润最大化的选择。在图 2-1-5 中,坏天气情况下的边际产出曲线 MP_1 与边际成本曲线 MC 相交的 C 点对应的投入数量 X_1 是风险规避型农户的投入选择。尽管在坏天气的情况下他们能获得最大利润,但是资源远没有达到最优利用,此时投入 X_1 对应的预期边际收益产品 MP_E 远远高于边际成本,利润没有实现最大化。

在发展中国家的农村地区,农户大多厌恶风险(Dillon and Scandizzo,1978;Binswanger and Sillers,1983;赵佳佳等,2017)。为了规避风险,农民

[①] 除非这种风险性生产活动发生的概率很小。
[②] 假设投入的边际成本不变,此时投入的边际成本可以理解为投入品的价格。

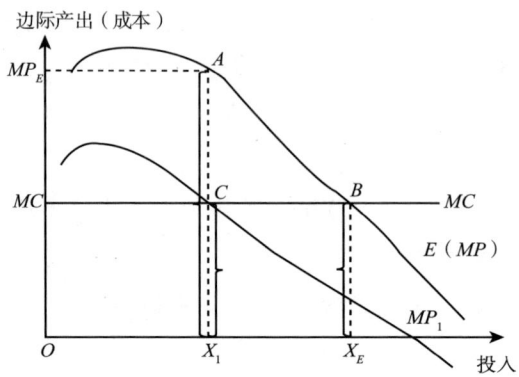

图 2-1-5　风险规避与农业生产效率

在微观生产水平上被迫做出次优的决策,从而偏离利润最大化的目标(Wolgin,1975;Bliss and Stern,1982)。例如,为了降低不确定性的后果,农民选择多元化种植策略,在狭小的土地上混合耕种多种农作物,从而适应不确定性的环境。

2.2　农户风险应对策略的研究综述

自 20 世纪 80 年代开始,发展经济学的研究重点转入了家庭层面的微观分析,农户的风险应对策略及其效果成为研究的热点。相比于非农产业的劳动者,从事农业生产的农民面临着更加频繁和严重的不确定性。国外学者发现,风险冲击可以导致农户消费的剧烈波动(Dercon,2004;Christiaensen and Subbarao,2005)、侵蚀家庭生产性资产(Porter,2012;Yilma et al.,2014)、减少人力资本投资(Hoddinott and Kinsey,2001;Alderman,Hoddinott,and Kinsey,2006;Thai and Falaris,2014)。大量理论和实证研究都表明,不仅巨灾和经济危机等宏观层面的风险冲击对家庭有负面影响,微观风险(如家庭主要劳动力的死亡和患病)也会对家庭产生非常大的打击(Ainsworth et al.,2005;Heltberg and Lund,2009;Heltberg et al.,2013)。总体上看,发展中国家的农户面临着频发的风险,风险冲击对家庭短期生产生活和长期发展造成了诸多负面影响,很容易击垮那些"水深及颈"的农户。农户并非被动地承受风险所带来的福利损失和生存威胁,在长期的实践中,他们创造出各种应对风险的策略。如果以风险发生的时间为界,可以将农户风险应对策略分为事前风险防御机制和事后风险应对机制（Fafchamps，1999）。事前风险防御机制又称为"风险管理"，顾名思义就是农户在风险发生之前未雨绸缪，减少家庭暴露于风险的机会。事后风险应对机制又叫做"风险应对"，可以进一步细分为事后纵向风险应对机制和事后横向风险应对机制。下文分别对国内外有关农户事前和事后风险应对措施的研究成果进行综述①。

2.2.1 农户事前风险管理策略的研究

事前风险管理策略的特点可以归纳为，农户在降低收入波动性的同时不得不承受生产率和利润的损失（刘亚飞，2012）。在农业生产实践中，农户常常坚持使用保守的生产技术，而在使用可能增收的新技术时态度非常谨慎，例如：选择虽然低产但却能抵抗各种不良天气变化的作物，在土地规模狭小的情况下选择种植多种农作物，甚至还同时从事非农产业的生产和经营（Tim and Ethan，2002）。以上方法都是农户常用的事前风险应对机制，这些生产决策虽然在某种程度上规避了风险，但也使农户丧失了提高收入的机会，对贫困农户尤其不利。因此，事前的风险防御机制是把"双刃剑"，是农户在生计保障和经济效率之间进行权衡取舍的结果。风险会使得农民不愿意或者非常犹豫接受农业生产经营中的新事物，从而表现出生产中的保守主义（Lipotn，1979；王阳、漆雁斌，2010、毛慧等，2018；高杨、牛子恒，2019）。这种保守主义主要有四种表现：第一类是谨慎采纳农业生产新技术。第二类是选择低风险、低收益的农业生产项目。第三类是利用多样化的生产活动分散风险，主要包括农业生产模式的多样化、品种的多样化和收入来源的多样化。第四类是在农业生产过程中灵活的安排生产来规避风险。

1. 谨慎地采纳农业新技术

风险和不确定性使得农户在农业生产中表现出保守主义的特征，这种风险规避行为阻碍了农业创新的传播和应用。尽管农业领域的技术创新能够提高农

---

① 按照不同的划分方式，农户风险应对策略有不同的分类。一些文献基于风险应对策略的规范性，将农户风险应对策略分为正规风险应对机制和非正规风险应对机制（马小勇，2006）等，还有一些文献从网络视角把农户风险应对机制分为不同层面风险应对机制构成的网络（邰秀军等，2008；王阳、漆雁斌，2019）等。由于按照风险发生的时间进行分类是已有文献最常见的方法，故本节主要综述事前风险应对机制与事后风险应对机制的研究成果。其他视角的分类详见第3章3.1.1节。

民家庭的产量和收入，但农村家庭为了管理和控制风险，他们不愿意或者非常犹豫采用这些新技术，而是倾向于采用传统和更加熟悉的生产技术。农户在采纳农业新技术和种植新品种上相当保守。尽管传统的农业生产技术回报比较低，但风险可控。农户在农业新技术采纳上的保守行为主要有两个方面的原因。

首先，农户采用新技术往往意味着需要较高的投入，在农业生产风险较大的情况下，他们会因为担心对新技术的投资无法收回而放弃选择新的农业生产技术，或者在新技术的使用方面持谨慎态度。Juma（2009）利用肯尼亚的农户数据，考察了生产风险对农户新技术采用行为的影响。研究发现，对于低收入水平的农户，产出风险增加会使农户更少地使用化肥，但是会增加对梯田与绿肥的采用。这是因为化肥对当地农户来说属于高成本、高风险的投入，而绿肥属于低成本、低风险投入，有助于降低风险。Kassie and Yesuf（2008）基于埃塞俄比亚的数据，研究了农业生产风险对先进土地管理技术应用的影响。研究发现，农业产出风险对农户化肥施用的概率与数量有显著的负向影响，同时也发现，产出风险对农户采用土壤保持技术没有影响。已有研究大多认为，农业生产风险对不同技术的采用具有异质性的影响，对于投入较少、风险低的技术应用没有显著影响或具有正向的影响，而对于投入较大、风险较高的新技术具有负向影响。

其次，新技术本身可能带来风险的增加。这是因为在缺乏技术培训和指导的情况下，农户对新技术的信息掌握不足，对其使用方法缺乏了解；另外，农业新技术在引进后，可能并不适合当地特殊的自然地理条件。贸然采用新技术可能带来的风险增加使农户对于采用新技术持谨慎态度。Fufa and Hassan（2003）的研究发现，使用新品种会显著增加埃塞俄比亚农户的生产风险，由于缺乏必要知识与信息所造成的化肥的使用不当，也会增加产出的风险。对于那些仅能维持基本生存的贫困农户，他们更倾向于采用保守的生产策略，这会限制化肥和新作物品种在农村地区的推广。王阳和漆雁斌（2010）、李斌和王阳（2011）的研究发现，采用保守的农业生产技术和品种是农户事前风险管理策略的方式之一。程琳琳等（2019）基于湖北省615个农户的调查数据，运用结构方程模型对农户风险感知与绿色耕作技术采纳行为的关系进行了实证分析。结果发现，农户风险感知到的风险越大，越少采用绿色耕作技术，风险感知负向地影响农户技术采纳行为。因此，风险规避型农户对新技术和作物品种的态度是导致农业技术推广和传播缓慢的重要原因。

2. 选择低风险低收益的生产项目

保守主义的生产方式还体现在农户常常选择低投入低回报的农业生产项目，放弃高投入高产出的生产计划。农户的风险暴露越多，他们越有可能主动放弃从事高风险和高收益工作的机会（Zhang and Zhao，2015）。Eswaran and Kotwal（1990）的研究发现，在信贷市场不完善的情况下，农户缺乏平滑消费的手段，拥有资产少的农户大多选择从事低风险低回报的生产项目，以避免高风险活动可能产生的生活困难。反之，拥有资产多的农户有较强的风险应对能力，可以在风险发生后通过出售流动性资产来缓解生活困难，所以他们更有能力从事高风险高回报的生产项目。Rosenzweig and Binswanger（1993）的研究发现，如果农户生产经营面临的不确定性增加，农户会更加看重生计保障的重要性，从而选择利润较低但风险较小的保守生产策略。例如，在不确定未来气候条件的状况下，农户不会贸然选择高风险高收益的生产项目，只有获取足够的天气信息以后才会制定相应的种植计划，这种生产决策的滞后性可能会使农户损失惨重。Dercon（1996）建立了一个农户受流动性约束的跨期消费模型，该模型说明，如果农户持有较多的流动性资产，能够在风险冲击后较好地控制家庭消费波动，他们会更愿意从事具有高风险的生产项目。Dercon（1996）采用坦桑尼亚西部农户调查数据进行实证研究表明，拥有较多耕牛（流动性资产）的农户很少种植低风险同时也是低收益的农作物。因为资产积累水平较低的农户风险应对能力不足，他们只能从事低风险低回报的生产活动，这种情况扩大了当地的收入差距。郭云南和王春飞（2016）基于农业部固定观察点调查和中国经济研究中心的补充调查数据，实证分析了新农合对农民创业行为的影响。研究发现，新农合试点村庄的农民比非参合村庄的农民更高。这是因为通过新农合对医疗风险不确定性的控制，可以为农户在未来生大病的情况下提供可依赖的保障，从而促使他们更愿意去从事高风险的创业活动。

3. 多样化策略

中国农户生产模式的典型特征是"小而全"，这一特征是对多样化策略的精辟概括。尽管多样化策略在一定程度上阻碍了农业创新的传播和采用，不利于农业专业化实现，与农户利润最大化的目标相违背，但在实践中，"小而全"的多样化生产策略在一定程度上也帮助农户分散了风险（陈风波等，2005）。

（1）生产模式的多样化。农户在长期的农业生产实践中积累了多样化的种植模式，这种多样化的种植模式在间作和套种中表现得尤其明显。间作是在同一地块上同时种植两种及以上的不同作物种类，间作的不同作物的生长期较长。套种是在前期种植一种作物的生长后期再次种植新作物的种植模式，套种的作物共同生长的生育期较短。间作、套种是农户分散风险，减少产量和收入波动的重要手段。Norman（1974）的研究发现，间作、套种有很多优点，其中之一就是在天气或市场价格逆转时，保证农产品产量或收入达到一定水平。以一种作物种植为主，选择对环境变化具有不同敏感性、不同成熟期、主产品和副产品具有多种最终用途的各种不同农作物进行间作和套种，这种种植模式的安排有利于分散和降低环境变化对农作物产量和收入的影响（陈传波，2004）。

（2）品种的多样化。理性的农户不会"将鸡蛋放在同一个篮子里"，他们往往在分散的土地上种植一种作物的不同品种，或者种植多种作物（王阳、漆雁斌，2010）。在中国农村土地分配政策下，家庭获得的承包地是根据土地质量、土地类型及其他因素的共同考量来进行分配的，这导致了农户承包土地的细碎化问题（王海娟，胡守庚，2018）。由于农户承包地的分配方式人为地将村内同种质量的地块进行了分割，不同农户获得的土地质量大体相同，避免了农户在承包地面积和质量上的不平等，从而将风险在村内的每个农户之间分散开来。例如：根据灌溉条件分配承包地，村内的每个家庭都能拥有一块好田，即使在气候恶劣的年份，"旱涝保收"的好田在很大程度上保证了农户的口粮安全。由于不同农作物具有不同的土地质量适应性，农村土地分配制度形成的土地多样化为农户利用作物多样化来降低自然风险创造了客观条件（尹燕飞，2013）。除了在不同地块上种植不同的农作物，农户还可以通过种植同种作物的不同品种来分散风险（陈传波，2004；马小勇，2008）。例如，在小麦的种植上，由于不同小麦品种具备不同的产量和抗逆性特点，有的小麦品种产量低但抗逆性好，有的小麦品种产量高但抗逆性差，农户为了确保当年的小麦产量，不会只种植抗逆性差而产量高的品种，也不会只选择产量低但抗逆性好的品种，而是会有目的地综合种植多个品种，平衡产量和风险。

（3）收入来源的多样化。农村家庭的主要收入包括农业收入和非农业收入两部分。其中，农业收入主要指农户从事农业生产获得的收入，主要是种植业收入和养殖业收入。非农收入是来源于从事第二产业和第三产业取得的收入，主要是家庭劳动力外出打工的收入。由于农业收入和非农业收入的相关性较弱，当家庭务农收入下降时，非农收入会起到一定的弥补作用，从而使家庭总收入保持在一定水平，避免由于农业生产的损失而陷入无法挽回的境。因此，农户同时从事相关性弱的收入创造活动，既有利于家庭总收入的提高，也有利于家庭总收入的稳定。值得注意的是，在实践中，农村劳动力进入非农产业可以显著提高家庭收入（尹志超等，2019），农村家庭的收入多元化行为可能并非农户进行事前分散风险的有心之举，而是农户以增加家庭收入为目的"副产品"，从而不易被当作农户风险处理的手段。Fafchamps and Lund（2003）、Fafchamps and Quisumbing（1998）的研究发现，在亚洲国家的农村地区，非农收入占家庭总收入的比重更高。尽管收入多元化行为已经内化到农户日常生活习惯当中，而不易被当作专门处理风险的手段，但是收入多元化在事实上的确起到了分散风险的客观作用。譬如，农户到附近的城镇寻找一些短期的工作机会获取临时性收入，就可以在一定程度上被当做收入多元化的手段。再比如，在农村地区，大量农村劳动力选择在农闲时外出打工，在农忙时间返乡收割农作物，这既是增加收入的方式，在客观上也是利用收入多元化分散风险的行为。因此，在农村家庭内部，如果家庭成员同时从事农业和非农职业，也就是收入多元化的体现。

（4）灵活性的生产安排。灵活性的生产安排是指当冲击发生时利用相机决策的方式降低风险（刘亚飞，2012）。重复播种是体现灵活性应对风险分担作用的一个例子。在半干旱的热带地区，雨季刚开始时的降雨非常不稳定。经常出现的状况是，降雨的不稳定性。如果刚开始下雨时就播下了种子，那么之后就必须重新播种。因此，适应这种环境的农作物品种的适宜播种期限就必须足够长（陈传波，2004）。在半干旱地区，完全靠天吃饭的农业的生产选择也体现了灵活性这一应对风险的策略（陈风波，2005）。在这些地区，除草是最占用时间的农业活动，农作物的生长状况主要取决于花在除草上的时间和精力。在这些地方，除草一般是在雨季的中期进行的，农民在获得该年降雨量的足够信息后才开始进行除草。Fafchamps（1992）构建了农民除草决策的模型并估计了模型参数。研究发现，布基纳法索农民的最优选择是多种植一些作物。如果降雨量少，他们可以通过花更多的时间除草来弥补产量的损失。由于降雨量少时杂草也少，农民可以通过调整花费在除草上的精力来平滑产量的波动。不管降雨是否充沛，人们都有足够的灵活性来调整自己的行为以保证农作物的产量。此外，灵活性和多元化从某种意义上来说也是一致的。通常情况下,收入的来源越多元,家庭的灵活性也就越强。比如,一种高产但对气候要求比较高的品种如果因为降雨量不足而歉收,那么家庭可以将更多的精力花在抗旱能力更强的品种上。理论上讲,如果同时种植这两种作物,就能够旱涝保收。

4. 管理风险的制度安排

发展中国家农户还可以通过一定的制度安排实现事前的风险管理,常用的制度安排有三种,分别是长期劳动合同、分成租佃制和契约农业(马小勇、金涛,2012)。尽管签订长期劳动合同对雇主和雇工双方都能起到降低风险的作用,但是长期劳动合同对收入水平低的雇工而言意义更为重要,可以帮助农业劳动力获得较稳定的工资,从而降低他们未来面临的收入风险(Bardhan and Udry, 1999)。农地租佃市场普遍存在分成租佃制的重要原因在于其能够降低地主与佃农双方面的收入风险。Stiglitz(1974)认为,分成租佃制是出于对风险问题与激励问题的两难权衡而产生的。张五常(2000)认为,与固定租佃制相比,尽管分成租佃制增加了交易费用,但分成租佃制使产出变动的风险能够由地主与佃农共同分担,所以是土地租赁市场的重要合约。契约农业是指农产品生产者与收购者通过签订合约,以约定的条件(主要是价格)出售农产品。契约是农户减少风险的重要制度安排(Key and Runsten, 1999)。通常情况下,合约价格低于市场平均价格。对农户而言,合约价与市场价的差额实际上是农户为了获得稳定收入而付出的保险金。对于收购方而言,由于收购价格低于市场价,农产品收购者也会因为向农户提供保险而获益。

尽管农村家庭努力采取以上多种事前风险管理策略应对不确定性,但当风险带来的损失无法避免时,当期收入的急剧下降有可能使家庭采取一些极端的措施进行应对,比如让子女辍学、放弃疾病治疗或变卖生产性资产等,这会侵蚀家庭生产率提高和收入增长的基础,对家庭造成长期不利的影响(陈传波,2005;马小勇,2008;王阳、漆雁斌,2010)。

2.2.2 农户事后纵向风险应对机制的研究

农户事后纵向风险应对机制又称为"跨时期消费平滑机制",主要是指家庭利用跨期转移资源的方法应对风险,熨平消费波动(马小勇,2008)。通俗地讲,事后纵向风险应对机制就是在家庭遭遇风险导致收入降低时,把未来的收入转移到现在使用，或是将过去的收入拿到现在来使用。与此相对应，事后纵向风险应对机制的形式主要包括资产变现、动用储蓄、正规与非正规借款以及商业保险等方式。

1. 资产变现

在风险冲击发生之后，变卖资产往往是农户的无奈选择。Zimmerman（1993）研究了变卖土地对家庭长期收入的影响。结果发现，不管土地的初始分配状况如何，变卖土地往往会导致土地和收入的不平等分配。这是因为，当穷人在危难时刻出卖土地时，他们得到的价格往往要低于他们重新赎回自己土地的价格。许多国家的政府认识到变卖土地对收入分配的不利影响，因此通过直接或间接的方式限制土地的买卖（Platteau，1992）。但是穷人出卖土地和富人购买土地在很大程度上是他们的理性选择。因此，买卖土地的现象很难得到遏制。当然土地并不是贫困家庭面临风险冲击时的唯一可以变现的资产，其他资产也在候选之列，如牲畜、农业工具、手工业设备等（Rosenzweig and Wolpin，1993）。

由于出售生产性资产会对穷人的长期生产造成不利的影响，因此除非万不得已，穷人不会出售资产。当面对风险冲击时，他们往往通过降低消费来避免陷入出卖资产的境地。Fafchamps et al.（1998）发现，在发生饥荒时，布基纳法索的农村家庭并不愿出售牲畜。虽然 Rosenzweig and Wolpin（1993）认为印度农户通过购买和出售耕牛的方式来平滑消费，但是 Lim and Townsend（1994）利用同样的数据，发现牲畜的交易不但没有降低收入的波动，反而使收入的波动更剧烈。Fafchamps and Lund（2003）发现，菲律宾农户很少利用出售家畜的方式来抵御失业风险以及因婚丧嫁娶而导致的冲击。Fafchamps et al.（1998）的研究表明，在遭遇旱灾时，布基纳法索的农户通过牲畜的买卖应对自然风险的作用有限。当大的收入冲击发生时，穷人不能利用实物资产平滑消费。尽管穷人有保护自己生产性资产的意愿，但是当冲击发生时，如果他们没有有效的应对策略，就不得不靠出卖资产渡过难关。正如所揭示的那样，即便穷人意识到自己可能无法赎回自己的资产，但在危机时刻仍然被迫选择卖掉资产，因为生存永远要比其他目标更重要（Zimmerman，1993）。

中国农村家庭在遭遇无法克服的风险冲击时，也可能被迫选择将资产变现，获得现金以购买食物、支付租金，或者支付医疗开支等（陈传波，2005；李斌，王阳，2011）。但这种依靠变卖资产应对风险冲击的方式会对家庭未来的生活造成负面的冲击。从某种意义上说,通过变卖生产性资产来抵御风险甚至是一种饮鸩止渴的极端方式(马小勇,2008;刘亚飞,2012)。比如说,如果一个家庭出售了自己赖以生存的土地,那么他们未来的收入就得不到保障。有时候穷人不得已抱着一种侥幸的心态变卖生产性资产,寄希望于好运降临,未来情况会有所好转,从而重新赎回自己的资产。但是这种想法不过是他们的奢望,通常并没有什么因素能够保证情况会有所好转,反而会变得更糟(黄祖辉等,2011)。事实上,穷人通过变卖资产的方法抵御冲击有一个隐含的前提,即资产的产权必须明晰且受到充分的保护,但是这一点并不一定成立。比如说,在撒哈拉以南的非洲,土地所有制为农民提供了非常安全的土地使用权,但土地买卖是不被允许的(Platteau,1992),结果农户无法通过变卖土地的方式抵御冲击。在印度,虽然存在土地市场,但是鲜有土地交易发生。当农民没有按时还款时,债权人在决定是否取消债务人的土地赎回权时往往犹豫不定。Zimmerman(1993)证明长期的收入差距的扩大与完全有效的土地市场密切相关,所以完全个人化的土地产权的缺失虽然因导致无效的资源配置而饱受质疑,但是这也可以理解为政府为了避免收入差距的扩大而不得已的选择。换句话说,法律和习俗限制土地买卖可能反映了一个社会保持其在长期的凝聚力和公正性上的努力。

此外,发展中国家农户的资产积累行为受到多种因素的约束。Dercon(2000)对这个问题进行了讨论。他指出,农户持有的资产的收益率可能是负值。在资产市场处于分割状态的情况下,当一个共同风险发生时,收入下降,资产的回报也会相应下降,常常会降为负值。当人们需要资产来应对风险时,资产的净值可能也会降低。另外,当地区性的共同风险发生时,人们都想用出售资产来实现消费平滑,但正因为大家都出售资产,资产的价格会大幅下降。相反,当情况好转时,人们都希望积累资产,结果资产的价格就会上升。这就使通过积累资产来实现消费平滑变得相当"昂贵"。

2. 动用储蓄

当预计未来可能会发生不利的冲击时,家庭可以建立流动性的储备,这些流动性储备在必要的时候可以售卖,或者直接消费。这种抵御风险的方式通常被称为"预防性储蓄"。可以通过这种方式来抵御风险的流动性资产包括食物储备、现金、银行账户等(Lim and Townsend,1994;Behrman et al.,1997)。当然预防性储蓄也可以理解为事前的风险应对策略,但是当风险冲击发生时动用储蓄抵御冲击就是一种事后的应对策略了。

Deaton（1991）的研究表明，农户可以把储蓄作为收入的减震器来实现相当程度的消费平滑。只要家庭有正的储蓄，暂时性收入下降就可以通过动用储蓄来进行消费平滑。农户的储蓄通常包括实物储蓄和金融储蓄。在经济转型的过程中，由于农村经济的市场化和农户生产的专业化，实物储蓄所占的比例已经越来越低，在农户预防性储蓄中占主体地位的是金融储蓄，所以已有研究主要集中在金融储蓄方面。出售资产会对穷人的长期福利造成不利的影响，为了避免这种情况发生，动用储蓄来抵御风险是家庭最常用的方式（陈传波，2005）。从20世纪90年代开始，在扩大农村需求的政策背景下，国内学者研究了中国农户的储蓄行为。刘建国（1999）的研究表明，中国农户的边际消费倾向明显低于城市居民，这是因为农户的收入不稳定和公共服务的缺乏，导致农户持有较多的预防性储蓄。曹和平（2002）的实证研究也发现，由于金融保险制度的缺失，中国农户大约把三分之一的储蓄用于预防性动机。周建（2005）的研究发现，我国农户储蓄行为当中的"预防性储蓄"动机是显著存在的，整个储蓄增量中大约有七成比例出自"预防性储蓄"动机。凌晨和张安全（2012）从理论上推导了衡量和检验预防性储蓄动机强度的模型，基于我国26个省2004~2010年的城乡消费数据进行了实证分析，发现城乡居民储蓄行为存在非常强的预防性动机。姚东旻等（2019）为了克服收入波动的内生性问题，以地震衡量不确定性事件，证实了预防性储蓄动机的存在。总体上看，国内大多数研究普遍认为，农户储蓄行为的一个重要动机是应对风险（林光华，2013；杭斌和申春兰，2005）。

但是，农户利用储蓄积累预防性资产也需要付出代价。Deaton（1990）的研究表明，对于贫困的家庭，预防性储蓄是其主要的风险应对策略，即便流动性资产的回报是负的，这些家庭仍然会进行储蓄。究其原因，是他们储蓄的动机不是利用金融机会赚取回报，而是通过储蓄建立一个缓冲储备，以便帮助他们平滑消费和应对突发事件。即便唯一可得到的流动性资产的回报为负，贫穷家庭仍然会持有这种资产以抵御风险。穷人持有低回报资产甚至是负回报资产的意愿带来一系列问题。如果现金余额是穷人持有流动性资产的主要形式（Lim and Townsend，1994），通货膨胀就会成为一种税收负担，这对于穷人储蓄和抵御风险的能力有潜在的打击。在大多数发展中国家，穷人可以利用的金融储蓄工具的回报率非常低。在回报率比较低，而同时期的年通货膨胀率比较高的时期，储蓄得到的真实回报甚至是负的。Banerjee and Duflo（2007）对13

个发展中国家的穷人的经济生活进行了研究,发现只有少数贫困家庭拥有储蓄账户。

3. 正规信贷市场

向银行等正规金融机构借贷是家庭应对日常风险冲击的途径之一,借贷的本质就是将资源在现在和未来之间重新配置。但是,发展中国家农村正规信贷市场大多不完善,农户利用正规金融机制应对风险冲击受到明显的制约。由于农业生产的分散性和产出的不确定性,正规信贷机构向农户提供贷款时面临着信息不对称带来的的逆向选择和道德风险问题。Stiglitz(2007)、Weiss(1981)的经典研究指出,信息不对称是引起正规信贷约束的重要原因。在发展中国家的农村借贷市场上,信息不对称问题更加严重,信贷配额问题也就更加明显。解决这一问题的一个可能的途径是要求农户提供抵押。但是,对于发展中国家的贫穷农户而言,提供合乎要求的抵押品是困难的。例如,农民可能愿意以其小块土地和收获的庄稼作为抵押,但由于政府法令的限制、管理及处置成本较高,物品实际价值低等,正式信贷机构拒绝接受这些抵押品(德布拉吉·瑞,2000)。

中国农户借款行为的重要目的之一是应对风险(朱守银,2003)。史清华(2002)的研究也发现类似的现象。生活方面的借款,除了住房建设、婚丧嫁娶等大额支出外,很大程度上被用于应对意外的收入和支出变化。国内外学者也注意到了农村正规信贷供给不足的事实,并对之进行了理论与实证分析。也有学者研究了正规信贷对农户生产(王晶等,2018)和生活(徐丽鹤,Nico Heerink,2013)产生的影响。谭燕芝和彭千芮(2016)采用中国家庭金融调查数据,从需求和供给两个方面分析了农户受到正规信贷的约束。研究发现,农户信贷需求抑制现象严重,富人更容易获得正规信贷,正规金融"嫌贫爱富"的特征明显。刘西川(2009)利用贫困地区的农户调查数据检验了正规信贷约束背后的信贷配给机制。研究发现,农户同时受到供给信贷约束和需求信贷约束,数量配给、交易成本配给与风险配给是三种重要的正规信贷市场配给机制。

国内学者也从多个角度分析了影响农户正规信贷的因素。张杰(2003)从农业产业的特征本身考察了农村信贷供给不足的原因,他通过对我国三次产业收益率的比较,指出了农业具有明显的弱质产业的特征,难以为金融交易的发展提供充足的空间,从而不能内生出具有足够规模的现代金融产业。正是因为如此，国有商业银行大规模从农村收缩，而信用社也尽可能收缩其在农村的信贷业务。何广文（2005）还从正式借贷机构的偏向和交易费用等角度分析了农村正式借贷机构信贷供给不足的原因。武翔宇等（2006）指出，由于银行对农户贷款过程中的信息不对称，加大了这一过程中的信息搜寻成本和融资成本，不利于农户获得正规金融的支持。吴雨等（2016）运用中国农户家庭微观数据，从信贷渠道和信贷需求结构的角度实证分析了农户的正规信贷行为。研究发现，农户的信贷需求比较高，但能够获得正规信贷的比例却很低。进一步的研究发现，缺乏金融知识水平和受教育水平低也是农户未能获得正规信贷的重要因素。魏昊等（2018）、李庆海等（2017）基于中国农户数据的实证研究发现，社会资本对农户正规信贷约束能够起到缓解作用。

4. 非正规借贷市场

利用借贷缓冲风险有两种途径：一是通过银行等正规金融部门，二是通过专门的放贷者等非正规渠道。无法从正规金融部门获得信贷的农户往往求助于民间信贷。何广文（2005）等的研究发现，银行、信用社等正式借贷机构提供的贷款在农户借款总额中远远低于私人借款。

对于非正式借贷在农村较为活跃的事实，学术界从多个角度进行了分析。由于非正式放贷者往往身处农村社区之内，同借贷者有着多方面的互动，从而可以低成本地获得关于借款者类型和借款使用情况的信息，克服逆向选择和道德风险问题（Braverman and Guash，1986）。德布拉吉·瑞（Debraj Ray，2000）指出了非正式借贷在抵押品要求方面的优势，由于非正式借贷市场上借贷双方能够绕过政府法律法规的限制，或者由于借贷双方居住的地域相近并且接触较多，担保品的管理和处置成本相对较低。何广文（2005）等从信息经济学的角度分析认为，非正式借款的发放者和社区内部的借款者存在多方面的关系，在贷款审查和监督上处于相对有利的地位，因此道德风险等问题可以在较大程度上得到解决。张杰（2007）从借贷资金供给的角度讨论了非正式借贷的发展，认为农村贫富差别加大和富人群体缺乏金融投资渠道是促使农村形成旺盛金融供给的主要原因。温铁军（2001）从需求方面的分析认为，农村经济主体的微观活动及其融资需求的特点决定了农户难以进入商业化的正式金融，因此小农经济天然、长期地与民间金融合作，而农村正式金融机构的退出更是导致了农村非正式借贷需求的不断扩大。杨汝岱等（2011）、李庆海等（2017）采用中国农村金融调查的专题数据，从社会网络视角对我国农户民间借贷需求行为进行了实证研究。结果表明，以社会网络为基础的农户民间借贷行为是传统乡土社会的典型特点，社会网络越好的农户，民间借贷行为越活跃，社会网络是农户平衡现金流、弱化流动性约束的重要手段之一。总体上看，相比于正规信贷，民间借贷在信息和担保等方面具有优势，使非正式信贷在帮助发展中国家农户平滑消费上具有重要作用（徐丽鹤，Nico Heerink，2015）。

但非正式借贷市场也存在着局限性。Bottomley（1975）认为，由于农村非正式借贷市场缺乏强制实施机制，还款可能被推迟，借款人还可能会赖掉利息甚至本金，双方可能需要重新协商等，这必然要求利息中包含更高的风险报酬。Hanke and Walters（1991）认为，民间借贷往往是非法进行，面临着较高的风险。此外，农户在非正式借贷市场上面临高利率的"剥削"，客观上加大了农户获得借款的成本。Nagarajan（1999）指出，非正式借贷的信息优势与其活动的范围之间存在此消彼长的关系。民间借贷只能针对少数农户，许多非正式借贷组织有其自己相对固定的客户，这造成非正式借贷市场的高度割裂，容易导致垄断力量的产生。刘民权（2006）指出，非正式借贷的信息优势与其活动范围之间存在此消彼长的关系，造成了非正式借贷市场的高度割裂。非正式借贷资金也存在向非农部门流动的倾向，而且非正式借贷在法律上处于不利地位，面临着较大的风险。民间借贷的规模和作用会随着农村社会转型和经济发展不断趋于弱化，在现有农村产权残缺条件下，虽然民间借贷对满足农村金融需求有积极意义，但其稳定性和可持续性都还有待进一步深入研究（杨汝岱等，2011）。

5. 商业保险市场

在世界范围内，纯粹的商业性农业保险的尝试几乎都失败了，商业性保险公司持续发展的条件必须能够保证保费收入大于赔款支出和管理费用之和，在农业保险都不符合商业化经营条件的国家，农业保险的纯粹市场性运营很难取得成功。Miranda and Glauber（1997）的研究发现，农业保险人面临的系统性风险是一般保险人的 10 倍左右，不利于商业保险市场的可持续发展。Weaver（2002）的研究发现，那些具有较高赔款预期和临时性损失预期的农民具有较高的参保积极性，逆向选择问题是制约农业保险市场发展的重要原因。Shalh and Ahvood（2000）研究了农业保险与农业生产投入间的关系，结果发现了农业保险市场存在道德风险的证据。Smith and Goodwin（1996）的研究也发现了道德风险问题，在勘萨斯州生产小麦的农场中，已投保的农场对化肥和农药的投入比那些没有投保的农场低。国外学者的研究普遍认为，农业保险市场失灵的原因有两个：一是农业风险的系统性，二是农业保险市场中广泛存在的信息不对称带来的逆向选择和道德风险问题。

国内许多研究者也注意到了农村商业保险发展滞后的现实。丁霞和颜鹏飞（2010）从供给的角度分析指出，农业保险的风险大、成本高是保险公司不愿意涉足该领域的重要原因。黄正军和袁杰（2006）、王海洋（2007）系统探讨了我国农业保险发展滞后的原因，认为除了国外学者所指出的系统性风险和信息不对称等问题外，我国农业保险发展滞后还有其特殊的原因。而在农村地区通过购买商业保险分担风险依然是效率较低的方式（陈玉宇、行伟波，2007）。农业保险是市场化的风险应对方式之一，农业保险发展对促进农业生产发展发挥了显著作用（温虎、王阳，2019）。邵全权等（2017）基于中国2010~2015年的分省面板数据检验农业保险与农户消费和效用的关系，研究发现，农业保险补贴能够促进农民消费，在一定条件下还具有反贫困效应。宗国富和周文杰（2014）利用吉林省参保农户的面板数据研究了农业保险与农业生产的关系，结果发现，农业保险可以通过同一生产行为内部和不同生产行为之间的收入替代和农业保险补偿程度来影响农户生产行为。

2.2.3 农户事后横向风险应对机制的研究

事后横向风险应对机制主要是指农户利用社会网络、农村社会保障制度、农村低保政策和农业补贴等措施分担风险的机制。横向风险应对机制在发展中国家的农村地区，尤其在乡土社会特征明显的中国农村普遍存在。国内外学者对农户事后横向风险应对机制的研究主要包括社会网络内的风险统筹、农村社会保障制度、农村最低生活保障、农业补贴以及农地社会保障功能等方面。

1. 社会网络内的风险统筹

农户的社会网络包括多个方面，可以是亲朋好友、也可以是同一村庄的村民或者宗族团体等（马小勇，2008）。社会网络内风险统筹的具体形式包括互惠性的转移支付、实物帮助、提供劳动或生产性资产等形式。社会网络内的风险统筹机制最初是由人类学家发现的。Sahlins（1972）早在20世纪70年代初就注意到了"一般性互惠"体系的作用。在这种体系中，临时收入较高的人将提供给收入暂时较低的人一部分收入。政治学家 Scott（2001）对农户社会网络内的风险统筹机制进行了里程碑式的研究，在对东南亚农民行为的研究中发现，"近亲近邻"的帮助在农民面临生存危机时具有"减震器"作用，农民一旦依赖亲友度过生存危机，"他就让渡了对方对自己劳动和资源的索取权"，"当帮助其解困的亲友遇到麻烦而他有可能帮助时，亲友可以期望得到同样的帮助"。此后，社会网络内的风险共担问题成为农户风险研究领域备受关注的主题，引起了包括经济学家在内的许多社会科学领域学者的广泛关注。从20世纪80年代开始，经济学家们尝试将社会网络内的风险统筹机制纳入新古典经济学的分析框架，通过建立数学模型来解释农户社会网络内风险统筹的作用机理。Mace（1991）、Townsend（1994）分别建立理论模型分析家庭利用社会网络内部风险统筹实现完全风险分担所需的条件。研究发现，家庭消费由社区的平均消费水平决定，家庭收入通过影响社区的平均消费来影响家庭消费。学者们对社会网络内部风险统筹的理论研究，为后续检验社会网络作用的实证研究奠定了坚实的基础。

现有经验研究表明，在发展中国家的农村地区，农户依靠亲戚及朋友之间的非正规借贷、扶持及馈赠等风险分担方式，是农户抵御收入锐减和消费波动等不利影响的主要手段（Dercon et al.，2006；Fafchamps et al.，2003；Francis et al.，2008）。Woolcock et al.（2000）的研究发现，"社会资本是穷人的资本"。Carter et al.（2003）对南非的研究发现，村庄层面的信任能够缓冲气候风险对儿童营养状况的不利影响。Mogues（2006）对埃塞俄比亚农户的研究证实，通过社会资本投资构建社会网络，能够帮助家庭缓冲不利的风险冲击，尤其在促进财产的恢复和增长方面有重要作用。国外学者普遍认为，由于受到自身经济条件的限制，大部分农户都无法通过正规风险应对机制来抵抗风险，农户利用社会网络实现风险分担，实际上是利用了社会网络非正式保险的功能（Mogues，2006；Fafchamps and Gubert，2007；Munshi and Rosenzweig，2009）。此外，农民合作组织也具有共担风险的功能，并在相当程度上消除了来自市场风险（Arcand et al.，2012）。

在中国农村地区，农户之间由血缘和地缘关系结成的社会网络内部存在着互助行为，在信贷和保险市场不完善的情况下，网络内部的风险分担是农户应对风险的重要手段。国内从经济学的角度研究社会网络内的风险统筹的成果较少，相关的研究成果主要来自社会学学者，研究的重点是社会网络本身。张文洪和阮丹青（1999）对天津市城乡社会网络进行了调查，考察了财务支持网①和精神支持网，并对城乡居民的社会网络进行了比较。张文洪（1999）基于同一数据，第一次系统地分析了天津农民的社会网络。研究发现，农村居民的社会网具有高趋同性、低异质性、高紧密性的特征。虽然以传统的血缘和婚姻为纽带的亲缘关系的重要性有所下降，但仍然最为重要，非亲缘关系的作用相对上升，这一发现与此后杜立捷（2001）的研究结论基本一致。贺寨平（2004）采用类似的调查方法和理论分析框架，研究了山西农村老年人的社会支持网络，发现农村老年人的支持网具有网络规模小、网络紧密度高、趋同性高、异质性低等特点。

近年来，学者们逐渐重视社会网络的非正规保险功能，蒋远胜（2005）对四川农户的健康风险应对策略进行分析，发现亲友规模的扩大在农户的疾病风险应对中起了重要的作用。陈传波（2005）、马小勇等（2009）基于农户微观调查数据，运用计量经济学的方法较为规范地检验了亲友网络在农户风险应对中的作用。研究发现，风险统筹主要存在于亲友网络内，亲友网络的紧密度对风险统筹具有显著的影响。王阳和漆雁斌（2016）利用中国家庭金融调查（CHFS）数据，对农户村庄社会网络分担风险的效果进行了实证研究。研究发现，农户村庄层面的社会资本显著提高了家庭应对收入风险的能力，贫困农户在风险冲击下表现出更大的脆弱性，社会网络缓冲收入风险的作用随农户收入的增加而下降。也有个别研究提出了不同看法，袁航和刘景景（2019）从理论上分析了农户非正规风险应对机制的作用机理，并利用农村固定观察点的微观数据，实证检验了农户非正规风险分担机制的效果。研究发现，农户非正规风险分担机制无法帮助农村家庭有效抵御风险。总体上看，农村地区以血缘和姻缘为纽带的亲缘关系在农户的风险统筹中发挥着重要作用。礼金来往和转移支付等互助行为是农村家庭分担风险的主要方式，社会网络内部的这种非正式风险分担机制提高了中国农户的风险应对能力，为帮助农户应对收入波动、平滑消费发挥着重要作用（马小勇、白永秀，2009）。

2. 农村社会保障制度

20世纪中期以后，社会保障计划在发展中国家逐步得到普及，但社会保障的覆盖率却远远没有达到相应的水平。国外学者们研究了制约发展中国家农

---

① 财务支持，即亲友之间的无偿援助变成无息借款，这正是社会网络内进行风险统筹的含义。

村地区建立社会保障制度的多种因素。Newbery and Stern（1987）认为，由于社会保障体系的建立意味着收入分配向不利于富人，所以发展中国家居于社会上层的富人会阻碍社会保障制度的建立。Justino（2003）认为建立社会保障需要的巨额资金是发展中国家的政府不能或不愿承担的。Anthony Hall（2006）的研究发现，发展中国家社会保障制度的发展受到来自管理和财政两方面的制约：在管理方面，现代社会保障制度需要政府具有较高的行政管理能力，但发展中国家的政府往往不具备这样的能力；在财政方面，财政资金的不足妨碍了社会保障规模的扩大。

随着中国经济实力的增强，我国在社会保障制度建设方面取得了一些突破性的进展，但是农村社会保障仍处于落后状态。在发展中国家，社会保障制度仅仅服务于那些有稳定收入、固定工作和缴费记录，符合享受长期给付标准的人群，大量的农村人口无法进入现代社会保障体系（罗敏等，2006）。对于这一问题产生的原因，国内学者们从多个角度进行了解释。高帆（2003）的研究认为，国家城市主导的发展战略、农户异质性以及农户收入水平是农村社会保障发展水平不高的原因，而资金来源不足是农村社会保障滞后的主要因素。宋士云（2006）从历史变迁的角度认为，在人民公社时期集体经济的平均主义分配原则，实际上承担了社会保障功能。农村改革导致集体经济组织的解体，上述机制失去了存在土壤，导致农村社会保障制度的严重缺失。黄晓慧（2006）则认为，长期以来的"城乡二元经济结构"导致了农村地区经济发展水平低、政府财政力量薄弱，从而限制了农村社会保障的发展。

就农村社会保障与农户风险管理的关系而言，"新农合"与"新农保"能够减少农户在医疗和养老支出方面的风险暴露（张广科，2012；陈志、丁士军，2016），进而影响农户生产和生活。首先，农村社会保障能够增强农户的风险应对能力，减少农户的保守生产行为，新农合和新农保能够分担农村家庭的医疗和养老支出风险，降低其预防性储蓄行为，使农户可以把更多的资金投入农业生产，也有利于他们从事更多高风险高收益的农业生产项目，最终提高农业生产率和家庭收入。其次，农村社会保障可以在风险发生后帮助家庭有效应对负面冲击，新农合不仅可以节约农户医疗支出，防止农户因病致贫，而且还可以改善农民健康状况，从而提高农户的创收能力（王小龙，何振，2018）。也有学者提出了不同看法。例如，熊吉峰和丁士军（2010）的研究发现，由于补偿率偏低、门诊费用无法报销、医药服务价格上涨太快等因素的制约，新农合并没有显著地改善农户的生计。新农合在减轻农民的医疗负担、改善医疗服务利用率等健康绩效方面所起的作用有待进一步提高。

3. 农村最低生活保障

自 2007 年农村最低生活保障制度实施以来，已经成为我国城乡社会救助的重要形式以及保障社会公平与和谐发展的重要手段。农村贫困人口还可以利用农村最低生活保障制度和救灾救济制度应对风险冲击。近年来，随着我国农村最低生活保障制度的逐步扩展，我国学者对农村最低生活保障制度进行了较多的思考。姚明明和王磊（2018）利用中国家庭营养健康调查数据（CHNS）实证研究了我国农村最低生活保障制度的减贫效果。结果发现，农村最低生活保障制度具有减贫效果，但其作用有限。解垭（2016）利用中国健康与养老调查（CHARLS）数据，检验了中国农村最低生活保障的效率。研究发现，我国农村低保补助水平较低，反贫困的作用有限。余兴厚和李美进（2003）的研究认为，资金问题是我国的农村最低生活保障制度面临的核心问题。李小云等（2006）的研究发现，我国农村最低生活保障制度在低保对象的瞄准方面存在着较大的随意性，导致了"瞄准偏差"和"瞄准遗漏"。江治强（2007）的调查发现，现行农村最低生活保障制度在政策衔接、资金管理、救助对象确定、机构设置方面还存在着一系列问题。张乃亭（2015）认为，建立和完善农村最低生活保障制度的关键有两点：一是确定农村最低生活保障的标准；二是考虑农村最低生活保障的资金是否会对政府财政构成压力。研究发现，我国农村最低生活保障水平应当进一步提高。为了拓宽农村最低生活保障制度的资金来源，除了财政资金外，应当多措并举，多层次、多渠道筹措农村最低生活保障资金。

4. 农业补贴

农业补贴是各国政府保护和支持本国农业发展的有效政策工具之一（钟甫宁等，2008；程国强、朱满德，2012；王海燕、闫磊，2017）。改革开放以来，国家持续关注"三农"问题，中央和地方政府进行了渐进性的农业政策和体制改革，出台了大量农业补贴政策。中国农业补贴对调动农民生产积极性，促进农民增收发挥了重要作用（汤敏，2017）。尤其是进入 21 世纪以来，党中央坚持农业农村优先发展，从 2003 年开始连续 18 年出台中央一号文件都聚焦于"三农"问题，党的十七大和十八大分别提出了城乡统筹和城乡一体化的发展思路，党的十九大报告进一步提出实施乡村振兴发展战略的总要求。

这一系列的支农惠农政策对促进农业发展、推动农村发展、增加农民收入起到了重要的作用。2013 年中央提出了精准扶贫战略的思想，进一步加大了农业补贴和农村扶贫开发力度，以期全面建成小康社会。这些政策通过各种财政和税收补贴方法，提高农户从事农业生产的积极性、提升农业劳动生产率（彭炎辉，2016）。从促进农民增收的角度看，农业补贴政策确实取得了一定效果（王小龙、何振，2018），在客观上也起到了提高农户风险应对能力的作用。但是，中国农业补贴政策也面临一些问题和挑战，比如，补贴政策之间缺少衔接配套、补贴的指向性和精准性不够、补贴和市场的关系不清、补贴资金"撒胡椒面儿"的现象严重（汤敏，2017）。

5. 农地的保障功能

中国农民有一种特殊的风险应对机制，即土地型社会保障。姚洋（2004）对这一问题作了系统阐释。他认为，中国现行的土地制度，事实上是社会保障的替代物，这种土地型社会保障带来的效率损失并不严重。相反，由于其在农村教育水平提高和劳动力流动方面的积极作用，还会带来效率的提高。李郁芳（2001）从更大的范围强调土地型社会保障的积极意义，认为这种制度安排对于农村社会的稳定、避免城市出现"拉美化"现象、推动工业化过程的顺利进行均具有重要意义。也有学者提出了相反的看法，梁鸿（2000）通过对苏南农村土地社会保障功能的实证研究发现，随着市场化改革的深入、人口的增长和土地比较收益的下降，农地的社会保障功能在不断弱化。高帆（2003）的研究认为，土地型社会保障导致了农地经营规模狭小和产权不稳定，妨碍了农村剩余劳动力向城市的流动，政策应该不断弱化农地的社会保障功能。马小勇（2005）也强调土地型社会保障的局限性，认为土地型社会保障不具有社会保障制度通常所具有的互济性功能，其在帮助农户应对风险方面的作用是有限的。邹宝玲和罗必良（2019）将农地的功能分为生计保障、集体互惠、财产享益和情感寄托等方面。预测随着农业劳动力的非农转移与择业空间的扩大，农地的生存保障功能在未来将不断弱化。许庆和陆钰凤（2018）基于 2012 年中国家庭追踪调查（CFPS）数据，立足土地社会保障功能的视角，检验了非农就业对农地流转的影响。研究发现，非农就业有助于弱化农地的社会保障功能，进而促进农地流转。

也有学者强调，在政府财力无法为农民提供现代社会保障的条件下，忽视农地社会保障功能的主张可能会带来严重的消极后果。因此，在对农地制度进行以产权个人化为目标的改革方面,应该保持慎重态度。对于非农化程度较高的地区,可以通过"土地换保障"的做法(马小勇、白永秀,2006;王瑞雪,2013),允许农户将土地型社会保障置换为现代社会保障。这样,一方面有助于改变现行农地制度的弊端;另一方面可以将部分农户纳入城市现代社会保障,提高其保障水平。

2.3 农户风险应对机制失灵与农业生产关系的研究综述

2.3.1 农户风险应对机制失灵的后果

由于农业生产和农户经营方式的特殊性,农村家庭面临着自然、市场、技术和健康等多重风险的冲击。农户并非消极地承受收入风险,农村地区已经形成了一些风险处理策略。如果以时间为界来划分农户风险应对机制,农户风险处理策略分为事前风险防御机制和事后风险应对机制。事前风险防御机制是农户在风险发生之前就减少家庭暴露于风险的机会。事后风险应对机制包括事后纵向风险应对机制和事后横向风险应对机制,前者主要是指农户通过跨期配置资源来应对风险冲击,后者主要是指农户利用社会网络内的风险统筹来分担风险(马小勇,2008)。农户事后风险应对机制是否健全、有效,是收入风险能否影响农业生产方式的重要因素(陈传波,2004)。有效地农户事后风险处理机制不会带来经济效率的损失,因而是一种较为理想的风险处理方式(马小勇,2006)。在事后风险应对机制有效的情况下,农户在生产活动中的专业化程度会增加,会更积极地采用先进农业生产技术和管理方法,选择高风险高收益的农业生产项目,进而促进农业生产率和家庭收入的提高。

遗憾的是,在发展中国家的农村地区,农户难以利用事后风险应对机制实现充分的风险分担,导致发展中国家的农户普遍缺乏事后风险分担能力。他们被迫在风险发生之前,就按照"安全第一"的原则提前采取预防性的风险应对措施来避免收入的剧烈波动(Roumasset,1976)。事前风险防御机制的特点大致可以概括为:农户为了降低收入波动性(收入的方差)而不得不牺牲一定的利润,选择较低的平均收入(收入的期望)(刘亚飞,2012)。换句话说，农户要在生计保障和经济效率之间进行权衡取舍。事前的风险应对机制在农业生产过程经营中的主要表现是采取保守生产方式和多元化来规避风险。相对于事后风险处理机制而言，事前的风险处理机制主要取决于农户自己的选择，受到的外部约束较小，可以在一定程度上帮助农户规避收入风险，但也带来了较为严重的效率损失（马小勇，2006；王阳、漆雁斌，2010；王小龙、何振，2018），抑制了农户收入和福利的提高。

对于风险应对能力不足的农村家庭而言，风险暴露越多，他们越有可能主动放弃从事高风险工作的机会（Zhang and Zhao，2015），导致生产经营决策偏离最优路径（弗兰克·艾丽思，2006）。王阳和漆雁斌（2011）利用四川省1063户农户的问卷调查数据，实证检验了收入风险冲击下，农户可选的风险应对机制及这些机制对农户生产经营的影响。结果表明，由于农户事后的风险处理机制受到限制，他们不得不在很大程度上依靠事前机制来应对风险。目前，在生产经营中采取措施应对风险是农户事前风险规避机制的主要方式，但这种事前机制将同时在效率和公平两个方面带来负面影响。马小勇和金涛（2012）综述了农户收入风险与生产行为关系的文献，发现国内缺乏对事后风险应对机制与农户生产行为关系的研究。但国外学者普遍认为，农户事后风险应对能力的强弱是决定风险冲击能否影响农户生产行为的重要因素。

2.3.2 农户风险应对机制失灵影响农业生产的机理研究

对农户风险应对机制与农业生产行为关系的研究是近年来国际发展经济学的重要研究领域（马小勇、金涛，2012）。农户风险应对机制对农业生产行为的消极影响已经形成了一系列新的命题和研究成果，具体来看，主要体现在四个方面：一是抑制了农户对农业新技术的采纳；二是农业投入偏离最优路径；三是农户选择在规模狭小的土地上进行多元化经营，不利于专业化生产水平的提高；四是有可能陷入低生产率与风险应对能力下降的恶性循环。

1. 阻碍农业新技术的采纳和推广

缺乏事后风险应对能力将导致农户偏好低风险，使用产量和收入相对稳定的农业技术和作物品种，放弃高风险高收益的技术和品种。农户有效应对风险的能力非常脆弱，是众多发展中国家新技术推广比较慢的主要原因（王志刚等，2005）。风险会使农民不愿意或者非常犹豫接受农业生产经营中的新事物

（Lipotn，1979；毛慧等，2018；高杨和牛子恒，2019）。尽管这些创新能够提高农民家庭的产量和收入，但农户的风险规避行为阻碍了农业创新的传播和采用，抑制了农业生产率的提高。Juma（2009）基于埃塞俄比亚的数据研究发现，农业生产风险的增加对农户采纳新技术的作用具有异质性作用，对于投入较大的新技术采纳具有负向影响，对于投入较少、有助于减少风险的技术应用没有显著影响或具有正向的影响。Fufa and Hassan（2003）基于埃塞俄比亚的研究也发现，使用新品种会显著增加农户的生产风险，对于那些仅能维持基本生存的低收入农户，因为缺乏事后风险应对能力，他们更倾向于采用保守的生产策略，这会限制化肥和新作物品种在农村地区的推广和使用。

陈传波（2004）、马小勇（2008），王阳和漆雁斌（2010）等利用中国农户的微观数据研究发现，事后风险应对能力不足的农户倾向于选择保守的农业生产技术和作物品种。毛慧等（2018）对肉鸡养殖户的调查数据进行分析发现，风险对农户是否采纳技术有显著的负向影响，风险厌恶程度越高的农户技术采纳可能性越低，农户技术采纳时间越晚。高杨和牛子恒（2019）采用实验经济学方法，测度了山东省445户菜农的风险厌恶程度，利用Logit模型分析风险厌恶程度对菜农绿色防控技术采纳行为的影响。研究发现，农户大部分为风险厌恶型，风险厌恶程度对菜农绿色防控技术采纳行为产生显著的负向影响，信息获取能力可以缓解风险厌恶对菜农绿色防控技术采纳行为的抑制作用。

2. 农业投入偏离最优路径

农户的突出特征是缺乏从事农业生产经营活动的资本，无法达到必要的投入水平，导致家庭收入下降，甚至陷入贫困（赵锐、吴比，2016）。在确定性的生产环境中，最优化的生产决策要求边际产品价值等于投入要素的价格。但是在风险环境中，农户常常选择低投入低回报的农业生产项目，放弃高投入高产出的生产计划，农户的要素投入量低于利润最大化要求的投入数量（马小勇，2008）。Bliss and Stern（1982）的研究发现，印度农户的化肥投入量低于最优投入水平。因为，对印度农户而言，化肥是高投入的生产要素，一旦施肥的农作物遭遇自然灾害，损失会非常大。风险厌恶的农户为了规避风险，会在生产经营中降低化肥的施用量，尽管生产无法达到最优状态，但可以控制出现灾害时的损失。Emerrick and Sadoulet（2016）基于印度农户的微观数据，实证研究了种植耐涝水稻品种对农户生产经营的影响。结果发现，由于种植耐涝的水稻品种能够有效减少洪涝灾害发生时水稻的产量损失，降低了种植风险，从而提高了农户应对风险能力。农户在使用这种水稻之后，不仅会增加农业投入，而且会采取更加有效的生产方式，既增加农业生产率又提高了家庭收入。Karlan et al.，（2014）基于加纳的调查数据，研究了缓解信贷约束和减少风险对农户生产经营决策的影响，发现通过为农户提供雨水保险补助提高农户的风险应对能力，可以刺激农户增加农业投入，并促使他们选择风险更大且产量也更高的种植方式，最终提高农业生产率和农业产值。

此外，农户风险应对能力不足将抑制农业生产中的短期投入，风险应对能力强的农村家庭在农业短期投入上更有优势。这是因为，越是风险能力不足的农户越可能增加预防性储蓄（Kimball，1991），这有可能挤出农业生产投入。类似地，风险应对机制失灵的农户进行农业长期投资的意愿和能力更低，因为农业生产中的长期投入面临更高的风险。投资一旦无法收回，对于风险应对能力不足的农户而言，风险冲击的强度更大，影响也更加严重，理性的农户会主动减少承担这种风险（Karlan et al.，2014）。

3. 抑制专业化水平的提高

农户会通过两种多元化决策的方式提前应对风险：一是在农业生产和非农生产之间进行多元化的劳动配置，而不是专门从事一项最大化收入的活动。二是在农业生产内部，以同时种植（养殖）多种动植物品种的方式规避风险。

对第一种方式而言，只要不同收入来源不完全相关（相关系数小于1），将两种具有相同平均值和方差的收入来源组合起来就能降低风险。对农户而言，在不同收入来源受不同因素影响（从而相关性较低）的情况下，实现收入来源的多元化就能降低风险。在发展中国家，农户往往通过同时从事农业生产活动和非农生产活动来降低风险，并且通过非农活动实现的多元化的现象表现出增长的趋势。Rosenzeig and Stark（1989）对印度的研究表明，面临更多风险的农户让某个家庭成员在能够获取较稳定工资的工商部门就业的概率更高。Rose（2001）的研究工作也得出了相同的结论。Tung（2009）考察了越南农户收入风险与生产经营多元化行为的关系。研究发现，为应对风险冲击，农户将其劳动力和土地资源投到了不同的创收活动中去。经历了风险冲击的农户比未经历风险冲击的农户，在作物种植种类和收入来源种类上更趋于多样化。此外，高风险预期的农户比低风险预期的农户在劳动力和土地分配上更为多样化。

第二种方式是在以农业收入为主的条件下，农户在农业生产活动内部也努力实现收入来源的多样化。最为常见的做法是同时种植多种农产品，以及在种植农产品的同时从事养殖业等。Morduch（1995）的研究还发现，在地形复杂的地区，在空间上分散地块是农户应对自然风险的重要方法。Tung（2009）的研究发现，不同类型的冲击可能影响不同类型的作物，因此农户可能将农地分配给不同的作物，平衡每种作物的土地分配，以此实现对农业生产风险的管理。Krishna et al.，（2009）在印度的研究表明，减少风险技术的使用可以显著地减少农户农业生产的多元化程度，这从另外一个角度证实了多元化经营减少的风险功能。王阳和漆雁斌（2010）、李斌和王阳（2011）利用四川省的农户调查数据实证检验了农户可选的风险应对机制及这些机制对农户生产经营的影响。研究发现，多元化生产是农民规避风险的主要方式。这一结论与陈传波（2005）、马小勇（2008）的研究结果一致。

4. 导致低风险应对能力与低农业生产率的恶性循环，扩大贫富差距

由于事后风险应对机制作用十分有限，理性的农户不得不在风险发生之前就采取预防措施规避风险，但是，事前机制将带来多重负面结果，如抑制农业生产中的创新，降低专业化程度，阻碍经济效率的持续提高等。更糟糕的是，一旦事前机制无法抵御收入波动的冲击，农户将被迫直接面对风险，被动地承受收入下降带来的不利后果，如放弃子女教育机会，降低生活水平，推迟对疾病的治疗，出售生产性资产等，这显然会损害农户长期的生产效率（陈传波、丁士军，2005；马小勇，2008；王阳、漆雁斌，2011）。例如，在遭受严重风险冲击后，如果农户缺乏足够的风险应对能力，可能被迫选择让子女辍学。辍学在减少子女学费支出的同时，增加了家庭的劳动力和打工收入，帮助家庭应付暂时困难。但子女辍学意味着家庭长期人力资本素质的降低，所以这种应对风险的手段是以牺牲长期利益为代价的，对农户收入和农业生产率的提高有很大的负面影响（陈传波，2005）。

Dercon（1998）在坦桑尼亚的研究也表明，资产积累水平较低的农户只能从事低风险、低回报的生产项目，这种情况使当地的收入差距不断扩大。显然，财富积累水平的不同导致了消费平滑能力以及生产行为的差异，从而扩大了发展中国家农村地区的收入差距。Rosenzweig and Binswanger（1993）用降水量的方差系数衡量农户面临的风险。研究发现，由于富裕家庭的风险应对能力比穷人强，降水量的方差系数每提高一个标准偏差，对于最富阶层利润的影响则微乎其微，但是会使最穷阶层农户的利润下降大概三分之一。他们进一步推论，贫困使长期的财富分配受到影响，收入差距将不断扩大。Dercon（1996）的研究发现，富裕农民可能会比贫穷农民更少地采用事前机制来处理风险。这是因为，富裕者往往有较多的实物和金融资产，这本身有利于他们实现自我保险，而且较多的资产意味着他们更有可能向放贷者提供抵押，或者可以作为传递其经营能力的信号，更容易获得借款。结果，富裕者由于在获取收入的过程中更少考虑风险问题，其专业化程度更高，面对新技术和新市场机会的态度会更加积极，生产经营的效益会更高。贫穷者的情况则正好相反。这种机制会反复发生作用，导致生产率差距不断扩大。显然，农户越是缺乏事后风险应对机制，这种生产率差距扩大的趋势越明显。

综合国内外已有研究可以发现，"农户事后风险应对能力失灵—事前风险应对机制—农业生产率（收入）恶化"之间存在相互促进的强化关系。对于未能应用多种事后风险应对机制处理风险冲击的农户来说，以上关系会形成恶性循环，使农户陷入"低生产率陷阱"。由此推论，农户管理风险的能力也是造成农村内部收入差距的重要因素，富裕农户与贫困农户在抗风险能力上的差距越大，农村内部收入差距就越有扩大的可能。

2.3.3 农户风险应对机制失灵的代价

上文综述了发展中国家的农户通过对农业生产的调整，在事前降低风险的几种措施。农户采用上述方法规避收入风险将导致其收入低于最优水平，实际收入（利润）水平与最优收入（利润）水平之间的差额可以视为农户进行事前风险管理付出的代价。马小勇和金涛（2012）利用期望效用理论的分析框架解释了这一点，对于风险规避的农户，他们愿意支付一部分收入，把不确定性的产出变为确定性的产出，支付的这些收入相当于风险金，也可以将其理解为农户事前风险应对机制的代价。

Newbery and Stiglitz（1981）计算了收入稳定的货币价值占平均收入的百分比（相对风险金），结果发现，相对风险金是相对风险系数和收入方差系数乘积的1/2。他们假设家庭不能进行消费平滑，这一限制条件很可能会高估风险金，因为，如果家庭能够通过事后风险应对机制平滑消费，他们为降低收入风险所愿意牺牲的收入就会减少。也就是说，如果家庭具有足够的事后风险应对能力，他们就更愿意承担风险。为了弥补以上不足，Newbery and Stiglitz

(1981)提供了另外一种计算方法,用以考察当家庭可以利用储蓄和借款来平滑消费时,风险金是否会发生变化。结果表明,如果家庭能够以一定的利率参与金融市场,相对风险金就会下降。这说明,在风险发生以后,如果农户有足够的事后风险应对能力处理风险冲击,他们更愿意从事高风险的活动。Antle(1987)基于以上思路,测量了印度农户的相对风险金,研究发现,农户愿意支付的风险金大概是净利润的14%。

需要说明的是,尽管 Newbery and Stigilitz (1981) 提出了计算相对风险金的方法,但这一方法对数据质量的要求较高,而现实中高质量的农户微观调查数据很难获得,目前利用实际数据对发展中国家农户的风险金进行测算的研究还较少[①]。尽管农户在农业生产中采取了诸多手段提前防御风险,但农户事前风险防御机制都存在或多或少的局限性,并不能完全消除风险,风险损失仍然可能发生。因此,当冲击发生之后,农户事后应对机制是否完善对农户的生存和发展就非常重要。

2.4 国内外研究述评

通过文献梳理发现,国内外学者对发展中国家农户风险应对策略进行了卓有成效的研究。这些已有研究成果提出了新发现、新观点和新见解,部分文献还具有开创性,为本书提供了丰富的理论借鉴和实证参考。但是,现有文献也存在一些值得商榷和需要进一步完善的地方。

1. 农户风险应对机制研究的不足

第一,国内学者主要借鉴西方经典的农户风险分担模型(Deaton, 1992; Udry, 1994; Townsend, 1994; Fafchamps, 1997),在静态条件下对中国农户的风险应对问题进行理论与实证分析,缺乏对转型背景下农户风险应对机制特点和效果的研究。农户风险应对机制具有随时空演变不断变化的特点,在不同国家和同一国家的不同发展阶段,具有不同的表现形式(邰秀军等,2009)。中国正处于经济转型和社会转轨的过程中,中国农村"乡土社会"和"差序

---

① 比较而言,现有文献中对发达国家农户相对风险金的测量较多,例如:Myers (1989)、Kim (2005)。

格局"的特征明显，这些本土元素决定了中国农户的风险应对机制必然具有特殊性，如果不考虑国情差别和中国农村发展阶段的限制，而直接套用西方经典的风险分担理论，其解释力将大打折扣，研究结论也值得怀疑。

第二，已有研究主要考察在某种特定风险冲击下，农户特定风险应对机制的效果，缺乏对农户风险分担网络的综合性研究。尽管有少量研究检验了农户多重风险应对机制的效果，但实证分析所用的数据年代较早，样本选择范围往往局限在特定区域（陈传波，2005；陈玉宇、行伟波，2006；马小勇、白永秀，2009），无法反映当前中国农户风险分担网络的全貌，研究结论也无法推广。此外，全面、系统分析贫困农户风险分担网络的文献更是鲜见，已有的少量研究多采用定性分析方法，结论是否具有代表性尚需经过严谨的实证检验。

第三，受农户微观数据获取的限制，现有研究主要是说明农户各种风险应对机制是否存在或在多大程度上存在的问题，在研究方法上多采用定性分析方法，基于农户微观数据的实证分析较少，研究结论缺乏严格的实证检验，政策含义十分有限。已有定性研究主要通过说明风险冲击在多大程度上带来收入和消费的变动来分析农户风险应对机制是否存在或在多大程度上存在。这种方法既无法辨识究竟存在着何种风险应对机制，更无法考察农户风险应对机制的效果，研究结论是否具有代表性尚需经过严谨的统计实证检验。

2. 农户风险应对机制与农业生产率关系研究的不足

第一，国外文献已经形成了分析农户风险应对机制的较为完善的方法，但在内容上缺乏对农户风险应对机制与农业生产关系的研究（马小勇、金涛，2012）。目前仅有少量文献（王阳、漆雁斌，2010；李斌、王阳，2011；马小勇、金涛，2012；苏小松等，2013；李博伟等，2016）涉及这一领域。风险是理解农户行为的钥匙。中国农户风险应对机制对农户生产率究竟有什么影响，现有文献的研究相对不足，认识也不清晰。此外，考虑转型期中国农村经济社会特点，系统研究农户风险应对机制与农业生产经效率关系的文献更是凤毛麟角。

第二，缺乏从农户风险管理视角对微观层面的农户生产率进行系统、深入的研究。一是，已有研究大多从宏观视角出发，重点分析物质资本、人力资本、制度变迁和技术进步等因素对农业生产率的影响，少有学者从风险管理视角考察农户风险应对机制与农业生产率的关系，而立足转型期中国农村经济社会特点，利用农户调查数据进行实证研究的文献更是鲜见。二是农业生产效率是一个多维度的综合性概念，不同的指标蕴含着不同的政策含义。已有研究大多关注某一维度农业生产率的影响因素，对策建议的指向单一。有必要在多维农业效率指标的研究框架内，全方位地检视农户风险应对机制与多维农业生产率（劳动生产率、土地产出率、技术效率和全要素生产率）之间的关系，一方面可以得到一些新的结论；另一方面也为已有农业生产率与农户风险应对能力关系的理论假设提供经验证据。

第三，利用农户微观数据，对风险应对机制影响农业生产率的渠道进行实证分析的文献还很少见。已有研究主要从理论上分析了农户风险应对能力影响农户生产决策的机理，研究方法多是在理论建模的基础上进行逻辑推演。虽然有少数实证研究问世，但用到的方法也只是简单的描述性统计方法。尽管个别学者使用了多元线性回归的方法，但考虑的因素不够全面，模型的检验也不够严谨，经常出现对同一时期、同一问题却得出不同结论的现象。

农户事后风险应对是否健全、有效是影响农户生产决策和农业生产率的重要因素。中国农村正处于体制转轨和结构转型的过程中，农户风险应对机制也必将随之发生演变，从而具有时代特征。更重要的是，中国农村特有的"乡土特征"和"差序格局"，决定了中国农户的风险应对机制必然有不同于发达市场经济国家的特殊性。在经济转型期大背景下，中国农户如何选择不同的风险应对机制？制约农户选择风险应对机制的因素是什么？农户不同层面的风险应对机制效果如何？在体制转轨和经济转型的背景下，农户不同风险应对机制的相对重要性是否发生了变化？农户能否综合利用各种风险应对机制处理风险的不利冲击？农户风险应对能力与农业生产率有什么关系？农户风险应对能力不足是否会影响农业生产率，又是通过何种渠道影响农业生产率？对这些问题给出清晰的回答，对于深入理解中国农户的风险应对行为，帮助政策制定部门减少风险冲击对农户生产率的侵蚀，不断夯实中国农业生产率提高的微观基础，具有重要意义。

为了弥补已有研究的不足，本书后续章节试图在中国转型期的时代背景下，考虑中国农村经济社会的独有特征，利用中国农村家庭的微观数据，系统研究中国农户风险应对机制选择及其有效性，深入剖析农户风险应对机制与农户生产率的关系及其可能的影响机制。本书不仅有利于从农户风险管理视角拓展我们对农户风险应对机制与农业生产率关系的认识，深化发展经济学对微观农户生产率决定因素的研究，丰富发展该领域的研究文献，还可以为出台提高农业生产率的政策提供新的思路和经验证据。

第3章 风险冲击与农户风险应对策略

本章全面总结农户风险冲击的来源和后果，系统考察农户采纳的风险管理策略，并从理论角度分析农户风险应对机制的作用机理；在以上分析的基础上，结合中国农村经济社会特点，初步提出中国农户多个层面的风险应对机制分析框架。本章共包括4个部分的内容，3.1节梳理了农户风险冲击的不同类型，采用中国家庭金融调查（CHFS）数据，利用描述性统计方法检视中国农户实际面临的风险。3.2节归纳农户采取的各种风险应对策略，并基于农户理论分别构建相应的数学模型分析农户事前风险应对机制的作用机理、事后纵向风险应对机制的作用机理以及事后横向风险应对机制的作用机理。3.3节聚焦中国农村经济社会的特点，基于CHFS的农户调查数据，对中国农户当前风险应对机制的特征进行描述性统计分析，初步发现农村家庭风险应对机制的特点，为构建中国特色农户风险应对机制分析框架提供现实依据。3.4节是本章小结。

3.1 风险冲击的类别

自古以来，农民生产生活就面临严峻的挑战。早在春秋战国时期的管仲就发现，齐国农民生计的典型特征是"月不足而岁有余"。一旦遭遇灾荒之年，这种"不足"就更加严重，影响也更加致命。尽管春秋战国时期铁农具的推广使得农业生产力有了很大提升，但面对频发的自然灾害，农业生产仍然很不稳定，粮食产量的波动十分剧烈。管仲对两千多年前小农生产的观察诠释了古人对农业风险的朴素理解：即使农民在一年内生产了足够的粮食，但是一年有12个月，如果在这12月内遇到青黄不接的月份，只有安全度过"不足"的月份，年产量上的"有余"才能实现。对于那些未能跨越困难月份的农户，"年有余"就失去了意义。

历经两千年的时代变迁，在广大发展中国家的农村地区，分散、孤立、经营规模狭小的农户在农业生产中依然面临不确定性问题，农村家庭处于各种风险的笼罩之下。发展中国家农户生计的公认特征就是高度的不确定性。比起发达国家的农民，发展中国家的农民往往面临更严重的自然风险，所遇到的不确定性也更加广泛和严重。例如，与欧洲温带地区的国家相比，非洲热带地区国家的气候变化更加不可预测，气候变化对农作物收成的影响也更加严重。此外，发展中国家的市场往往不健全也不稳定，农户获取市场信息经常受到限制，市场不完全性普遍存在。因此，在一些发展中国家，农民（尤其是贫困农民）的生活缺乏保障是一个亟待解决的问题。遭遇风险的结果是大批农民的贫困。对于贫困农户风险更是生死攸关的大事，风险的负向冲击往往会把他们置于生存和饿殍之间。因此，研究发展中国家农户行为的学者，大多假设农户是风险规避者。Lipton（1968）把避免灾难称为农民的"生存算术"，农户必然回避风险。一旦不能回避风险，他们有可能在两个收获季节之间无法维持基本生活，由此受到生存威胁。农户规避风险的行为也被称为"安全第一原则"。

在长期的生产生活实践中，理性的农户不仅要考虑产出的期望大小，还必须重视产出的波动性。但是，"原子化"的小农受限于薄弱的经济力量，在应对风险冲击时经常捉襟见肘。因此，归纳总结农户风险冲击的来源及其可能带来的不利后果，系统梳理农户采取的各种风险应对策略，对深入理解农户应对风险的行为具有重要意义。

3.1.1 风险冲击的分类

风险是指未来的不确定性。农户风险冲击的来源就是导致农户未来生产生活发生意外变化的事件。风险事件会导致家庭收入或支出的意外波动，有可能使农户的生计陷于困境。发展中国家的农户既是生产单位，也是消费单位，同时承担着生产经营风险和生活风险，面临着比非农产业经营主体更多的不确定性。长期以来，国内外学者按照不同的视角，对农户风险的来源进行了分类研究。

1. 依据风险冲击的范围分类

依据风险冲击的范围，可以把农户风险冲击分为微观、中观和宏观三类：

(1) 微观层面的风险。微观层面的风险往往指某个农村家庭所特有的风险,这种风险只对具体的某个农户产生影响,与其他家庭无关,微观风险对农户而言有异质性特点。

(2) 中观层面的风险。中观层面的风险常常指影响一个村庄(社区)的风险,这种冲击会作用于村庄中的每一个农户。站在村庄的角度看,这种风险对村庄内的每个农户都是同质的。

(3) 宏观层面的风险。宏观层面的风险是指在国家层面或产业层面上发生的风险冲击,这种冲击会影响国家或产业中的每个家庭。

2. 依据风险的性质进行分类

从风险的性质来看,农户面临的风险主要包括自然风险、市场风险、政策风险、技术风险和健康风险等。

(1) 自然风险。自然风险是指由于各种无法预料的自然因素(如异常天气、病虫害等)给农业产量造成的无法预期的影响。变化无常的天气、植物病虫害和动物疫病导致农户面临自然风险,尤其是贫困地区的农户,由于没有掌握能够减少这些风险的技术(如灌溉、农药、抗病力强的作物品种、畜禽疫病防治技术),自然风险的影响更加严重。自然因素给农业生产带来的影响一般集中反映在农产品产量的波动上,因此自然风险又被称为"收益或产量的不确定性"。不利的气候可以从播种到收割的各个阶段影响农民生产决策的后果。早在春秋战国时期的管仲就发现,频繁的自然灾害使得两千年前的齐国农民经常出现"月不足而岁有余"现象(李根蟠,1995)。

(2) 市场风险。农民从做出种植或养殖决策到最后取得农产品之间有一段很长的时间,这意味着农民做出决策时,并不知道他未来销售农产品的市场价格。春秋时期的《管子》就记载了齐国粮价的剧烈波动及其对农民生计的严重影响,首先,在不同季节间粮价的波动明显,"时有春秋,则谷有贵贱"(《七臣七主》),"秋籴以五,春粜以束,是又倍贷也"① (《治国》)。其次,粮价在丰歉年份间的变化更大。"岁有凶穰,故谷有贵贱……岁适美则市粜无予……岁适凶则市籴釜十锱,而道有饿民"。(《国蓄》)。所谓"市场风险",是指由于市场供求因素及信息不完全导致的农业投入品和产出品的价格变动,主要表现为投入和产出品价格的不稳定性,以及价格波动所导致的农户收支变

---

① 古代把十作为一束,也就是说,在春荒时候的粮价是秋收时候粮价的一倍。

化。因此，市场风险又被称为"价格的不确定性"。世界上所有国家的农民都会面临市场风险，但这个问题在发展中国家的农业中更加严重，因为发展中国家农业的普遍特征是信息和市场发展不完全。

（3）政策风险。发展中国家的农户容易受到国家政策反复无常的危害，一些国家的政策常常从此时到彼时、从这一届政府到下一届政府会发生重大的变化。政策风险就是指政府涉农政策变化给农业生产带来的不确定性，如农业支持政策、税收政策等的变动对农户生产经营带来的影响，这些影响可能导致家庭收支变化。

（4）技术风险是指由于农业生产者没有掌握必要的农业生产技术，或者农业技术本身不成熟、不符合农业生产规律而引起的产品、产量变动。一方面，在缺乏技术培训和指导的情况下，农户对新技术的信息掌握不足，对其使用方法缺乏了解，新技术本身可能带来风险的增加；另一方面，农业新技术在引进后，可能并不适合当地特殊的自然地理条件，贸然采用新技术会增加风险。

（5）健康风险（疾病风险）。健康风险是指较严重的疾病给农户带来的收支变化。由于劳动强度大，农户容易受到疾病和受伤等重大风险的侵袭，农民患病的可能性较高，而生病后又因为缺钱而不能得到及时的救治，容易发展成为慢性病。与城市居民相比，农户缺乏有效的医疗服务，他们面临更高的健康风险。家庭中的病人既要发生直接费用（用于预防、照料和治疗），也要产生机会成本（患病期间无法劳动，导致收入减少）。疾病持续时间、患病的次数将对家庭生计产生重要的影响，"因病致贫"和"因病返贫"是农村家庭陷入贫困的一个重要原因。

3. 依据风险作用的性质分类

根据风险作用的性质又可以分为同质性风险和异质性风险。

（1）同质性风险。是指对村庄内每个个体都产生影响的风险。例如：自然灾害、战争与内乱、经济震荡等风险。如果风险对整个村庄（中观层面的风险）的农户都产生影响，那就不可能依靠村庄的力量来分散风险，这种同质性风险要求遇险的村庄与未受到风险影响的地区合作才能进行有效应对。

（2）异质性风险。是指仅对单个家庭产生影响的风险。例如：疾病与伤害、老龄化、农作物歉收、失业等风险。在农村地区，农户面临的风险冲击既包括异质性部分，也包括同质性部分。学者们普遍认为，农户风险的异质性比重更大。因此，在兼顾农户同质性风险的同时，应把重心放在农户面临的异质性风险上。

值得注意的是，对于同质性风险，非正式风险应对机制的作用效果不佳（Dercon，2002；Günther and Harttgen，2009；Hoogeveen, Van der Klaauw, and Van Lomwel，2011）。例如，Heltberg et al.（2013）的研究发现，非正式风险应对机制无法帮助家庭有效应对食物短缺和经济危机等同质性风险的冲击。国外学者研究亦发现，异质性风险的发生频率最高，是导致农户损失巨大的风险（Kazianga and Udry，2006；Heltberg and Lund，2009）。这意味着，尽管非正规风险应对机制只是部分有效（De Weerdt and Fafchamps，2011），但在正规风险应对机制缺失的情况下，非正规风险应对机制仍然具有举足轻重的作用。

此外，异质性风险与同质性风险的区别与导致风险的背景有很大的关系。例如，失业可以是仅仅作用于某个人的异质性风险，但当失业是由经济危机引起时，就可能是影响一国绝大多数工人的同质性风险。同样患病可能是只作用于某个农户的异质性的风险，但当这种疾病是由流行病肆虐导致的，患病就是同质性风险。

4. 依据风险的影响程度分类

Dercon（2002）基于埃塞俄比的面板数据，总结了埃塞俄比亚农户在1974~1994年的20年内所面临的各种类型的风险，并基于影响程度对不同类型的风险进行了分类。表3-1-1中第（1）列是按照危害程度由大到小排序的风险事件，第（2）列的影响程度是指样本中认为某种风险事件对自己造成严重影响的农户数量占总样本量的比重。

病虫害、旱灾和水灾等自然灾害造成的歉收是农户面临的最大风险，排在第2位的是由于被迫劳动、禁止迁徙和征税等导致的政策性风险，健康状况恶化和劳动力死亡导致的劳动力损失排在第3位，耕牛等生产性资产的损失带来的风险位列第4位，其他牲畜死亡的风险排在第5位，土地改革等土地制度变化带来的风险位列第6位，火灾等导致的财产损失位列第7位，战争风险位列第8位，暴力、偷盗等犯罪事件带来的风险位列第9位。Dercon（2002）的开创性研究为此后农业风险及其诱导因素的深入分析提供了一个很好的思路。

表 3-1-1　　　　　　　　　　风险事件

风险事件	影响程度
(1)	(2)
歉收	78%
政策冲击	42%
劳动力损失	40%
耕牛死亡	39%
其他牲畜死亡	35%
土地政策改变	17%
火灾等导致的财产损失	16%
战争	7%
犯罪、暴力和偷盗	3%

转引自：Dercon S. Income Risk, Coping Strategies, and Safety Nets [J]. World Bank Research Observer, 2002, 17 (2): 141-166.

5. 根据风险所处的阶段进行分类

农户的生产生活是一个周而复始的循环过程，农户首先运用资产获取收入，然后把收入转化为消费和福利，并进行一定的储备投资，进而开始下一轮的循环。以上循环过程在任何一个环节都存在着风险。基于这一思想，Dcron (2001) 把农村家庭的各类资源、收入、消费以及相应的制度安排纳入一个统一的体系中，提出风险与脆弱性的分析框架，从"资产风险—收入风险—福利风险"的循环对风险进行了分类，见表 3-1-2。

表 3-1-2　　　　　　　　　农户风险来源及其后果

风险来源种类	风险来源的细分	风险的表现形式
资产风险	人力资本	失业、受伤、疾病丧失劳力
	土地资本	土地制度的不稳定性
	物质资本	自然灾害使资产毁损
	金融资本	通货膨胀
	公共物品	公共物权责不明，难进入
	社会资本	承诺与信用的不稳定性

续表

风险来源种类	风险来源的细分	风险的表现形式
收入风险	创收活动	自然灾害导致的产量风险/产出的价格风险
	资产回报	收入与资产价格的相关性
	资产处置	储蓄与投资性资产的收益风险（贬值）
	储蓄投资	不能完全实施的合同
	经济机会	生产中获得投入品及现金支持的不确定性
福利风险	营养	消费品价格波动
	健康	医疗公共提供中不确定性
	教育	教育公共提供中不确定性

6. 其他分类

根据风险事件发生的频率和持续影响的时间分类（Morduch，1999）。

（1）根据风险发生的频率，可以把风险事件分为低频率和高频率的风险。对于风险发生频率高的风险事件，如农产品市场价格波动等，农户可根据自身的相关经验进行处理和应对。对于很少发生的低频率风险事件，如泥石流、地震和海啸等重大的自然灾害，由于这些灾害事件具有不可控性，农户处理这类风险的能力十分有限。

（2）根据风险事件影响的时间长短，可以分为持久性短的风险和持久性长的风险。例如：前者仅影响当期，而后者不仅对于当期产生影响，还对下一期产生影响。例如，如果巨灾造成的冲击使农户消费在当期和未来产生较大范围的波动，则属于持久性的风险。

需要强调的是，风险冲击在不同国家和同一国家的不同发展阶段具有不同的特点和影响程度。例如，随着中国步入老龄化社会，许多风险也与农村的老龄问题有关，中国作为世界上最大的发展中国家，人口结构正迅速变化，老龄人口将不断增加，他们面临的风险也越来越大。

由于农业风险是一个形成机理十分复杂、影响因素多种多样且相互作用的综合性概念，除了上述风险类型，一些文献还将有关财务、法律、汇率、利率、契约、管制以及决策者个人特征和社会突发性事件等因素纳入农户风险的来源。由于上述所有农业风险对农业生产的影响，最终将表现为农户生产经营收益的不确定性（西爱琴，2006）。因此，本书主要是从农户收入的波动来界定农村家庭的风险。

3.1.2 中国农户风险冲击的来源

风险既是客观的又是无形的,具有突发性和多变性。农户对风险的理解也具有整合性的特点,并不一定与传统的、标准的风险定义完全一致。识别不同类别的风险是农户进行风险管理和实施风险干预的首要前提,但不同农户面临不同的环境、禀赋和制度约束,自身又具有差异化的风险处理能力。因此,准确地识别单个农户所面临的风险,以及这些风险的来源和影响,是非常困难和成本高昂的。已有研究大多用降雨量、地区平均收入水平这样的宏观指标来识别风险,进而确定是否需要采取风险干预措施。由于没有考虑农户风险应对能力的异质性,建立在这种缺乏信息基础上的干预显然难于获得满意的预期效果。本部分将利用中国家庭金融调查(CHFS)数据库中有关农户收入下降的独特信息,对农户风险来源进行识别,发现我国农户面临的实际风险具有什么样的特征。

表3-1-3是基于中国家庭金融调查(CHFS)在2011年具有全国代表性的农户微观数据[①],对农户风险冲击来源的分布进行描述性统计的结果。具体来看,CHFS在2011年的首轮调查中设计了专门问题了解家庭的收入波动情况,受访家庭会被问到"去年,您家的总收入与正常年份比较是偏高还是偏低?"。回答共有3个选项:①偏高;②偏低;③持平。对于选择"②偏低"的家庭,会进一步追问"偏低的原因是什么?",共有11个选项,分别是"①投资收入下降;②商业收入下降;③工资降低/降职,换工作;④工作时间减少,下岗,失业;⑤停止工作/入学/生小孩/退休/其他;⑥生病,残废;⑦家庭结构改变/离婚;⑧捐赠/捐款;⑨法律诉讼;⑩社会保障/退休金/帮扶措施停止或减少;⑪其他(请注明)"。根据受访户对该题的回答,可以了解中国农户收入风险冲击的来源及其分布的概况。

需要说明的是,CHFS2011年的调查问卷中没有设计"农业收入下降"的选项。但是,受访家庭的收入减少如果是由于选项①~⑩之外的原因导致的,访员会在该题目中的"⑪其他(请注明)"选项中进行标记,并详细记录原因。通过分析和抓取"其他"选项中的关键词(比如:"灾害""农产品价格""种植""养殖""收成"等信息),可以获得农户收入下降是否为农业收

---

① CHFS在2013年和2015年的调查中不再询问该问题,因此用2011年的数据进行分析。

入波动导致。由于大部分原始数据只是在"⑪其他(请注明)"中笼统地记录了"农业收入下降"的信息,无法进一步细分和识别农业收入的下降是源于自然灾害还是市场风险。

表 3-1-3 第(1)列是全国范围内从事农业生产经营的农户不同风险来源的占比。第(2)、(3) 和(4)列分别是东部、中部和西部区域的占比情况。第(5)和第(6)列是以农户收入的中位数为门槛,把样本分为高收入组(收入大于中位数)和低收入组(收入低于中位数)两组,分别进行统计的结果。

表 3-1-3　　　农户收入风险的来源(CHFS 2011)

收入下降的原因	总体(%)(1)	区域划分(%)			贫富差距(%)	
		东部(2)	中部(3)	西部(4)	收入大于中位数(5)	收入小于中位数(6)
农业收入下降	43.45	39.83	44.10	45.24	38.33	48.55
投资收入下降	9.98	12.71	7.69	10.71	11.25	8.71
商业收入下降	4.99	5.08	2.56	7.74	5.83	4.15
工资降低/降职/换工作	6.86	8.47	7.69	4.76	9.17	4.56
工作时间减少/下岗/失业	13.10	16.10	10.26	14.29	13.33	12.86
停止工作/入学/生小孩/退休	3.53	3.39	3.08	4.17	4.17	2.90
生病/残废	16.22	12.71	23.08	10.71	16.67	15.77
家庭结构改变/离婚	1.25	0	1.54	1.79	0.83	1.66
捐赠/捐款	0	0	0	0	0	0
法律诉讼	0	0	0	0	0	0
社会保障/退休金/帮扶措施停止或减少	0.42	0.85	0	0.60	0	0.41
样本量	481	118	195	168	240	241

表 3-1-3 中第(1)列表明,在收入下降的 481 户样本中,农业收入下降的占比高达 43%,是农户收入风险的主要来源。第(2)列、第(3)列和第(4)列,分不同区域的统计结果表明,西部地区农业收入风险最高,中部次之,东部最低,占比分别是 40%、44% 和 45%。第(5)列和第(6)根据收入分组的统计结果来看,农业收入风险在高收入组和低收入组农户中的占比分别为 38% 和 49%,相比于高收入组农户,低收入组农户面临更大的农业风

险，而且这种差异非常明显。描述性统计的结果初步显示，农业收入下降是中国农户收入波动的首要原因，农业收入风险对西部地区农户的影响最大，中部次之，东部最小。此外，农业收入风险对不同收入阶层农户的影响具有异质性，越穷的农户越是容易受到农业收入下降的影响，越富的农户受到农业收入下降的影响越低。

工资性收入下降是农户收入风险的第二大来源，在收入偏低的481个样本农户中，由于"工作时间减少/下岗/失业生病工资降低/降职/换工作"导致家庭总收入下降的占比大概为20%。分东中西部地区来看，东部地区占比最高，为24%；中部与西部次之，都为19%左右。根据收入分组来看，工资性收入风险对富裕农户的影响更大。

健康风险（疾病风险）是农户风险的第三大来源，在收入偏低的481个样本中，由于生病（残疾）导致家庭总收入下降的占比为16.22%。分区域来看，中部地区占比最高，为23%；东部次之，占比为13%；西部最低，为11%。按照收入分组来看，低收入组与高收入组区别不大，大约为16%。

投资风险是农村家庭风险的第四大来源，在收入偏低的481个样本中，投资与商业性收入下降的占比为15%。分区域来看，投资风险对东部和西部地区的农户影响最大，对中部地区农户的影响较小。按照收入分组来看，投资风险对高收入农户的影响更大，对低收入组家庭的影响较小。

除了以上四个主要的风险来源，其他风险的占比较低，均小于5%。具体来看，"停止工作/入学/生小孩/退休"导致收入偏低的占比为3.5%。"家庭结构改变/离婚"导致收入偏低的占比为1.23%。"社会保障/退休金/帮扶措施停止或减少"导致收入偏低的占比仅为0.4%。总体上看，中国农户的收入风险主要来源于四个方面，分别是农业收入风险、工资性收入风险、健康风险和投资风险。需要强调的是，农户风险来源不仅在东、中、西部地区存在差异，而且对不同收入阶层农户的影响也存在异质性。

3.2 农户风险处理策略的类型及其作用机理

3.2.1 农户风险处理策略的分类

相比于非农产业的劳动者，从事农业生产的农民面临着更加频繁和严重的不确定性。风险冲击会给家庭带来巨大的福利损失,甚至威胁农户的基本生存。对发展中国家的农户而言,能否应对风险的负面影响是生死攸关的大事。国内外学者按照不同的划分方式,将农户风险应对策略进行了不同的分类。

1. 根据风险发生的时点进行分类

如果以风险发生的时间点为界,农户应对风险的策略可以分为事前风险防范机制和事后风险应对机制两大类（Fafchamps,1999;陈传波,2004;马小勇,2008;刘亚非,2012）。其中,事后风险应对机制又可以进一步细分为事后横向风险应对机制和事后纵向风险应对机制两种。

（1）事前风险应对机制。"事前"风险应对策略的本质是规避风险,也就是有意识地不让个人和家庭暴露在某种特定风险下的行为。从一定意义上说,规避风险使受损失的概率降到零。但遗憾的是,农户规避风险的想法并不总是可行的,有时即使是可行的,也不会取得令人满意的效果。农户必须始终权衡与引起风险的活动相联系的成本与收益。因为当一项风险被避免,其潜在的收益和成本也就一并消失了。在农业生产实践中,农户常常坚持使用保守的生产策略,事前风险管理策略的特点可以归纳为,农户在降低收入波动性的同时不得不承受生产率和利润的损失。事前机制主要包括四种方式:一是谨慎采纳农业生产新技术。二是选择低风险、低收益的农业生产项目。三是利用多样化的生产活动分散风险,主要包括农业生产模式的多样化、品种的多样化和收入来源的多样化。四是利用不同的市场和非市场制度规避风险。

首先,谨慎地采纳农业新技术。风险和不确定性使农户在农业生产中表现出保守主义的特征,这种风险规避行为阻碍了农业创新的传播和采用。尽管农业领域的技术创新能够提高农民家庭的产量和收入,但为了管理和控制风险,农村家庭不愿意或者非常犹豫采用这些新技术,而是倾向于传统和更加熟悉的生产技术。农户在采纳农业新技术和种植新品种上相当保守,因为传统的农业生产技术虽然回报比较低,但风险可控。

其次,选择低风险低收益的生产项目。保守主义的生产方式还体现在农户常常选择低投入、低回报的农业生产项目,放弃高投入、高产出的生产计划。农户缺乏平滑消费的手段,拥有资产少的农户尽量从事低风险、低回报的生产活动,以避免高风险活动可能产生的生活困难。反之,拥有资产多的农户有较强的风险应对能力,可以在风险发生后通过出售流动性资产来缓解生活困难,所以他们更有能力从事高风险高回报的生产活动。

再次，采取多样化策略分散风险。中国农户生产模式的典型特征是"小而全"，这一特征是对多样化策略的精辟概括。尽管多样化策略在一定程度上阻碍了农业创新的传播和采用，不利于农业专业化实现，违背农户利润最大化的目标。但在实践中，"小而全"的多样化生产策略在一定程度上帮助农户分散了风险。

最后，选择管理风险的制度安排来规避风险。发展中国家农户还可以通过一定的制度安排实现事前的风险管理，常用的制度安排有三种，分别是长期劳动合同、分成租佃制和契约农业。

以上方法都是事前的风险应对机制，这些生产决策虽然在某种程度上规避了风险，但也使农户丧失了提高收入的机会，尤其不利于贫困农户改变现状。因此，事前的风险防御机制是把"双刃剑"，是农户在生计保障和经济效率之间进行权衡取舍的结果。

（2）事后纵向风险应对机制。农户事后纵向风险应对机制又称为"跨期消费平滑机制"，主要是指家庭利用收入的跨时期转移来应对风险，熨平消费波动，从而避免风险带来的不利影响。跨时期消费平滑的形式主要包括资产变现、储蓄、正规与非正规借款以及保险等。

首先，农户可以通过资产变现应对风险。当一个家庭受到无法克服的风险打击时，一个很明确的应对之策是将资产变现，获得现金以购买食物、支付租金，或者支付医疗开支等。但这种依靠变卖资产应对风险冲击的方式会对家庭未来的生活造成负面的影响。从某种意义上说，通过变卖生产性资产来抵御风险甚至是一种饮鸩止渴的方式。

其次，家庭可以利用储蓄进行跨期收入转移。既然出售生产性资产会对穷人的长期福利造成不利影响，那么为了避免这种情况发生，家庭往往通过储蓄的方法来抵御因风险而带来的消费波动。农户的预防性储蓄通常包括实物储蓄和金融储蓄。在经济转型的过程中，由于农村经济的市场化和农户生产的专业化，实物储蓄所占的比重已经越来越低，在农户预防性储蓄中占主体地位的是金融储蓄，但是储蓄工具的匮乏使其代价高昂。例如：对于贫困家庭，预防性储蓄是其主要的应对风险的策略，即便流动性资产的回报是负的，这些家庭仍然会进行储蓄。究其原因，储蓄的动机不是利用金融机会赚取回报，而是通过储蓄建立缓冲储备，以便帮助他们应对突发事件。

再次，农户通过正规与非正规借贷应对风险。研究表明，中国农户借款行为的重要目的之一是应对风险。大多数情况下，穷人没有通过银行等正规金融部门获得贷款的机会，一方面，银行和穷人之间的信息不对称问题比较严重，银行不了解穷人的收入状况、信用状况以及贷款的用途，因此也不敢把贷款贸然借给穷人；另一方面，穷人没有足够的资产作为抵押品。此外，在发展中国家，信贷是比较稀缺的资源，穷人的信贷需求经常被无视。无法从正规金融部门获得信贷的穷人大多求助于非正式的民间借贷，而民间借贷的双方往往并不拟定明确的契约，很少规定具体的还款期限。对绝大多数穷人来说，通过借贷应对风险也是不得已的选择。由于借贷的利率较高，借贷者往往不得不借新贷还旧贷，从而陷入债务陷阱的恶性循环之中。世界银行的调查发现，与借贷相关的贫困常常被受访者提及：借债行为本身会使穷人滑向深渊，而不是他们通向富足生活的桥梁。

最后，家庭可以通过商业保险弥补风险损失。在世界范围内，纯粹的商业性农业保险几乎都失败了，农业保险的纯粹市场性运营很难取得成功。农业保险失灵的原因可以归结为两个方面，一个是农业风险的系统性，另一个是农业保险中广泛存在的信息不对称问题。我国农户也很难利用农业保险市场应对风险，原因在于：①农户经营规模狭小，交易费用高，导致保险机构很高的运营成本。②农户对农业保险认识不够，普遍持怀疑态度。③农业经营在地域上较为分散，各地地形气候条件千差万别，提高了保险公司运营费用。④农村专业保险人才的不足、农业保险支持政策的缺位以及农业保险法律和制度的缺失，也是阻碍农业保险发展的重要因素。

（3）事后横向风险应对机制。事后横向风险应对机制是指农户利用社会网络内的风险统筹、农村社会保障制度、政府补贴、农业补贴以及农地的保障功能来应对风险的机制。

第一，社会网络内的风险统筹。社会资本作为农户重要的非正规保险手段，是农村地区正规风险应对机制的补充。社会资本是基于社会关系、网络和社团的制度和组织，这些社会关系、网络和社团可以产生出共享知识、相互信任、社会规范以及不成文的规则（周晔馨、叶静怡，2014）。根据社会资本包含的核心内容，它还可以被定义为社会组织的特征，诸如信任、规范以及网络，它们能够通过促进合作来提高社会的效率（Putnam et al., 1993）。社会资本已经成为自然资本、物质资本和人力资本的必要补充，是农户发展不可缺少的资源（Ostrom, 1999），对农村低收入家庭更加重要。研究发现，社会资本是穷人的资本（Woolcock et al., 2000）。Lin（2001）认为，社会资本不同于传统的资本概念，它是一种非正式制度，是行动者在行动中获取和使用的嵌入在社会网络中的资源。中国农户往往面临着较大的风险，家庭应对外部冲击的能力很弱。中国农户的社会网络包括多个方面，可能是亲朋好友、同一村庄的村民或者宗族团体等（马小勇，2008）。在信贷和保险市场等正规风险应对机制不完善的情况下，社会网络内部的互助行为对农户应对风险有重要意义。社会网络内部的这种非正式风险分担机制提高了中国农户的风险应对能力，在帮助农户进行消费平滑发挥着重要作用（马小勇、白永秀，2009）。

第二，农村社会保障制度。尽管社会保障计划在发展中国家得到普及，但社会保障的覆盖率却远远没有达到相应的水平。因为在发展中国家农村地区建立社会保障制度受到多种因素的制约。社会保障所需要的巨额资金是任何发展中国家的政府都不能或不愿意承担的。随着我国经济实力的增强，政府在社会保障制度建设方面已取得了一系列突破性的进展。从农村社会保障与农户风险管理的关系而言，"新农合"与"新农保"能够减少农户在医疗和养老支出方面的风险暴露。

第三，政府补贴。农村贫困人口可以利用农村最低生活保障制度和救灾救济制度应对风险冲击。对农户来说，与收入风险问题直接相关的是最低生活保障制度（社会救济制度）。2013年中央提出了精准扶贫的战略思想，进一步加大了对农村贫困家庭的帮扶力度，政府补贴在帮助贫困农户分担风险和平滑消费上的作用越来越重要。

第四，农业补贴。农业补贴是各国政府保护和支持本国农业发展的有效政策工具之一。改革开放以来，国家持续关注"三农"问题，中央和地方政府进行了渐进性的农业政策和体制改革，出台了大量农业补贴政策。这些政策通过各种财政和税收补贴方式，提振了农户从事农业生产的积极性，促进了农业劳动生产率和家庭收入的增长，间接提高了农户的风险应对能力。

第五，农地的保障功能。中国农民有一种特殊的风险应对机制，即土地型社会保障。中国现行的土地制度，事实上使土地成为社会保障的替代物。在政府受财力约束无法为农民提供现代社会保障的条件下，忽视农地社会保障功能的主张可能会带来严重的消极后果。因此，在对农地制度进行以产权个人化为目标的改革应该保持慎重态度。

2. 根据农户风险应对机制的规范性分类

根据农户风险应对机制的规范性，可以将农户采用的风险应对策略划分为正规风险应对机制和非正规风险应对机制（马小勇，2006；马小勇，2007；

陈传波，2007；王阳、漆雁斌，2010）。

（1）正规风险应对机制。正规风险处理机制是指专门用于处理风险的正式制度安排，主要包括：正规信贷、正规商业保险以及社会保障制度。

第一，正规信贷市场。向银行等正规金融机构借贷是家庭应对日常风险冲击的途径之一，借贷的本质就是将资源在现在和未来之间重新配置。但是，发展中国家农村正规信贷市场大多不完善，农户利用正规金融机制应对风险冲击受到明显的制约。由于农业生产的分散性和产出的不确定性，正式信贷机构向农户提供贷款时面临着信息不对称带来的逆向选择和道德风险问题。中国农户借款行为的重要目的之一是应对风险，中国农户的正规信贷需求抑制现象严重，穷人很难获得正规信贷，正规金融"嫌贫爱富"的特征明显。

第二，商业保险市场。农业保险作为分散农业生产风险、补偿经济损失、稳定农民收入和促进农业发展的机制，已经成为国际上最重要的非价格农业保护工具之一。农户与保险公司之间的关系，是建立在商业原则基础上的契约关系，是以经济契约形式固定下来的"有收有偿"的对等互利关系。从保险供给角度看，保险公司基于利润最大化的目标，设置不同的险种，满足不同保险主体的差异化需求。在发达市场经济国家，商业保险市场相对成熟，商业保险是纯粹的市场化行为，险种设计基于利润最大化的追求，保费水平一般较高，主要适用于中高收入群体。然而，商业保险对农村家庭的吸引力不大。因为农户收入水平较低，农业保险的高费用、高费率与农民的实际购买力之间存在着矛盾，这也成为长期以来制约中国农业保险发展的重要原因。因此，商业保险在帮助农户应对风险冲击上起到的作用也非常有限。

第三，农村社会保障制度和农业补贴政策。农民利用现代社会保障制度应对风险的主要途径是依靠农村社会保险和政府救济制度。在农村地区，接受政府救济的主要是被政府认定为贫困地区的农民和"五保户"等弱势群体，如国家级贫困县内的居民，被认定为建档立卡的贫困户，以及病残家庭等。尽管新型农村合作医疗保险和新型农村养老保险覆盖面很广，但农户实际上只是低水平地享受了社会保障。所以，现代社会保障制度在提高农民风险应对能力上的作用还有很大的上升空间。

（2）非正规风险应对机制。非正规风险规避机制是指用于处理风险的非正式制度安排，在发展中国家尤其是农村地区，现代社会保障体系、正规信贷市场以及保险市场严重缺失或不完善的现象普遍存在，导致正规风险应对机制在农村地区的作用有限。在这种情况下，大多数发展中国家的农村地区却保持了相对稳定,这一事实可以用令人吃惊来形容。研究发现,农户遭遇不利冲击后的风险应对能力,很大程度上可以依赖于非正规的风险应对机制。非正规风险应对机制主要包括三种。

第一,在农业生产经营中提前规避风险。总体上看,农户事后风险应对机制受到诸多限制,导致农户事后应对风险的能力不足。因此,风险规避型的农户遵循"安全第一"的生计法则,在风险发生之前就采取措施来应对风险,在农业生产经营中采取保守的生产策略是常见的非正规风险应对机制,例如,对待农业新技术和新品种的态度非常谨慎、在小规模土地上进行多元化种植、养殖,减少农业生产投入等,这些保守的生产策略在规避风险的同时,也造成了农户生产率的损失。

第二,社会网络内的互助。在发展中国家的农村地区,同一村庄的亲友或其他社会网络可以通过内部的风险统筹彼此分担风险。这种风险统筹机制没有正规形式,没有强制实施的机制,是一种非正式制度安排。中国农村是"关系型"社会,农村家庭大多通过社会资本投资,建立相应的社会网络,例如:在红白喜事、重要节日时送礼是农村十分常见的现象。社会网络内互助的主要方法主要是互惠性的收入转移,即当某个成员生活困难时,该网络内的其他成员给予货币或其他形式的援助,而该成员有在其他成员生活困难时也有给予援助的义务。例如,当农户遭遇大病,面临高额的医药开销、劳动收入锐减等风险事件冲击时,农户普遍会向亲友借贷。这种互助也可能采取互惠式的非正规信贷形式,网络内成员在生活困难时借钱,在收入提高的时候还钱(普兰纳布·巴德汉等,2002)。这类风险统筹的基本规则是互惠,成员之间必须遵守互惠的规则,违背规则的成员将受到某种惩罚,惩罚的主要形式是受到该网络内其他成员的排斥,最为严重的惩罚是完全被排除在社会网络之外而独自承担风险。

第三,非正规的民间信贷市场。在农村地区,银行等正规信贷机构一般不愿意向农户提供贷款,农户面临较严重的正规信贷约束。而非正规放贷者,由于其权力、地位、个人关系,以及作为内部人的信息优势,成为乡村借贷市场上的主要供给者。在中国农村,现代社会保障体系、正规信贷市场以及保险市场不完善的现象普遍存在,导致正规风险应对机制在农村地区的缺失,农户很难利用正规风险规避机制应对风险冲击。因此,农户主要依靠非正规风险规避机制来规避风险,社会网络内的互助、参与非正规金融市场、在生产经营中采取保守行为是常见的方法。随着农村市场化进程的加快和城镇化水平的提高,农户独立经济意识不断增强,村庄传统伦理日益弱化,传统乡土社会中的互助机制在帮助农户应对风险中作用也趋于下降。尽管民间借贷在提高农户风险应对能力上起到了较为重要的作用,但由于民间信贷市场的"非法"状态,其作用的发挥受到相当大的制约。在此背景下,风险规避型的农户,尤其是贫困农户,被迫在农业生产经营中选择较为保守的生产技术和经营方式。但这种风险应对机制无法处理生活中的风险,也是导致农业生产率低下的重要原因。表3-2-1对农户采用的风险应对策略进行了归纳汇总。

表3-2-1　　　　农户风险应对策略分类

类别		非正规风险应对机制	正规风险应对机制
事前风险防御机制		(1) 多元化种植、养殖 (2) 保守的农业生产经营方式 (3) 低风险的农业生产技术 (4) 专业合作社与行业协会 (5) 资金互助社 (6) 投资于社会资本,建立社会网络	(1) 购买农村各类商业性保险 (2) 在各类金融机构储蓄
事后风险应对机制	纵向机制	(1) 减少消费 (2) 变卖消费性和生产性资产 (3) 非正规信贷(高利贷) (4) 过度劳动	(1) 变现资产 (2) 动用储蓄 (3) 从金融机构贷款
	横向机制	(1) 村庄网络内的转移支付 (2) 亲友间的转移支付	(1) 农村社会保障制度 (2) 灾害援助 (3) 农业补贴

3.2.2　农户风险处理策略的作用机理

本部分将基于农户理论,构建理论模型考察农户事前风险应对机制的机理、事后纵向风险应对机制的机理以及事后横向风险应对机制的机理。

1. 农户事前风险防御机制的作用机理

在发展中国家的农村,由于事后风险应对机制受到限制,农户不得不在风险发生之前就采取相应措施。事前风险防御机制的特点大致可以概括为,农户为了降低收入波动性(收入的方差)而不得不牺牲一定的利润,承受较低的平均收入(收入的期望)。换句话说,农户要在生计保障和经济效率之间进行权衡取舍。事前风险应对机制的常见形式就是在农业生产经营决策和农业生产过程中采取谨慎的生产策略来规避风险。在农业生产实践中，农户常常坚持使用保守的生产策略，而在使用可能带来利润增加的新技术时非常保守。例如：选择虽然低产但却能抵抗各种不良天气变化的作物，在土地规模狭小的情况下选择种植多种农作物，同时从事非农产业的生产和经营。这些生产决策虽然在某种程度上规避了风险，但也使农户丧失了提高收入的机会，尤其不利于贫困农户脱贫。

利用期望效用理论的分析框架可以清楚地解释这一点，对于风险规避的农户，农户预期收入效用为 $U(y)$，大于不确定条件下的预期效用 $E[U(y+\varepsilon)]$。农户愿意支付两者之间的差额而使不确定的农业收入变为确定性的，这个差额被称为风险金 π，也可以理解为农户事前风险应对机制的代价（瓦里安，1997）。以上关系可以用式（3-2-1）来表示：

$$U(y-\pi) = EU(y+\varepsilon) \quad (3-2-1)$$

假设农户为风险规避型，$U(\cdot):R \rightarrow R$ 表示农户有严格递增且弱凹的定义在实数集上的效用函数。ε 表示导致收入风险的随机因素。对于一个风险规避者，由于预期收入的效用 $U(y)$ 大于期望效用 $EU(y+\varepsilon)$，即 $U(y) > EU(y+\varepsilon)$，他愿意通过支付两者之间的差额 π 来避免风险，把不确定性的收入转变为确定性的收入。

对于发展中国家的农户，尤其是贫困农户而言，他们处于"水深及颈"的状态，即使收入和支出的"微小波澜"亦会产生严重的后果，因此他们的风险规避倾向更强。但是，这种规避风险、追求收入稳定的行为将使生产偏离利润最大化目标，可以把利润减少的数量当做农户为减少风险而付出的代价，也就是农户实际收入（利润）水平与最优收入（利润）水平之间的差额，将其视为农户为了规避风险而必须付出的风险金。

2. 事后纵向风险应对机制的作用机理

凯恩斯较早使用消费函数讨论了收入与消费间的关系。在凯恩斯的消费函数中，消费水平取决于当期收入，但这与经验事实并不完全相符。在对凯恩斯主义的消费函数进行的理论反思中，最有影响的是生命周期假说和持久收入假说。Franco Modigliani（1986）的生命周期理论认为，理性人从一生的角度来安排自己的消费与储蓄。人的消费取决于一生的收入。在不同的生命周期阶段，每个人的消费与储蓄不同。一般而言，在年轻时消费大于收入，有负债。

在中年时收入大于消费,有储蓄。在老年时,消费又大于收入,进而用中年时的储蓄支付。与生命周期理论类似,Milton Friedman（1957）的持久收入假说认为,人的消费取决于持久性收入,即长期内的稳定收入。不确定的暂时性收入变动对消费没有什么影响。这两种理论实际上都认为,人们都偏好于稳定的消费流,努力通过储蓄和借贷避免时高时低的消费流,所以通常被合称为生命周期—持久收入假说。农户面临的风险会带来消费流的波动,从而带来福利损失。农户通过跨时期消费平滑来应对风险,实际上就是通过跨时期收入转移来平滑消费流。所以,发展经济学常常根据生命周期—持久收入理论的基本模型来检验农户通过跨时期消费平滑机制来应对风险的效果。

Deaton（1992）根据生命周期—持久收入假说将农户通过跨时期消费平滑机制来应对风险的行为进行了形式化的分析。Deaton 指出,如果金融市场是完全的,农户可以通过收入的跨时期转移使各期消费的边际效用相等。这意味着收入将根据效用函数在农户家庭的各个时期进行合理分配,从而避免在某些时期会因为支出或收入的波动而陷入困境。

假定任意一个代表性农户在 t 期的消费为 c_t,其在该时期的效用函数为 $u(c_t)$（其中,$u'(c_t)>0$;$u''(c_t)<0$）,如果不考虑时间贴现问题,则该农户在所有 T 时期的全部效用可以表示为:

$$U = \sum_{t=1}^{T} u(c_t) \qquad (3-2-2)$$

农户跨期转移收入的目的是实现家庭所有时期的总效用最大化:

$$\max U = \max\left[\sum_{t=1}^{T} u(c_t)\right] \qquad (3-2-3)$$

该农户家庭所面临的预算约束为:

$$\sum_{t=1}^{T} c_t = \sum_{t=1}^{T} y_t \qquad (3-2-4)$$

其中 $y_t>0$ 表示农户在各个时期的收入。那么,对于任何时期 t,农户实现跨期效用最大化所需要的一阶条件是:

$$\frac{du_t}{dc_t} = \frac{du_{t+1}}{dc_{t+1}} \qquad (3-2-5)$$

式（3-2-5）表明,如果农村信贷市场是完全的,即农户可以通过收入的跨期转移使各期消费的边际效用相等。那么收入将根据家庭效用函数的情况在家庭的 T 个时期进行分配,即使某些时期风险对消费支出有较大的冲击,农户也可以通过信贷市场的跨期收入转移避免支出的大幅波动,使家庭摆脱暂时的困境。也就是说,如果农户在各个时期的效用函数相同,对于任意时期 t,都有 $c_t = c_{t+1}$,即农户消费在不同时期是完全平滑的,这就是生命周期—持久收入假说的结论。

但是,已有大量文献的研究表明,生命周期—持久收入假说对平滑消费的预测与实际不符,主要原因之一是农村信贷市场并不完全,农户常常面临严重的流动性约束(戴维·罗默,2003)。在发展中国家,农户经营规模小,经营效率低下,农村社区的信息也不易被外界了解,农业生产受自然因素影响较大。因此,农户与金融机构的信息不对称问题十分严重,交易成本较高,风险也较大,尤其是农户缺乏抵押物,没有能力获得贷款抵押。结果是,农村正规信贷机构一般不愿意向农户提供贷款。这导致农村非正规信贷市场成为农村信贷市场上的主要资金供给者。但农村非正规信贷往往索取较高的利率,甚至是高利贷,这无疑增加了农户通过跨期收入转移的方法来应对风险的成本。一旦农户在正规和非正规信贷市场上无法获得资金支持,遭遇严重风险冲击的家庭可能会通过变卖资产来平滑消费。Rosensweig and Wolpin(1993)的研究发现,农户常常在收入波动时买卖牲畜或土地来平滑消费。由于牲畜和土地是生产性资产,这种做法可能降低农户的长期生产能力,严重影响农户获取未来收入的能力,甚至使农户陷于长期的贫困。

3. 事后横向风险应对机制的作用机理

事后横向风险应对机制是指农户利用亲友网络的风险统筹来平滑消费(马小勇,2007)。中国农村具有"乡土社会"和"差序格局"的特点,依靠村庄社会网络分担风险是农户事后风险应对机制的常见手段。在村庄风险分担网络中,风险的有效配置等同于在村庄总的资源约束下,社会计划者最大化村庄内所有家庭期望效用的加权和,以实现村庄网络中风险的帕累托最优配置(1997)。借鉴 Cochrne(1988)、Townsend(1994)、袁航和刘景景(2019)、梁腾坚等(2019)的研究,构建以下农户横向风险应对机制的理论模型。

假设:(1)村庄内部存在一个或者多个风险共担的团体。(2)村庄内部成员(以家庭为基本单位)面对多种风险,但是没有一种风险能够影响每一期的边际效应函数。(3)农户之间的信息能够充分流通。(4)消费与闲暇满足可分性,并且两者互相独立。(5)偏好在农户个体维度以及时间维度上满足可加性,农户具有相同的时间贴现率。(6)村庄内部每个家庭具有相同的,形如式（3-2-6）的效用函数①。

村庄内代表性家庭的效用函数为：

$$U_{it} = \sum_{t=1}^{T} \beta^t \sum_{s=1}^{S} \pi_s u_i(c_{ist}) \tag{3-2-6}$$

其中：$i = 1, 2, 3, \cdots, N$，代表村庄内的第 i 个家庭，假设村庄由 N 户家庭构成。$t(t = 1,2,3,\cdots,T)$，代表农户家庭不同的时期下标，T 为时期总长度。S 代表不确定性，表示家庭 i 在时期 t 可能发生 S 种情况（自然状态），$s(s = 1,2,3,\cdots,S)$ 表示具体发生的某个状态，其发生概率为 π_s，属于全体农户都了解的公共信息。U_{it} 为农户的效用函数，c_{ist} 为农户 i 在第 t 期 s 种状态发生时的消费数量，其中农户的效用函数 $u(\cdot)$ 二次可微，满足 $\frac{\partial u}{\partial c} > 0$，$\frac{\partial^2 u}{\partial c^2} < 0$，并且 $\lim_{c \to 0} \frac{\partial u}{\partial c} = +\infty$。$\beta$ 是对所有农户都相同的时间贴现率。

如上所述，村庄内部风险的帕累托配置可以通过最大化所有农户家庭期望效用的加权和得到，村庄内部成员之间帕累托有效率的风险分担能够通过最大化式（3-2-7）的加权效用函数来实现，其中 ω_i 为第 i 个家庭的权重，且满足 $0 < \omega_i < 1$，$\sum_{i=1}^{N} \omega_i = 1$。

$$MAX\left\{\sum_{i=1}^{N} \omega_i \sum_{t=1}^{T} \beta^t \sum_{s=1}^{S} \pi_s u_i(c_{ist})\right\} \tag{3-2-7}$$

$$s.t. \sum_{i=1}^{N} c_{ist} = \sum_{i=1}^{N} y_{ist}, \forall s,t \tag{3-2-8a}$$

$$c_{ist} \geq 0, \forall i,s,t \tag{3-2-8b}$$

式（3-2-8a）为每一时期 t 每一可能发生的状态 s 下，村庄网络内的资源约束条件，式（3-2-8b）为非负约束条件。y_{ist} 是指农户 i 在 t 时期 s 状态发生时的家庭收入。根据式（3-2-7）和式（3-2-8a）构造拉格朗日函数，λ_i 为拉格朗日乘子。

$$L = \sum_{i=1}^{N} \omega_i \sum_{t=1}^{T} \beta^t \sum_{s=1}^{S} \pi_s u_i(c_{ist}) + \sum_{i=1}^{N} \lambda_i(y_{ist} - c_{ist}) \tag{3-2-9}$$

分别对村庄内部的农户 i 和农户 j 求偏导，得到式（3-2-10a）和式（3-2-10b）

---

① 为了便于表述，这里先不设定农户效用函数的具体形式，待后文中再进行设定。

$$\frac{\partial L}{\partial c_{ist}} = \omega_i \beta^t \pi_s u_i'(c_{ist}) - \lambda_i \beta^t \pi_s = 0 \qquad (3-2-10a)$$

$$\frac{\partial L}{\partial c_{jst}} = \omega_j \beta^t \pi_s u_j'(c_{jst}) - \lambda_j \beta^t \pi_s = 0 \qquad (3-2-10b)$$

根据式（3-2-10a）和式（3-2-10b），并且 $\lambda_i = \lambda_j$，可以得到：

$$\frac{u_i'(c_{ist})}{u_j'(c_{jst})} = \frac{\omega_j}{\omega_i}, \ \forall i,j,s,t \qquad (3-2-11)$$

对于村庄网络内的任一成员家庭，式（3-2-11）在任何期时期 t 和任何状态 s 下都成立。村庄网络内所有农户的边际效用都是同向变化的，他们的消费水平也是同向变化的。因此，在任何状态 s 下，任一农户家庭 i 的边际效用都是村庄中所有成员家庭平均边际效用的单调递增函数。这意味着任一农户 i 的消费都是村庄网络中所有农户平均消费的单调递增函数。为了更加具体直观地给出这个结果，假设村庄内的每个农户都有一个相同的恒定绝对风险厌恶效用函数（CARA：costant absolute risk aversion），具体形式如下：

$$u_i(c_{ist}) = -\frac{1}{\sigma} e^{-\sigma c_{ist}} \qquad (3-2-12)$$

将这个效用函数应用于最优化的一阶条件，即式（3-2-11），可以得到：

$$\frac{u_i'(c_{ist})}{u_j'(c_{jst})} = \frac{e^{-\sigma c_{ist}}}{e^{-\sigma c_{jst}}} = \frac{\omega_j}{\omega_i} \qquad (3-2-13)$$

对式（3-2-13）取对数，进行转换可以得到式：

$$c_{ist} = c_{jst} + \frac{1}{\sigma}(\ln\omega_i - \ln\omega_j) \qquad (3-2-14)$$

在任一时间 t，式（3-2-14）对所有农户都成立，因此有：

$$c_{ist} = c_{1st} + \frac{1}{\sigma}(\ln\omega_i - \ln\omega_1)$$

$$c_{ist} = c_{2st} + \frac{1}{\sigma}(\ln\omega_i - \ln\omega_2)$$

$$\vdots \qquad (3-2-15)$$

$$c_{ist} = c_{Nst} + \frac{1}{\sigma}(\ln\omega_i - \ln\omega_N)$$

对式（3-2-15）求平均，可以得到：

$$c_{ist} = \frac{1}{N}\sum_{j=1}^{N} c_{jst} + \frac{1}{\sigma}\left(\ln\omega_i - \frac{1}{N}\sum_{j=1}^{N}\ln\omega_j\right) \qquad (3-2-16)$$

进一步对式（3-2-16）求差分，得到式（3-2-17）：

$$dc_{ist} = d\bar{C}_{st}, \text{其中：} \bar{C} = \frac{1}{N}\sum_{j=1}^{N} c_{jst} \qquad (3-2-17)$$

其中，式（3-2-16）清楚地表明，农户 i 的消费仅取决于村庄中所有农户家庭的平均消费，而且随着村庄平均消费的增加而增加。式（3-2-16）和式（3-2-17）还表明，如果村庄内部能够实现风险的帕累托配置，任何一个暂时性收入冲击都能够在村庄内得到完全的统筹和分担，农户消费变动不会受到家庭收入变动的影响。既然在控制村庄网络的总消费后，农户的消费不受家庭收入的影响，村内的农户就没有在家庭层次上进行风险多元化的激励，其面临的唯一风险就是村庄层面上的总风险。

这意味着，村庄的总收入将被按照各个家庭的实际需要在村庄内部进行分配，如果某个家庭遭遇风险冲击（例如生活和生产方面的意外灾难），从而使其消费的边际效用高于其他家庭[①]，村庄内的风险统筹机制将在横截面上利用互惠性的收入转移来消除这一差异，使家庭所面临的风险能够在村庄内实现完全的统筹。在仅考虑收入风险的情况下，村庄层面完全的风险统筹意味着任何家庭的消费是村庄平均收入的单调递增函数，与家庭自身的收入变化无关。Townsen（1994）对印度乡村的实证研究表明，家庭消费变动确实是村庄平均收入水平变动的单调函数，但农户消费同时会随家庭收入变动而显著变化。这说明，家庭的特殊性风险在社会网络内无法得到完全分担。

3.3 中国农户的风险应对机制

对于发展中国家的农户来说，能否顺利应付各种风险的冲击，常常是攸关生存与发展的大事。中国作为世界上最大的发展中国家，正处在从计划经济向市场经济转型的进程中，商业保险与信贷市场还很不完善。尤其在农村地区，农业保险市场发育不足，农业保险的供需失衡；正规信贷市场无法有效满足农户的贷款需求，农户普遍面临正规信贷约束；农村社会保障水平偏低，保障体系有待进一步完善。在此背景下，农村家庭很难利用市场化的商业保险和信贷

---

① 生活方面的意外灾难通过改变效用函数（的参数）而使边际效用提高，生产方面的意外灾难在效用函数不变的前提下通过收入减少、消费减少使边际效用提高。

体系、健全的社会保障制度有效地控制风险的影响。长期以来，在以商业保险、正式信贷市场以及农村社会保障体系为代表的正规风险应对机制缺失或不健全的情况下，中国农村经济社会却保持了相对稳定。这一现象也说明中国农户风险应对机制具有不同于西方发达国家的特殊性。为了初步了解中国农户风险应对机制的特点，本节基于中国家庭金融调查（CHFS）2015 年在全国范围内的农户调查数据，对样本农户的风险策略进行了初步的描述性统计分析。

具体来看，2015 年中国家庭金融调查（CHFS）问卷在主观态度模块会询问受访户以下两个问题①：第一个问题是："如果您生活困难，您会向谁寻求帮助？（最多可选三项）"。第二个问题是："如果您与本社区居民发生矛盾或纠纷，您会求助谁来调解？（最多可选三项）"。对这两个问题的回答有相同的 8 个选项："①亲朋好友；②自己解决；③社区干部；④上级政府；⑤社会组织；⑥宗族/宗教；⑦企业单位；⑧其他"。根据受访农户的回答，统计了求助对象的分布情况，以此刻画农户风险应对策略的概况。

表 3-3-1 中第（1）列是生活遇到困难后农户求助对象的分布状况；第（2）列是遇到矛盾纠纷后农户求助对象的分布状况；第（3）列是综合了两种情况后，在更大样本量上的农户求助对象分布状况。

第（1）列显示，在遇到生活困难时，有 47% 的样本农户选择依靠自己的力量解决，38% 的农户会寻求亲朋好友的帮助，15% 和 12% 的农户会依靠上级政府和社区干部解决问题。除此之外，很少有农户依靠社会组织、宗族（宗教）和企业单位解决生活中的困难。

第（2）列显示，发生矛盾与纠纷时，有 48% 的样本农户自己解决，36% 的农户寻求社区干部的帮助，13% 和 12% 的样本农户分别依靠上级政府和亲朋好友解决。很少有农户依靠社会组织、宗族（宗教）和企业单位遇到的纠纷。

第（3）列是综合"遇到生活困难"和"遇到矛盾纠纷"两种情况下，农户求助对象的分布状况。有 47% 的样本农户选择依靠自己的力量解决，27% 的农户会寻求亲朋好友的帮助，23% 和 15% 的农户会依靠社区干部和上级政府解决问题。除此之外，很少有农户依靠社会组织、宗族（宗教）和企

---

① 为了提高调查效率，2015 年的 CHFS 问卷分 a 卷和 b 卷，有些问题在 a 卷中询问，有些问题在 b 卷中询问。其中，问题"如果您生活困难，您会向谁寻求帮助？"在 b 卷中询问，问题"如果您与本社区居民发生矛盾或纠纷，您会求助谁来调解？"在 a 卷中询问。本节整合了农户对这两个问题的回答。

业单位解决困难。

表 3-3-1　　　　　　　中国农户的风险应对策略

求助对象	遇到生活困难（%）(1)	遇到矛盾纠纷（%）(2)	遇到生活困难与矛盾纠纷（%）(3)
亲朋好友	38.09	11.83	26.68
自己解决	46.82	47.77	47.24
社区干部	12.19	36.95	22.95
上级政府	15.42	13.43	14.56
社会组织	1.27	1.03	1.17
宗族/宗教	0.27	0.22	0.25
企业单位	0.56	0.05	0.34
其他	0.31	1.82	0.97
样本量	4 799	3 686	8 485

综合表 3-3-1 的描述性统计结果，可以发现，在用"生活遇到困难"和"遇到纠纷"表示家庭遇到的风险事件时，农户求助对象的分布存在差异。但表 3-3-1 印证了两个重要的事实：一方面，在遇到风险后，中国农户会利用多个渠道的风险应对机制处理风险。风险事件发生以后，农村家庭并非依赖一种风险应对机制策略或者是等待某一风险应对机制的资源耗尽以后再采用另一种风险应对机制。在实践中，理性的农户会同时使用多个层面的风险应对机制缓冲风险冲击。因此，可以把农户风险应对机制归结为多个层面构成的风险应对机制网络。另一方面，每个农村家庭拥有的资源禀赋存在差异，这种差异既包括量和质的不同，也包括结构的差异。因而，农户在对不同风险应对机制的选择上可能具有不同的优先序。表 3-3-1 的描述性统计结果与陈传波（2004），王阳、漆雁斌（2019）的发现一致。这也再次验证了中国农户为应对各种风险的冲击，会综合考虑家庭自身能力和外部可获取的资源，综合选择适合自己的风险应对机制。

3.4　本章小结

本章全面梳理了农户风险冲击的来源和后果，系统考察农户采纳的风险管理策略，并从理论上分析了农户风险应对机制的机理。

（1）本章对农户风险冲击的来源及其影响进行定性分析，归纳和总结农户采取的各种风险应对策略。梳理文献发现，发展中国家的农村家庭采用多种策略来应对风险冲击，这些风险应对策略体现了农村家庭在生产和生活中的生存智慧，在一定程度上起到了抵御不利风险冲击的作用。但是，生活在农村地区的农户所面临的风险要比生活于城镇地区和从事非农行业的人们面临的风险更频繁，也更严重，抗险能力严重不足。一方面，农户在使用不同风险应对策略时受到一定的限制；另一方面，不同的风险应对策略或多或少存在一些缺陷和副作用，抵御风险冲击所被迫采取的一些措施也会对生产和生活造成不利影响。

（2）本章采用 2011 年中国家庭金融调查数据（CHFS）对中国农户实际面临的风险特征进行了探索性的描述统计分析。研究发现，中国农户的收入风险主要来源于四个方面，分别是农业收入风险、工资性收入风险、健康风险和投资风险。中国农户的风险来源不仅在东、中、西部地区存在差异，而且对不同收入阶层农户的影响也存在异质性。

（3）本章基于农户理论，构建模型从理论上分析了农户事前风险应对机制的机理、事后纵向风险应对机制的机理以及事后横向风险应对机制的机理。

（4）本章基于中国家庭金融调查（CHFS）2015 年在全国范围内的农户调查数据，对中国农户的风险策略进行了描述性统计分析。研究发现，为应对各种风险的冲击，中国农户会在家庭自身能力和外部可获取资源的约束下，综合选择风险应对机制，这一结论为后文构建中国农户风险应对机制网络提供了经验证据。

第 4 章 中国农户风险应对机制及其有效性分析

本章在第 2 章和第 3 章的基础上,纳入转型期中国农村经济社会的特点,构建中国特色的农户风险应对机制分析框架,为后续章节的研究奠定理论基础。本章共包括 4 个部分的内容:4.1 节结合转型期中国农村经济社会的特点,归纳中国农户风险应对机制所嵌入环境的特点。4.2 节从多维视角考察农户风险应对机制,把中国农户风险应对机制看做是由家庭层面、村庄层面、市场层面和社会层面风险应对机制构成的整体,分别探讨农户不同层面风险应对机制的内涵、特点和功能,并提出具有中国特色的农户风险应对机制分析框架。4.3 节构建中国农户风险应对机制的理论模型,考察不同层面风险应对机制受限对农户风险应对能力的影响。4.4 节是本章小结。

4.1 中国农户风险应对机制的特殊性

中国经济和社会体制改革的不完善使农村地区呈现出一种"高消费、低收入"的不利格局,致使农村家庭面临的风险正逐渐提升(王增文、邓大松,2015)。中国农村的二元经济结构、文化制度的沿袭以及制度变迁带来的不确定性,又使西方的农户风险管理准则不适用于研究中国农户的风险管理决策。因此,在研究中国农户的风险问题时,必须纳入中国农村的人文社会特征和经济发展阶段。需要强调的是,中国农村不同于西方发达国家的地方仅仅是不同而已,而不能武断地把这些不同理解为不足。尤其是中国农村兼具"乡土社会"和"差序格局"特征,这些本土元素决定了中国农户的风险应对机制必然具有特殊性,是影响中国农户风险管理的重要因素。如果照搬西方经典的风险分担理论,其对中国农户风险应对行为的解释力将大打折扣,得到的研究结论也值得怀疑。因此，要对中国农户风险应对机制给出客观的评价，必须考虑中国国情和农村的发展阶段。总体上看，中国农户风险应对机制有以下典型特征。

4.1.1 "家庭网"的作用

家庭的主要功能之一就是在其成员遭遇风险后为他们提供保护。Rosenzweig（1989）的研究表明，亲缘关系可以平滑消费，对收入风险的冲击有保险作用。费孝通（1986）深入考察了中国农户的经济行为，发现以父系和母系为枢纽的亲属关系在中国农户的日常生活中占有重要的地位。当今中国农村的农民依然表现为以传统血缘为纽带而形成的利益共同体（费孝通，1998）。传统中国家庭的主要功能之一也是保护其成员免受外部风险的冲击，遇到生产生活困难时，寻求家庭网络的帮助是非常普遍的现象。

为了说明"家庭网"在帮助中国农户进行风险分担的作用，下文利用中国家庭金融调查（CHFS）相关数据进行简单描述性统计分析。值得注意的是在中国农村地区，父母与子女之间，兄弟姐妹之间的帮助和支持很少通过计息的民间借贷方式进行，而主要利用家庭之间无偿性的赠予实现①（柴时军、王聪，2015；王晓青，2017）。

CHFS 在调查问卷中的转移性收入（支出）模块询问了受访家庭转移性收入（支出）来源（去向）的详细信息，相关的两个问题是："您家去年是否从非家庭成员那里获得（给予）超过 100 元的现金或非现金收入？"，该问题有两个选项"①是；②否"，如果受访者选择"①是"则会继续追问"从谁那里获得的？（可多选）"，共有 10 个选项，分别是"①父母；②岳父母/公婆；③子女；④儿媳/女婿；⑤孙子/孙女；⑥孙媳/孙女婿；⑦兄弟姐妹；⑧其他亲属；⑨非亲属；⑩机构"。

根据受访户选择"①父母；②岳父母/公婆；③子女；④儿媳/女婿；⑤孙子/孙女；⑥孙媳/孙女婿；⑦兄弟姐妹"的任意一项，可以认为农户在遭遇风

---

① CHFS 提供的数据显示，在中国农村，父母、子女之间的放贷参与都非常低。尽管兄弟姐妹之间存在一定比率的民间放贷行为，但是占比不高，而且金额也不大。从借出款渠道和借出款金额数量来看，绝大多数的民间放贷行为发生在"朋友/邻居"以及"其他亲属"之间（柴时军、王聪，2015）。父母或子女之间，有血缘关系的兄弟姐妹之间的帮助主要来自无偿性的转移支付，这也是建立"家庭网"变量时没有纳入家庭网内部之间资金借贷的原因。

险冲击后，能够得到（给予）"家庭网"内成员的帮助和支持。表4-1-1、表4-1-2和表4-1-3分别是2011年，2013年，2015年三轮调查中样本农户转移性收入和支出去向的分布情况。

表4-1-1是基于 CHFS 在 2011 年的调查数据，样本农户"家庭网"中转移性收入来源与转移性支出去向的分布情况。2011 年的 2 360 个农户样本中，有 1 169 个家庭获得了转移性收入，占样本总量的 50%。其中，有 77.5% 是来自"家庭网"。2011 年有转移性支出的样本数量为 1 658 户，占总样本 70% 的比重，其中有 1 099 家农户的转移性支出发生在"家庭网"内，占有转移性支出样本的比重为 66%。

表4-1-1　家庭网内的转移性收入与支出分布（CHFS2011）

转移性收入来源	转移性收入来源		转移性支出去向[①]	
	数量	占比（%）	数量	占比（%）
父母	122	10.45	319	19.26
岳父母	96	8.22	234	14.13
子女	375	32.11	109	6.58
儿媳/女婿	64	5.48	25	1.51
孙子/孙女	20	1.71	221	13.35
孙媳/孙女婿	5	0.43	9	0.54
兄弟姐妹	520	44.52	648	39.13
家庭网	906	77.50	1 099	66.28
样本量	1 169		1 658	

表4-1-2是基于 CHFS 在 2013 年的调查数据，样本农户"家庭网"中转移性收入来源和转移性支出去向的分布情况。在 6 389 个从事农业生产的样本农户中，有 2 980 个家庭获得了转移性收入，占样本总量的 46.6%。获得转移性收入的家庭中，有 77% 来自"家庭网"。2013 年有转移性支出的样本为 4 899 户，占样本总量的 77%，其中有 3 069 家农户的转移性支出发生在"家庭网"内，占有转移性支出农户的比重为 63%。

表4-1-3是基于 CHFS 在 2015 年的调查数据，样本农户"家庭网"中转移性收入来源和转移性支出去向的分布情况。在 8 485 个从事农业生产的样

---

① CHF 调查问卷中的转移性支出模块提供了家庭转移性支出去向的详细信息，该问题选项与转移性收入来源问题的选项相同，此处省略。

本中，有 3 228 个家庭获得了转移性收入，占样本总量的 38%。获得转移性收入的家庭中，有 70% 来自"家庭网"。2015 年有转移性支出的样本为 6 264 户，占样本总量的 74%，其中有 3 505 家农户的转移性支出发生在"家庭网"内，占有转移性支出农户的比重为 56%。

表 4-1-2　家庭网内的转移性收入与支出分布（CHFS 2013）

转移性收入来源	转移性收入来源		转移性支出去向	
	数量	占比（%）	数量	占比（%）
父母	279	9.36	902	18.41
岳父母	237	7.95	620	12.66
子女	1 053	35.34	349	7.12
儿媳/女婿	137	4.60	82	1.67
孙子/孙女	45	1.51	886	18.09
孙媳/孙女婿	8	0.27	35	0.71
兄弟姐妹	1 236	41.48	1 648	33.64
家庭网	2 293	76.95	3 069	62.65
样本量	2 980		4 899	

表 4-1-3　家庭网内的转移性收入与支出分布（CHFS 2015）

转移性收入来源	转移性收入来源		转移性支出去向	
	数量	占比（%）	数量	占比（%）
父母	263	8.16	735	11.75
岳父母	196	6.08	497	7.94
子女	1 061	32.92	522	8.34
儿媳/女婿	158	4.90	103	1.65
孙子/孙女	74	2.30	1 132	18.09
孙媳/孙女婿	13	0.40	31	0.50
兄弟姐妹	1 158	35.93	1 954	31.23
家庭网	2 268	70.26	3 505	55.95
样本量	3 228		6 264	

综合表 4-1-1、表 4-1-2 和表 4-1-3 的统计结果可以发现，无论是

从转移性收入的来源看,还是从转移性支出的去向看,"家庭网"在中国农村普遍存在。如果在研究农户风险应对能力问题时,没有考虑家庭网络的作用,可能会低估农户应对风险的能力,研究结论也值得怀疑,相关的政策建议将有失精准,政策实施效果也会打折扣(梁腾坚等,2019)。

4.1.2 "关系"的作用

中国是一个重视"关系"的传统国家,"关系"影响着人们生活的方方面面(Liang,1949;费孝通,1978;Gold et al.,2002;朱光伟等,2014;孙永苑等,2016)。中国农村也是一个传统的关系型社会,农户关系网络的主要特征是低异质性、高趋同性、高紧密性,亲缘关系和业缘关系在社会网络中占有重要地位。在当前农村市场化的趋势下,农村乡土社会的特点仍然普遍存在,社会关系对农村家庭的生产和消费等经济活动有着深刻的影响(王春超、袁伟,2016)。由于长期以来农村地区缺乏正规的风险应对机制,导致了家庭社会关系网络一度承担了正规机制应有的功能,农户宗族网络和社会关系网络对于农户的风险性具有抵御效应(王增文,2012)。

两千多年以来,儒家文化一直在中华文明中占据主导地位。儒家文化倡导的"群体主义"、"和谐互助"等人与人之间关系的理念贯穿于中国人的生活中。对于"关系"的重视在华人社会中广泛存在。儒家文化强调个体与社群、与他人之间的相互帮助、和谐共处的关系。个人认同和价值观通过个人与其所扎根的社群间的对话关系而逐步形成,强调个人权利对于社会的依赖性,同时社群和国家对个人权利的实现负有不可推卸的责任,主张把个人的善与社群的善统一起来,社群成员以"共同合作"的方式来促进共同"善"(狄百瑞,2012)。此外,相对于城市,农村信贷和保险市场经济发展程度较低,多数农村家庭收入不高,普通农户通过自身力量和市场机制来抵御和分担相关风险的能力较弱。传统习俗和文化在农村社会,尤其在村庄内部有着较好的传承和较大的影响力,村庄内部的社会网络和人际互助在农村家庭生产生活中的作用更显著、影响也更大。

以亲缘和地缘为基础关系网络来实现风险分担,这种机制能够较好地解决信息不对称和实施问题,是一种低成本的风险分担方式。已有研究发现,"社会资本是穷人的资本"(Grootaert,2001),能够帮助农户缓冲不利的风险冲击。在农村地区,农户往往面临着较大的风险,家庭应对疾病、自然灾害等形成的冲击的能力不足，农户之间由血缘和地缘关系结成的社会网络存在着互助行为，在信贷和保险市场不完善的情况下，网络内部的风险分担是家庭应对风险的重要机制。礼金来往、非正规借贷和转移支付等互助行为是家庭帮助彼此分担风险的重要方式，社会网络内部的这种非正规风险分担机制提高了农户的风险应对能力，为帮助农户缓解收入冲击、平滑消费发挥了重要作用（马小勇、白永秀，2009）。

4.1.3 非正规风险应对机制

长期以来，经济学家和社会学家一直关注发展中国家的农户是如何应对负向风险冲击的。但在发展中国家尤其是农村地区，正规风险应对机制的作用十分有限，农户遭遇不利冲击后的风险应对能力很大程度上依赖于非正规的风险应对机制，这实际上为农民提供了一种隐形或非正规的风险分担（Coate et al, 1993；Townsend，1994；Kochar，1995；Ligon，2002；王阳、漆雁斌，2010；Kinnan and Townsend，2012；Ambrus et al.，2014）。世界银行的贫困评价项目也发现，受访者的风险分担对象一般是他们的亲戚朋友，这也再次证实了非正规风险分担在穷人日常生活的重要性。比如，在加纳，扩展式家庭被看作是社会安全网的同义语；在尼日尔，扩展式家庭网络帮助成员度过饥饿和食物没有保障的时期。在危地马拉，家庭对待危机的反应是与他们的亲戚和朋友联系。因此，非正规风险分担在发展中国家的农村具有十分重要的作用。

中国农村非正式组织（如宗族、宗教或亲属网络）在促进农民创业中同样发挥着重要的作用，他们所构建的规则放松了资金与制度约束，为农民创业提供了一种隐形或非正规的风险分担。阮荣平等（2014）基于 CGSS（2006~2010 年）的数据，从微观层面考察了宗教信仰对个体创业选择的影响，研究发现，宗教组织所构建的社会资本放松了创业约束，从而促进家庭创业。郭云南等（2013）利用农业部的固定观察点调查和中国经济研究中心的补充调查数据，对宗族网络和农民创业的关系进行了实证研究，发现农村宗族网络有助于提高农户的民间融资额，缓解家庭的信贷约束，有助于为农民的创业行为提供资金支持，从而促进农民创业。马光荣和杨恩艳（2011）利用农户调查数据发现，农户拥有的社会网络越多，就会有更多的民间借贷渠道，从而有利于家庭创办自营工商业。这表明，依托亲友关系的非正规信贷弥补了农村正规信贷发展滞后的缺陷。郭云南等（2013）、郭云南和姚洋（2013）的研究发现，虽然村民有购买正式保险的机会，但传统的村庄社会网络依然是农民进行风险分担的隐形手段，这就决定了农户社会网络作为非正规保险制度在一定程度上会替代正规保险（郭云南、王春飞，2016）。

值得注意的是，非正规的风险应对机制可以较好地分担异质性风险；对同质性风险，非正规风险应对机制的作用效果不佳（Dercon，2002）。例如，非正规风险应对机制无法帮助家庭有效应对食物短缺和经济危机等同质性风险的冲击（Heltberg et al.，2013）。尽管非正规风险应对机制只是部分有效（De Weerdt and Fafchamps，2011），但在正规风险应对机制缺失的情况下，非正规风险应对机制仍然具有重要的功能。

4.1.4 农地的社会保障功能

中国农民有一种特殊的风险应对机制，即土地型社会保障，这种"嵌入式"的社会保障制度具有如下特点，首先，农地可以与受教育水平较低的劳动力相结合，为农户提供基本的食品保障。其次，农地本身是一种财富，丧失劳动能力者或年老者可以通过出租土地来获得基本的生活保障。最后，农地作为一种生产资料，可以使农户维持基本就业，从而在事实上成为一种"失业保险"。姚洋（2004）认为，土地型社会保障所带来的效率损失并不严重。相反，由于其在农村教育水平提高和劳动力流动方面的积极作用，还会带来效率的提高。

需要说明的是，在家庭联产承包责任制度下，土地是农户的重要生产资源。尽管有学者认为农地具有社会保障功能，但在现有土地承包制度下，农村家庭的土地是在村庄内部平均分配，农户拥有的农地数量取决于村庄的农地总量，而村庄的农地资源总量是由历史原因决定，农户无法决定自己分配到的承包地数量。虽然农户可以在农地流转市场上通过农地转入和转出改变农地经营规模，但农地流转决策的目标主要是追求收入增长和效率的提升，很少有分担风险和社会保障的考量。因此，农地承担的社会保障功能可以被视为一个外生变量。此外，随着市场化改革的深入，土地型社会保障的局限性逐渐凸显（高帆，2003；马小勇，2005），未来应该不断弱化农地的社会保障功能（梁鸿，2000）。基于以上原因，本书在构建中国农户风险应对机制的理论分析框架时，没有包含农地型社会保障,重点考察农户可以自己选择的风险应对机制①。

4.1.5 综合的多维风险应对策略

农户对他们面临的风险和经济困难有最直接的体验和深刻的理解,面对风险和不确定性,中国农户会综合利用多种风险应对措施处理风险(王阳、漆雁斌,2019;尹燕飞,2013;邰秀军等,2008)。因此,旨在降低农村地区风险水平的政策有必要以一个综合的视野全面看待农户的收入风险及其风险管理策略(黄祖辉等,2011)。第 3 章 3.3 节采用 CHFS 2015 年的中国农户调查数据,对农户实际采用的风险应对措施进行了初步的描述性统计分析,再次证实了中国农户事实上拥有一整套风险应对策略。农村家庭会比较不同风险应对机制的收益与成本,选择依赖何种途径应对风险冲击。因此,本书基于理论与调查数据的分析结论,同时考虑中国农村独特的儒家文化、乡土社会和差序格局等中国元素,从多维视角把中国农户风险应对机制看作由家庭层面、村庄层面、市场层面和社会层面构成的整体,构建中国特色的农户风险应对机制分析框架,系统地研究中国农村家庭的风险应对机制及其有效性(见图 4-1-1)。

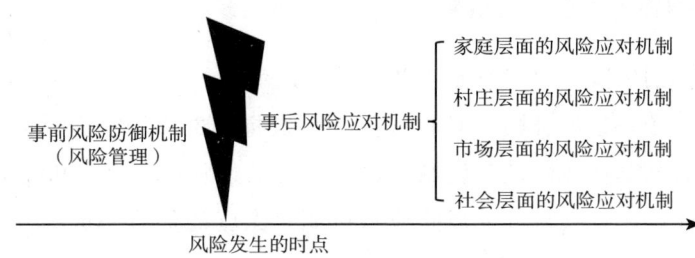

图 4-1-1 中国农户的风险应对机制

1. 家庭层面的风险应对机制

家庭层面的风险应对机制是指农户利用家庭自身的力量来应对风险冲击。例如,在风险事件发生以后,通过资产储备、储蓄存款和"家庭网络"间的支持应对风险冲击。家庭的财富水平越高,储蓄存款的数量越大,"家庭网络"的规模和质量就越高,表明农户利用家庭层面的风险应对机制处理风险

---

① 在实证研究部分,考虑到农地的社会保障功能,为了避免遗漏变量偏误,把农地数量纳入农户风险分担模型。

冲击的能力越强。

2. 村庄层面的风险应对机制

村庄层面的风险应对机制是指农户利用农村社会中既有的、以亲缘和地缘为基础的社会网络来实现风险分担，这种机制能够较好地解决信息不对称和实施问题，是一种低成本的风险分担方式。我国农村"乡土社会"特征明显，在农村经济发展水平还不高的现阶段，村庄层面的风险机制是农村家庭降低风险冲击不利影响的重要方式。

3. 市场层面的风险应对机制

市场层面的风险应对机制是指农户利用正规信贷市场、非正规保险市场和商业保险等市场化手段来应对风险冲击的一种机制。农户对保险和信贷市场的可接近性，是否能获得关于这些市场的知识与信息，公共政策和制度安排对这些市场以及相应的合约安排实施是起到促进还是阻碍作用，等等，这些因素都决定了农户市场层面风险应对机制的效果。

4. 社会层面的风险应对机制

社会层面的风险应对机制是指依靠社会组织和国家财政力量，对从事农业生产的农户给予一定的补贴；对收入低于一定标准的农户，尤其是贫困农户，以及遭遇灾害和其他风险的家庭给予援助，帮助这些家庭应对和缓解风险冲击带来的不利影响。社会层面的风险应对机制是家庭的最后一道"安全网"，也是农村社会重要的"减压阀"。

4.2　中国农户不同层面的风险应对机制

4.2.1　农户家庭层面的风险应对机制

家庭层面的风险应对机制是指农户依赖家庭自己的力量应对风险冲击。根据理论分析和中国农村经济社会的特点，农村家庭人均资产、储蓄存款和"家庭网"是常用的衡量农户利用家庭层面风险应对机制处理风险冲击的能力。在风险发生以后，农户首先会在家庭层面基于自身的力量应对风险冲击。

尤其在发生同质性风险时，由于村庄内农户收入的变动具有高度的协同性，村庄层面的风险应对机制很难实现完全帕累托最优的风险配置，此时农户主要依靠家庭层面的风险应对机制来处理风险。

1. 家庭资产

资产状况是家庭财富水平的标志。农户家庭资产在风险管理中居于重要的地位，同时也是导致贫困和脆弱性恶性的关键因素。对资产的度量存在很多标准，比如根据金融属性，可将资产分为金融资产和非金融资产；根据其生产属性，可将资产分为生产性资产和非生产性资产。农户可以通过拥有、运用或处置资产来维持家庭的基本生活。家庭资产单独或者通过组合能够产生不同形式的收入，包括运用资产而生成的收益、变卖资产的收入等，利用这些收入可以交换多种消费性商品与服务，从而获得相应的效用和福利。除了将部分收入满足消费，农户还需要进行储蓄和投资，形成资产积累，以便在未来获取更高的收入。从资产的角度看，家庭的风险应对能力主要体现在，紧急情况下能够变现或者能作为抵押品获得现金的财产数量。因此，农户对资产的拥有、处置、接近、可得性等对于家庭风险应对能力具有重要影响（黄祖辉等，2011）。

2. 储蓄存款

动用储蓄是农村家庭最主要的风险应对措施之一。如果家庭资产是从存量上衡量农户的风险应对能力，那么储蓄存款就是从流量上度量家庭的抗风险能力。农户除了将一部分收入满足当前的消费外，还需要将部分收入转化为储蓄和投资。Freidman（1957）的持久收入理论认为，暂时性的收入变化并不会引起家庭消费的变化，家庭当期的消费取决于长期稳定的持久性收入。Modigliani（1986）的生命周期消费理论认为，每个家庭都追求一生效用的最大化，会根据家庭一生的全部预期收入来决定当期的消费支出。人们总是在一生中平滑消费来实现生命周期内的福利最大化，在年轻时期，家庭消费大于收入，因此会利用信贷市场提前借贷进行消费；在中年时期，收入大于消费，家庭会进行储蓄，一方面偿还年轻时期的负债，另一方面为退休进行储蓄；到老年时期，消费大于收入，家庭会动用中年时的储蓄来进行消费。但是，持久收入理论和生命周期理论都假定每个家庭的经济决策是完全理性的，他们会追求一生总的效用最大化，并且家庭所在的信贷和保险市场是完全的，家庭没有信贷约束，因此可以利用信贷市场跨期配置资源和分担风险的不利影响（Campbell，

2006)。当面临各种风险时,家庭总是能通过借贷、储蓄或保险来平滑消费,转移和应对风险,从而避免消费水平的大起大落。

3. "家庭网"的支持

农村家庭的网络结构是家庭成员关系、生存方式和家庭功能的直接体现,显示了农民的居住偏好和趋向,并具有多方面的社会指向意义。中国正在社会转型期,主要特征体现在三个方面的转变:一是由第二、三产业劳动力占比低于第一产业向以第二、三产业占比为主转变。二是农村居民占多数转变为城镇居民占多数转变。三是居住环境从以传统自然村落为主转变为以现代市镇为主。作为农民基本生存单位和载体的家庭在深刻变化的社会环境中,不可避免受到影响。

家庭的主要功能之一就是在其成员遭遇风险后为他们提供保护,遇到生产生活困难时,寻求家庭网络的帮助是非常普遍的现象。近几十年来,中国的家庭结构出现了"核心化"趋势,即由传统的三代(或世代)同堂家庭向现代核心家庭①转变(潘允康、林南,1987)。乡土民众仍主要借助家庭关系资源来弥补社会"福利"和"保障"的不足。随着农村市场化水平的不断提高,农村家庭不断趋向"小型化"和"核心化",家庭功能发挥由"家内"向"家际"转化(王跃生,2013),伴随农村家庭的"小型化"和"核心化","家庭网"孕育而生。所谓"家庭网"是指,有亲属关系的家庭组成的社会网络。就多数情况而言,它是由能够组成主干家庭②和联合家庭③的几个独立的核心家庭组成的一种特殊的网络组织,具有特殊的结构和功能(潘允康、林南,1987)。随着中国农村经济社会的变迁,"家庭网"逐渐由传统的主干家庭和联合家庭向核心家庭转变的过程中形成,原来的主干家庭和联合家庭由于儿子分家以及女儿出嫁等分解成多个独立家庭,这些独立的另组家庭以及原属家庭构成的一张"家际网",成为农村家庭重要的风险应对机制(梁腾坚等,2019)。本章 4.1 节对"家庭网"的描述性统计分析也表明,基于中国国情和

---

① "核心家庭"是指由父母双亲和未婚子女所组成的家庭(包括只有夫妻 2 人而无子女或者只有双亲中 1 人与未婚子女组成的家庭)。

② "主干家庭"是指父母双亲仅和一对已婚子女(儿子、儿媳或女儿、女婿)所组成的家庭(包括两对不同代夫妻有缺损的情况)。

③ "联合家庭"是指由父母双亲和 2 对及 2 对以上已婚子女所组成的家庭(包括无父母而兄弟姐妹婚后不分家的情况)。

农村经济社会的特殊性,把"家庭网"作为中国农户应对风险冲击的因素不仅具有合理性,也具有必要性。

4.2.2 农户村庄层面的风险应对机制

村庄层面的风险应对机制是指农户利用农村社会中既有的、以亲缘和地缘为基础的纽带来应对风险的机制。中国农村具有鲜明的"乡土社会"和"差序格局"的特征,村庄层面的风险机制普遍存在。同一村庄的亲友集团或其他社会网络经常通过村庄内部的风险应对机制来分担风险。这种风险应对机制没有正规形式,没有强制实施的机制,是一种非正式制度安排。由于这种机制能够较好地解决信息不对称和实施问题,是一种低成本的风险处理方式。

村庄层面风险应对机制的主要方法是互惠性的收入转移,当某个成员遭遇风险冲击时,该网络内的其他成员给予其援助,获得帮助的成员有在其他成员遭遇困难时给予援助的义务。成员间的这种互助也可能采取互惠信贷的形式,成员在遭遇风险时借贷,在收入提高时还贷。村庄层面风险应对机制的基本规则是互惠,要求网络成员必须遵守非正式的互惠规则,违背规则的成员将受到惩罚,惩罚的主要形式是被村庄内的其他农户边缘化,甚至完全被排除在村庄社会网络之外而独自承担风险。张爽等(2007)、徐伟等(2011)、王晓全等(2016)利用中国农村数据的研究发现,在正规风险分担机制缺失和不完善的背景下,农户社会网络具有重要的非正式保险功能,在遭遇异质性风险冲击时可以帮助农户分担风险和平滑消费,间接降低农户的贫困脆弱性。借鉴已有研究成果,结合转型期农村经济社会的特点,中国农户村庄层面风险应对能力主要取决于两个方面,一是村庄网络的质量,二是家庭进行社会资本投资建立村庄社会网络的水平。

1. 村庄网络质量

与城市社区相比,村庄具有更强的封闭性,市场化程度与社会开放程度都比较低,村庄内的长期重复交易使得博弈各方更容易选择合作,从而克服"搭便车"的难题,从而提供更好的公共服务,所以村庄网络更容易在这样的环境中存在与发展。Sato(2006)的研究发现,村庄网络质量对农户收入有显著的影响,村庄网络质量影响农户收入的直接渠道来自更好的公共服务、更多的社区合作以及对信任的利用。张爽等(2007)的研究也发现,高质量的村庄网络能显著地减少农户的贫困，且不会随着市场化程度的提高而显著下降。佐藤宏（2009）用村庄内的社会稳定程度作为村庄网络质量的代理变量，研究发现村庄网络质量对村庄人均收入增长有显著的正向影响。农户的村庄网络质量越高，农户利用村庄层面风险应对机制处理风险的能力就越强。这是因为，在中国农村，村庄网络质量越高意味着邻里关系更加融洽，社会规范和彼此之间的信任更强，更利于村民之间形成密切的社会联系。

2. 村庄社会资本

"关系"是中国农村社会格局的核心模式，中国的社会关系是由无数张以家庭为核心的、重叠的，如蜘蛛网般的关系网构成（费孝通，1948）。在中国农村，"远亲不如近邻"，家庭重要的亲友主要居住在村庄内部，即使当前地理上不居住在同一村庄，也会由于过去的地缘关系形成社会联系，而要维持和拓展社会关系，节假日间的礼品支出是最常见的方式。随着中国市场化进程的加速，基于"关系"的社会网络将长期与市场化的资源配置方式并存，并起着独特的作用（Allen et al.，2005）。

社会资本是基于社会关系、网络和社团的制度和组织，这些社会关系、网络和社团可以产生出共享知识、相互信任、社会规范以及不成文的规则。Putnam等（1993）认为，根据社会资本包含的核心内容，它还可以被定义为社会组织的特征，诸如信任、规范以及网络，它们能够通过促进合作来提高社会的效率。社会资本已经成为自然资本、物质资本和人力资本的必要补充，是农户发展不可缺少的资源（Ostrom，1999）。Lin（2001）认为，社会资本不同于传统的资本概念，最显著的差别在于它是一种非正式制度，是行动者在行动中获取和使用的嵌入在社会网络中的资源。Durlauf等（2004）的研究发现，在正式制度（最优解）缺失时，社会资本就会成为替代性的次优解。王铭铭（1997）与Yan（2000）对中国农村的田野调查表明，社会资本是重要的非正规保险机制，具有重要的风险分担作用。张爽等（2007）利用来自中国农村数据的经验研究同样发现，社会资本能够通过抵消家庭成员所承受的负向冲击，间接降低贫困脆弱性。

但是，随着中国市场化进程的加速，村庄层面的风险应对机制的局限性日益明显，主要体现在以下几点：第一，村庄层面的风险应对机制受村庄网络规模和紧密度等因素的制约，导致其帮助农户应对风险冲击的作用有限。第二，村庄层面的风险应对机制要求网络成员有共同的价值观，要求对网络内和网络外的成员采取不同的态度，这会妨碍创新和限制个人的自由、妨碍资源的自由流动，这些都与现代市场经济的要求不相符。第三，村庄层面的风险应对机制往往缺乏明确和可操作的规则，情感和利益算计被混合在一起，容易产生人际冲突。第四，随着城镇化和农村劳动力的流动，农村社会的互动有减弱的趋势，正不断削弱农村社会资本（王阳、漆雁斌，2016）。第五，农户村庄层面的风险应对机制建立在家庭社会网络的基础上，而农户收入微薄，没有额外的资金投资于社会资本，无法构建和扩展社会网络，导致他们仅能在风险冲击后获得有限地社会网络支持（Munshi and Rosenzweig，2009）。

4.2.3 农户市场层面的风险应对机制

市场层面的风险应对机制是指农户利用正规和非正规信贷市场和商业保险等市场化的手段来应对风险冲击的一种机制。农户克服自然灾害、健康风险及其他风险冲击的能力，部分地取决于他们参与保险和信贷市场的能力，而在中国农村地区，不同农户具有的购买能力有天壤之别。农户对信贷市场和保险市场的可接近性，是否能获得关于这些市场的知识与信息，这些因素决定了农户市场层面风险应对机制的效果。

1. 正规信贷市场

向银行（信用社）借款是农户通过正规信贷市场来实现跨期收入转移的主要形式之一。农村家庭在正规信贷市场上普遍面临融资约束，通过正规金融渠道借贷资金的能力受到严重制约（李锐、朱喜，2007；薛薇、谢家智，2010），农户从银行（信用社）获得贷款的可能性"很小"或"不可能"。由于农户普遍面临着正规信贷约束，正式信贷市场在农户风险规避中的作用受到很大限制。主要原因是：一是农户生产经营规模小、缺乏可用于抵押的资产，金融机构向农户提供贷款存在很高的交易成本，农户与金融机构之间的信息不对称问题严重、贷款风险较大等因素往往导致农户受到正规信贷机构的"歧视"（Ray，1998）。二是农村信用合作社未能实现真正的合作制，本质上还是政府的官办金融机构，服务方式落后，难以高效地满足农户的贷款需求。三是正规金融机构在贷款时特别重视农户的还款能力，"嫌贫爱富"的现象普遍存在，真正"出现生活困难的农户"获得贷款的可能性较小。四是正规信贷机构面向农户发放的主要是生产性贷款，很少涉及消费性贷款。五是在贷款申请过程中农户经常受到各种约束，有的不知道如何申请，有的因为贷款程序复杂、申请周期长而放弃申请。以上因素限制了正规信贷市场在农户应对收入风险中的作用，无法有效地帮助农村家庭平滑消费。

2. 非正规信贷市场

当农户无法从正规信贷机构获得贷款或从正规信贷机构的借款不足以应付生活困难时，他们会转而求助于非正规信贷。农户可以利用非正规信贷（高利贷）跨期转移收入，以实现消费平滑。非正规信贷市场具有以下特点：①借贷双方往往处于同一社会网络，彼此了解，贷款的信息不对称问题较小。②民间借贷实施差别利率，对不同的贷款对象（主要考虑关系和资金用途）索取不同利息。③缺乏强制实施机制，借款者保证归还本息主要依靠社区伦理等非强制方式，贷款风险较大，这也是导致高利率的重要方面，为了保障偿还，民间贷款额度一般不大，贷款期限也比较短。④农户通过"高利贷"借款，一旦无法偿还，有可能会使生活陷于难以摆脱的困境。朱守银（2003）研究了民间借贷中的亲友贷款与市场贷款的规模，发现高息借款在民间借贷中并不严重。尽管农村非正规信贷在帮助农户应付暂时的生活困难上起到了积极作用，但长期以来，民间信贷活动一直游走在政策的边缘。在监管缺失的情况下，民间借贷存在引发农村金融风险的隐患，这大大限制了农民利用民间信贷市场来实现跨时期收入转移。

3. 商业保险市场

商业保险市场作为分散风险、补偿经济损失、稳定农民收入和促进农业发展的一种机制，已经成为国际上重要的非价格保护工具。在发达市场经济国家，商业保险市场相对成熟，具有不可替代的作用。但是，农村商业保险在我国农户的收入风险应对中没有显著作用，保险市场上的供需错配是长期以来中国农业保险难以持续的重要原因。从需求方来看，商业保险是纯粹的市场化行为，险种设计基于其对利润最大化的追求，保费水平一般较高，主要适用于中高收入群体，对大多数收入水平较为低下的农户来说没有太大的吸引力。从保险供给角度看，保险公司缺乏农业保险供给意愿，相关业务很少在农村开展。

已有研究发现，通过购买商业保险分担风险，在农村地区依然是效率较低的方式（陈玉宇、行伟波，2006）。农村商业保险在农户风险规避中的作用十分有限，主要有三个方面的原因：一是农户收入较低，对商业保险的购买能力不足。二是保险业务的复杂性和保险公司经营过程中的不规范行为也会影响农户购买保险的选择。三是由于农业保险容易出现道德风险和逆向选择问题，保险公司在农村保险业务的开展上积极性不高，而农户大多缺乏农业保险知识，保险公司未能开发出适合农户购买的保险产品和保险服务。总体上看，受商业保险市场需求方和供给方的共同限制，农户很难利用正规的商业保险市场分担风险。

4.2.4 农户社会层面的风险应对机制

社会层面的风险应对机制是指农户依靠社会组织和国家财政力量，对从事农业生产的农户给予一定的补贴，对收入低于一定标准的农户以及遭遇灾害和其他风险的家庭给予援助，帮助这些家庭应对和缓解风险冲击带来的不利影响。社会层面的风险机制是家庭的最后一道"安全网"，也是农村社会重要的"减压阀"（邰秀军等，2008）。结合转型期农村经济社会的特点，下文分别从政府补贴、农业补贴和农村社会保障（"新农合"和"新农保"）三个方面衡量农户利用社会层面风险应对机制应对风险冲击的能力。

1. 农村最低生活保障

农村最低生活保障政策是党和国家推动的一项确保农村贫困人口生存和发展的基本公共政策。农村最低生活保障制度自 2007 年实施以来，在经济、社会与文化等方面取得了十分显著的效果，在满足农村绝对贫困人口的最低物质需求、化解生存危机和保障社会稳定等方面均发挥了积极作用。2013 年中央提出了精准扶贫的战略思想，进一步加大了对农村贫困家庭的帮扶力度，政府补贴在帮助贫困农户分担风险和平滑消费上的作用越来越重要。

随着政策的深入实施以及政策环境的变动，农村最低生活保障政策也出现了一系列亟待解决的问题。首先，资金问题是我国的农村最低生活保障制度面临的核心问题。目前，国家财政难以负担广大农村低保人口，因此在保障资金来源上只能实施地方财政和村集体共同负担，并由各地根据实际情况确定各级财政和村集体的负担比例。在经济欠发达的农村地区，财政收支矛盾尖锐，乡村集体经济实力不强，难以拿出更多的资金解决农村低保问题，而农村"三无"对象和贫困人口却主要集中在这些地区，导致这些地区的地方财政难堪重负。其次，我国农村最低生活保障制度在低保对象的认定方面存在着较大的随意性，导致了"瞄准偏差"和"瞄准遗漏"。此外，现行农村最低生活保障制度在政策衔接、资金管理等方面也还存在着一些问题。

2. 农业补贴

农业补贴是各国政府保护和支持本国农业发展的有效政策工具之一。改革开放以来，国家持续关注"三农"问题，中央和地方政府进行了渐进性的农业政策和体制改革，出台了大量农业补贴政策。尤其是进入21世纪以来，党中央坚持农业农村优先发展，从2003年开始，每年的中央一号文件都聚焦于"三农"问题，党的十七大和十八大分别提出了城乡统筹和城乡一体化的发展思路，十九大报告进一步提出实施乡村振兴发展战略的总要求。这一系列的支农惠农政策对促进农业农村发展、增加农民收入起到了重要的作用。

从农业补贴与风险管理的关系看。农业补贴政策确实取得了一定效果（王小龙、何振，2018），客观上也起到了提高农户风险应对能力的作用。此外，这些政策通过各种财政和税收补贴方法，提高了农户从事农业生产的积极性，同时也提高农业劳动生产率（彭炎辉，2016）。

3. 农村社会保障

社会保障是以国家或政府为主体，为应对社会成员基本风险而设置的基本保障制度，通过国家财政支出或征收费用，筹集社会保障基金，按照一定规则向特定社会成员支付社会保障基金或提供社会保障服务。从1980年起，我国在养老、医疗领域对城镇和农村地区先后开展了社会保障制度改革，并建立了较为完善的城乡社会保障体系。针对农民普遍面临的医疗支出风险和养老风险，中国自2003年起相继建立了新型农村合作医疗制度（简称"新农合"）和新型农村社会养老保险制度（简称"新农保"）。至今我国已初步建立了农村社会保障制度。农村社会保障可以通过分散和转移风险的机制来调节农村收入分配，已经成为促进农业发展、维持农村稳定和弥补城乡收入差距的重要工具。

（1）新型农村合作医疗制度。新型农村合作医疗制度简称"新农合"，是指由政府组织、引导、支持，农民自愿参加，个人、集体和政府多方筹资，以大病统筹为主的农民医疗互助共济制度。在农村社会保险制度中，新农合的覆盖面最广、参保人数最多、保障力度最大。

从制度设计的目标看，新农合作为帮助农村家庭应对大额突发医疗支出的一项保险制度。一方面，参加新农合降低了家庭的医疗开支；另一方面，新农合作为应对大额突发医疗支出的一项保险制度，可以为农户在未来发生大病的情况下提供可依赖的保障。此外，新农合作为农村社会保障制度，可以增加农村居民对医疗服务的可得性，通过对医疗风险的控制，提高农村家庭抵抗疾病风险的能力（郭云南、王春飞，2016），也会相应减少农村家庭的预防性储蓄（丁继红、徐永仲，2018）。随着家庭应对健康风险能力的增强，有利于农户从事高风险、高收益的生产项目，这对农民脱贫增收以及缩小城乡差距具有重要意义。

（2）新型农村养老保险制度。新型农村养老保险制度，简称"新农保"。随着我国迈入老龄化社会，农村地区的老年人口在不断增加，农村地区的养老问题日益突显。考虑到农户家庭收入水平低，除去其他家庭消费支出，能用于养老方面的支出相当有限。因此，我国的养老保险应当降低养老保险缴费中的个人缴费的比重，提高政府补贴和集体补助比重。对部分特殊困难农户免费提供养老保险，在最大范围内保证农民能够安度晚年，解决农民"老有所依"的问题。大力推进"低费率、广覆盖、能转移、可持续"的新型农村养老保险制度在全国各省全面试点，减轻农户家庭养老支出成本，减少预防养老储蓄，进而增加即期消费。

无论是发达国家还是发展中国家，社会层面的风险应对机制都能起到风险缓冲的作用，从而使消费不至于偏离正常消费较大的范围。一旦社会层面的保障力度过低，对于消费平滑的缓冲作用就会减弱。随着精准扶贫战略的实施，政府不断加大对农村贫困家庭的帮扶力度，社会层面的风险应对机制在帮助贫困农户分担风险和平滑消费上的作用越来越重要。

4.3 中国农户不同层面风险应对机制的选择机理分析

农户是生产与消费合一的经济单位，作为理性经济人。他们并非简单地追求利润最大化的单一目标，而是追求家庭总效用的最大化。而效用最大化的实现，不仅取决于家庭消费水平的高低，还与消费（收入）的波动有关。发展中国家的农户，尤其是贫困农户处于"水深及颈"的状态，即使微小的外部冲击也可能给家庭带来严重的福利损失，因而农户愿意拿出部分资源用于预防和应对风险。在家庭消费水平不变,应对收入风险的资源投入既定条件下,农户的目标是减少风险发生时的消费波动以实现平滑消费,此时追求效用最大化者的农户就转化为追求消费稳定的农户。本书将农户减少消费波动的措施归纳为四个层面的风险应对机制:家庭层面的风险应对机制、村庄层面的风险应对机制、市场层面的风险应对机制、社会层面的风险应对机制。在借鉴已有研究的基础上,本节将建立理论模型分析在资源一定的约束下,农户四个层面风险应对机制的有效性。

农户的风险分担函数可以用式(4-3-1)表示:

$$\sigma^2 = \sigma_0^2 - f(F, V, M, S) \qquad (4-3-1)$$

其中:σ^2 代表暴露在风险中的农户,利用各种风险应对机制后家庭受到的冲击程度(用消费波动幅度来衡量)。σ_0^2 表示农户不采取风险应对措施下遭遇的风险冲击程度。$f(F, V, M, S)$ 是家庭的风险分担函数,衡量农户各种应对机制的效果。其中 F 为家庭层面的风险应对机制,V 是村庄层面的风险应对机制,M 为市场层面的风险应对机制,S 是社会层面的风险应对机制。

假定 $f(F, V, M, V)$ 为线性形式,则式(4-3-1)可以写成简化式(4-3-2):

$$\sigma^2 = \sigma_0^2 - (\alpha^F F + \alpha^V V + \alpha^M M + \alpha^S S) \qquad (4-3-2)$$

其中:

$\alpha^F = -\dfrac{\partial \sigma^2}{\partial F}$,表示农户家庭层面风险应对机制降低风险冲击的边际效果。

$\alpha^V = -\dfrac{\partial \sigma^2}{\partial V}$,表示农户村庄层面风险应对机制降低风险冲击的边际效果。

$\alpha^M = -\dfrac{\partial \sigma^2}{\partial M}$,表示市场层面风险应对机制减低风险冲击的边际效果。

$\alpha^S = -\dfrac{\partial \sigma^2}{\partial S}$,表示农户社会层面风险应对机制减低风险冲击的边际效果。

农户在追求收入稳定的同时,还要实现收入的最大化。由于不同风险应对机制需要支付不同的成本,农户实现平滑收入(消费)波动的目标需要占用家庭的资源,与收入增长的目标矛盾。因此,农户要在收入提高和收入(消费)稳定之间进行权衡取舍。风险偏好、风险感知和资源禀赋等因素都会影响农户应对风险的投入,假设农户为减少消费波动计划投入的资源数量为 $\bar{C}$,表示家庭各种不同形式的资本(如物资资本、人力资本和社会资本等)数量的加总。表面上看,借鉴贝克尔(1960)的经典做法,利用不同资本的机会成本将其转化为货币单位计价,从而满足可加性。但是,在中国农村,市场化水平还很不充分，一些资本无法进行市场化定价，因此上述方法并不适用。借鉴马小勇（2009）的研究，将家庭投入风险分担的资源转化为效用的减少。此时，$\bar{C}$ 可以理解为家庭为了分担风险而愿意放弃的效用。此时，农户进行风险分担的约束条件可以表示为：

$$\bar{C} = C(F, V, M, S) \qquad (4-3-3)$$

显然，农户利用家庭层面、村庄层面和市场层面风险应对机制的成本递增，边际成本也递增。尽管中国的工业化和城镇化发展十分迅速，但人多地少是我国基本国情，当前和今后相当长时间内，仍然会有大量的劳动人口滞留在农村和农业领域，农业中会存在大量过剩劳动力。农村家庭的主要资源是劳动力，而资金和物资资本相对稀缺。从比较优势的角度看，那些主要以消耗劳动为代价的风险应对机制是低成本的，而那些以资产（财产）为代价的风险应对机制则是高成本的。对农户而言，他们的收入和财富水平普遍偏低，因此资金的边际效用较高。这就意味着，利用家庭层面、村庄层面和市场层面的风险应对机制具有较高的机会成本。具体来看：

（1）对于家庭层面的风险应对机制，$\frac{\partial C}{\partial F} > 0$，即家庭层面风险应对机制的边际成本大于0，随着使用家庭层面风险应对机制的数量增加，使用成本也随之提高。$\frac{\partial^2 C}{\partial F^2} > 0$，即家庭层面风险应对机制的二阶倒数也大于0，表示家庭层面风险应对机制的边际成本递增，随着家庭投入家庭层面风险应对机制资源的增加，再多增加"一单位"资源在家庭层面风险应对机制上，导致边际成本增加。

（2）对于村庄层面的风险应对机制，$\frac{\partial C}{\partial V} > 0$，即随着村庄层面风险应对机制的数量提高，成本也随之增加。一阶倒数的取值体现了村庄层面风险应对机制的成本，农户使用村庄层面风险应对机制受到的限制越严重，这一成本就越高。$\frac{\partial^2 C}{\partial V^2} > 0$，二阶倒数大于零，说明在社会网络风险统筹方面，要想通过社会网络获得更多的保险，就必须与亲缘关系更远、志趣经历差别更大的人搞好关系，这意味着成本会递增。

（3）对于市场层面的风险应对机制，$\frac{\partial C}{\partial M} > 0$，即随着使用市场层面风险应对机制的程度提高,成本也随之增加。一阶倒数的取值体现了农户利用市场层面风险应对机制的成本大小,农户使用市场层面风险应对机制受到的限制越严重,这一成本就越高。$\frac{\partial^2 C}{\partial M^2} > 0$,即二阶倒数大于零。说明在借贷市场上,要想获得更多的贷款,就必须接受更加严格的审查,或者通过更为间接的途径获得贷款,这意味着成本的递增。在银行储蓄和商业保险方面,在现金收入有限的情况下,现金减少时的边际效用递减非常明显,这意味着随着储蓄或购买保险的不断增加,农户的机会成本会不断提高。

(4) 对于社会层面的风险应对机制,$\frac{\partial C}{\partial S} = 0$;$\frac{\partial^2 C}{\partial S^2} = 0$。由于社会层面的风险应对机制主要是利用政府和社会无偿提供的转移支付资金,农户利用这种风险应对机制时无需占用家庭的资源,因此相应的一阶和二阶倒数都为0。

进一步假设式(4-3-3)具有式(4-3-4)的函数形式。显然,式(4-3-4)满足以上约束条件要求的一阶和二阶条件,其中 β^F、β^V、β^M 分别表示农户利用家庭层面、村庄层面和市场层面风险应对机制的成本,反映不同层面风险应对机制受到的制约程度。

$$\bar{C} = \beta^F F^2 + \beta^V V^2 + \beta^M M^2 \qquad (4-3-4)$$

结合式(4-3-2)和式(4-3-4),农户在成本约束下的消费波动最小化目标可以用拉格朗日方程表示:

$$L = [\sigma_0^2 - (\alpha^F F + \alpha^V V + \alpha^M M + \alpha^S S)] - \lambda(\bar{C} - \beta^F F^2 - \beta^V V^2 - \beta^M M^2)$$
$$(4-3-5)$$

式(4-3-5)的一阶条件可以表示为:

$$\frac{\partial L}{\partial F} = -\alpha^F + 2\lambda\beta^F F = 0 \qquad (4-3-6)$$

$$\frac{\partial L}{\partial V} = -\alpha^V + 2\lambda\beta^V V = 0 \qquad (4-3-7)$$

$$\frac{\partial L}{\partial M} = -\alpha^M + 2\lambda\beta^M M = 0 \qquad (4-3-8)$$

$$\frac{\partial L}{\partial \lambda} = \bar{C} - \beta^F F^2 - \beta^V V^2 - \beta^M M^2 = 0 \qquad (4-3-9)$$

根据式(4-3-6)、式(4-3-7)、式(4-3-8)和式(4-3-9)可以求得实现消费波动最小化目标时,农户不同层面风险应对机制的最优使用程度:

$$F^* = \frac{\alpha^F}{2\lambda\beta^F} \qquad (4-3-10)$$

$$V^* = \frac{\alpha^V}{2\lambda\beta^V} \qquad (4-3-11)$$

$$M^* = \frac{\alpha^M}{2\lambda\beta^M} \qquad (4-3-12)$$

$$\lambda^{*①} = \sqrt{\frac{(\alpha^F)^2}{4\bar{C}\beta^F} + \frac{(\alpha^V)^2}{4\bar{C}\beta^V} + \frac{(\alpha^M)^2}{4\bar{C}\beta^M}} \qquad (4-3-13)$$

式（4-3-10）、式（4-3-11）和式（4-3-12）是农户在一定的资源约束下对不同层面风险应对机制的最优选择结果，这一结果蕴含着一个重要的经济学含义：农户对某种风险应对机制的选择，取决于这种风险应对机制的边际收益（α^F、α^V、α^M）和边际成本（β^F、β^V、β^M），农户倾向于选择边际收益大而边际成本小的风险应对机制。从边际成本的角度看，风险应对机制的成本取决于这种风险应对机制受到的制约程度。这意味着，在边际收益不变的情况下，农户不同层面风险应对机制所受的限制越严重（β^F、β^V、β^M 越大），农户对这种风险应对机制的使用就越少（F^*、V^*、M^* 越低）。

综合以上分析，在既定资源的约束下，理性的农户不仅追求收入的稳定，而且要追求收入水平的提高，他们会比较不同层面风险应对机制的成本和收益来决定是否采用某种风险应对机制，以及各种风险应对机制的采用程度，而各种机制的成本又取决于农户使用它们所受的现实约束。

4.4 本章小结

本章试图在第 2 章和第 3 章分析的而基础上，结合转型期中国农村的特点，进一步构建有中国特色的农户风险应对机制分析框架，在此框架内探讨农户不同层面风险应对机制的内涵、特点和功能，并基于风险应对机制受限的视角建立农户风险应对机制有效性的理论模型，考察农户不同层面风险应对机制受限对农户风险应对能力的影响。主要得到以下结论：

---

① λ^* 不能为负。若其为负值则根据式（4-3-10）、式（4-3-11）和式（4-3-12）可知，F^*、V^*、M^* 的取值也为负，与实际意义不符，因此 λ^* 取值为正。

（1）中国农户风险应对机制所嵌入的环境具有不同于其他国家的特点，"家庭网"、"关系"网络和非正规风险应对机制是中国农户应对风险冲击的典型特征，农户会综合利用多种风险应对措施来处理风险，必须要以综合的视野全面看待农户的收入风险及其风险管理策略。

（2）长期以来，农户对他们面临的风险和不确定性有最直接的体验和深刻的理解，在生产生活实践中创新出一些具有中国特色的风险应对措施。本章结合中国农村经济社会的特点，从多维视角考察农户风险应对机制，把中国农户风险应对机制看做由家庭层面、村庄层面、市场层面和社会层面风险应对机制构成的整体，分析中国农户不同层面风险应对机制的作用及其局限性，进而提出具有中国特色的农户风险应对机制分析框架。

（3）家庭层面的风险应对机制完全由农户自主决策，避免了个体理性与集体理性之间的矛盾，在实践中最容易实施和执行，为了更全面地分析农户家庭层面风险应对机制，本章还考虑了"家庭网"的作用。村庄层面风险应对机制是农户利用农村社会中既有的、以亲缘和地缘为基础的社会网络来应对风险的机制，是一种低成本的风险处理方式，农户建立村庄社会关系网的投资水平和村庄网络质量对农户风险应对能力有重要影响。市场层面的风险应对机制是农户利用正规和非正规的市场化手段应对风险冲击手段，本章不仅考虑农村正规信贷和商业保险市场的作用，还探讨非正规的民间金融市场帮助农户缓冲风险冲击的效果。社会层面的风险应对机制是农户依靠社会组织和国家财政力量应对和缓解风险冲击带来的不利影响，本章聚焦农业补贴、政府补贴、新农合和新农保的风险分担功能和作用。

（4）本章构建了中国农户风险应对机制的选择模型，将农户不同层面风险应对机制纳入统一的分析框架，并基于不同层面风险应对机制受限的视角探讨了农户风险应对机制的效果。

第5章 转型期农户风险应对机制与农业生产率的关系

本章基于经济转型期中国农村的社会经济特点，采用 CHFS 的农户调查数据考察中国农户风险应对机制的实际状态，并构建理论模型分析农户风险应对机制的有效性及其与农业生产率的关系。本章共包括 4 个部分的内容。5.1 节基于中国家庭金融调查（CHFS）在 2011 年、2013 年、2015 年三轮的农户调查数据，选择相应指标衡量农户家庭层面、村庄层面、市场层面和社会层面的风险应对机制，对中国农户风险应对机制的时间变化和区域差异（东部、中部和西部）进行探索性的描述性统计分析，勾勒转型期农户风险应对机制的特点，预测未来变动趋势。5.2 节从农户风险应对机制变迁视角构建理论模型，基于比较静态方法分析转型期中国农户风险应对机制的效率。5.3 节在农户生产函数模型基础上引入风险分担能力因素，从理论上阐释农户抗险能力与农业生产率的关系。5.4 节是本章小结。

5.1 转型期中国农户风险应对机制的描述性统计

转型期的含义主要包含两个方面：一是指经济体制从传统的计划分配资源的体制转变为以市场起关键作用的资源配置体制。二是指经济结构由传统的二元经济结构向一元结构转变，即传统部门和现代部门组成的二元结构将被现代部门的一元结构所取代。转型期中国农村经济社会具有一些鲜明的时代特征，例如：①农村市场化程度不断提高，市场在资源配置中日益起到决定性的作用，部分农产品进入国际市场。政府对农户生产经营活动的行政干预逐渐消除。②农户被赋予了长期稳定的农地使用权，农地经营权流转在农村地区快速兴起，提高了农户的土地资源效配置效率，促进了规模化经营的发展。③城乡户籍制度壁垒被逐渐打破，农户进入非农产业的制度约束被逐步清除，二、三产业吸收了大量农村剩余劳动力，农户兼业经营称为普遍现象。④城镇化进程加速，农村人口大量向城市的流动，部分农民甚至在城镇定居。⑤农民收入水平逐步提高，收入来源趋于多样化，非农收入的比重不断增加。与此同时，农村内部的贫富差距有扩大趋势。⑥农村非正规金融市场逐步活跃，民间金融逐步产生和发展。⑦开放的市场使农户更容易接触先进的农业生产技术，新的管理方法和组织形式也不断出现，强烈地冲击着传统的农业生产方式。互联网和电子商务在农村普及也改变着农户的生活和消费模式，冲击着农村的传统观念。

随着农村经济转型的不断深入，中国农村又一次发生了翻天覆地的变化，并深刻影响着农户的风险应对机制，转型期中国农户风险应对机制具有什么特征？在风险冲击后，中国农户会选择什么样的风险应对机制？农户风险应对机制未来的变化趋势如何？回答以上问题需要有中国农户调查数据作为支撑，本节采用中国家庭金融调查（CHFS）的农户数据，选择相应的指标衡量农户家庭层面、村庄层面、市场层面和社会层面的风险应对机制变量，并对农户不同层面风险应对机制变量进行描述性统计，并基于描述性统计的结果分析转型期中国农户风险应对机制的特点，预测其未来发展变化的趋势。

中国作为发展中的大国，区域经济发展水平不同，地区发展差距较大。区域发展不平衡同样是我国农村当前面临的重要问题，东部农村地区的发展程度显著高于中部和西部农村，不同区域农户所拥有的资源禀赋也存在很大差异。为了弥补中国家庭金融调查（CHFS）数据时间跨度小的不足，参照陆铭等（2010）的思路和方法，将 CHFS 每一轮调查的样本划分为东中西部三组分别进行描述性统计分析，假设经济发展水平和市场化水平比较高的地区是经济欠发达和市场化水平不高地区的未来发展方向，逻辑上就可以利用东中西部地区农户风险应对机制特征的差异捕捉未来农户风险应对机制的变化趋势①。由于经济发展和市场完善需要较长的时间，而农户风险应对机制又是嵌入在农村经济发展和市场化的环境中，并随着环境的变换不断演进。因此，可以基于风险应对机制变量的区域（东部、中部和西部）差异对中国农户风险应对机制的长期发展趋势做出前瞻性的预测。

---

① 具体来看，东部地区农户风险应对机制的特点代表了中部地区农户风险应对机制的未来发展方向。东部和中部地区农户风险应对机制的特点代表了西部地区农户风险应对机制的未来方向。

5.1.1 数据来源

本节使用的数据来源于西南财经大学中国家庭金融调查（CHFS）在 2011 年、2013 年和 2015 年 3 轮的入户调查，这三轮调查均采用 3 阶段分层、与人口规模成比例的抽样方法，所抽样本具有良好的代表性。针对每个受访的农村家庭，CHFS 不仅详细询问了每一个农村家庭成员的人口统计信息，还详细询问了农户的农业生产经营状况，并针对受访家庭的资产、负债、保险、社会网络、收入和支出等状况设计了专门的问题模块。这三轮调查均具有全国代表性，基于这三轮调查提供的农村家庭的详细信息，为本节的描述性统计分析提供了强有力的数据支撑。对 CHFS 数据库的详细介绍参见第 1 章 1.4 节。

本书聚焦农户风险应对机制与农业生产经营效率的关系。在样本选择上，主要选取从事农业生产经营的农村家庭作为研究对象，根据 CHFS 在 2011～2015 年三轮调查数据提供的信息，可以准确识别本节所需要的样本。具体来看，首先选取居住在农村的样本家庭，其次选取从事农业生产经营的家庭。其中，从事农业生产经营的农户又包括两类：一类是仅从事农业生产经营的纯农户，另一类是既从事农业生产又从事工商业生产经营的兼业农户。表 5-1-1、表 5-1-2 和表 5-1-3 分别是 CHFS 在 2011 年、2013 年和 2015 年调查时，农村家庭从事不同生产经营类型的分布状况。此外，为了考察不同区域农户风险应对机制的差异，分别建立东中西部虚拟变量，如果样本农户属于东部省份，则东部虚拟变量取值为 1，否则为 0；如果样本家庭属于中部省份，则中部地区虚拟变量取值为 1，否则为 0；如果样本农户属于西部省份，则西部地区虚拟变量取值为 1，否则为 0[①]。

表 5-1-1 显示，2011 年调查共收集农村样本 3 244 户，其中从事农业生产经营的农户有 2 360 户，占 73%；仅从事农业生产经营的纯农户有 2 183 户，占 67%；同时从事农业生产经营和工商业经营的兼业家庭有 177 户，占 4.6%；仅从事工商业经营的有 149 户，占比 5.5%；居住在农村地区但没有从事生产经营的家庭有 735 户，占 23%，这些家庭大多为生活在农村的教师和公务员家庭。

---

① CHFS 在 2011 年、2013 年和 2015 年农村样本在东中西部不同省份的分布详见第 1 章 1.4.2 节的介绍。

分东中西部地区看，在务农家庭的占比上，中部地区最高，为84%；西部地区次之，为79%；东部地区最少，只有53%。在纯农户的占比上，中部地区最高，为78.3%；西部地区次之，为73.9%；东部地区最低，仅有47.7%。在工商业经营的家庭占比上，东部最高，达到13%；中部和西部基本持平，分别为8.9%和8.4%。其中，仅从事从商业经营的农户占比上，东部地区最高，为8%；西部地区次之；为3.4%，中部地区最低，仅有2.5%。

表5-1-1　农村家庭生产经营类型的分布（CHFS 2011）

生产经营类型	东部地区 样本数	占比（%）	中部地区 样本数	占比（%）	西部地区 样本数	占比（%）	全国 样本数	占比（%）
仅农业经营	487	47.7	955	78.28	741	73.88	2 183	67.29
兼业经营	49	4.8	77	6.31	51	5.08	177	5.46
仅工商业经营	84	8.23	31	2.54	34	3.39	149	4.59
都没有	401	39.28	157	12.87	177	17.65	735	22.66
总计	1 021	100	1 220	100	1 003	100	3 244	100

注：2011年调查中农村样本在东中西部不同省份的分布情况见第1章1.4.2节的介绍，下同。

表5-1-2显示，2013年调查共收集农村样本8 932户。其中，从事农业生产经营的农户有6 389户，占农村样本的比重为71%；仅从事农业生产经营的纯农户有5 943户，占67%；既从事农业生产经营又从事工商业经营的兼业农户有446户，占5%；仅从事工商业经营的有350户，占比4%；居住在农村但没有从事生产经营的家庭有2 193户，占25%。

表5-1-2　农村家庭生产经营类型的分布（CHFS 2013）

生产经营类型	东部地区 样本数	占比（%）	中部地区 样本数	占比（%）	西部地区 样本数	占比（%）	全国 样本数	占比（%）
仅农业经营	1 784	58.61	2 377	71.60	2 568	69.39	5 943	66.54
兼业经营	145	4.76	179	5.39	2 568	4.75	446	4.99
仅工商业经营	167	5.49	103	3.10	2 568	3.12	350	3.92
都没有	948	31.14	661	19.91	2 568	22.74	2 193	24.55
总计	3 044	100	3 320	100	2 568	100	8 932	100

注：2013年调查中农村样本在东中西部不同省份的分布情况见第1章1.4.2节的介绍，下同。

分东中西部看,在务农家庭的占比上,中部地区最高,为77%;西部地区次之,为74%;东部地区最少,有63%。在纯农户的数量占比上,中部地区和西部地区基本持平,分别为71.6%和69.4%,显著大于东部地区的58.6%。在工商业经营上,东部地区最高,为10%;中部和西部基本持平,分别为8.2和7.9%。仅从事工商业经营的农户占比也有相似的情况,中部和西部地区基本持平,都为3.1%,显著低于东部地区的5.5%。

表5-1-3显示,2015年的调查共收集农村样本11 654户。其中,从事农业生产经营的农户有8 485户,占农村样本的比重为73%;仅从事农业生产经营的纯农户有7 690户,占66%;既从事农业生产经营又从事工商业经营的兼业农户有795户,占7%;仅从事工商业经营的有459户,占比4%;居住在农村但没有从事生产经营的家庭有2 710户,占23%。

表5-1-3　农村家庭生产经营类型的分布(CHFS 2015)

生产经营类型	东部地区		中部地区		西部地区		全国	
	样本数	占比(%)	样本数	占比(%)	样本数	占比(%)	样本数	占比(%)
仅农业经营	2 445	56.94	2 837	71.73	2 408	70.72	7 690	65.99
兼业经营	308	7.17	272	6.88	215	6.31	795	6.82
仅工商业经营	265	6.17	110	2.78	84	2.47	459	3.94
都没有	1 276	29.72	736	18.61	698	20.50	2 710	23.25
总计	4 294	100	3 955	100	3 405	100	11 654	100

注:2015年调查中农村样本在东中西部不同省份的分布情况见第1章1.4.2节的介绍,下同。

在务农家庭的占比上,中部地区最高,为78%;西部地区次之,为77%;东部地区最少,有64%。在纯农户的占比上,中部地区和大于西部地区基本持平,分别为71.7%和70.7%,均显著大于东部地区的57%。在工商业经营上,东部地区最高,为13%;中部次之,为9.5%;西部最少,为8.8%。仅从事从商业经营的农户占比也有类似的特征,中部和西部地区基本持平,分别为2.8%和2.5%,显著低于东部地区的6.2%。

综合表5-1-1、表5-1-2和表5-1-3提供的信息可以发现:

(1)从全国范围看,在2011~2015年的调查期间,居住在农村地区从事农业生产经营的家庭占农村家庭的比重基本保持在72%~73%之间。在从事农业生产经营的样本中,有66%~67%的家庭为仅从事农业生产的纯农户,有5%~7%的家庭是即从事农业生产又从事工商业经营的兼业户,还有4%左右的农户仅从事工商业经营。

(2)在2011~2015年的调查期间,纯农户占比在东中西部的变化趋势存在差异。总体上看,中部和西部地区占比在下降,东部地区在增加。在2011年、2013年和2015年三次调查中,中部地区纯农户的占比在2011年为78%,2013年和2015年降低到72%;西部地区占比在2011年为74%,2013年下降到69%,2015年为71%。东部地区占比在2011年为48%,2013年提高到59%,2015年为57%。

(3)在2011~2015年的调查期间,兼业农户占比在东中西部都呈现先下降后增加的趋势。具体来看,在2011年、2013年和2015年三次调查中,东部地区兼业农户占比从2011年的4.8%,下降到2013年的4.76%,2015年又增加为7.17%;中部地区兼业农户占比从2011年的6.31%,下降到2013年的5.39%,2015年又提高到6.88%;西部地区兼业农户占比从2011年的5.08%,下降到2013年的4.75%,2015年又提高到6.31%。

(4)在2011~2015年的调查期间,仅从事工商业经营的农户占比在东中西部的变化趋势存在差异,东部地区先下降,后增加;中部地区先增加后下降;西部地区则一直下降。具体来看,在2011年、2013年和2015年三次调查中,东部地区仅从事工商业经营的农户占比从2011年的8.23%,下降到2013年的5.49%,2015年又增加为6.17%;中部地区占比从2011年的2.54%,增加到2013年的3.10%,2015年又下降到2.78%;西部地区占比从2011年的3.39%,下降到2013年的3.12%,2015年继续下降到2.47%。

需要强调的是,本书主要研究农户微观农业生产率与风险应对机制的关系,研究对象为从事农业生产的农户,涵盖了仅从事农业生产的纯农户和即从事农业生产又从事工商业经营的兼业农户。因此,本节描述性统计分析的样本限定在从事农业生产经营的农村家庭。表5-1-4是从事农业生产的样本农户的分布状况。2011年有2 360户从事农业生产经营,其中纯农户为2 183户,占比为92.5%;兼业农户为177户,占比为7.5%。2013年有6 389户从事农业生产经营,其中纯农户为5 943户,占比为93%,兼业农户为446户,占比7%。2015年有8 485户从事农业生产,其中纯农户为7 690户,占比90.6%,兼业农户为795户,占比9.4%。

表 5-1-4　　　　　　　　农业生产经营的样本分布

农业生产经营类型	CHFS (2011)		CHFS (2013)		CHFS (2015)	
	样本数	占比 (%)	样本数	占比 (%)	样本数	占比 (%)
仅农业经营	2 183	92.50	5 943	93.02	7 690	90.63
兼业经营	177	7.50	446	6.98	795	9.37
总计	2 360	100	6 389	100	8 485	100

5.1.2　家庭层面风险应对机制的描述性统计

家庭层面的风险应对机制是指农户利用自己的力量来应对风险冲击，本书分别用家庭人均资产、是否有储蓄存款和"家庭网"三个指标衡量农户利用家庭层面风险应对机制处理风险冲击的能力。本节采用 CHFS 在 2011 年、2013 年和 2015 年三轮调查数据，对农户家庭层面风险应对机制变量进行描述性统计分析，初步了解转型期中国农户家庭层面风险应对能力的现状。

1. 家庭层面风险应对机制变量的选择

（1）家庭人均资产。农户家庭人均资产数量代表了家庭的财富水平，以此衡量农户利用家庭财产（财富）应对风险冲击的能力。农户人均资产等于家庭总资产除以家庭规模，基于 CHFS 三轮调查的资产模块和人口统计学特征模块提供的信息构建该变量。

农户家庭总资产（家庭财富）包括家庭非金融资产和家庭金融资产[①]两部分。其中，家庭非金融资产包括农业、工商业等生产经营性资产、房产与土地资产、车辆以及家庭耐用品等资产等。家庭金融资产包括现金、社保账户余额、股票、债券、基金、衍生品、金融理财产品、非人民币资产、黄金和借出款等资产。家庭规模为调查年份样本家庭的总人口。

（2）储蓄存款。构建储蓄存款虚拟变量衡量农户利用家庭储蓄应对风险冲击的能力。CHFS 调查问卷在金融资产模块会询问受访家庭的活期存款和定期储蓄情况，有关活期存款的问题是："目前，您家是否有人民币活期存款账

---

① 为了避免与储蓄存款变量进行重复计算，在计算家庭金融资产（总资产）时扣除了家庭活期存款和定期存款。

户?",对应的选项为"①有;②没有"。有关定期存款的问题是:"目前,您家有未到期的人民币定期存款吗?",对应的选项为"①有;②没有"。根据受访户对着这两个问题的回答定义储蓄存款虚拟变量,若农户有活期存款或有定期存款则储蓄存款虚拟变量取值为1,否则为0。

(3)"家庭网"。家庭的主要功能之一就是在其成员遭遇风险后为他们提供保护,根据第4章4.2节对"家庭网"的定义,构建"家庭网"虚拟度量衡量农户利用家庭网络应对风险冲击的能力。CHFS的三轮调查问卷在转移性收入模块提供了家庭转移性收入来源的详细信息,为建立"家庭网"变量提供了有力的数据支撑。具体来看,受访户会被问到:"您家去年是否从非家庭成员那里获得超过100元的现金或非现金收入?",该问题有两个选项"1. 是;2. 否",如果受访者选择"1. 是"则会继续追问"从谁那里获得的?(可多选)",共有10个选项,分别是"1. 父母;2. 岳父母/公婆;3. 子女;4. 儿媳/女婿;5. 孙子/孙女;6. 孙媳/孙女婿;7. 兄弟姐妹;8. 其他亲属;9. 非亲属;10. 机构"。根据受访户的回答定义家庭网虚拟变量,如果受访家庭选择"1. 父母;2. 岳父母/公婆;3. 子女;4. 儿媳/女婿;5. 孙子/孙女;6. 孙媳/孙女婿;7. 兄弟姐妹"的任意一项,都认为农户在遭遇风险冲击后,能够得到家庭网络的帮助和支持,"家庭网"虚拟变量取值为1,否则为0。

2. 家庭层面风险应对机制的描述性统计

表5-1-5、表5-1-6和表5-1-7是分别利用CHFS在2011年、2013年和2015年的农户调查数据,对衡量家庭层面风险应对机制变量进行描述性统计的结果。

表5-1-5是基于2011年农户样本数据的描述性统计结果,该表显示:①在家庭人均资产的数量上,全国农村样本的均值为4.69万元,分东中西部区域来看,西部地区最低,平均为3.62万元;中部地区次之,为4.49万元;东部地区最大,为6.66万元,这说明我国东中西部农村家庭财富之间存在显著的差距。②在储蓄存款的持有上,我国农户储蓄存款的参与率为39%,分东中西部区域来看,东部最高,中部次之,西部最低,分别为44%、38%和37%,这说明越是经济发达的地区,农户进行储蓄的能力越强。③在"家庭网"的支持上,全国有38%的农户得到家庭网络的帮助,其中,中部地区最高,为43%;西部次之,为39%;东部最低,为30%。

表 5-1-5　　　　　家庭层面风险应对机制（CHFS 2011）

变量	东部地区		中部地区		西部地区		全国	
	均值	标准差	均值	标准差	均值	标准差	均值	标准差
人均资产（元）	6.66	19.97	4.49	23.21	3.62	11.62	4.69	19.30
有储蓄存款	0.44	0.50	0.38	0.49	0.37	0.48	0.39	0.49
有"家庭网"	0.30	0.46	0.43	0.49	0.39	0.49	0.38	0.49
样本量	536		1 032		792		2 360	

注：2011 年调查中农村样本在东中西部不同省份的分布情况见第 1 章 1.4.2 节的介绍。

表 5-1-6 是基于 2013 年农户样本数据的描述性统计结果，该表显示：①在家庭人均资产的数量上，全国农村样本的均值为 6.82 万元，分东中西部区域来看，西部地区最低，平均为 5.76 万元；中部地区居中，为 6.87 万元；东部地区最大，为 7.8 万元，这说明我国东中西部农村经济发展之间存在显著的差距。②在储蓄存款的持有上，我国农户在储蓄存款上的参与率为 49%，分东中西部区域来看，东部最高，西部次之，中部最低，分别为 49%、39%和 31%。③在获得"家庭网"的支持上，全国有 36%的农户得到家庭网络的帮助，其中，中部最高，为 40%；东部和西部基本持平，分别为 34%和 30%。

表 5-1-6　　　　　家庭层面风险应对机制（CHFS 2013）

变量	东部地区		中部地区		西部地区		全国	
	均值	标准差	均值	标准差	均值	标准差	均值	标准差
人均资产（元）	7.80	12.91	6.87	14.10	5.76	7.92	6.82	12.21
有储蓄存款	0.49	0.50	0.31	0.46	0.39	0.49	0.39	0.49
有"家庭网"	0.34	0.47	0.40	0.49	0.33	0.47	0.36	0.48
样本量	1 929		2 556		1 904		6 389	

注：2013 年调查中农村样本在东中西部不同省份的分布情况见第 1 章 1.4.2 节的介绍。

表 5-1-7 是基于 2015 年农户样本数据的描述性统计结果，该表显示：①在家庭人均资产的数量上，全国农村样本的均值为 7.67 万元，分东中西部区域来看，西部地区最低，平均为 6.39 万元；中部地区居中，为 6.88 万元；东部地区最大，为 9.78 万元，这也再次说明我国东中西部农村经济发展之间的差距明显。②在储蓄存款的持有上，我国农户在储蓄存款上的参与率为 46%，分东中西部区域来看，东部和西部基本持平，分别为 49%和 50%，中

部最低，为39%和31%。③在获得"家庭网"的支持上，全国有27%的农户得到家庭网络的帮助，其中，中部最高，为29%；西部居中，为27%；东部最低，为24%。

表 5-1-7　　　　　家庭层面风险应对机制（CHFS 2015）

变量	东部地区		中部地区		西部地区		全国	
	均值	标准差	均值	标准差	均值	标准差	均值	标准差
人均资产（元）	9.78	21.63	6.88	13.76	6.39	10.90	7.67	16.13
有储蓄存款	0.49	0.50	0.39	0.49	0.50	0.50	0.46	0.50
有"家庭网"	0.24	0.42	0.29	0.45	0.27	0.45	0.27	0.44
样本量	2 753		3 109		2 623		8 485	

注：2015年调查中农村样本在东中西部不同省份的分布情况见第1章1.4.2节的介绍。

5.1.3　村庄层面风险应对机制的描述性统计

村庄层面的风险应对机制指农户利用村庄内部的社会网络资源和基于互惠的相互支持，实现风险统筹从而实现事后风险分担的机制①，基于CHFS在2011年、2013年和2015年三轮的调查数据，用以下2个指标衡量农户村庄层面的风险应对机制，进而考察村庄层面风险应对机制在2011~2015年之间的演变情况，并比较东中西部农户在村庄层面风险应对机制的差异，以此作为村庄层面风险应对机制未来变迁轨迹的预测。

1. 村庄层面风险应对机制变量的选择

（1）村庄网络质量。借鉴佐藤宏等（2009）的研究，本书用村庄社会治安状况作为村庄网络质量的代理变量。因为在农村，如果村庄社会治安状况好则意味着邻里关系更加融洽，社会规范和彼此之间的信任更强，更利于形成密切联系的村庄网络。因此，社会治安状况好的村庄意味着更高质量的村庄网络，反之亦反。在CHFS2011年的问卷中会询问农户"您觉得本村的社会治安状况怎么样？"②，回答有个选项，"1. 非常好；2. 好；3. 一般；4. 不太好；

---

① 在中国农村，"远亲不如近邻"，家庭重要的亲友主要居住在村庄内部，即使当前地理上不居住在同一村庄，也会由于过去的地缘关系形成社会联系。

② 该问题只在2011年的CHFS调查问卷中有，2013年和2015年的问卷调查中没有保留该问题。因此，对村庄网络质量的描述性统计仅有2011年。

5. 很差",我们基于农户对该问题的回答,建立村庄网络质量的虚拟变量,如果农户选择"1. 非常好"或"2. 好",则虚拟变量取值为1,否则为0。

(2)村庄社会资本。中国是一个重视"关系"的国家①,"关系"是农村社会格局的核心模式(费孝通,1948),中国的社会关系是由无数张以家庭为核心的、重叠的、如蜘蛛网般的关系网构成(费孝通,1948),在中国农村,"远亲不如近邻",家庭重要的亲友主要居住在村庄内部,即使当前地理上不居住在同一村庄,也会由于过去的地缘关系形成社会联系,因此农户的社会网络更多的是在村庄范围内(王阳、漆雁斌,2019)。农户要维持和拓展社会网络,需要进行社会资本投资,而在红白喜事上随礼,在节假日和生日上互赠礼品是农村家庭维系和扩展社会网络的常见方式。借鉴已有研究,用红白喜事与节假日礼金支出衡量农户的社会资本投资能力。农户在社会资本上的投资越大,越能在遭遇风险冲击后获得社会网络的支持,利用村庄网络缓冲风险的能力就越强。

中国家庭金融调查(CHFS)在三轮问卷中的转移性支出模块,均设计有相关问题详细询问受访农户是否给与非家庭成员现金与非现金(折合为现金),以及给与的数量与对象。对应的问题是,"去年,您家是否曾给予非家庭成员超过100元的现金或非现金②?",回答有两个选项,"1. 是 2. 否"。如果受访户选择"1. 是",会继续追问,"去年,给非家庭成员的现金或非现金中,下列各项各有多少钱(如果是非现金支出,请换算成现金价值)",需要受访户提供的支出共有4项,分别是"1. 春节、中秋节等节假日支出金额"、"2. 红白喜事(包括做寿、庆生等)生日的支出金额"、"3. 教育、医疗、生活费支出金额"、"4. 除上述各项外,其他支出金额"。根据农户对以上问题的回答,加总节假日礼金支出、红白喜事和生日支出衡量农户社会资本投资能力。

需要说明的是,之所以采用"红白喜事、做寿与生日的支出"与"春节、中秋节等节假日支出"的总和作为农户投资村庄社会资本的代理变量,而没用笼统的使用"转移性支出"的总和来衡量,主要是因为转移性支出难以避免一些偶然事件需要农户帮助时的临时性大额支出。但是,依据中国农村传

---

① "如果你想了解是什么主导着当今的中国,你必须理解'关系'的含义"(鲁伯特·温菲尔德-海斯,BBC新闻)。

② 现金资助指直接给钱、帮助付款、帮助支付看病费用/保险费/上学费用、帮助承担分期付款/节假日礼金/生日礼金/压岁钱等,非现金指实物帮助以及共同负担住房成本或食品支出等。

统,农户在"红白喜事、做寿"与"春节、中秋节等节假日"的支出上更具有持续性和平稳性(赵剑治、陆铭,2010)。

2. 村庄层面风险应对机制的描述性统计

表5-1-8、表5-1-9和表5-1-10分别是基于CHFS在2011年、2013年和2015年数据,对衡量农户村庄层面风险应对机制变量进行描述性统计的结果。

表5-1-8表明,在2011年的农户样本中,用村内治安状况作为村庄网络质量的代理变量,有59%的农户认为所居住村庄的治安状况好。分东中西部区域来看,64%的西部地区农户认为村庄治安好,59%的中部地区的农户认为村庄治安状况好,东部地区有51%农户认为村庄治安状况好。因此,西部地区农户的村庄网络质量最高,中部地区的次之,东部最低。这也预示着,在遭遇风险冲击后,西部欠发达地区的农户更有可能获得村庄网络的支持,村庄网络有可能是"穷人的社会网络"。

表5-1-8 村庄层面风险应对机制(CHFS 2011)

变量	东部地区		中部地区		西部地区		全国	
	户数	均值	户数	均值	户数	均值	户数	均值
村内治安好	275	0.51	606	0.59	502	0.64	1 383	0.59
有礼金支出	339	0.63	755	0.73	541	0.68	1 635	0.69
有节假日礼金支出	299	0.56	685	0.66	446	0.56	1 430	0.61
有红白喜事礼金支出	272	0.51	670	0.65	494	0.62	1 436	0.61
礼金支出总金额(元)	339	2 524	755	3 579	541	2 466	1 635	2 992
节假日礼金支出	299	1 228	685	1 433	446	964	1 430	1 244
红白喜事礼金支出	272	1 796	670	2 569	494	1 831	1 436	2 168
样本量	536		1 032		792		2 360	

村庄网络投资变量的描述性结果表明,有69%的农户有礼金支出,平均支出水平2 992元。分东中西部来看,中部地区有73%的农户有礼金支出,平均支出金额为3 579元;西部地区农户的比重为68%,平均支出金额为2 466元;东部地区的比重为63%,平均支出额为2 524元。描述分析的结果初步表明,中部地区的农户最注重编织"关系网",进行社会资本投资的力度也更

大。西部地区农户对"关系"的重视程度高于东部地区,低于中部地区,但其投资社会资本的能力最差。东部地区农户最不重视"关系",但每户平均的礼金支出低于中部地区但高于西部地区。

表 5-1-9 是 2013 年数据对村庄网络投资变量进行描述性统计的结果,CHFS 在 2013 年的调查数据表明,有 74% 的农户有礼金支出,平均支出水平为 2 863 元。分东中西部来看,中部地区有 77% 的农户有礼金支出,平均支出金额为 3 251 元;东部地区农户的比重为 74%,平均支出金额为 2 600 元;西部地区的比重为 72%,平均支出额为 2 576 元。2013 年数据的描述性统计结果同样表明,中部地区的农户最注重编织"关系网",进行社会资本投资的力度也更大。但是,西部地区农户对"关系"的重视程度最低,礼金支出能力最差。东部地区农户对"关系"的重视程度和支出能力都高于西部农村,但低于中部农村。

表 5-1-9　　村庄层面风险应对机制（CHFS 2013）

变量	东部地区		中部地区		西部地区		全国	
	样本数	均值	样本数	均值	样本数	均值	样本数	均值
有礼金支出	1 427	0.74	1 968	0.77	1 371	0.72	4 728	0.74
有节假日礼金支出	984	0.51	1 355	0.53	781	0.41	3 131	0.49
有红白喜事礼金支出	1 119	0.58	1 661	0.65	1 161	0.61	3 961	0.62
礼金支出总金额（元）	1 427	2 600	1 968	3 251	1 371	2 576	4 728	2 863
节假日礼金支出	984	1 182	1 355	1 197	781	1 020	3 131	1 147
红白喜事礼金支出	1 119	2 275	1 661	2 885	1 161	2 322	3 961	2 546
样本量	1 929		2 556		1 904		6 389	

表 5-1-10 是利用 2015 年数据对村庄网络投资变量进行描述性统计的结果,全国有 73% 的农户有礼金支出,平均支出水平位 2 488 元。分东中西部来看,中部地区有 79% 的农户有礼金支出,平均支出金额为 3 155 元;东部地区农户的比重为 70%,平均支出金额为 2 020 元;西部地区的比重为 68%,平均支出额为 2 189 元。2015 年数据的描述分析的结果再次说明,中部地区的农户最重视"村庄关系网",进行社会资本投资的力度也更大。西部地区农户对"农村关系网"的重视程度远低于中部,略低于东部农村,但投资社会资本的能力略高于东部。东部地区农户对"农村关系网"的重视程度远低于中部地区,略高于西部地区,礼金支出水平略低于西部地区。

表 5-1-10　　村庄层面风险应对机制（CHFS 2015）

变量	东部地区		中部地区		西部地区		全国	
	样本数	均值	样本数	均值	样本数	均值	样本数	均值
有礼金支出	1 927	0.70	2 456	0.79	1 784	0.68	6 194	0.73
有节假日礼金支出	1 156	0.42	1 430	0.46	971	0.37	3 564	0.42
有红白喜事礼金支出	1 569	0.57	2 238	0.72	1 600	0.61	5 430	0.64
礼金支出总金额（元）	1 927	2 020	2 456	3 155	1 784	2 189	6 194	2 488
节假日礼金支出	1 156	1 410	1 430	1 231	971	1 144	3 564	1 265
红白喜事礼金支出	1 569	2 500	2 238	3 576	1 600	2 917	5 430	3 070
样本量	2 753		3 109		2 623		8 485	

综合分析表 5-1-8、表 5-1-9 和表 5-1-10 的结果可以发现，农户村庄层面风险应对机制具有以下特征：

（1）在全国范围内，送礼是非常普遍的现象，而且有礼金支出的农户占比呈逐年增加趋势，从 2011 年的 69%，增加到 2013 年的 74% 和 2015 年的 73%。但是，农户平均礼金支出数量表现出下降态势，从 2011 年的 2 992 元，下降到 2013 年的 2 863 元和 2015 年的 2 488 元。

（2）分东中西部区域来看，中部地区有送礼农户占比呈增加趋势，从 2011 年的 73%，增长到 2013 年的 77% 和 2015 年的 79%。在支出金额上呈现下降态势，从 2011 年的 3 579 元分别减少到 2013 年的 3 215 元和 2015 年的 3 155元。东部地区和中部地区呈现类似的趋势。

（3）基于 CHFS 三轮调查数据的描述统计分析结果可以认为，中部地区的农户更愿意投资于村庄社会网络，投资村庄社会资本的能力也更大。东部和西部地区的农户在建立村庄网络的意愿和能力上存在一定差别，但差别不大。这可能预示着，随着农村市场化水平的提高，农户在村庄社会资本的投入上呈现倒 U 型变化，先是随着市场化水平的提高而提高，到达一定水平后，又随着市场化进程的加快而下降。

因此，在西部和中部农村经济发展水平还不高的现阶段，村庄层面的风险机制对农户减少风险冲击的不利影响仍具有重要价值。但是，随着中国市场化进程进一步加快，村庄层面的风险应对机制的作用会逐渐减弱。

5.1.4　市场层面风险应对机制的描述性统计

市场层面的风险应对机制是指农户利用商业保险市场和正规信贷市场

应对风险冲击的机制,基于 CHFS 在 2011 年、2013 年和 2015 年三轮调查提供的信息,建立指标衡量正规信贷市场、非正规信贷市场和商业保险市场,并基于描述性统计的结果分析农户利用市场层面风险应对机制应对风险冲击的能力。

1. 市场层面风险应对机制变量的选择

(1) 正规信贷市场。正规信贷是指农户从银行和信用社等正规金融机构融资,满足家庭的资金需求。为了全面反映农村正规信贷市场的特点,借鉴已有研究,引入三个衡量农村正规信贷市场的指标:

正规信贷参与率指标:正规信贷参与率衡量农户参与正规信贷市场的程度。CHFS 在 2011 年、2013 年和 2015 年的调查问卷中,均设计了详细的问题询问受访户在三类情况下(农业/工商业生产经营活动、购买/维修/改建/扩建/装修房屋、以及购买车辆)从正式信贷市场的借贷状况。具体来看,在调查问卷中,会询问受访户在从事以上几类类活动时"您家有银行贷款吗?",该问题有两个选项"1. 有"、"2. 没有"。根据根据样本户对这些问题的回答定义正规信贷市场虚拟变量,如果农户选择"1. 有",则认为农户参与正规信贷市场,取值为 1,否则为 0。某一地区农户参与金融市场的比率可以用该地区参与正规金融市场的样本数除以样本总数表示。

正规信贷需求率指标:正规信贷需求是指农户在生产生活中对正规金融机构产生的贷款需求,遵循已有研究,将有正规信贷需求的农户分为两类:第一类是获得了银行(信用社)等正规金融机构贷款的农户;第二类是有正规信贷需求但没有申请,或者申请被拒绝的农户。在 CHFS 三轮的调查中都设计了专门的问题追问没有银行贷款的受访户:"为什么没有贷款?",回答共有四个选项:"1. 不需要;2. 需要,但没有申请过;3. 申请过被拒绝;4. 曾经有贷款,现已经还清",根据受访户对该问题的回答,结合家庭参与正规金融市场的情况,可以识别农户是否有正规信贷需求。计算某一地区农户正规信贷需求比率就是该地区有正规信贷需求的样本数与样本总数的比值。

正规信贷可获性指标:正规信贷可获性衡量了农户正规信贷需求被满足的程度。某一区域(例如中国东部、中部和西部地区)的正规信贷可获性就是用农户正规信贷市场参与率与正规信贷需求率的比值。

(2) 非正规信贷市场。非正规信贷是指家庭从银行(信用社)等正规金融机构以外的其他渠道获得融资,非正规信贷的途径主要包括家庭从亲朋好友、民间金融组织等民间渠道融资。由于银行和贷款方之间存在严重的信息不对称问题，在此情况下民间非正规信贷市场就成为正规金融市场的有效补充。尤其在我国农村地区，农户缺乏抵押品，而且正规金融机构难以获得潜在贷款方的还款能力信息，导致农户普遍受到正规信贷约束。所以农户大多是通过非正规信贷的方式满足借贷需求。农村非正规信贷市场是农村金融市场的重要组成部分，不仅可以提高农户收入水平，而且能够减少农村贫困、缩小贫富差距（Khandker，1988）。为了反映农村非正规信贷市场的特征，引入三个指标进行衡量：

非正规信贷市场参与率指标：非正规信贷参与率衡量农户参与非正规信贷市场的广度。CHFS 在 2011 年、2013 年和 2015 年的调查问卷中，均设计了详细的问题询问受访户在三类情况下（农业/工商业生产经营活动、购买/维修/改建/扩建/装修房屋、以及购买车辆）从非正式信贷市场的借贷状况。具体来看，受访户会被询问从事以上几类类活动时"除了银行/信用社贷款以外，是否有尚未还清的民间借款？"，回答共有两个选项，"1. 有"、"2. 没有"。根据受访户的回答，可以定义参与非正规信贷市场虚拟变量，如果农户选择"1. 有"，则认为参与了非正规信贷市场，取值为1，否则为0。某一地区农户参与非正规金融市场的比率就是该地区参与非正规金融市场的样本数与样本总数的比值。

非正规信贷需求率指标[①]：非正规信贷需求是指农户对非正规金融市场产生的贷款需求。有非正规信贷需求的农户包括两类：一类是获得了非正规信贷的农户；第二类是有非正规信贷需求但实际没有借款，或者去借款但没有借到的农户。CHFS 在 2015 年的调查中会询问受访户，"目前，您家是否因农业/工商业生产经营需要从亲朋好友等民间渠道借款？"，回答共有三个选项："1. 不需要；2. 需要，但没有找别人借过；3. 需要，找别人借过但没借到"，根据受访户的回答，并结合非正规信贷市场的参与情况，可以识别农户是否有非正规信贷需求。某一地区农户非正规信贷需求比率就是该地区有非正规信贷需求的样本数与样本总数的比值。

---

① CHFS 在 2011 年和 2013 年的调查问卷中没有设计相关问题识别农户的非正规信贷需求。因此在 2011 年和 2013 年的描述性统计结果中（表 5-1-14 和表 5-1-15）没有非正规信贷需求率的指标。

非正规信贷可获性指标①：非正规信贷可获性指标衡量了农户非正规信贷需求被满足的程度，是指实际获得非正规信贷的家庭数量与有非正规信贷需求的家庭数量的比值，也等于非正规信贷市场参与率除以非正规信贷需求率。

（3）商业保险市场。在CHFS调查问卷的商业保险模块，会询问每一个家庭成员，"有没有以下的商业保险？"，回答一共有6个选项，"1. 商业人寿保险；2. 商业健康保险；3. 商业养老保险；4. 商业财产保险（汽车保险除外）；5. 其他商业保险；6. 都没有"，根据家庭成员对这一问题的回答，首先可以识别每一位家庭成员是否购买商业保险，然后综合每位家庭成员的商业保险购买情况，建立商业保险虚拟变量，如果家庭至少有1人购买了商业保险，则商业保险虚拟变量取值为1，其他取值为0。

2. 市场层面风险应对机制的描述性统计

根据农户贷款用途不同，正规（非正规）市场参与率、正规（非正规）信贷需求率和正规（非正规）信贷可得性指标又可以根据农业生产经营、工商业生产经营、住房、汽车和信用卡等进行细分。在本部分内容中，主要对反映农户农业生产经营和工商业经营中的正规（非正规）信贷市场指标进行描述性统计。表5-1-11、表5-1-12和表5-1-13分别是基于CHFS在2011年、2013年和2015年的农户数据，对衡量市场层面风险应对机制变量进行描述性统计的结果。

表5-1-11是基于2011年农户样本数据的描述性统计结果，该表显示：①在正规信贷市场的参与率上，全国农村样本的参与率为8%，分东中西部区域来看，东部和中部持平，都为5%，西部最高，为13%，这说明越是经济不发达的地区，农户对正规信贷市场的参与度越大。②在正规信贷需求率上，我国农村地区的正规信贷需求占比为27%，分东中西部区域来看，东部最低，中部次之，西部坐高，分别为18%、28%和32%，这说明越是经济发展程度和农民收入低的地区，农户对资金的需求就越旺盛。经济越不发达的地区，信贷需求越强烈。③在正规信贷可获性上，全国为30%，中部最低，为18%；

---

① 由于CHFS在2011年和2013年的调查中无法获得农户非正规信贷需求的信息，也就无法计算农户非正规信贷可获性。因此在2011年和2013年的描述性统计结果中（表5-1-14和表5-1-15）没有非正规信贷可获性的指标。

东部次之，为28%；西部最高，为41%。④在非正规信贷市场的参与率上，全国为26%，东部地区最低，为17%；中部地区次之，为26%；东部地区最高，为31%。⑤在商业保险市场的参与率上，全国农户的参保率为仅为7%，东部地区最高，为10%；中西部农户的参保率没有太大差异，分别为7%和6%。

表5-1-11　　市场层面的风险应对机制（CHFS 2011）

变量	区域			全国
	东部地区	中部地区	西部地区	
正规信贷参与率	0.05	0.05	0.13	0.08
正规信贷需求率	0.18	0.28	0.32	0.27
正规信贷可获性	0.28	0.18	0.41	0.30
非正规信贷参与率	0.17	0.26	0.31	0.26
商业保险参与率	0.10	0.07	0.06	0.07
样本量	536	1 032	792	2 360

表5-1-12是基于2013年农户样本数据的描述性统计结果，该表显示：①在正规信贷市场的参与率上，全国农村样本的参与率为8%，东部最低，中部次之，西部坐高，分别为4%、8%和13%，再次说明越是经济欠发达的地区，农户对正规信贷市场的参与度越高。②在正规信贷需求率上，我国农村地区的正规信贷需求占比为32%，东部最低，中部次之，西部坐高，分别为19%、25%和30%，说明经济越不发达的地区，信贷需求越强烈。③在正规信贷可获性上，全国为32%，东部最低，为21%；中部次之，为32%；西部最高，为43%。④在非正规信贷市场的参与率上，全国为20%，东部地区最低，为16%；中部地区和西部地区基本持平，分别为22%和21%。⑤在商业保险市场的参与率上，全国农户为11%，东中西部农户的参保率没有太大差异，东部地区为11%，中部和西部地区都是12%。

表5-1-13是基于2015年农户样本数据的描述性统计结果，该表显示：①在正规信贷市场的参与率上，全国的参与率为6%，东部最低，中部次之，西部坐高，分别为4%、6%和8%，又一次证明越是经济不发达的地区，农户对正规信贷市场的参与度越大。②在正规信贷需求率上，我国农村地区的占比

表 5-1-12　市场层面的风险应对机制（CHFS 2013）

变量	区域			全国
	东部地区	中部地区	西部地区	
正规信贷参与率	0.04	0.08	0.13	0.08
正规信贷需求占比	0.19	0.25	0.30	0.25
正规信贷可获性	0.21	0.32	0.43	0.32
非正规信贷参与率	0.16	0.22	0.21	0.20
商业保险参与率	0.10	0.12	0.12	0.11
样本量	1 929	2 556	1 904	6 389

为17%，东部最低，中部次之，西部坐高，分别为11%、16%和22%，也再一次证明，随着经济发展程度和农民收入的增加，农户对资金的需求随之降低，而经济越不发达的地区，信贷的需求越强烈。③在正规信贷可获性上，全国为35%，东中西部没有太大差异，分别为36%、37%和36%。④在非正规信贷市场的参与率上，全国为13%，东部地区最低，为9%；中部地区和西部地区持平，都为14%。⑤在非正规信贷需求率上，农村地区的占比为15%，东部最低，中部次之，西部坐高，分别为12%、17%和18%，这表明经济越不发达的地区，农户对非正规信贷的需求越强烈。⑥在非正规信贷可获性上，全国为86%，中部地区最高，西部地区居中，东部地区最低，分别为82%、75%和78%。⑦在商业保险市场的参与率上，全国农户的参保率为9%，东中西部农户的参保率没有太大差异，东部和中部地区为9%，西部地区是8%。

表 5-1-13　市场层面的风险应对机制（CHFS 2015）

变量	区域			全国
	东部地区	中部地区	西部地区	
正规信贷参与率	0.04	0.06	0.08	0.06
正规信贷需求占比	0.11	0.16	0.22	0.17
正规信贷可获性	0.36	0.37	0.36	0.35
非正规信贷参与率	0.09	0.14	0.14	0.13
非正规信贷需求率	0.12	0.17	0.18	0.15
非正规信贷可获性	0.75	0.82	0.78	0.86
商业保险参与率	0.09	0.09	0.08	0.09
样本量	2 753	3 109	2 623	8 485

综合分析表 5-1-11、表 5-1-12 和表 5-1-13 的信息可以发现，农户市场层面的风险应对机制有以下特征：

（1）在 2011~2015 年的调查期间，无论是正规信贷的需求率还是非正规信贷的需求率，都呈现西部地区最高，中部地区居中，东部地区最低的特点。这说明，随着经济发展程度的提高和农民收入的增长，农户对资金的需求会降低。反之，在经济越不发达的地区，农户对正规和非正规信贷的需求越强烈。由此可以推论，越是贫困落后的农村地区，农户利用信贷市场应对风险冲击的能力越差，但这些地方的农户对信贷的需求却十分强烈。因此，信贷政策向低收入的农村家庭倾斜是必要的，描述性统计的分析结果也为在农村地区实施普惠金融政策提供了初步的事实证据，这一发现与（尹志超，2012）的研究一致。

（2）农户非正规信贷可获性远远大于正规信贷可获性。由此可见，银行、信用社以及政策性银行等正规金融机构对农户的帮扶力度较小，农户的资金需求主要依靠亲朋好友、民间金融组织等非正规信贷渠道获得。在我国农村，非正规信贷作为家庭资金来源的重要组成部分，不仅在农业生产、农户创业等事项中发挥着重要作用，也是家庭筹措资金应对风险冲击的常用手段。

（3）农户参与商业性保险市场的意愿非常低，即使是在市场化发展水平比较高的东部地区，商业保险市场的参与率也不到 10%。可以预计，农村商业保险市场帮助农村家庭分担风险的作用不大。

5.1.5 社会层面风险应对机制的描述性统计

社会层面的风险应对机制是依靠社会组织和国家财政力量，对从事农业生产的农户给予一定的补贴；对收入低于一定标准的农户，尤其是贫困农户，以及遭遇灾害和其他风险的家庭给予援助，帮助这些家庭应对和缓解风险冲击带来的不利影响。社会层面的风险应对机制是家庭的最后一道"安全网"，也是农村社会重要的"减压阀"。本节基于 CHFS 在 2011 年、2013 年和 2015 年三轮调查提供的农户信息，分别建立政府补贴变量、农业补贴变量、新农合变量和新农保变量进行衡量，并基于描述性统计的结果分析农户利用社会层面风险应对机制的能力。

1. 社会层面风险应对机制变量的选择

（1）政府补贴。在中国家庭金融调查（CHFS）问卷的转移性收入模块，受访户会被询问，"去年，您家是否从政府那里获得了以下补贴/补助（不包括农业生产经营补贴、养老和医疗补贴）"。回答共有 12 个选项："1. 没有获得；2. 特困户补助金；3. 独生子女奖励金；4. 五保户补助金；5. 抚恤金；6. 救济金、赈灾款；7. 食物补贴；8. 退耕还林；9. 其他；10. 低保补助；11. 教育补贴；12. 住房补助"，根据农户对该问题的回答，建立政府补贴虚拟变量，如果受访户选择选项"1. 没有获得"之外的任一选项，政府补贴虚拟变量则取值为 1，否则取值为 0。

（2）农业补贴。在中国家庭金融调查（CHFS）问卷的生产经营项目模块，农户会被问到"去年，您家从事农业生产经营是否获得了补贴"，回答有两个选项："1. 是；2. 否"。根据农户对该问题的回答，建立农业补贴虚拟变量，如果农户选择"1. 是"，农业补贴虚拟变量取值为 1，否则为 0。

（3）新型农村合作医疗保险。在中国家庭金融调查（CHFS）问卷的医疗保险模块，受访户中 16 周岁及以上所有家庭成员需要回答以下问题，"目前拥有以下哪些医疗保险？"。回答共有 12 个选项："1. 城镇职工基本医疗保险；2. 城镇居民基本医疗保险；3. 新型农村合作医疗保险；4. 城乡居民基本医疗保险；5. 公费医疗；6. 商业医疗保险（单位购买）；7. 商业医疗保险（个人购买）；8. 企业补充医疗保险；9. 大病医疗统筹；10. 社会互助；11. 其他；12. 以上都没有"。如果受访户有家庭成员选择"3. 新型农村合作医疗保险"，则新型农村合作医疗保险变量取值为 1，否则取值为 0。

（4）新型农村养老保险。在中国家庭金融调查（CHFS）问卷的社会保障模块，会询问受访户中 16 周岁及以上所有家庭成员以下问题，"目前，参加的是什么社会养老保险？"，回答共有 7 个选项："1. 政府、事业单位退休金；2. 城镇职工基本养老保险金（城职保）；3. 新型农村社会养老保险金（新农保）；4. 城镇居民社会养老保险金（城居保）；5. 城乡统一居民社会养老保险金；6. 其他；7. 都没有"。如果受访户有家庭成员选择"3. 新型农村社会养老保险金（新农保）"，则新型农村养老合作医疗保险变量取值为 1，否则为 0。

2. 社会层面风险应对机制的描述性统计

表 5-1-14、表 5-1-15 和表 5-1-16 分别是基于 CHFS 在 2011 年、

2013 年和 2015 年数据，对衡量农户社会层面风险应对机制变量进行描述性统计的结果。

表 5-1-14 是基于 2011 年农户样本数据的描述性统计结果，该表显示：（1）在政府补贴上，有 31% 的农户获得政府补贴，分东中西部区域来看，中部部和中部地区持平，都为 35%，东部最低，为 18%，说明越是欠发达的地区，政府补贴越多。（2）在农业补贴上，全国占比为 87%，其中东部最低，西部次之，中部最高，分别为 93%、83% 和 78%。（3）在新农合的参保上，全国农户的参保率为 90%，西部最低，为 86%；西部次之，为 91%；中部最高，为 92%。（4）在新农保的参保上，全国农户的参保率为 22%，中部地区最低，为 15%；西部地区次之，为 17%；东部地区最高，为 43%。

表 5-1-14　　社会层面的风险应对机制（CHFS 2011）

变量	东部地区		中部地区		西部地区		全国	
	样本数	占比	样本数	占比	样本数	占比	样本数	占比
有政府补贴	96	0.18	361	0.35	277	0.35	731	0.31
有农业补贴	418	0.78	958	0.93	657	0.83	2 051	0.87
有新农合	461	0.86	948	0.92	721	0.91	2 122	0.90
有新农保	230	0.43	155	0.15	135	0.17	519	0.22
样本量	536		1 030		792		2 358	

表 5-1-15 是利用 2013 年农户样本数据进行描述性统计的结果，该表显示：（1）在政府补贴上，有 23% 的农户获得政府补贴，其中西部地区最高，为 34%；中部地区次之，为 20%；东部地区最低，为 17%，越是欠发达的地区，农户对政府补贴的需求越大。（2）在农业补贴上，全国占比为 79%，其中东部与西部持平，都为 72%，中部地区最高，为 89%。（3）在新农合的参保率上，全国农户的参保率为 94%，东部和中部基本持平，为 93%；西部最高，为 95%。（4）在新农保的参保上，2013 年的全国农户的参保率有大幅提升，从 2011 年的 22%，提高到 73%，分区域来看，西部地区参保率最高，为 76%；中部部地区次之，为 72%；东部地区最低，为 70%。

表 5-1-16 是利用 2015 年农户样本数据进行描述性统计的结果，该表显

表 5-1-15　　社会层面的风险应对机制（CHFS 2013）

变量	东部地区		中部地区		西部地区		全国	
	样本数	占比	样本数	占比	样本数	占比	样本数	占比
有政府补贴	328	0.17	511	0.20	646	0.34	1 468	0.23
有农业补贴	1 387	0.72	2 273	0.89	1 368	0.72	5 041	0.79
有新农合	1 792	0.93	2 375	0.93	1 805	0.95	5 998	0.94
有新农保	1 349	0.70	1 839	0.72	1 444	0.76	4 658	0.73
样本量	1 927		2 554		1 900		6 381	

示：（1）在政府补贴上，有 23% 的农户获得政府补贴，其中西部地区最高，为 31%；中部地区次之，为 22%；东部地区最低，为 16%，又一次说明，越是经济不发达的地区，农户对政府救助的需求越大。（2）在农业补贴上，全国占比为 70%，其中东部地区最低，为 62%；西部地区次之，为 67%，中部地区最高，为 80%。（3）在新农合的参保率上，全国农户的参保率为 94%，中部地区最高，为 96%，西部地区次之，为 94%；东部最高，为 92%。（4）在新农保的参保上，全国农户的参保率为 77%，分区域来看，中部地区参保率最高，为 79%；西部地区次之，为 78%；东部地区最低，为 74%。

表 5-1-16　　社会层面的风险应对机制（CHFS 2015）

变量	东部地区		中部地区		西部地区		全国	
	样本数	占比	样本数	占比	样本数	占比	样本数	占比
有政府补贴	438	0.16	683	0.22	811	0.31	1 946	0.23
有农业补贴	1 698	0.62	2 484	0.80	1 752	0.67	5 921	0.70
有新农合	2 520	0.92	2 981	0.96	2 458	0.94	7 951	0.94
有新农保	2 027	0.74	2 453	0.79	2 040	0.78	6 513	0.77
样本总量	2 739		3 105		2 615		8 459	

综合表 5-1-14、表 5-1-15 和表 5-1-16 的分析结果，可以发现农户社会层面的风险应对机制有以下特征：（1）政府补贴呈现东中西部逐渐递减的趋势。（2）农业补贴是中部最高，西部次之，东部最低，因为中部从事农业生产的纯农户最多。（3）新农合的参保率很高，在 2011～2015 年稳步增长，基本实现了全覆盖。（4）新农保的参保率也在三轮调查期间稳步提高，在 2015 年调查时参保率达到 77%。

社会层面的风险机制是家庭的最后一道"屏障"，也是农村社会重要的

"减压阀"。但是，广覆盖和高水平的社会保障水平，必然受到国民经济经济发展水平以及由此决定的财政力量的制约。此外，社会层面的风险应对机制包括现代社会救助的运作过程，这是一个涉及人口学、法学、经济学、医学等多方面专业知识的复杂过程，需要较为完善的法制环境和较高的行政管理水平与之相适应。当前我国大部分农村地区，还不具备这些条件，这也削弱了农户利用社会层面风险应对机制处理风险的能力。

5.2 转型期农户风险应对机制的特征与有效性分析

5.2.1 转型期农户风险应对机制的特征

中国农村正处于由计划经济转向市场经济的过程，以及与此相适应的经济结构调整过程。随着经济转型的不断深入，中国农村发生了翻天覆地的变化，并深刻影响着农户风险应对机制嵌入的环境，使农户风险应对机制也具有转型期的新特点。这是因为，随着转型期农村经济社会的发展，影响农户风险应对机制的因素正发生深刻的变化，从而导致农户使用不同风险应对机制的边际收益和边际成本发生改变。理性的农户会综合考虑这些因素，在效用最大化原则的指导下把有限的资源配置在不同的风险应对机制上，从而构建最切合家庭实际情况的风险应对策略组合。本节将在农村转型期的时代背景下，从风险应对机制变迁的视角动态考察农户不同层面风险应对机制的特征。

1. 转型期农户家庭层面风险应对机制的特征

由于家庭层面的风险应对机制完全由农户自主决策，避免了个体理性与集体理性之间的矛盾，在实践中最容易实施和执行。但是，农户在利用家庭层面风险应对机制时也受到很大的制约。

首先，农户的资产积累能力较差，财富水平有限。一方面，由于缺乏足够的风险应对能力，无法将资源配置到高风险和高收益的渠道，不仅很难获得财产性收入，还限制了家庭资产的增长，进而阻碍家庭积累财富。另一方面，缺乏资产使农户无法在需要信贷支持的时候提供有效的抵押品，限制了家庭利用金融市场应对风险的能力。此外，从长期来看，缺乏资产与风险应对能力之间会形成恶性循环，不断恶化农户的资产状况。最后，在发生严重生活困难时，如果金融储蓄和借款都无法应付困难，由于缺乏资产，农户无法通过资产变现的方式平滑消费。需要强调的是，通过变卖资产的方式处理风险是农户万不得已的选择，因为生产性固定资产（农业机械、交通运输工具等）的减少会对农户长期生产生活造成不利影响。

其次，农户利用储蓄存款应对风险冲击受到一定的制约。一方面，储蓄受到收入水平的限制，农户的收入普遍不高，储蓄数量有限，利用储蓄存款仅能应付较小的风险事件，面对严重的风险就无能为力。Jalan et al. （2001）的研究发现，中国农村家庭仅仅依靠很少的预防性储蓄来预防收入冲击。在农村，凭借储蓄存款缓冲风险的主要是相对富裕的农户，对于大多数农户，尤其是贫困农户而言，无法有效利用预防性的储蓄处理风险，他们必须求助于其他风险应对措施。另一方面，农户为了提前应对风险而采取的预防性储蓄措施，有可能挤出农业生产投入，有损农户生产性资本的积累和农业生产率的提高，从而抑制家庭收入的增长和财富的积累，进一步恶化家庭未来的风险分担能力（王阳、漆雁斌，2010），甚至使家庭陷入"贫困的恶性循环"。

最后，随着农村劳动力转移和城镇化的发展，农村家庭直系成员因流动而异地居住增加，这对农村"家庭网"有消极影响。因为分居、分爨的直系成员之间情感沟通降低、日常互助减少，导致关系疏离，特别是不同代际姻缘成员因无日常生活协助导致"家际"关系淡漠。

由于家庭层面的风险应对机制完全依赖家庭自有资源来应对风险，但"原子化的"农户收入普遍不高，资源禀赋十分有限，他们很难完全依靠自身的力量应对风险冲击（Jalan and Ravallion，2001），如果没有家庭外的支持，一旦风险带来的损失超过了家庭自有资源可以承受的限度，将威胁到农户的基本生存和未来发展。

2. 转型期农户村庄层面风险应对机制的特征

村庄层面的风险应对机制是指农户利用农村社会中既有的、以亲缘和地缘为基础的社会网络来实现风险分担，是一种低成本的风险分担方式。在经济转型期，村庄层面的风险应对机制对减少风险冲击的不利影响具有重要意义，但也受到多种条件的限制。

首先，经济转型使村庄层面风险应对机制的信息不对称问题更加严重，随着农村人口城镇化的加速以及农户收入来源的多元化，农村社区与外界的信息交流逐渐增多，农村社区的封闭性特征有所减弱。与此同时，在农村社区内部，传统的相互交往和信息交流日益减少，加之农户普遍兼业经营，大家判断彼此收入和支出的能力下降，难以像转型初期那样根据既往经验和直接观察来判断他人的收入与支出状况。这使村庄网络的成员更容易隐藏关于自己收入和支出的真实信息，逆向选择和道德风险问题变得更加严重，必然会削弱家庭层面风险应对机制的作用。

其次，经济转型改变了村庄层面风险应对机制的实施条件，使村庄层面风险应对机制的可实施性降低：第一，在市场化过程中，市场在相当大的程度上替代了村庄网络的功能，非农就业机会的增加降低了人们对土地的依赖性，收入增长也使人们有能力通过持有银行储蓄来进行自我保险，这就降低了被村庄网络排斥的成本。第二，村庄层面风险应对机制实施惩罚的重要机制是传统伦理所造成的舆论压力，但随着在市场化改革的深入，农户的独立意识不断增强，传统伦理观念约束力逐渐降低。这些变化都会降低村庄层面风险应对机制的可实施性，缩小村庄层面风险应对机制的作用范围。第三，社会结构变化限制了农村家庭的风险应对水平，随着现代社会的发展，中国关系型社会结构开始弱化，村庄内部不同家庭之间的纽带也不如传统社会中紧密，通过亲友邻里很好地处理各种风险事件的难度增加。

最后，村庄层面风险应对机制的减弱表现为无偿援助范围的缩小以及援助方式的变化。随着农户市场化意识的增强，未来无偿援助的范围可能只限于亲友之间，尤其是有直接血缘关系的亲友，这实质上是家庭风险共担的一种延伸。更多的援助是通过无息借款的方式来实现，这种相互援助的权利义务关系相对清楚，所以其可实施性增强，成为转型期村庄层面风险应对机制的主要方式。

可以预见，随着农村经济社会的发展，村庄层面风险应对机制缓冲风险的作用将减弱。因此，正式的保险和信贷市场应该尽快覆盖农村，取代村庄层面非正式保险的作用，帮助农户应对各类风险冲击。

3. 转型期农户市场层面风险应对机制的特征

首先，从正式信贷市场来看。由于正式金融部门贷款服务的改革，农户所面临的正式信贷市场的流动性约束有所降低。但农户从正式金融部门获得贷款仍然受到相当大的限制。第一，中国在市场化经济转型的过程中，农村人口的流动性不断增强和农户收入来源不断多样化，农户与正式信贷部门之间的信息不对称问题更加严重。第二，中国农户普遍经营规模不高，导致正式金融机构针对农户的小额贷款存在很高的交易成本。第三，由于农村土地产权的集体所有性质，农户无法用土地作为抵押品来获得贷款，在缺乏其他抵押物的情况下，很难获得抵押贷款。第四，转型过程中迅速成长的二、三产业有远高于农业部门的投资收益，正规金融机构在利润最大化的驱使下，更愿意将从农业部门获得的资金投入非农部门，农村金融表现出明显的非农化倾向（盛勇炜，2002），使农业部门所能得到的贷款在数量上受到很大的限制。在这种背景下，他们为了获得有限的贷款，不得不进行"寻租"活动，由此提高了他们从正式金融部门获得贷款的成本。农户正式信贷市场方面所面临的限制，削弱了农户利用市场层面风险应对机制处理风险的能力。

其次，在民间借贷市场上。尽管中国金融业的综合实力经过多年的改革发展之后已大幅提升。但是，金融资源在城乡之间的分配状况并未得到显著改善，农户仍难以得到足够的正规金融支持。受到正规金融约束的农户转向非正规的民间借贷市场寻找资金帮助。虽然农村民间借贷对缓解贫困和贫困脆弱性问题能产生一定的积极影响，但随着时间推移，民间借贷的性质逐渐发生了变化，传统人格化的合约执行机制不再能够有效保证合约的有效履行，民间借贷的风险正在不断积聚（史晋川，2011），不利于农村家庭风险应对水平的长期改善。

最后，农村商业保险市场上。商业保险在农村的发展也受到很大限制，主要有供需两个方面的原因。从需求方面来看，农户收入较低，对商业保险的购买能力不足。此外，保险业务的复杂性和保险公司经营过程中的不规范行为也会影响农户购买保险的决策。从供给方面来看，由于农业风险大，农业保险技术复杂、容易出现道德风险和逆向选择问题，保险公司在农村保险业务的开展上积极性不高，保险公司未能提供适合农户购买的保险产品和保险服务。

总体上看，由于市场层面的风险应对机制受信贷市场和保险市场发展阶段的限制，正式信贷市场和商业保险市场在农村地区还很不完善，农户只是部分地参与金融保险市场。由于无法获得正规金融的支持，他们常常受到正规信贷约束，在需要资金的应对风险时，往往求助与非正式信贷，甚至是高利贷。由于商业保险市场提供的保险品种与农户的保险需求和投保能力不匹配，商业保险在农村市场的普及率极低。这些限制条件制约了市场层面风险应对机制的效果，在帮助农户应对风险冲击的过程中作用十分有限。

4. 转型期农户社会层面风险应对机制的特征

近年来新型农村合作医疗保险和新型农村养老保险在农村不断推广,农村社会保障通过分散和转移风险机制来调节农村收入分配,已经成为促进农业发展、维持农村稳定和弥补城乡收入差距的重要工具。但农村现有的社会保障体系还不完善,尽管覆盖面很广但是保障水平普遍不高,农户实际上只是部分地、低水平地享受了现代社会保障,难以完全分担农户的风险(王增文、邓大松,2015)。一旦遭遇较严重的风险冲击,现代社会保障在农民风险规避中的作用十分有限。熊吉峰和丁士军(2010)的研究发现,受补偿率偏低、门诊费用无法报销、医药服务价格上涨太快等因素的制约,新农合并没有显著地改善农户的生计。

总体上看,转型期中国农村社会保障体系保障水平低、保障能力弱、地区差异大等问题比较突出,单纯依赖社会保障农村家庭也难以应对重大风险事件(张栋浩、尹志超,2018)。

经济转型期农户四个层面风险应对机制的变迁不可避免的会影响农户的事后风险应对能力。如果农户在风险发生以后,无法利用以上四个层面风险应对机制处理风险,他们将被迫在风险发生之前就采取措施进行应对,避免事后风险应对能力不足对家庭生计造成的负面影响。在农业生产过程中采用保守的生产行为是常见的事前风险应对策略,但事前风险应对机制在帮助农户规避风险的同时,也损害了家庭农业生产率,对农民持续增收和农村经济健康发展有多重负面影响。

5.2.2 转型期农户风险应对机制的有效性分析

本节在第 4 章静态分析的基础上,从动态视角考察农户风险应对机制的变迁及其有效性的变化,在成本和收益的框架内分析农户风险应对机制的动态调整,从理论上说明农户不同层面风险应对机制受到哪些约束?农户不同层面风险应对机制的比较优势是什么?农户使用不同风险应对机制的成本如何?

考虑时间因素 t 后,农户的风险分担函数如式(5-2-1):

$$\sigma_t^2 = \sigma_0^2 - (\alpha_t^F F_t + \alpha_t^V V_t + \alpha_t^M M_t + \alpha_t^S S_t) \quad (5-2-1)$$

农户投入风险应对机制上的资源受到式(5-2-2)的制约:

$$\overline{C}_t = \beta_t^F F_t^2 + \beta_t^V V_t^2 + \beta_t^M M_t^2 \qquad (5-2-2)$$

理性的农户会在投入资源的约束下,选择不同风险应对机制的使用程度来最小化风险的冲击。

即在式(5-2-2)的约束下,最小化目标函数式(5-2-1):

$$\min[\sigma_0^2 - (\alpha_t^F F_t + \alpha_t^V V_t + \alpha_t^M M_t + \alpha_t^S S_t)] \qquad (5-2-3)$$

$$s.t.\ \overline{C}_t = \beta_t^F F_t^2 + \beta_t^V V_t^2 + \beta_t^M M_t^2$$

相应的拉格朗日方程为:

$$L = \sigma_0^2 - (\alpha_t^F F_t + \alpha_t^V V_t + \alpha_t^M M_t + \alpha_t^S S_t) - \lambda(\overline{C}_t - \beta_t^F F_t^2 - \beta_t^V V_t^2 - \beta_t^M M_t^2) \qquad (5-2-4)$$

家庭层面、村庄层面和市场层面风险应对机制的最优投入为①:

$$F_t^* = \frac{\alpha_t^F}{2\lambda\beta_t^F} \qquad (5-2-5)$$

$$V_t^* = \frac{\alpha_t^V}{2\lambda\beta_t^V} \qquad (5-2-6)$$

$$M_t^* = \frac{\alpha_t^M}{2\lambda\beta_t^M} \qquad (5-2-7)$$

$$\lambda_t^* = \sqrt{\frac{(\alpha_t^F)^2}{4\overline{C}\beta_t^F} + \frac{(\alpha_t^V)^2}{4\overline{C}\beta_t^V} + \frac{(\alpha_t^M)^2}{4\overline{C}\beta_t^M}} \qquad (5-2-8)$$

根据包络定理,可以发现边际收益和边际成本的变化对农户风险应对机制有效性的影响。

1. 农户风险应对机制的变迁及其有效性——边际收益视角的考量

根据包络定理,分别对 α_t^F、α_t^V、α_t^M 进行求导,考察农户不同层面风险应对机制使用收益对风险分担有效性的影响。

家庭层面风险应对机制使用收益及其有效性可以表示为:

$$\frac{\partial[\text{Min}\sigma_t^2]}{\partial\alpha_t^F} = \frac{\partial[\sigma_0^2 - \alpha_t^F F_t^* - \alpha_t^V V_t^* - \alpha_t^M M_t^* - \alpha_t^S S_t]}{\partial\alpha_t^F} - \lambda^* \frac{[\overline{C}_t - \beta_t^F (F_t^*)^2 - \beta_t^V (V_t^*)^2 - \beta_t^M (M_t^*)^2]}{\partial\alpha_t^F} \qquad (5-2-8a)$$

---

① 详细推导过程与第 4.3 节一致,此处不再赘述。

村庄层面风险应对机制使用收益及其有效性可以表示为：

$$\frac{\partial [\text{Min}\sigma_t^2]}{\partial \alpha_t^V} = \frac{\partial [\sigma_0^2 - \alpha_t^F F_t^* - \alpha_t^V V_t^* - \alpha_t^M M_t^* - \alpha_t^S S_t]}{\partial \alpha_t^V} -$$

$$\lambda * \frac{[\overline{C}_t - \beta_t^F (F_t^*)^2 - \beta_t^V (V_t^*)^2 - \beta_t^M (M_t^*)^2]}{\partial \alpha_t^V} \quad (5-2-8b)$$

市场层面风险应对机制使用收益及其有效性可以表示为：

$$\frac{\partial [\text{Min}\sigma_t^2]}{\partial \alpha_t^M} = \frac{\partial [\sigma_0^2 - \alpha_t^F F_t^* - \alpha_t^V V_t^* - \alpha_t^M M_t^* - \alpha_t^S S_t]}{\partial \alpha_t^M} -$$

$$\lambda * \frac{[\overline{C}_t - \beta_t^F (F_t^*)^2 - \beta_t^V (V_t^*)^2 - \beta_t^M (M_t^*)^2]}{\partial \alpha_t^M} \quad (5-2-8c)$$

将最优解式（5-2-5）、式（5-2-6）、式（5-2-7）和式（5-2-8）分别带入式（5-2-8a）、式（5-2-8b）和式（5-2-8c），可以得到：

$$\frac{\partial [\text{Min}\sigma_t^2]}{\partial \alpha_t^F} < 0 \quad (5-2-8d)$$

$$\frac{\partial [\text{Min}\sigma_t^2]}{\partial \alpha_t^V} < 0 \quad (5-2-8e)$$

$$\frac{\partial [\text{Min}\sigma_t^2]}{\partial \alpha_t^M} < 0 \quad (5-2-8f)$$

2. 农户风险应对机制的变迁及其有效性——成本视角的考量

根据包络定理，分别对 β_t^F、β_t^V、β_t^M 进行求导，考察风险应对机制使用成本对风险分担有效性的影响。

家庭层面风险应对机制使用成本及其有效性的影响：

$$\frac{\partial [\text{Min}\sigma_t^2]}{\partial \beta_t^F} = \frac{\partial [\sigma_0^2 - \alpha_t^F F_t^* - \alpha_t^V V_t^* - \alpha_t^M M_t^* - \alpha_t^S S_t]}{\partial \beta_t^F} -$$

$$\lambda * \frac{[\overline{C}_t - \beta_t^F (F_t^*)^2 - \beta_t^V (V_t^*)^2 - \beta_t^M (M_t^*)^2]}{\partial \beta_t^F} \quad (5-2-9a)$$

村庄层面风险应对机制使用成本及其有效性的影响：

$$\frac{\partial [\text{Min}\sigma_t^2]}{\partial \beta_t^V} = \frac{\partial [\sigma_0^2 - \alpha_t^F F_t^* - \alpha_t^V V_t^* - \alpha_t^M M_t^* - \alpha_t^S S_t]}{\partial \beta_t^V} -$$

$$\lambda * \frac{[\overline{C}_t - \beta_t^F (F_t^*)^2 - \beta_t^V (V_t^*)^2 - \beta_t^M (M_t^*)^2]}{\partial \beta_t^V} \quad (5-2-9b)$$

市场层面风险应对机制使用成本及其有效性的影响：

$$\frac{\partial [\text{Min}\sigma_t^2]}{\partial \beta_t^M} = \frac{\partial [\sigma_0^2 - \alpha_t^F F_t^* - \alpha_t^V V_t^* - \alpha_t^M M_t^* - \alpha_t^S S_t]}{\partial \beta_t^M} -$$

$$\lambda * \frac{[\overline{C}_t - \beta_t^F (F_t^*)^2 - \beta_t^V (V_t^*)^2 - \beta_t^M (M_t^*)^2]}{\partial \beta_t^M} \quad (5-2-9c)$$

将最优解式（5-2-5）、式（5-2-6）、式（5-2-7）和式（5-2-8）带入式（5-2-9a）、式（5-2-9b）和式（5-2-9c），可以得到：

$$\frac{\partial [\text{Min}\sigma_t^2]}{\partial \beta_t^F} > 0 \quad (5-2-9d)$$

$$\frac{\partial [\text{Min}\sigma_t^2]}{\partial \beta_t^V} > 0 \quad (5-2-9e)$$

$$\frac{\partial [\text{Min}\sigma_t^2]}{\partial \beta_t^M} > 0 \quad (5-2-9f)$$

对于外生的社会层面的风险应对机制，也可以根据包络定理得到在均衡时与风险分担效果的关系：

$$\frac{\partial [\text{Min}\sigma_t^2]}{\partial S_t} = -\alpha_t^S \quad (5-2-10)$$

由于 $\alpha_t^S > 0$，所以 $\frac{\partial [\text{Min}\sigma_t^2]}{\partial S_t} = -\alpha_t^S < 0$

由以上最优化分析的结果可以得到如下命题：①随着农村经济社会的变迁，农户风险应对机制根植的"土壤"会随之演变，农户不同层面风险应对机制的限制条件和功能也将随之变化。②理性的农户会在家庭资源禀赋的约束下，根据不同层面风险应对机制成本和收益的动态变化，选择适合自己的农户风险应对策略。③农户不同层面风险应对机制受到的约束条件越小，在帮助家庭应对风险时的作用越大。

5.3 转型期农户风险应对能力与农业生产率关系的理论分析

理性的农户在最大化自己福利的决策中，不仅要考虑产出的期望大小，也必须重视产出的波动性风险，实现"均值－方差"的综合考量①。因此，脱离风险因素，单纯地从人均收入和生产力提升的视角理解农民行为将是非常片面的，农民的很多理性行为将被"落后"、"愚昧"和"无知"等错误解释所掩盖。因此，从风险管理视角分析农户风险应对能力与农业生产率的关系，有助于加深人们对农户生产行为的理解，从风险管理视角帮助农户优化他们的生产经营决策。

Dercon（1996、2002）、Maurice（2009）研究了农户风险应对机制与农业生产经营效率的适应性问题。结果发现，外部风险冲击对农业生产经营效率的影响主要取决于农户事前风险应对机制是否健全、有效。事后风险分担能力越差的农户，越倾向于在事前采取保守主义的生产方式与多元化策略规避风险，这将使农户的生产偏离最优路径，导致农业生产率的损失，甚至造成"贫困的恶性循环"。本节借鉴和拓展了 Gautam et al.（1994）、陈传波（2005）的理论模型，结合本书的研究目的，构建农户风险应对机制与农业生产率关系的比较静态分析框架。

为了简化分析，考察只有两期（$t=1$ 期和 $t=2$ 期）的农户模型。假设农户是风险规避者，他们在不确定条件下的决策目标是实现家庭价值函数的最大化，见式（5-3-1a）：

$$V(W_1) = \max_{C_1, L_1} [U(C_1, L_1) + \eta E_1 V(W_2)] \quad (5-3-1a)$$

$V(\cdot)$ 为农户的价值函数②，表示农户最优化的效用。在 1 期，农户选择消费 C_1 和闲暇时间 L_1 来最大化家庭的直接效用函数 $U(C_1, L_1)$。由于农户面临可能的风险冲击，家庭在第 2 期的效用具有不确定性，用期望效用表示为 $\eta E_1 V(W_2)$。其中，W_2 为农户在第 2 期可以消费的数量。风险冲击会影响家庭农业收入，进而影响农户消费，因此其值取决于农户是否遭遇风险的随机变量；$E_1 V(W_2)$ 为农户在 2 期的不同状态下可以获得的最大效用的期望值；η（$0 < \eta \leq 1$）为折现率，把 2 期效用折算到 1 期③。

假设农户在每个时期遭遇风险冲击的概率都为 $\pi(0 \leq \pi \leq 1)$，并且风险冲击在不同时期均是服从独立同分布的随机变量，W_{2a} 为农户在没有遭遇风险冲

---

① 此处以及在后文的分析中，部分借鉴了金融经济学中"均值－方差"理论的思想。详见：徐高. 金融经济学二十五讲［M］. 北京：中国人民出版社，2018.
② Gautam et al.（1994）也把 $V(\cdot)$ 称为间接效用函数（indirect utility function）。
③ $E_1(\cdot)$ 的下标取 1 意味着，农户对 2 期的不确定性结果的判断取决于可获得的 1 期信息。

击时的消费数量，W_{2b} 为农户在遭遇风险冲击时的可消费数量，那么式（5-3-1a）可以完整的表述为：

$$V(W_1) = \max_{(C_1, L_1)} \{U(C_1, L_1) + \eta[(1-\pi)V(W_{2a}) + \pi V(W_{2b})]\}$$

(5-3-1b)

其中 1 期消费的预算约束方程为：

$$C_1 = A_0 + B_1 + wL_1^m - K_1 - F_1^s - \rho M_1^{ins} \quad (5-3-2a)$$

式（5-3-2a）中，A_0 是农户的初始资源禀赋，B_1 为农户获得借贷净额与转移支付净额之和，可以细分为 4 个部分①，分别是农户正式信贷市场的净借贷 M_1^{fc}、农户非正式信贷市场的净借贷 M_1^{infc}、村庄层面的净转移支付 V_1^{trans}② 和社会层面的净转移支付 S_1^{trans}。

$$B_1 = M_1^{fc} + M_1^{infc} + V_1^{trans} + S_1^{trans} \quad (5-3-2b)$$

wL_1^m 为非农收入（工资性收入）。家庭初始资源禀赋、净借贷与转移支付之和和非农收入构成了农户在 1 期进行消费、农业投资、储蓄和保险支出的资金来源。农户要在式（5-3-2a）的约束下，决定多少资金用来进行农业生产投资 K_1，多少用来进行储蓄 F_1^s③，多少用来购买保险 ρM_1^{ins}。在保险支出中，ρ 为保费率，M_1^{ins} 为投保金额。

按照农户家庭、村庄、市场和社会层面的风险应对机制，预算约束方程可以进一步表示为：

$$C_1 = A_0 + [-F_1^s + \underbrace{V_1^{trans} + S_1^{trans} + (M_1^{fc} + M_1^{infc} - \rho M_1^{ins})}_{B_1}] + wL_1^m - K_1$$

(5-3-2c)

家庭储蓄 F_1^s 为农户家庭层面的风险应对机制；村内的转移支付 V_1^{trans} 为村庄层面的风险应对机制；正式信贷净额 M_1^{fc}、非正式信贷净额 M_1^{infc} 和商业保险支出 ρM_1^{ins} 构成农户市场层面的风险应对机制；社会转移支付净额 S_1^{trans} 是农户社会层面的风险应对机制。

农户家庭面临的时间约束为：

---

① B_1 及其 4 个组成部分的取值可正可负。如果为正，表示为净资金流入；如果为负，则表明资金净流出（投资）。

② 村庄层面的转移支付为负，可以视为农户在进行社会资本投资，目的是帮助家庭在未来遭遇风险时得到社会网络的支持。

③ 农户的储蓄往往以多种形式存在，如手持现金、定（活）期存款、粮食、牲畜、耐用品、住房等都可以当作农户储蓄的形式。

$$L_1 = \bar{L} - L_1^f - L_1^m \qquad (5-3-3)$$

$\bar{L}$ 为农户全部可用的时间，L_1^f 为农户配置在农业劳动上的时间，L_1^m 为农户配置在非农劳动上的时间。

进一步考虑 $t=2$ 期农户不同风险状态下的可消费数量，如果农户没有遭遇风险冲击，其2期可消费数量 W_{2a} 为农业产值 Y_{2a} 与 $t=1$ 期的储蓄收益 $(1+r)F_1^s$ 之和减去 $t=1$ 期净借贷和净转移支付的成本 $(1+\gamma)B_1$，即式（5-3-4）。其中，B_1 为四维列向量 $[V_1^{trans}, S_1^{trans}, M_1^{fc}, M_1^{infc}]^T$，$\gamma$ 为四维行向量 $[\gamma_V^{trans}, \gamma_S^{trans}, \gamma_M^{fc}, \gamma_M^{infc}]$ 分别表示村庄净转移支付的收益率、社会转移支付的收益率、正规信贷收益率和非正规信贷收益率：

$$W_{2a} = Y_{2a} + (1+r)F_1^s - (1+\gamma)B_1 \qquad (5-3-4)$$

其中 Y_{2a} 为农户没有遭遇风险冲击下的正常产出，通过引入农户事前风险应对机制，构建扩展的农业生产函数：

$$Y_{2a} = Y(K_1, L_1^f, D) \qquad (5-3-5)$$

其中，K_1 为农业资本投入、L_1^f 为农业劳动投入、D 为农户事前风险应对机制。由于农户在生产经营中采取的事前风险应对机制会使农业产出偏离最优产出（马小勇，金涛，2012），因此有 $\frac{\partial Y}{\partial D} < 0$。

如果农户遭遇外部风险的不利冲击，购买保险的农户可以获得保险赔偿 M_1^{ins}，此时农户可消费的数量为式（5-3-6）：

$$W_{2b} = Y_{2b} + (1+r)F_1^s + M_1^{ins} - (1+\gamma)B_1 \qquad (5-3-6)$$

假设农户遭遇风险冲击后的农业产出 Y_{2b} 为正常产出 Y_{2a} 的一个比值 $\varepsilon (0 \leq \varepsilon < 1)$，$\varepsilon$ 将受到农户事前风险应对机制 D，以及农户特征变量 X 的影响，即 $\varepsilon = \varepsilon(D, X)$，有效的风险应对机制能够减少风险冲击对农业产出的损失，风险应对机制越有效，遭遇风险后的产出对正常产出的偏离就越小，即 $\frac{\partial \varepsilon}{\partial D} > 0$。

$$Y_{2b} = Y(K_1, L_1^f, D)\varepsilon(D, X) \qquad (5-3-7)$$

进一步假设，直接效用函数 $U(\cdot)$ 是递增的凹函数，最优值函数 $V(\cdot)$ 是递增的可微函数，农业生产函数 Y_{2a} 和 Y_{2b} 也是递增的凹函数，分别用式（5-3-1b）对1期决策变量进行求导，可以得农户最优选择的一阶条件：

$$\frac{\partial V(W_1)}{\partial D} = \eta \left[(1-\pi) \frac{\partial V(W_{2a})}{\partial W_{2a}} \frac{\partial Y}{\partial D} + \pi \frac{\partial V(W_{2b})}{\partial W_{2b}} \left(\frac{\partial Y}{\partial D} \varepsilon + Y \frac{\partial \varepsilon}{\partial D} \right) \right] = 0$$

$$(5-3-8)$$

$$\frac{\partial V(W_1)}{\partial K_1} = -\frac{\partial U}{\partial C_1} + \eta\left[(1-\pi)\frac{\partial V(W_{2a})}{\partial W_{2a}}\frac{\partial Y}{\partial K_1} + \pi\frac{\partial V(W_{2b})}{\partial W_{2b}}\frac{\partial Y}{\partial K_1}\varepsilon\right] = 0$$

$$(5-3-9)$$

$$\frac{\partial V(W_1)}{\partial L_1^m} = \omega\frac{\partial U}{\partial C_1} - \frac{\partial U}{\partial L_1} = 0 \tag{5-3-10}$$

$$\frac{\partial V(W_1)}{\partial L_1^f} = -\frac{\partial U}{\partial L_1} - \eta\left[(1-\pi)\frac{\partial V(W_{2a})}{\partial W_{2a}}\frac{\partial Y}{\partial L_1^f} + \pi\frac{\partial V(W_{2b})}{\partial W_{2b}}\frac{\partial Y}{\partial L_1^f}\varepsilon\right] = 0$$

$$(5-3-11)$$

家庭层面风险应对机制可以表示为：

$$\frac{\partial V(W_1)}{\partial F_1^s} = -\frac{\partial U}{\partial C_1} + \eta(1+r)\left[(1-\pi)\frac{\partial V(W_{2a})}{\partial W_{2a}} + \pi\frac{\partial V(W_{2b})}{\partial W_{2b}}\right] = 0$$

$$(5-3-12)$$

村庄层面风险应对机制可以表示为：

$$\frac{\partial V(W_1)}{\partial V_1^{trans}} = \frac{\partial U}{\partial C_1} - \eta(1+\gamma_V^{trans})\left[(1-\pi)\frac{\partial V(W_{2a})}{\partial W_{2a}} + \pi\frac{\partial V(W_{2b})}{\partial W_{2b}}\right] = 0$$

$$(5-3-13)$$

市场层面风险应对机制：

$$\frac{\partial V(W_1)}{\partial M_1^{fc}} = \frac{\partial U}{\partial C_1} - \eta(1+\gamma_M^{fc})\left[(1-\pi)\frac{\partial V(W_{2a})}{\partial W_{2a}} + \pi\frac{\partial V(W_{2b})}{\partial W_{2b}}\right] = 0$$

$$(5-3-14a)$$

$$\frac{\partial V(W_1)}{\partial M_1^{infc}} = \frac{\partial U}{\partial C_1} - \eta(1+\gamma_M^{infc})\left[(1-\pi)\frac{\partial V(W_{2a})}{\partial W_{2a}} + \pi\frac{\partial V(W_{2b})}{\partial W_{2b}}\right] = 0$$

$$(5-3-14b)$$

$$\frac{\partial V(W_1)}{\partial M_1^{ins}} = -\rho\frac{\partial U}{\partial C_1} + \eta\pi\frac{\partial V(W_{2b})}{\partial W_{2b}} = 0 \tag{5-3-14c}$$

社会层面风险应对机制：

$$\frac{\partial V(W_1)}{\partial S_1^{trans}} = \frac{\partial U}{\partial C_1} - \eta(1+\gamma_S^{trans})\left[(1-\pi)\frac{\partial V(W_{2a})}{\partial W_{2a}} + \pi\frac{\partial V(W_{2b})}{\partial W_{2b}}\right] = 0$$

$$(5-3-15)$$

定义 $\phi = \frac{\pi}{1-\pi}\psi = \frac{\pi}{1-\pi}\frac{\partial V(W_{2b})/\partial(W_{2b})}{\partial V(W_{2a})/\partial(W_{2a})}$ （5-3-16）

给定风险冲击发生的概率 π，$\psi = \frac{\partial V(W_{2b})/\partial(W_{2b})}{\partial V(W_{2a})/\partial(W_{2a})}$ 体现了农户在遭遇风险

冲击和没有遭遇风险两种状态下的权衡取舍，可以用 ψ 作为测度农户风险应对能力的指标，也可以把其当作衡量农户风险规避程度的指标。这是因为，ψ 的取值既取决于 W_{2a} 与 W_{2b} 之间的差异，又取决于间接效用函数 $V(\cdot)$ 的曲率。农户风险分担能力越强，W_{2a} 与 W_{2b} 之间的偏离就越小，而效用函数的曲率则反映了农户的风险态度。

直观上看，如果农户能够有效应对风险冲击，那么农户在遭遇风险后的可消费数量（W_{2b}）与没有遭遇风险时的可消费数量（W_{2a}）应当一致（或非常接近），即对能够进行完全风险分担的农户而言，$W_{2a} = W_{2b}$，此时 $\psi = 1$。值得注意的是，尽管农户大多为风险厌恶型，但只要有足够的风险分担能力确保 $W_{2a} = W_{2b}$，即使是风险厌恶的农户也可以有 $\psi = 1$。

把式（5-3-16）带入式（5-3-8）可以得到均衡关系：

$$-\frac{\partial Y}{\partial D}[1 + \phi\varepsilon] = \phi Y \frac{\partial \varepsilon}{\partial D} \qquad (5-3-17)$$

式（5-3-17）可以看做农户权衡是否采用事前风险应对机制的标准，等式左边 $\left(-\frac{\partial Y}{\partial D}[1 + \phi\varepsilon]\right)$ 是农户采取事前风险应对机制的边际损失，等于正常年份农业产出的减少量；等式右侧 $\left(\phi Y \frac{\partial \varepsilon}{\partial D}\right)$ 为农户采用事前风险应对机制的边际收益，等于事前风险应对机制在风险冲击下减少的损失。当正常年份采用防范措施减少的收益与风险冲击下减少的损失相等时，农户对事前风险应对机制的选择处于最优状态。

根据式（5-3-10）、式（5-3-11）和式（5-3-12）可以得到式（5-3-18）：

$$\frac{\partial Y}{\partial L^f} = \frac{\omega(1+r)(1+\phi)}{1+\phi\varepsilon} \qquad (5-3-18)$$

等式（5-3-18）左边是农业劳动投入的边际收益，等式右边是农业劳动投入的边际成本，从机会成本的角度看，该机会成本为农户从事非农劳动的"有效"边际回报，"有效"回报是指由预期的财富效用加权的市场工资率（陈传波，2005）。当农户面临的农业生产风险增加时，农业劳动投入的边际产出增加，农业劳动投入将减少，非农劳动投入将更有吸引力。因此，风险冲击会导致农业劳动力投入不足，使农业劳动投入偏离最优水平。

根据式（5-3-9）和式（5-3-12），可以得到均衡关系：

$$\frac{\partial Y}{\partial K}(1 + \phi\varepsilon) = (1+r)(1+\phi) \qquad (5-3-19)$$

式（5-3-19）是农户资金在农业投资与储蓄之间进行配置的原则，等式左边 $\frac{\partial Y}{\partial K}(1+\phi\varepsilon)$ 是农户进行农业投资的边际收益，等式右边 $(1+r)(1+\phi)$ 是农户农业投资的边际成本，从机会成本的角度看，也就是农户将资金用于农业投资而非储蓄所损失的价值，即1期储蓄在2期带来的收益增加，当投资的边际成本等于投资的边际收益时，农业投资数量达到最优水平。如果农业生产中没有负向风险冲击的干扰（$\varepsilon=1$），或者储蓄的收益很低（为0时或负）时（$r\leq 0$）①，农业资本边际产出较小，这意味着会有更多的资金投入农业生产②。反之，如果农业生产面临较大的风险冲击（$\varepsilon<1$），或储蓄的收益率很大时，农业资本的边际产出将增大，农户进行农业生产投资的数量将减少。这一理论推论与现实基本一致。由于在实际农业生产中，风险总是存在的，一旦遭遇负面风险的影响，农业产出将出现损失（$\varepsilon<1$），农业资金投入的边际收益将减少，农户宁愿持有收益率很低的资金也不愿意增加农业投入。因此，农业生产面临的风险将导致农户在农业上的投入偏离最优水平。

根据式（5-3-9）和式（5-3-13）可得：

$$(1+\gamma_V^{trans})(1+\phi) = (1+\phi\varepsilon)\frac{\partial Y}{\partial K} \qquad (5-3-20)$$

根据式（5-3-9）和式（5-3-14a）可得：

$$(1+\gamma_M^{fc})(1+\phi) = (1+\phi\varepsilon)\frac{\partial Y}{\partial K} \qquad (5-3-21)$$

根据式（5-3-9）和式（5-3-14b）可得：

$$(1+\gamma_M^{infc})(1+\phi) = (1+\phi\varepsilon)\frac{\partial Y}{\partial K} \qquad (5-3-22)$$

根据式（5-3-9）和式（5-3-14c）可得：

$$\phi = \rho(1+\phi\varepsilon)\frac{\partial Y}{\partial K} \qquad (5-3-23)$$

根据式（5-3-9）和式（5-3-15）可得：

$$(1+\gamma_S^{trans})(1+\phi) = (1+\phi\varepsilon)\frac{\partial Y}{\partial K} \qquad (5-3-24)$$

根据式（5-3-19）和式（5-3-23）可得：

$$\rho = \frac{\phi}{(1+r)(1+\phi)} \qquad (5-3-25a)$$

---

① 比如手持现金或者处于高通货膨胀率下的银行存款往往收益率为0或为负。
② 根据资本边际产出递减原则，资本的边际产出越少，农业资本投入越大，反之亦然。

式（5-3-25a）意味着农户的愿意承担的保险率 ρ 与储蓄利率 r 密切相关。家庭储蓄可被视为家庭内生的保险计划，从而具有自我保险的功能。在农户风险偏好一定的情况下，储蓄的收益越低（甚至为 0 时或负）时（$r \leqslant 0$），农户购买保险的意愿越大。在理想情况下，如果农户能够利用家庭储蓄应对风险冲击，实现完全的消费平滑，即 $W_{2a} = W_{2b}$，此时 $\psi = 1$。进一步假设储蓄的利率 $r = 0$，式（5-3-25a）可以简化为式（5-3-25b）：

$$\rho = \frac{\phi}{1+\phi} = \pi \qquad (5-3-25b)$$

式（5-3-25b）意味着，如果保费率 ρ 大于风险发生的概率 π，农户不会投保，在这种情况下，只有通过政策性的补贴降低保费率，才能激发农户购买保险的意愿。

根据式（5-3-19）和式（5-3-20）可以得到农户利用村庄内的转移支付的原则：

$$\gamma_V^{trans} = r \qquad (5-3-26)$$

式（5-3-26）给出了储蓄与村庄转移支付之间的关系：如果农户在遭遇风险冲击后获得村庄转移支付的成本远大于储蓄（$\gamma_V^{trans} \gg r$），理性的农户会选择自己储蓄，进行自我保险。由于中国农村具有典型的乡土社会特点，村庄内的社会网络普遍存在，具有非正规保险的作用，遭遇风险冲击的农户可以寻求村庄网络内的支持，多数村庄内的转移支付没有利息或利息很低，当村内转移支付可以无成本地获得时（$\gamma_V^{trans} = 0 < r$），利用村庄社会网络应对风险冲击将更有利。农户为了自己能在逆境下获得村内社会网络的帮助，必须在顺境时通过社会资本投资来构建家庭的社会关系网络。

根据式（5-3-19）和式（5-3-21）可以得到农户利用正规信贷的原则：

$$\gamma_M^{fc} = r \qquad (5-3-27)$$

式（5-3-27）给出了农村正规信贷与储蓄之间的关系，如果农户在遭遇风险冲击后获得正规信贷的成本远大于储蓄（$\gamma_V^{trans} \gg r$），农户会选择自己储蓄进行自我保险。由于农村正规金融市场还很不完善，农户在面临比较严重的正规信贷约束，遭遇风险冲击的农户很难及时获得正规金融的资金支持，他们不得不寻求非正规信贷的帮助。

由式（5-3-19）和式（5-3-22）可以得到农户采用非正规信贷的原则：

$$\gamma_M^{infc} = r \tag{5-3-28}$$

式（5-3-28）给出了储蓄与非正规信贷之间的关系：如果农户在遭遇风险冲击后获得村庄转移支付的成本远大于储蓄（$\gamma_V^{trans} \gg r$），理性的农户会选择自己储蓄，进行自我保险。多数农村的非正规借贷没有利息或利息很低，当非正规借贷可以较低成本或无成本地获得时，农户会选择民间信贷。与此同时，基于互惠的原则，为了自己能在逆境下获得帮助，农户在顺境下也会借款给网络内的其他成员。

根据式（5-3-19）和式（5-3-24）可以得到农户采用社会层面转移支付的原则：

$$\gamma_S^{trans} = r \tag{5-3-29}$$

式（5-3-29）给出了储蓄与村庄转移支付之间的关系，如果农户在遭遇风险冲击后获得村庄转移支付的成本远大于储蓄 $\gamma_V^{trans} \gg r$，理性的农户会选择自己储蓄。由于中国农村具有典型的乡土社会特点，村庄内的社会网络普遍存在，起到了非正规保险的作用，遭遇风险冲击的农户可以寻求村庄网络内的支持。在实践中，$\gamma_V^{trans} < r$，农户就有动机进行社会资本投资，构建村庄社会关系网络，帮助自己在遇到困难时获得村庄内的转移支付渡过难关。

5.4 本章小结

本章基于转型期中国农村特点，考察转型期农户风险应对机制与农业生产率之间的关系。

（1）本章基于中国家庭金融调查（CHFS）在2011年、2013年、2015年三轮的农户调查数据，选择相应指标衡量农户家庭层面、村庄层面、市场层面和社会层面的风险应对机制，对样本农户风险应对机制的时间变化和区域差异（东部、中部和西部）进行探索性的描述性统计分析。研究发现，东、中、西部地区的农户应对风险冲击的能力不尽相同，表现出区域上的异质性。虽然不同区域的农户都能在一定程度上有风险应对能力，但是东部家庭的风险应对能力显著高于中、西部地区的居民，这一结果与惠炜和姜伟（2019）的发现一致。

（2）本章基于转型期农村经济社会变迁的视角，分析了转型期中国农户风险应对机制特点。研究发现农户使用不同风险应对机制所面临的约束条件不尽相同，随着时间的推移，这些约束条件也会持续发生变动，从而影响农户使用某种风险应对机制的能力。因此,转型期中国农村经济社会的变迁必然对农户风险应对机制的选择产生影响,理性的农户会动态调整家庭不同风险应对机制的组合。

(3)本章从农户风险应对机制变迁视角构建理论模型,基于比较静态方法分析转型期中国农户风险应对机制的效率。通过在农户生产函数模型基础上引入风险管理能力因素,从理论上说明农户风险应对机制与农业生产率之间的关系。

第6章 中国农户风险应对机制有效性的实证分析

本章是本书实证分析的第一部分,利用中国家庭金融调查(CHFS)具有全国代表性的农户微观数据,实证检验农户风险应对机制的有效性,并建立多个维度的指标衡量农户事后风险应对能力,进而为第7章和第8章的研究奠定基础。本章共包括4个部分的内容:6.1节说明数据来源、变量选取和描述性统计,并介绍模型的估计与检验方法,为本章实证研究做方法论准备。6.2节实证检验农户风险应对机制的有效性。首先,基于经典的风险分担模型,检验中国农户能否实现完全保险。其次,在经典风险模型的基础上纳入农户不同层面的风险应对机制变量,构建扩展的农户风险应对机制模型,识别农户风险应对机制的实际效果。最后,对估计结果进行稳健性检验,对可能的内生性问题进行分析讨论。6.3节建立农户多维风险应对能力指标,衡量农户的绝对风险应对能力和相对风险应对能力。首先,基于农户综合风险应对机制模型的估计结果,建立指标度量农户绝对风险应对能力。其次,对农户绝对风险应对能力进行排序,利用不同分位数作为门槛在全国范围内对样本进行分组,根据分组结果衡量农户相对风险应对能力。最后,进一步在省级、县级和村级范围内建立农户相对风险应对能力变量,衡量不同区域农户的相对风险应对能力。6.4节对本章的主要发现进行小结。

6.1 数据、变量与估计方法

本节主要包括三部分内容。首先,对实证分析使用的数据进行介绍。其次,对实证模型中的变量选择和赋值进行详细说明,对主要变量进行初步的描述性统计分析。最后,对本章使用的计量模型的估计与检验方法进行介绍。

6.1.1 数据来源

本章使用的数据来源于中国家庭金融调查（CHFS）在 2011 年、2013 年和 2015 年 3 轮的入户调查数据，这 3 轮调查均采用 3 阶段分层、与人口规模成比例的抽样方法，所抽样本具有良好的代表性。对该数据的详细介绍参见第 1 章 1.4 节，此处不再赘述。在实证数据的选择上，采用 CHFS 在 2011 年的农村家庭样本检验农户风险应对机制的有效性，采用 CHFS 在 2013 年和 2015 年的农户样本对估计结果进行稳健性检验。之所以采取这样的数据使用策略，主要有以下两个原因：

第一，本章的主要目标是实证检验农户风险应对机制的有效性，而风险冲击和消费波动是研究的关键变量，首先需要识别哪些农户受到风险冲击？哪些农户消费发生波动？中国家庭金融调查（CHFS）在 2011 年的调查问卷中设计了两个问题分别询问了家庭是否经历消费波动和收入冲击。基于农户对这两个问题的回答，可以准确衡量农户消费波动和风险冲击的情况。但遗憾的是，中国家庭金融调查（CHFS）在 2013 年和 2015 年的后续调查中没有继续保留这两个问题，也没有设计替代性的问题直接询问农户是否经历收入和消费波动，无法利用这两轮的调查数据准确获取农户收入与消费波动的信息，只能通过对比农户在 2013 年和 2015 年的收入和消费支出数据来间接获得农户收入与消费波动的信息，但这种间接度量的准确性显然没有直接度量高。因此，为了减少核心变量的衡量偏误，获得更加可靠的实证结果，本章借鉴（徐丽鹤、袁燕，2017）的方法，主要利用 CHFS 在 2011 年的农户样本数据构建核心变量并进行计量模型的估计，利用 2013 年和 2015 年的调查数据进行稳健性检验。

第二，在对农村样本的跟踪调查中，2013 年调查追踪到 2011 年的农户样本量为 2 406 户，2015 年调查连续追踪到 2011 年和 2013 年的农户样本量只有 2 176 户，无论是 2011 年和 2013 年两年的面板数据，还是 2011 年、2013 年和 2015 年三年的面板数据，都不具有全国代表性（徐丽鹤、袁燕，2017）。幸运的是，CHFS 在 2013 年和 2015 年的调查均在前一年调查的基础上大幅扩充了样本量，2015 年追踪到 2013 年的农户样本量达到 8 027 户，具有全国代表性。为了充分利用和挖掘 CHFS 的数据信息，检验基于 2011 年数据估计结果的稳健性，本章基于 2013 年和 2015 年调查的农户家庭收入和消费数据（调整为可比的实际收入和消费）构建风险冲击和消费波动的代理变量，并利用2015年调查问卷中主观态度模块中的相关问题建立农户风险应对机制变量，对使用2011年样本数据的实证结果进行稳健性检验。

由于本书聚焦农户风险应对机制与农业生产率的关系，研究对象是从事农业生产的农户。因此，本章在实证分析的样本不包括没有从事农业生产的农村家庭①，在剔除关键变量的缺失值，并进行异常值处理后，2011年的农户样本数为1 805户，共分布在21个省②、51个县（区、县级市）、153个村。

在本章的稳健性检验部分，数据来源于中国家庭金融调查（CHFS）2013年和2015年两轮的农户数据，删除了没有从事农业生产的样本，剔除关键变量的缺失值，并进行异常值处理后，共有28个省、585个村庄、5 306户农村样本参与实证分析③。

6.1.2 变量选取与描述性统计

本章实证研究主要涵盖三个部分的内容。首先，基于经典的风险分担模型（Udry，1994；Townsend，1994；Fafchamps，1997），借鉴已有相关研究（蒋远胜等，2003；陈传波，2005；陈传波等，2006；马小勇，2006；马小勇、白永秀，2009；胡枫、陈玉宇，2012；邰秀军等，2008；邰秀军等，2009；王晓全等，2016；王阳、漆雁斌，2019；Börner J，et al，2015；Heltberg et al，2015），建立中国农户的风险应对机制模型作为基础模型，检验农户能否在遭遇收入风险后实现完全保险。其次，在基础模型之上分别引入农户家庭层面、村庄层面、市场层面和社会层面的风险应对机制变量，构建扩展的中国农户风险应对机制模型，进一步识别农户不同层面风险应对机制的效果。最后，对估计结果进行稳健型检验，对可能的内生性问题进行讨论。

根据本章实证分析的思路，参照已有国内外相关研究，并结合中国家庭金

---

① 例如，生活在农村的公务员、教师等样本家庭。
② 分别是东部6个省：广东、河北、江苏、辽宁、山东、浙江；中部6个省：安徽、河南、湖北、湖南、江西、山西；西部9个省（区、市）：甘肃、广西、贵州、黑龙江、吉林、陕西、四川、云南、重庆。
③ 上海没有符合要求的农户样本。删除上海后，共有28个省份的农户样本参与回归。分别是东部11个省（区、市）：北京、福建、广东、广西、海南、河北、江苏、辽宁、山东、天津、浙江；中部9个省（区、市）：安徽、河南、黑龙江、湖北、湖南、吉林、江西、内蒙古、山西；西部8个省（区、市）：甘肃、贵州、宁夏、青海、陕西、四川、云南、重庆。

融调查（CHFS）2011年的数据特点，选择以下变量进行计量分析。

1. 消费波动与收入风险变量

（1）消费波动变量。根据持久收入理论（Freidman，1957）和生命周期理论（Modigliani and Brumberg，1954），家庭的当期消费取决于一生预期的收入水平，而非当期收入。在横截面上，风险分担问题与消费平滑是等价的命题，风险分担模型只是对更一般性的永久收入模型的精炼（Bayoumi，1997）。对于农村家庭而言，进行风险分担的目的是减少各种风险给家庭带来的不利影响，当家庭遭遇外来冲击导致收入水平下降时，农户会通过各种方式对风险进行管理，平滑家庭消费，避免消费水平剧烈波动而降低家庭长期福利水平，从这个意义上看，农户的风险分担问题也就是消费平滑问题（王晓全等，2016）。因此，要识别农户能否进行分担风险，只需检验收入冲击发生后，农户的当期消费水平是否受到影响，即可判断农户的风险分担能力。农户当期消费对当期收入波动越敏感，说明农户分担风险的能力就越差。反之，如果农户当期消费对收入冲击越不敏感，则表示家庭应对风险的能力越强。为了考察中国农户不同层面风险应对机制能否有效分担风险（平滑消费），借鉴已有国内外研究，构建农户消费波动变量作为农户风险分担能力的代理变量。

CHFS 2011年的调查问卷在支出与收入模块部分，设计了专门的问题询问家庭消费波动的情况，"去年，您家的总支出与正常年份比较是偏高还是偏低"，回答共有3个选项："①偏高；②偏低；③持平"。根据农户对该问题的回答，建立虚拟变量，反映家庭平滑消费的情况，如果农户选择"②偏低"，则认为家庭消费下降，取值为1；其它取值为0，认为消费没有下降。

（2）收入风险变量。在已有国内外研究中，大多采用收入波动衡量收入风险，因为它能涵盖诸如健康、失业、宏观经济波动等导致的收入波动（黄祖辉等，2011）。本章结合CHFS的数据特点，选择农户收入波动情况来测度农户遭遇的收入风险，这样处理有以下三个优势：一是农户收入中不确定部分所占的比重较大，用收入波动性度量农户收入风险的误差较小；二是农村家庭大多从事多种农业和非农经营，家庭收入可以涵盖农户所有的收入来源，因此比其它指标更科学；三是在分析消费平滑的模型中，刻画收入的变动是最基本的要求，而收入的波动情况正是收入变动的产物。

CHFS 2011 年调查问卷在支出与收入模块部分也设计了专门的问题询问家庭收入波动情况:"去年,您家的总收入与正常年份比较是偏高还是偏低",回答共有 3 个选项:"①偏高;②偏低;③持平"。根据农户对该问题的回答,构建农户收入风险虚拟变量,作为农户是否遭遇风险冲击的代理变量。如果农户选择"②偏低",则认为家庭遭遇收入风险,收入风险虚拟变量取值为 1;其它取值为 0,认为家庭没有遭遇收入风险冲击。

2. 农户不同层面的风险应对机制变量

农户对他们面临的风险和经济困难有最直接的体验和深刻的理解。为应对各种风险的冲击,他们会综合考虑家庭自身能力和外部可获取的资源,采取适合自己的风险应对机制。已有研究在分析农户风险分担问题时,往往聚焦于农村家庭的某一种风险应对机制,而忽略了农户在应对风险时会综合使用多种风险应对措施的事实。值得强调的是,在考察农户风险管理问题时,不能片面地考察某一种风险应对机制的效果,而是需要从整合的视角研究农户不同风险应对机制的综合作用。否则,理论分析结果将与农户风险决策的实际情况想去甚远。基于此,本章立足转型期中国农村经济社会特点,将农户风险应对机制归纳为家庭层面、村庄层面、市场层面和社会层面四个维度构成的整体,利用 2011 年中国家庭金融调查(CHFS)提供的农户数据分别构建四个层面的风险应对机制变量,不仅能够检验农村家庭的综合风险应对能力,也还可以深入识别农户不同层面风险应对机制的效果。

(1)家庭层面的风险应对机制变量。农户家庭层面的风险应对机制衡量农户依靠家庭自身资源处理风险的能力。本章用 3 个指标进行衡量,分别是家庭人均资产变量、家庭是否有储蓄存款虚拟变量以及"家庭网"变量。这三个变量的含义和赋值与第 5 章一致,详见第 5 章 5.1.2 节,此处不再赘述。

(2)村庄层面的风险应对机制变量。农户村庄层面的风险应对机制是指家庭利用村庄社会网络的相互支持,实现村庄内的风险统筹。本章用两个变量进行衡量,一个是村内社会治安状况虚拟变量,用来衡量农户村庄社会网络的质量;另一个是红白喜事与节假日礼金支出变量衡量农户进行社会资本投资,构建村庄社会网络的能力。这两个变量的含义和赋值与第 5 章一致,详见第 5 章 5.1.3 节,此处不再赘述。

需要说明的是,本章实证分析采用红白喜事与节假日礼金支出占家庭消费支出①的比值作为农户投资村庄网络的代理变量，而放弃使用"红白喜事、做寿与生日的支出"和"春节、中秋节等节假日支出"的绝对数量，这是因为与绝对数量相比，比值不仅能够降低内生性影响，还可以缓解富人和穷人社会资本差异过大的问题。一方面，农村家庭在红白喜事与节假日的支出高可能是因为家庭本身收入和消费高而引起的；另一方面，收入和消费高的家庭日常支出和馈赠支出都会更多，反之亦然。

（3）市场层面的风险应对机制变量。市场层面的风险应对机制是指农户利用正规与非正规的市场力量应对风险冲击的能力。本章用3个指标进行衡量，第一个是家庭是否有商业保险虚拟变量，衡量农户利用正规保险市场应对风险冲击的能力。第二个是家庭是否有正规信贷虚拟变量，衡量农村家庭利用正规信贷市场应对风险的能力。第三个是，家庭是否有非正规信贷虚拟变量，度量农户利用非正规信贷市场缓冲风险冲击的能力。这三个变量的定义和赋值与第5章一致，详见第5章5.1.4节，此处不再赘述。

（4）社会层面的风险应对机制变量。社会层面的风险应对机制是指农户利用农村"社会安全网"应对风险冲击的能力，本章用4个指标进行衡量，一是农户是否获得政府补贴虚拟变量；二是农户是否获得农业补贴虚拟变量；三是家庭是否参加新型农村合作医疗虚拟变量；四是家庭是否参加新型农村养老保险虚拟变量。这4个变量的定义和赋值说明与第5章一致，详见第5章5.1.5节，此处不再赘述。

3. 家庭特征变量

农户家庭特征变量包括农用地面积、家庭规模、劳动力数量、劳动力平均受教育水平、非农收入占比和家庭抚养比共6个变量，以下逐一说明变量赋值的具体内容。

（1）农用地面积：用农户实际拥有的承包地面积表示。

（2）家庭规模：根据CHFS对家庭成员的定义，家庭成员是指与受访者一起共享收入或共担家庭支出的人。因此，已出嫁、分家另组家庭的子女，虽支付赡养费，但不是家庭成员。本章用符合该定义的家庭成员人数衡量家庭

---

① 在日常支出中包括食物支出（伙食费、自己消费的自产农产品）、居住支出（水费、电费、燃料费）、衣服支出、日常用品支出（洗衣粉、肥皂等）、交通支出、通讯支出、娱乐支出、保健支出，为了避免农户家庭年度偶然性支出对度量变量的影响，降低计算偏误，农户日常支出中剔除了教育支出、住宅建设的支出和耐用消费品支出。

规模。

(3) 家庭劳动力数量：家庭劳动力总数，衡量劳动力在家庭风险应对中的作用。

(4) 劳动力平均受教育水平：CHFS 在 2011 年的问卷会询问每位家庭成员，"您的文化程度是什么？"，这一问题的回答对应 9 个选项："①没上过学；②小学；③初中；④高中；⑤中专/职高；⑥大专/高职；⑦大学本科；⑧硕士研究生；⑨博士研究生"，根据文化程度分别赋予相应的受教育年限：①没上过学（0 年）；②小学（6 年）；③初中（9 年）；④高中（12 年）；⑤中专/职高（12 年）；⑥大专/高职（15 年）；⑦大学本科（16 年）；⑧硕士研究生（19 年）；⑨博士研究生（22 年）。首先把家庭劳动力的受教育年限进行加总，然后再除以劳动力人数，从而得到劳动力平均受教育年限，以此衡量农户的平均受教育水平。这种定义方法更接近人力资本的含义（陈钊等，2004）。

$$education_i = \frac{\sum_{j=1}^{N} education_{ij}}{N}$$

其中，i 为家庭代码，j 为家庭中劳动力代码，N 为家庭劳动力总数，$education_{ij}$ 为家庭 i 中的第 j 个劳动力的受教育年限，$education_i$ 则为第 i 个家庭劳动力的平均受教育年限。

(5) 非农收入占比：用家庭非农劳动收入占家庭总收入的比重表示，衡量非农收入在家庭风险应对中的作用。

(6) 家庭抚养比：用家庭中 15 岁以下和 60 岁以上人数的总和占家庭劳动力数量的比重表示。

4. 户主特征变量

虽然农户决策多为家庭层面的联合决策（Stark，1991），但这并不意味着户主特征可以被忽视。尤其在中国农村，户主在农业生产决策中通常发挥着至关重要的作用。在 2011 年、2013 年和 2015 年的中国家庭金融调查（CHFS）的三轮调查中，均设计相关问题识别户主，可以据此获取户主的详细信息。本章实证分析中共控制了 5 个户主特征变量，分别是户主年龄、户主健康状况、户主政治面貌、户主性别、户主婚姻状况。

(1) 户主年龄：CHFS 在 2011 在问卷中会询问受访者的出生年份，用调查年份减去户主的出生年份可以得到户主年龄的数据。

（2）户主健康状况：CHFS在2011在问卷中询问了受访者的自评健康状况，"与同龄人相比，您的身体状况如何？"，回答共有5个选项，"①非常好；②好；③一般；④差；⑤非常差"，根据户主对该问题的回答构建户主健康状况虚拟变量。具体来看，如果户主选择①和②，则定义户主身体健康，取值为1；其他为0。

（3）户主政治面貌：CHFS在2011在问卷中会询问受访者及其配偶，"您的政治面貌是什么？"，该问题的回答共有4个选项，"①共青团员；②中共党员；③民主党派或其他党派；④群众"，如果户主回答选项②，则定义为户主政治面貌为中共党员，虚拟变量取值为1，其他为0。

（4）户主性别：CHFS2011在问卷中会询问受访者，户主性别为虚拟变量，如果户主为男性取值为1，户主为女性则取值为0。

（5）户主婚姻状况：CHFS在2011在问卷中会询问16岁以上受访者"您的婚姻状况是怎样的？"，回答共有6个选项，"①未婚；②已婚；③同居；④分居；⑤离婚；⑥丧偶"，如果户主回答选项②或③，则认为为户主婚姻状况为已婚，婚姻状况虚拟变量取值为1；其他为0。

5. 村庄特征变量①

不同村庄的自然地理条件、风俗习惯以及经济发展水平等方面有很大区别，用村内农户的平均收入水平衡量村庄的特征，以此控制村庄之间的异质性。

6. 县域虚拟变量

我国农村地域广袤，不同县域的经济发展水平不一，农村市场化程度亦不同，不同县域的文化和风俗习惯也存在差异。为了控制县域异质性对农户风险应对能力的影响，根据CHFS提供的县域代码，构建县域虚拟变量，属于某个县取值为1，否则为0，以此控制县级固定效应。本节实证分析涉及变量的赋值与描述性统计见表6-1-1。

---

① 中国家庭金融调查（CHFS）2011年、2013年和2015年三轮的调查数据中提供了东、中、西部省份以及县域的识别变量，但没有直接给出不同村庄的识别信息。本书根据CHFS调查的抽样权重设计规则，利用调查数据中的权重变量（swgt）识别不同的村庄，进而构建村级层面的相关变量。

表 6-1-1　　　　　　　　　　变量赋值与描述性统计

变量分类	变量名	变量赋值	均值	标准差
消费波动	消费下降	消费比正常年份偏低为1；否则为0	0.07	0.26
收入冲击	收入下降	收入比正常年份偏低为1，否则为0	0.20	0.40
家庭层面	人均资产	家庭总资产/家庭规模（千元）	9.88	1.22
	储蓄存款	有存款（活期或定期）为1，否则为0	0.39	0.49
	家庭网	获得家庭网络的转移支付为1，否则为0	0.23	0.42
村庄层面	礼金支出占比	（红白喜事＋节假日礼金支出）/家庭消费支出（%）	11.34	22.72
	村庄网络质量	村内社会治安好为1；否则为0	0.59	0.49
市场层面	商业保险	家庭成员有商业保险为1；否则为0	0.07	0.26
	信贷市场	家庭有正规信贷为1；否则为0	0.23	0.29
社会层面	政府补贴	获得政府补贴为1；否则为0	0.30	0.46
	农业补贴	获得农业补贴为1；否则为0	0.87	0.33
	新农合	有家庭成员参加为1；否则为0	0.91	0.29
	新农保	有家庭成员参加为1；否则为0	0.23	0.42
家庭特征	农地面积的对数	农用地面积（亩）的对数	1.41	0.94
	家庭规模	家庭人口总数（人）	4.09	1.71
	劳动力数量	家庭中有工作的人数（人）	2.78	1.17
	劳动力教育水平	家庭劳动力平均受教育年限（年）	6.84	2.84
	非农收入比重	非农业收入/家庭总收入（%）	40.06	33.69
	抚养比	15岁以下和60岁以上人口/劳动力数量（%）	53.29	56.50
户主特征	年龄	户主年龄（岁）	52.70	11.58
	年龄的平方	户主年龄的平方（岁）	2 911	1 250
	健康状况	户主健康状况好为1；否则为0	0.21	0.41
	政治面貌	户主是党员为1；否则为0	0.08	0.27
	性别	户主是男性为1；否则为0	0.86	0.35
	婚姻状况	户主已婚未1；否则为0	0.91	0.28
村庄特征	村内户均收入对数	村庄内每户家庭的平均收入（元）的对数	10.02	0.54

6.1.3 模型的估计与检验方法①

1. Logit 模型的估计方法

假设个体只有两种选择,比如 $y_i=1$(第 i 个家庭消费下降)或 $y_i=0$(第 i 个家庭消费没有下降)。所有解释变量都包括在向量 x 中。"线性概率模型"(Linear Probability Model,简记 LPM):

$$y_i = x_i'\beta + \varepsilon_i \ (i = 1,\cdots,n)$$

为了保证 y_i 的预测值总是介于 [0,1] 之间,给定 x,考虑 y_i 的两点分布的概率:

$$\begin{cases} P(y_i = 1 \mid x) = F(x,\beta) \\ P(y_i = 0 \mid x) = 1 - F(x,\beta) \end{cases}$$

函数 $F(x,\beta)$ 被称为"连接函数"(link function),通过选择合适的 $F(x,\beta)$,可保证 y_i 的预测值 $\hat{y}_i$ 介于 [0,1] 之间,可以将 $\hat{y}_i$ 理解为 $y_i=1$ 发生的概率,因为:

$$\hat{y}_i = E(y_i \mid x) = 1 \times P(y_i = 1 \mid x) + 0 \times P(y_i = 0 \mid x) = P(y_i = 1 \mid x)$$

如果 $F(x,\beta)$ 为"逻辑分布"(logistic distribution)的累积分布函数:

$$F(x,\beta) = \Lambda(x_i'\beta) = \frac{\exp(x_i'\beta)}{1 + \exp(x_i'\beta)}$$

该模型称为 Logit 模型,其中逻辑分布的密度函数关于原点对称,期望为 0,方差为 $\pi^2/3$(大于标准正态的方差),具有厚尾(fat tails)特征。由于 Logit 模型为非线性模型,进行极大似然(MLE)估计。第 i 个观察数据的概率密度为:

$$f(y_i \mid x_i,\beta) = \begin{cases} \Lambda(x_i'\beta), & \text{若 } y_i = 1 \\ 1 - \Lambda(x_i'\beta), & \text{若 } y_i = 0 \end{cases}$$

也可以写为:$f(y_i \mid x_i,\beta) = [\Lambda(x_i'\beta)]^{y_i}[1 - \Lambda(x_i'\beta)]^{1-y_i}$,取对数可得:

$$\ln f(y_i \mid x_i,\beta) = y_i \ln[\Lambda(x_i'\beta)] + (1 - y_i)\ln[1 - \Lambda(x_i'\beta)]$$

---

① 本部分内容主要参照:陈强. 高级计量经济学及 Stata 应用(第二版)[M]. 高等教育出版社,2014;伍德里奇. 横截面与面板数据的经济计量分析 [M]. 中国人民大学出版社,2008;A. 科林·卡梅伦,普拉温·K. 特里维迪. 用 Stata 学微观计量经济学 [M]. 重庆大学出版社,2015。

如果样本中的观察个体互相独立,则整个样本的对数似然函数为:

$$\ln L(\beta \mid y, x) = \sum_{i=1}^{n} y_i \ln[\Lambda(x_i'\beta)] + \sum_{i=1}^{n} (1 - y_i) \ln[1 - \Lambda(x_i'\beta)]$$

值得注意的是,在 Logit 模型中,估计量 $\hat{\beta}_k$ 并非解释变量 x_k 的边际效应 (marginal effects),边际效应应当等于:

$$\frac{\partial P(y_i = 1 \mid x)}{\partial x_k} = \frac{\partial P(y_i = 1 \mid x)}{\partial(x_i'\beta)} \times \frac{\partial(x_i'\beta)}{\partial x_k} = z(x_i'\beta) \times \hat{\beta}_k$$

其中,$z(x_i'\beta)$ 为"逻辑分布"的概率密度函数。因此,边际效应不是常数,而是随着解释变量而变化。对于本章的分析而言,采用平均边际效应 (average marginal effect) 的计算方法,即分别计算在每个样本观测值上的边际效应,然后进行简单算术平均 (这也是 Stata 的默认方法)。在 Logit 模型中,虽然估计量 $\hat{\beta}_k$ 并非解释变量 x_k 的边际效应,但其也有特定的含义。假设:$p = \frac{\exp(x_i'\beta)}{1 + \exp(x_i'\beta)}$,那么,$1 - p = 1 - \frac{\exp(x_i'\beta)}{1 + \exp(x_i'\beta)}$,因此,

$$\frac{p}{1-p} = \exp(x_i'\beta), \quad \ln\left(\frac{p}{1-p}\right) = x_i'\beta$$

其中,$p/(1-p)$ 被称为"几率比"(odds ratio)或"相对风险"(relative risk)。因此,$\hat{\beta}_k$ 表示解释变量 x_k 增加一个微小量所引起"对数几率比"(log-odds ratio) 的边际变化。也可视 $\hat{\beta}_k$ 为半弹性,即 x_k 增加一单位引起几率比的变化百分比。

另一解释为,假设 x_k 增加 1 个单位,从 x_k 变为 $x_k + 1$,p 的新值为 p^*,则新几率比与原几率比的比率可写为:

$$\frac{\frac{p^*}{1-p^*}}{\frac{p}{1-p}} = \frac{\exp[\beta_0 + \beta_1 x_1 + \cdots + \beta_k(x_k + 1) + \cdots + \beta_N x_N]}{\exp[\beta_0 + \beta_1 x_1 + \cdots + \beta_k x_k + \cdots + \beta_N x_N]} = \exp(\beta_k)$$

$\exp(\beta_k)$ 表示解释变量 x_k 增加 1 个单位引起几率比的变化倍数,正是基于此,Stata 称 $\exp(\beta_k)$ 为几率比 (odds ratio)。

2. Logit 模型的检验

由于不存在平方和分解公式,无法计算 Logit 模型的拟合优度 R^2。但是,Stata 仍然在估计结果中报告一个"准 R^2"(Pseudo R^2),该统计量由 McFadden (1974) 提出:

$$Pseudo\ R^2 = \frac{\ln L_0 - \ln L_1}{\ln L_0}$$

其中，$\ln L_1$ 为原模型的对数似然函数的最大值，而 $\ln L_0$ 为以常数项为唯一解释变量的对数似然函数最大值。由于解释变量 y_i 为离散的两点分布，似然函数的最大可能值为 1，故对数似然函数的最大可能值为 0，记为 $\ln L_{max}$。由于 $\ln L_0 \leqslant \ln L_1 \leqslant 0$，因此"准 R^2"也可以表示为：

$$Pseudo\ R^2 = \frac{\ln L_1 - \ln L_0}{\ln L_{max} - \ln L_0}$$

判断 Logit 模型的拟合优度另一方法是计算"正确预测的百分比"（percent correctly predicted）。如果发生概率的预测值 $\hat{y}_i \geqslant 0.5$，则认为其预测 $y = 1$；反之，则认为其预测 $y = 0$。将预测值与实际值（样本数据）进行比较，就能计算正确预测的百分比。

6.2 农户风险应对机制有效性的实证分析

6.2.1 农户能否实现完全风险分担的实证检验

本部分基于经典的风险分担模型，借鉴已有国内外相关研究，构建中国农户风险应对机制模型作为基础模型，采用中国家庭金融调查（CHFS）在 2011 年的农户数据检验农村家庭在遭遇风险冲击后能否实现完全保险。

1. 计量模型设定

由于因变量为农户消费是否下降的虚拟变量，属于二分类离散变量，因此建立 logit 模型检验中国农户风险应对机制的效果，采用二分 logistic 方法进行回归分析。计量模型的具体形式如式（6-2-1）：

$$\ln \frac{p_i}{1-p_i} = \alpha_0 + \alpha_1 shock_i + \alpha_2 FC_i + \alpha_3 HC_i + \alpha_4 V_j + \alpha_5 C_m + \varepsilon_i$$

$$(6-2-1)$$

式（6-2-1）中，p_i 表示农户消费下降的概率；$(1-p_i)$ 表示农户消费没有下降（持平和提高）的概率，$p_i/(1-p_i)$ 表示消费下降的发生比，即农户消费下降的概率除以消费没有下降的概率。$shock_i$ 是农户家庭收入是否低于正常年份的虚拟变量，表示农户是否受到风险冲击。FC_i 是家庭特征变量，包括农用地面积、家庭规模、劳动力数量、劳动力平均受教育水平、非农收入占比和家庭抚养比共 6 个变量。HC_i 是户主特征变量，包括户主年龄、户主年龄的平方、户主健康状况、户主政治面貌、户主性别和户主婚姻状况共 7 个变量。V_j 是村庄特征变量，用村内农户家庭的平均收入表示。C_m 是县虚拟变量，控制不同县域间的异质性。α_0 是常数项，α_1、α_2、α_3、α_4、α_5 分别为对应变量的系数或系数向量，ε_i 是随机误差项。

本章计量分析主要利用 Stata 软件进行模型估计，对于 logit 模型的估计结果，可以从几率比和边际影响两种常用的方式进行解释和分析（详见 6.1.3 节），在 Stata 中称 $\exp(\hat{\alpha}_j)$ 为几率比（odds ratio），表示解释变量 x_j 增加 1 单位时，新的发生比 $\frac{p^*}{1-p^*}$ 是原先发生比 $\frac{p}{1-p}$ 的倍数，$(\exp(\hat{\alpha}_j)-1)$ 表示新发生比增加的倍数。

基于式（6-2-1）中变量 $shock_i$ 系数的估计结果，可以识别农户能否在收入风险冲击后实现完全的风险分担。具体来看，如果农户能够在收入风险冲击后获得完全保险，那么系数 α_1 的估计值 $\hat{\alpha}_1$ 在统计上不会显著异于 0，相应地几率比的变化 $\exp(\hat{\alpha}_1)$ 就不会显著异于 1。反之，如果农户无法实现完全的风险分担，那么 $\hat{\alpha}_1$ 应该显著为正，相应的几率比的变化 $\exp(\hat{\alpha}_1)$ 应该显著大于 1。因此，可以从系数估计值 $\hat{\alpha}_1$ 或 $\exp(\hat{\alpha}_1)$ 的大小和统计显著性检验农户家庭能否实现完全风险分担，进而识别样本农户的风险应对能力。

2. 估计结果与分析

表 6-2-1 报告了基于 1 805 家样本农户数据，对模型（6-2-1）的估计结果，表中第（1）列是对应不同变量系数的估计结果，第（2）列是各个变量几率比的估计结果，第（3）列是各个变量边际效应的估计结果。基于风险冲击变量的系数回归结果，可以检验中国农户在遭遇风险冲击后能否实现完全保险。下文主要根据表中第（3）列变量边际效用的估计结果进行分析。

表 6-2-1　　　　　　农户能否实现完全分担的检验结果

变量	Logit α (1)	Logit $\exp(\alpha)$ (2)	Logit dy/dx (3)
风险冲击	1.989*** (0.198)	7.306*** (1.449)	0.130*** (0.013)
农地面积的对数	-0.203* (0.122)	0.816* (0.100)	-0.013* (0.008)
家庭规模	0.089 (0.102)	1.094 (0.111)	0.006 (0.007)
劳动力数量	0.005 (0.145)	1.005 (0.145)	0.000 (0.009)
劳动力受教育水平	-0.019 (0.038)	0.981 (0.038)	-0.001 (0.003)
非农收入占比	-0.008*** (0.003)	0.992*** (0.003)	-0.001** (0.000)
抚养比	0.001 (0.003)	1.001 (0.003)	0.000 (0.000)
户主年龄	0.127 (0.078)	1.136 (0.088)	0.008 (0.005)
户主年龄平方	-0.001 (0.001)	0.999 (0.001)	-0.000 (0.000)
户主性别	-0.568** (0.245)	0.567** (0.139)	-0.037** (0.016)
户主健康状况	-0.481** (0.245)	0.618** (0.151)	-0.031** (0.016)
户主是否党员	0.229 (0.371)	1.257 (0.466)	0.015 (0.024)
户主婚姻状况	0.149 (0.349)	1.160 (0.405)	0.010 (0.023)
村内户均收入的对数	-0.113 (0.252)	0.893 (0.225)	-0.007 (0.016)
县固定效应	控制	控制	控制

续表

变量	Logit α （1）	Logit $\exp(\alpha)$ （2）	Logit dy/dx （3）
常数项	-5.212 (3.301)	0.005 (0.018)	—
N	1 805	1 805	1 805
LL	-425.529	-425.529	-425.529
Pseudo R^2	0.165	0.165	0.165

注：①括号中的标准误为县聚类稳健性标准误；
②*、**、***分别表示在10%、5%、1%的水平上显著；
③县级虚拟变量已经控制，由于篇幅限制没有报告。

表（6-2-1）中第（3）列的估计结果显示，收入风险变量的系数估计值为 0.13，并且在 1% 的水平上显著。这表明，受到风险冲击的农户，消费下降的概率比没有受到风险冲击时高 13%，农村家庭未能在遭遇收入风险时获得完全保险，风险冲击对农户消费水平的下降有显著的影响，农户未能实现消费的完全平滑。这一实证结果与 Jalan 等（2011）、陆铭等（2010）、王阳、漆雁斌（2016）的发现一致，再次拒绝了中国农村家庭存在风险完全分担的假设。

式（6-2-1）中其它控制变量的估计结果基本上与已有文献类似，人均耕地面积和非农收入比重能够提高农户应对收入风险的能力，户主健康状况的改善会显著提高农户应对风险冲击的能力，男性户主家庭比女性户主家庭有更强的风险应对能力。

6.2.2 农户风险应对机制有效性的实证检验

在实证检验农户风险应对机制有效性的过程中，为了深入了解农户不同层面风险应对机制估计结果的稳健性，在基础模型（6-2-1）的基础上依次纳入农户家庭层面、村庄层面、市场层面和社会层面的风险应对机制变量，构建扩展的农户风险应对机制模型，分别得到模型（6-2-2）、模型（6-2-3）、模型（6-2-4）和模型（6-2-5），利用这些模型进一步识别农户不同层面风险应对机制的效果。最后，将农户四个层面的风险应对机制变量全部纳入回归分析过程，得到模型（6-2-6），检验农户风险应对机制的综合效果。

1. 计量模型设定

（1）家庭层面风险应对机制效果的计量模型。

$$\ln \frac{p_i}{1-p_i} = \beta_0^1 + \beta_1^1 shock_i + \beta_2^1 RC_i^1 + \beta_3^1 FC_i + \beta_4^1 HC_i + \beta_5^1 V_j + \beta_6^1 C_m + \varepsilon_i$$

$$(6-2-2)$$

其中，RC_i^1 为家庭层面风险应对机制向量，包括家庭人均资产变量、家庭储蓄变量以及家庭网变量共3个变量，其它变量的定义与模型（6-2-1）一致。

（2）村庄层面风险应对机制效果的计量模型。

$$\ln \frac{p_i}{1-p_i} = \beta_0^2 + \beta_1^2 shock_i + \beta_2^2 RC_i^2 + \beta_3^2 FC_i + \beta_4^2 HC_i + \beta_5^2 V_j + \beta_6^2 C_m + \varepsilon_i$$

$$(6-2-3)$$

RC_i^2 是村庄层面的风险应对机制向量，包括村庄网络质量变量和礼金支出占家庭消费的比重变量共两个变量，其它变量的定义与模型（6-2-1）一致。

（3）市场层面风险应对机制效果的计量模型。

$$\ln \frac{p_i}{1-p_i} = \beta_0^3 + \beta_1^3 shock_i + \beta_2^3 RC_i^3 + \beta_3^3 FC_i + \beta_4^3 HC_i + \beta_5^3 V_j + \beta_6^3 C_m + \varepsilon_i$$

$$(6-2-4)$$

RC_i^3 为市场层面的风险应对机制向量，包括商业保险市场变量、正规信贷市场变量和非正规信贷市场变量共3个变量，其它变量的定义与模型（6-2-1）一致。

（4）社会层面风险应对机制效果的计量模型。

$$\ln \frac{p_i}{1-p_i} = \beta_0^4 + \beta_1^4 shock_i + \beta_2^4 RC_i^4 + \beta_3^4 FC_i + \beta_4^4 HC_i + \beta_5^4 V_j + \beta_6^4 C_m + \varepsilon_i$$

$$(6-2-5)$$

RC_i^4 为社会层面的风险应对机制向量，包括农业补贴变量、政府补贴变量、新农合虚拟变量、新农保虚拟变量共4个变量，其它变量的定义与模型（6-2-1）一致。

（5）农户风险应对机制综合效果的计量模型。

$$\ln \frac{p_i}{1-p_i} = \beta_0^5 + \beta_1^5 shock_i + \sum_{n=1}^{4} \beta_2^n RC_i^n + \beta_3^5 FC_i + \beta_4^5 HC_i + \beta_5^5 V_j + \beta_6^5 C_m + \varepsilon_i$$

(6-2-6)

其中，$RC_i^n(n=1,2,3,4)$ 表示农户不同层面的风险应对机制向量，RC_i^1 为家庭层面的风险应对机制向量，RC_i^2 是村庄层面的风险应对机制向量，RC_i^3 为市场层面的风险应对机制向量，RC_i^4 为社会层面的风险应对机制向量，其它变量的定义与模型（6-2-1）一致。

对于模型（6-2-2）至模型（6-2-6）而言，如果农户风险应对机制是有效的，那么 β_2^n 应该在统计上显著为负，几率比的变化 $\exp(\beta_2)$ 应当显著小于1。反之，如果农户风险应对机制无效，β_2^n 在统计上应当不会显著异于0，几率比的变化 $\exp(\beta_2)$ 应当不会显著异于1。因此，可以利用模型（6-2-2）至模型（6-2-5）的估计结果，分别检验农户家庭层面、村庄层面、市场层面和社会层面的有效性。利用模型（6-2-6）的估计结果，可以考察农户风险应对机制的整体效果。

2. 模型估计结果

表6-2-2报告了模型（6-2-2）—模型（6-2-6）的回归结果。其中，第（1）列是农户家庭层面风险应对机制模型（6-2-2）的估计结果。第（2）列是村庄层面风险应对机制模型（6-2-3）的估计结果。第（3）列是市场层面风险应对机制模型的（6-2-4）的估计结果。第（4）列是农户社会层面风险应对机制模型（6-2-5）的估计结果。第（5）列是农户综合风险应对机制模型（6-2-6）的估计结果。

观察表6-2-2的计量检验结果容易发现，分别纳入不同层面风险应对机制变量和全部纳入四个层面风险应对机制变量的检验结果相比，就本章所关心的不同层面风险应对机制的效果而言，无论从程度还是从统计显著性上看都没有明显的差别。由此可见，农户不同层面风险应对机制变量的估计结果是稳健的。

此外，从模型的总体解释力来看，模型（6-2-2）至模型（6-2-5）仅考虑了某一种风险应对机制的效果，对应的似然函数值的对数（LL）和伪拟合优度（Pseudo R^2）均小于农户综合风险应对机制模型（6-2-6），这意味着模型（6-2-6）的拟合程度最好，解释力最高。因此，建立农户风险应对机制模型时，同时纳入农户四个层面的风险应对机制不仅具有合理性，也有必要性。下文将基于第（5）列模型（6-2-6）的估计结果进行分析。

表 6-2-2　　　　农户风险应对机制模型的估计结果

变量	Logit 家庭层面 (1)	Logit 村庄层面 (2)	Logit 市场层面 (3)	Logit 社会层面 (4)	Logit 风险分担网络 (5)
收入冲击	0.126*** (0.013)	0.129*** (0.013)	0.130*** (0.013)	0.131*** (0.013)	0.127*** (0.013)
人均资产的对数	-0.013** (0.006)	—	—	—	-0.013** (0.006)
储蓄	-0.031** (0.014)	—	—	—	-0.030** (0.014)
家庭网	-0.032* (0.018)	—	—	—	-0.030* (0.017)
礼金支出占比	—	-0.021** (0.001)	—	—	-0.023** (0.001)
村庄治安	—	-0.003 (0.013)	—	—	-0.002 (0.014)
正规信贷	—	—	-0.065 (0.053)	—	-0.064 (0.052)
非正规信贷	—	—	-0.095*** (0.021)	—	-0.097*** (0.021)
商业保险	—	—	-0.008 (0.025)	—	-0.008 (0.024)
农业补贴	—	—	—	-0.038** (0.019)	-0.037** (0.018)
政府补贴	—	—	—	-0.151*** (0.015)	-0.156*** (0.015)
新农保	—	—	—	-0.003 (0.020)	-0.003 (0.020)
新农合	—	—	—	-0.021 (0.019)	-0.022 (0.019)
LN（农地面积）	-0.009 (0.008)	-0.014* (0.008)	-0.013 (0.008)	-0.012 (0.008)	-0.007 (0.009)

续表

变量	Logit 家庭层面 (1)	Logit 村庄层面 (2)	Logit 市场层面 (3)	Logit 社会层面 (4)	Logit 风险分担网络 (5)
家庭规模	0.002 (0.007)	0.005 (0.007)	0.004 (0.007)	0.005 (0.007)	-0.002 (0.007)
劳动力数量	0.004 (0.009)	0.003 (0.009)	0.002 (0.009)	0.002 (0.009)	0.009 (0.009)
劳动力受教育水平	0.000 (0.003)	-0.001 (0.002)	-0.001 (0.002)	-0.002 (0.003)	0.000 (0.002)
非农收入占比	-0.000** (0.000)	-0.001** (0.000)	-0.001** (0.000)	-0.000** (0.000)	-0.001* (0.000)
抚养比	0.000 (0.000)	0.000 (0.000)	0.000 (0.000)	0.000 (0.000)	0.000 (0.000)
户主年龄	0.009* (0.005)	0.007 (0.005)	0.008 (0.005)	0.009* (0.005)	0.008 (0.005)
户主年龄平方	-0.000 (0.000)	-0.000 (0.000)	-0.000 (0.000)	-0.000 (0.000)	-0.000 (0.000)
户主性别	-0.035** (0.016)	-0.038** (0.016)	-0.036** (0.016)	-0.035** (0.016)	-0.034** (0.016)
户主健康状况	-0.038** (0.016)	-0.034** (0.016)	-0.031** (0.016)	-0.029* (0.016)	-0.037** (0.016)
户主是否党员	0.016 (0.024)	0.016 (0.024)	0.019 (0.024)	0.021 (0.025)	0.027 (0.023)
户主婚姻状况	0.015 (0.022)	0.011 (0.023)	0.007 (0.023)	0.012 (0.023)	0.016 (0.022)
LN（村内户均收入）	-0.005 (0.016)	-0.007 (0.016)	-0.008 (0.017)	-0.009 (0.016)	-0.005 (0.016)
县固定效应	控制	控制	控制	控制	控制
N	1 805	1 805	1 805	1 805	1 805
LL	-418.189	-421.073	-422.190	-421.586	-403.240
Pseudo R^2	0.179	0.174	0.171	0.173	0.203

注：①系数为边际效应，括号中的标准误为县聚类稳健性标准误；
②*、**、***分别表示在10%、5%、1%的水平上显著；
③县级虚拟变量已经控制，限于篇幅没有报告。

(1) 家庭层面风险应对机制的估计结果。

家庭人均资产有显著的风险分担作用，系数估计值为 -0.013，并在5%的在水平上显著。这表明，对遭遇收入风险的农户而言，家庭人均资产数量提高1%，可以使家庭消费下降的概率降低1.3%。因此，家庭人均资产（不包括储蓄）水平是影响家庭风险应对能力的重要因素。由于收入风险可以通过平滑消费来予以抵御，而与消费有直接关系的变量便是家庭资产。因此，要提高农村家庭的抗风险能力，一个重要的抓手便是提高农户的财富水平。Townsend (1994)、Jalan and Ravallion (1999)，甘犁等 (2007) 研究了家庭资产持有量对风险应对能力的影响，发现富人能够更好地实现消费平滑，这与本书的实证结论一致。

储蓄存款变量的系数估计值为 -0.03，并在5%的在水平上显著。这说明，对遭遇风险冲击的农户而言，相比于没有储蓄存款的家庭，拥有储蓄存款可以使消费下降的概率减少3%。因此，储蓄存款也是帮助农户抵御风险冲击的重要因素。影响农户家庭储蓄的关键因素是收入水平。因此，多方提高农民收入是重要的政策抓手：根据我国农村家庭的就业渠道和就业形式特点，应当采取区别对待的政策促进农村劳动力就业，增加农民收入。对于仅从事农业生产经营的"纯农户"，在落实现有农业补贴的同时，鼓励农村土地合理地流转，培育新型农业生产经营主体等方式，提高他们从事农业生产的利润率。对于靠外出务工而获取工资性收入的"农民工"，政府既要为农村劳动年龄人口创造更多合适的就业岗位，也要为农民工的市民化创造更好的条件。对于主要从事经营活动而获取经营性收入的"农民商人"，应从政策上给予更多的财政金融支持，在税收上给予部分减免。

家庭网变量的估计系数为 -0.03，在10%的在水平上显著。这说明，在风险冲击后，相比于未能获得家庭网络帮助的农户，获得家庭网络支持的农户共消费下降的概率减少3%。当前在家庭结构小型化为主导的时代，"家庭网"是提高农户风险应对能力的重要渠道，乡土民众仍可以借助非正式的家庭关系资源来弥补社会"福利"和"保障"的不足（王跃生，2013）。但是，随着农村劳动力转移和城镇化进程的加快，家庭直系成员因流动而异地居住增加，这对"家庭网"的风险分担作用造成了一定的消极影响，分居、分家的直系成员之间情感沟通降低，日常互助减少，空间分割导致关系疏离，特别是不同代际姻缘成员因无日常协助导致"家际"关系淡漠。因此，政府和社会组织应通过制定相关政策措施（例如为成年子代与老年亲代同地居住提供就业和户籍政策上的协助）。引导不同代际成员之间加强联络，避免代际关系过度削弱带来的"家际"关系资源缺失。

总体上看，家庭层面的风险应对机制能够有效帮助农村家庭应对风险的负面冲击，是农户处理风险问题的重要手段。

（2）村庄层面风险应对机制的估计结果。

礼金支出占比变量的系数估计值为 -0.023，在5%的水平上显著。这说明，对遭遇收入风险的农户来说，礼金支出占比每提高1个百分点，消费下降的概率减少2%。这意味着，农户社会资本的投资能力越强，越有助于他们缓冲风险。

村庄治安变量的系数估计值为 -0.003。这说明，如果遭遇收入风险，与治安状况一般或差的村庄相比，居住在村内治安状况好的农村家庭，消费下降的概率会降低0.3%，但这一结论在统计意义和经济意义上均不显著。

综合起来看，农户在村庄社会网络上的投资能力能够显著增强家庭应对风险冲击的能力，但村庄社会网络质量在帮助家庭应对风险冲击上的作用不大。这是因为，作为一种非正规风险应对机制，村庄网络内的风险统筹是建立在互惠互利的基础上，农户能否在遇到困难时获得网络内其他成员的帮助，主要取决于家庭是否曾经帮助过网络内的其他家庭，这种"礼尚往来"的机制可以解释为什么对村庄"关系网"的投入比关系网的质量更加重要。实证结果再次证实，在市场化进程中的农村地区，由于缺乏正规风险应对机制，投资于村庄"关系网"仍然是农户应对风险冲击的重要方式（王增文，2012；王阳、漆雁斌，2016；陆铭等，2010；张爽等，2007）。

（3）市场层面风险应对机制的估计结果。

正规信贷市场变量的系数估计值是 -0.064，在统计上不显著，即正规信贷对农户应对收入风险没有帮助。这可能是由于银行（农村信用社）等正规信贷机构面向农户发放的主要是生产性贷款，很少涉及消费类信贷。在贷款申请过程中，农户经常受到各种约束，有的不知道如何申请，有的因为贷款程序复杂、申请周期长而放弃申请。此外，在正规信贷市场上，由于缺乏抵押品或违约风险较高等因素，农户往往受到正规信贷的"歧视"（Ray，1998）。以上因素限制了正式信贷市场在农户应对收入风险中的作用，导致农户很难利用正规信贷市场有效地平滑消费。

非正规信贷市场变量的系数估计值是 -0.097，并在1%的水平上显著。这说明，农村非正规信贷市场对农户应对收入风险有显著的作用。民间信贷市场之所以比正规信贷市场在农户应对收入风险中发挥着更大的作用，主要有两个方面的原因：一是民间借贷的借出方与借入方多身处村庄内部，能够准确评估有借款需求农户的经济实力，从而在信息较充分的情况下借出款项，有效避免坏账损失；二是民间借贷大多在熟人之间进行，程序简单，能够较为及时地帮助遇到风险的农户渡过难关。甘犁等（2007）采用1 400户家庭的面板数据，研究了个人和社会风险分担机制对中国农民消费保险的影响。同样发现，在农村地区，农户平滑消费不依赖于正规融资市场，而主要依靠非正规金融市场上的借贷，这与本章的研究结论一致。

商业保险市场变量的系数估计值为-0.008，但在统计意义和经济意义上均不显著。这说明，商业保险对农村家庭处理风险冲击的作用不大。商业保险之所以无法帮助农户应对风险冲击，主要有三个原因：一是农户收入低，对商业保险的购买能力不足。二是保险业务的复杂性和保险产品的适用性使农户对商业保险产品和服务持怀疑态度。三是农业保险存在较为严重的信息不对称问题和风险协同性问题，导致保险公司在农村开展业务的交易成本高，投保农户容易出现道德风险和逆向选择问题，导致商业保险机构在农村开展保险业务的积极性不高。由于商业保险市场上的需求方和供给方的共同限制，农户很难利用正规的商业保险分担风险。

概括起来看，由于中国农村正处在市场化进程中，信贷和保险市场还很不完善，农户无法有效利用正规信贷和保险市场缓冲风险。作为补充非正规的民间借贷作为帮助农户应对风险冲击的途径，发挥了重要的作用。

（4）社会层面风险应对机制的估计结果。

农业补贴变量的系数估计值为-0.037，并在5%的水平上显著。这表明，遭遇风险冲击后，相比于没有获得农业补贴的家庭，获得农业补贴的家庭，消费下降的概率降低3.7%。自20世纪以来，中国政府围绕促进农民增收，先后实施了农村税费改革、免征农业税、农业财政补贴以及粮食最低收购价等一系列强农、惠农、富农政策。2013年中央又提出了精准扶贫战略思想，加大了农村扶贫开发力度，以期全面建成小康社会。从促进农户风险应对能力的角度看，这些政策确实在增强农户抗逆能力上取得了一定效果（王小龙、何振，2018）。

政府补贴变量的系数估计值是-0.156，并在1%的水平上显著。这说明，在遭遇风险冲击后，与没有获得政府补贴的农户相比，获得政府补贴可以使消费下降的概率减少15.6%，政府救助对熨平消费波动具有显著的作用。这也意味着，我国政府在农村推行社会救济和农村最低生活保障制度的措施，在帮助农户实现消费保险方面起到了积极作用。

新农保虚拟变量的系数估计值为 -0.003，但在统计上不显著；新农合变量的系数估计值是 -0.022，也在统计上也不显著。随着中国经济实力的增强，我国在社会保障制度建设方面已取得了突破性的进展，但是农村社会保障仍处于相对落后的状态。我国城乡经济发展不平衡，"城乡二元经济结构"导致了农村地区经济发展水平低，限制了农村社会保障的力度和效果。此外，国家城市主导的发展战略、农户的异质性和农户收入水平低是农村社会保障发展水平低下的基本原因。资金来源不足也是农村社会保障滞后的主要原因。综合以上因素，虽然我国农村社会保障的覆盖率很高，但支持水平却很低，在帮助农户应对风险冲击上的作用十分有限。熊吉峰和丁士军（2010）的研究同样发现，由于补偿率偏低、门诊费用无法报销、医药服务价格上涨太快等因素的制约，新农合并没有显著地改善农户的生计。

总体上看，社会层面的风险应对机制能够帮助农户缓冲风险冲击，但存在结构性的差异，其中政府补贴发挥了关键性的作用，充当了农村社会的"安全阀"。农业补贴也在一定程度上增强了农户平滑消费的能力，但新农合和新农保在帮助农户应对收入风险冲击上的效果不大。

其他控制变量的估计结果与已有研究基本一致，家庭非农收入占比的提升与户主健康状况的改善是增强农户抗风险能力的重要因素，男性户主家庭比女性户主家庭具有更强的风险应对能力。

6.2.3 稳健性检验

本节利用中国家庭金融调查（CHFS）在 2013 年和 2015 年两轮的调查数据对上文的实证结果进行稳健性检验。首先，利用 CHFS 在 2013 年和 2015 年两轮的农户收入与消费数据获得农户在 2013 年和 2015 年间的收入波动与消费波动信息。其次，根据 2015 中国家庭金融调查（CHFS）问卷中主观态度模块设计的两个问题，建立家庭层面、村庄层面与社会层面的风险应对机制变量，利用信贷和保险市场模块的问卷信息构建市场层面的风险应对机制变量。最后，用以上变量，重新估计农户风险应对机制模型，以此检验上文的估计结果是否稳健。

1. 变量选择与描述性统计

（1）收入风险与消费波动变量。实证检验农户风险应对机制效果的前提是知道农户是否受到风险冲击？农户消费是否发生波动？由于 2013 年和 2015 年的中国家庭金融调查（CHFS）问卷中没有保留 2011 年问卷中直接询问农户是否经历收入和消费波动的问题，因此，通过对比 2013 年和 2015 年调查数据中农户家庭收入和消费支出数据的变化情况来间接获取收入风险与消费波动的信息①。具体来看，首先利用消费价格指数把农户 2013 年和 2015 年的名义收入和消费转变为可比的实际收入和消费，如果农户 2015 年的实际收入低于 2013 年的实际收入，则定义为"遭遇收入风险"，风险冲击虚拟变量取值为 1，否则为 0；如果农户 2015 年实际消费低于 2013 年的实际消费，则定义为"消费下降"，消费波动虚拟变量取值为 1，否则为 0。

（2）农户不同层面的风险应对机制变量。

第一，家庭层面、村庄层面、社会层面的风险应对机制变量。CHFS 在 2015 年调查问卷中的主观态度模块设计了两个问题："如果您生活困难，您会向谁寻求帮助？""如果您与本社区居民发生矛盾或纠纷，您会求助谁来调解？"对这两个问题的回答有相同的 8 个选项②：①亲朋好友；②自己解决；③社区干部；④上级政府；⑤社会组织；⑥宗族/宗教；⑦企业单位；⑧其他③。根据农户对这两个问题的回答来构建家庭层面、村庄层面和社会层面的风险应对机制变量。具体来看：如果农户选择②，则认为农户主要依靠家庭自身的力量应对风险，则定义家庭层面风险应对机制变量 RC_i^1 取值为 1，否则为 0；如果农户选择①和⑥，则认为家庭依靠村庄资源来应对风险④，定义村庄层面的风险应对机制变量 RC_i^2 取值为 1，否则为 0；如果农户选择③、④和⑤，则认为主要依赖社会力量应对风险，定义社会层面风险应对机制变量 RC_i^3 取值为 1，否则为 0。

第二，市场层面风险应对机制变量。为了避免可能的反向因果问题，本书利用 2013 年的调查数据构造农户市场层面风险应对机制变量，包括商业保险

---

① 消费支出包括食物支出（伙食费、自己消费的自产农产品）、居住支出（水费、电费、燃料费等）、衣服支出、日常用品支出（洗衣粉、肥皂等）、交通支出、通讯支出、娱乐支出、保健支出，为了避免农户家庭年度偶然性支出对度量变量的影响，降低计算偏误，农户日常支出中剔除了教育支出、住宅建设的支出和耐用消费品支出。

② 中国家庭金融调查 2015 年的调查问卷分 a 卷和 b 卷，其中第 1 个问题在 a 卷中询问，第 2 个问题在 b 卷中询问。为提高调查效率，一部分家庭被询问了问题 1，其余家庭被询问了问题 2，本章整合了农户对这两个问题的回答，构建家庭层面、村庄层面、社会层面的风险应对机制变量。

③ 在我们的样本中，几乎没有农户选择⑦和⑧，因此忽略这两个选项。

④ 在中国农村，"远亲不如近邻"，家庭重要的亲友主要居住在村庄内部，即使当前地理上不居住在同一村庄，也会由于过去的地缘关系形成社会联系，因此本书认为选择①和⑥的农户主要是利用村庄层面的风险应对机制应对风险。

市场变量和正规信贷市场变量。根据农村家庭成员是否购买商业保险定义农户是否参与正规保险市场。在2013年CHFS调查问卷的商业保险模块，会对每一个家庭成员询问，"有没有以下的商业保险？"回答一共有6个选项：①商业人寿保险；②商业健康保险；③商业养老保险；④商业财产保险（汽车保险除外）；⑤其他商业保险；⑥都没有。根据对这一问题的回答，定义商业保险市场虚拟变量RC_i^4：如果家庭至少有1人购买了商业保险，取值为1，否则取值为0。借鉴（孙永苑等，2016；王阳、漆雁斌，2019）的方法，根据农户正规信贷市场的参与情况来定义正规信贷市场虚拟变量RC_i^5，如果农户参与正规信贷市场，取值为1，否则为0。

（3）是否贫困户虚拟变量。为了进一步考察贫困农户和非贫困农户的风险应对机制是否存在差异，引入贫困户虚拟变量①，CHFS在2015年的问卷中会询问受访家庭是否为建档立卡贫困户，基于这一信息为贫困户虚拟变量赋值，如果为贫困户取值为1，否则为0。

（4）其他控制变量。与第6章6.1.2节类似，在稳健型检验部分也控制了影响家庭消费波动的其他变量，这些变量可以分为4类：第一类是家庭特征变量，包括家庭人均资产、家庭农用地面积、家庭负担系数、家庭规模和农业劳动力占比。第二类是户主特征变量，包括户主年龄、户主受教育年限、户主健康状况、是否党员、性别和婚姻状况。第三类是村庄特征变量。第四类是县域虚拟变量，用以控制不同县的异质性。变量赋值与描述性统计见表6-2-3。

表6-2-3　　　　　　　　变量的定义与描述性统计

变量	变量定义	贫困户 均值	贫困户 标准差	非贫困户 均值	非贫困户 标准差	全样本 均值	全样本 标准差
消费波动	消费下降为1；否则为0	0.210	0.290	0.240	0.300	0.230	0.300
消费增长	消费变化的百分比（%）	21.88	103.2	14.46	95.92	15.73	97.22
收入冲击	收入下降为1；否则为0	0.250	0.300	0.250	0.300	0.250	0.300
家庭层面	依靠自己为1；否则为0	0.400	0.490	0.470	0.500	0.460	0.500
村庄层面	靠村内资源为1；否则为0	0.510	0.500	0.440	0.500	0.450	0.500

---

① 本章之所以在利用CHFS2011年的数据进行实证分析时没有区分贫困户与非贫困户，主要是因为2011年的调查问卷没有提供直接识别农户"是否为建档立卡贫困户"的信息。虽然可以基于贫困线和农户收入信息构建是否为贫困户的虚拟变量，但该偏差可能较大。相比于2011年的调查，CHFS2015年的调查中新增了家庭是否贫困的问题，可以准确识别农户是否为建档立卡贫困户，因此本书选择在稳健性检验中用该信息识别贫困与非贫困农户的风险分担能力是否存在系统性差别。

续表

变量	变量定义	贫困户 均值	贫困户 标准差	非贫困户 均值	非贫困户 标准差	全样本 均值	全样本 标准差
社会层面	依靠社会为1；否则为0	0.180	0.390	0.150	0.360	0.160	0.360
商业保险	有商业保险为1；否则为0	0.050	0.220	0.100	0.290	0.0900	0.280
正规信贷	有银行贷款为1；否则为0	0.130	0.340	0.110	0.320	0.120	0.320
贫困户	贫困户取值为1；否则为0	1	0	0	0	0.170	0.380
人均资产	总资产/家庭规模（千元）	9.110	21.29	19.11	47.51	17.41	44.32
农地面积	农用地面积总量（亩）	11.43	47.31	10.88	22.28	10.98	28.15
负担系数	未成年人口/家庭规模（%）	14.52	17.09	14.69	16.48	14.66	16.58
家庭规模	家庭人口总数（人）	4.420	2.130	4.470	1.890	4.460	1.930
农业劳动力比重	农业劳动力/家庭规模（%）	58.81	29.64	59.80	32.06	59.63	31.66
年龄	户主年龄（岁）	56.29	12.23	54.57	11.39	54.86	11.55
教育年限	户主受正规教育年限（年）	6.140	3.510	7.240	3.290	7.050	3.350
性别	户主是男性为1；否则为0	0.880	0.320	0.900	0.300	0.900	0.300
婚姻	户主已婚为1；否则为0	0.860	0.350	0.920	0.270	0.910	0.280
是否党员	户主是党员为1；否则为0	0.0200	0.150	0.0200	0.140	0.0200	0.150
户均消费	村庄内每户的平均消费支出（千元）	36.19	14.77	37.39	14.44	37.18	14.50
N	样本量	902		4 404		5 306	

2. 稳健性检验的结果与分析

（1）农户能否实现完全风险分担的检验结果。

表6-2-4是基于模型（6-2-1），对农户能否实现完全风险分担的估计结果。表中第（1）列是贫困农户能否实现完全风险分担的估计结果，贫困农户消费下降的几率比为1.535，并在1%的水平上显著。这表明，遭遇收入风险后，贫困农户消费下降的几率比提高54%。

表6-2-4中第（2）列是非贫困农户能否实现完全风险分担的估计结果，非贫困农户消费下降几率比为1.82，也在1%的水平上显著。这表明，遭遇收入风险使非贫困农户消费下降的几率比提高82%。

表6-2-4中第（3）列是对全部农户样本的估计结果，消费下降几率比为1.759，并在1%的水平上显著，说明收入风险冲击后，农户总体消费下降的几率比提高76%。

表 6-2-4 稳健型检验的结果再次拒绝了中国农户能够实现完全风险分担的假设。这也表明，上文农户未能在收入风险冲击下实现完全保险的实证结果是可靠的。此外，通过区分贫困农户与非贫困农户，还进一步发现，与非贫困户相比，贫困农户在遭遇风险冲击后，消费下降的几率比更低，这一发现与 Morduch（1994）的研究结论一致：因为越是贫困的家庭，为了维持基本的生存，越是极力预防消费下降，风险冲击对贫困家庭有更大的负面影响。

表 6-2-4　　农户能否实现完全风险分担的稳健型检验

变量	Logit 贫困户 (1)	Logit 非贫困户 (2)	Logit 全样本 (3)
收入冲击	1.535*** (0.225)	1.820*** (0.115)	1.759*** (0.101)
人均资产对数	0.863** (0.050)	0.910*** (0.022)	0.914*** (0.020)
农地面积对数	0.955 (0.040)	0.946** (0.022)	0.949*** (0.019)
家庭负担系数	0.992 (0.006)	1.003 (0.002)	1.002 (0.002)
家庭规模	1.008 (0.049)	0.939*** (0.022)	0.954** (0.020)
农业劳动力比重	0.997 (0.003)	0.998* (0.001)	0.998* (0.001)
户主年龄	0.991 (0.007)	0.991*** (0.003)	0.992*** (0.003)
户主受教育年限	1.050** (0.024)	1.008 (0.011)	1.016 (0.010)
户主性别	1.114 (0.259)	0.858 (0.094)	0.897 (0.008)
户主婚姻状况	0.876 (0.192)	1.064 (0.130)	1.029 (0.107)
是否党员	1.199 (0.616)	1.341 (0.289)	1.310 (0.258)

续表

变量	Logit 贫困户 （1）	Logit 非贫困户 （2）	Logit 全样本 （3）
村内户均消费	0.987 ** （0.005）	0.996 （0.002）	0.995 ** （0.002）
省份固定效应	控制	控制	控制
常数项	8.907 ** （8.233）	4.731 *** （2.011）	4.367 *** （1.660）
N	902	4 404	5 306
Pseudo R^2	0.1608	0.1307	0.1290

注：①系数为相应变量的几率比，括号内为稳健性标准误；
②*、**、***分别表示在10%、5%、1%的水平上显著；
③县级虚拟变量已经控制，由于篇幅限制没有报告。

（2）农户风险分担网络效果的估计结果。表6-2-5中第（1）、（2）、（3）列分别是基于模型（6-2-6）对贫困农户、非贫困农户和全部样本农户风险应对机制进行估计的结果。

表6-2-5中第（1）列的估计结果显示，贫困农户家庭层面、村庄层面和市场层面（商业保险和正式信贷）风险应对机制变量的系数均不显著，这表明贫困农户无法利用自身力量、村庄资源和市场机制应对风险冲击。社会层面风险应对机制变量在10%的显著性水平上为0.638，说明社会层面风险应对机制可以使贫困农户消费下降的几率比减少36%。因此，"社会安全网"对贫困农户而言意义重大，是他们遭遇风险冲击后可以依赖的最后一道屏障。

表6-2-5中第（2）列的估计结果表明，非贫困农户可以综合利用家庭、村庄、市场机制和社会安全网平滑消费。具体来看，家庭层面风险应对机制变量在1%的显著性水平上使消费下降的几率比降低32%；村庄层面风险应对机制变量在1%的显著性水平上使消费下降的几率比降低33%；社会层面风险应对机制变量在10%的显著性水平上使消费下降的几率比降低19%；商业保险和正式信贷分别在5%的显著性水平上使消费下降的几率比降低20%。

表6-2-5中第（3）列全样本的估计结果与第（2）列非贫困农户的估计结果基本一致。

表 6-2-5　　　　　　　　农户风险应对机制的稳健型检验

变量	Logit 贫困户 (1)	Logit 非贫困户 (2)	Logit 全样本 (3)
家庭层面	0.745 (0.240)	0.680*** (0.099)	0.704*** (0.093)
村庄层面	0.855 (0.249)	0.669*** (0.091)	0.706*** (0.086)
社会层面	0.638* (0.155)	0.805* (0.090)	0.778** (0.078)
商业保险	1.192 (0.424)	0.796** (0.088)	0.828* (0.086)
正规信贷	1.393 (0.309)	0.804** (0.085)	0.887 (0.083)
其它变量	控制	控制	控制
N	902	4 404	5 306
Pseudo R^2	0.1698	0.1357	0.1335

注：①系数为相应变量的几率比，括号内为稳健性标准误；
②*、**、*** 分别表示在 10%、5%、1% 的水平上显著；
③其它变量已经控制，由于篇幅限制没有报告。

把模型（6-2-6）中消费是否下降的虚拟变量替换为农户在 2013~2015 年家庭消费支出对数的变化 $\Delta\ln(c_i)$，构建模型（6-2-7），进一步检验农户风险应对机制效果的稳健性。

$$\Delta\ln(c_i) = \theta_0 + \theta_1 shock_i + \sum_{n=1}^{5}\theta_2^n RRC_i^n + \theta_3 FC_i + \theta_4 HC_i + \theta_5 V_j + \theta_6 P_m + \varepsilon_i$$

$$(6-2-7)$$

表 6-2-6 是基于模型（6-2-7）的回归结果，第（1）、（2）、（3）列分别对应贫困农户、非贫困农户和全部样本农户的估计结果。

表 6-2-6 中第（1）列的估计结果表明，贫困农户无法利用家庭、村庄和市场层面风险应对机制分担风险的结论再次得到证实。贫困农户只能利用社会层面的风险应对机制平滑消费，说明"社会安全网"的兜底作用对贫困农户意义重大。

表 6-2-6 中第（2）列的估计结果表明，非贫困户可以同时利用家庭、村庄和社会层面的风险应对机制应对风险冲击。但是，正规信贷和保险市场对家庭平滑消费没有显著作用。

表 6-2-6　　　　　　　农户风险应对机制的稳健型检验

变量	OLS 贫困户 (1)	OLS 非贫困户 (2)	OLS 全样本 (3)
家庭层面	18.121 (14.316)	13.153** (6.511)	12.863** (5.898)
村庄层面	12.072 (12.834)	12.996** (6.056)	12.251** (5.459)
社会层面	26.278** (11.586)	14.087*** (4.815)	15.942*** (4.501)
商业保险	1.390 (14.797)	3.194 (4.540)	2.917 (4.301)
正规信贷	-7.585 (10.835)	8.516 (4.683)	5.995 (4.281)
其他变量	控制	控制	控制
N	902	4 402	5 306
Adj. R^2	0.161	0.160	0.156

注：①系数为相应变量的几率比，括号内为稳健性标准误；
②*、**、***分别表示在10%、5%、1%的水平上显著；
③其他变量已经控制，由于篇幅限制没有报告。

表6-2-5和表6-2-6的稳健型检验结果再次表明，中国农户能够综合利用多个层面的风险应对机制处理风险。但是，贫困户与非贫困户风险分担网络的效果存在显著差异，贫困农户风险分担能力明显不足，无法利用家庭、村庄和市场的力量应对风险冲击，社会层面的风险应对机制是贫困农户可以依赖的最后屏障。非贫困户能够利用多个纬度的风险应对机制处理风险，具有更强的抗风险能力。

6.2.4　内生性讨论

在实证研究中，内生性是选择计量模型时需要重点考虑的问题，解释变量衡量偏误、反向因果关系和遗漏变量是导致内生性偏误的三个主要来源（陈强，2014）。本章在实证研究设计中，力图从以下几个方面对可能的内生性问题进行处理：

1. 变量的衡量性偏误

对于变量的衡量性偏误，本章6.2.1节和6.2.2节的实证分析中，主要利用 CHFS 在 2011 年的农户数据，选择不同的指标分别构建农户四个层面的风险应对机制变量。尽管这种方法是现有文献中常用的衡量农户风险应对机制的方法。但不可否认的是，此方法具有一定的主观性，不可避免地存在变量的衡量偏误问题。因此，在本章 6.2.3 节的稳健性检验部分，基于 CHFS 在 2013 年和 2015 年的两轮农户调查数据，直接和较准确地度量了农户四个层面的风险应对机制变量，从而减少变量衡量偏误导致的估计偏差，以此验证基于 2011 年 CHFS 数据得到的估计结果的可靠性。

2. 反向因果关系

对于可能的反向因果关系，已有研究发现，农户风险应对能力与家庭收入和财富水平相关，收入和财富水平高的家庭更有能力利用信贷保险市场平滑消费。因此，风险应对能力与家庭市场层面的风险应对机制变量之间可能存在反向因果关系。为此，在稳健性检验部分，利用 CHFS 在 2013 年的数据重新构建农户市场层面的风险应对机制变量，由于家庭在 2013 年是否参与信贷保险市场不会受到 2013~2015 年家庭消费波动的影响，可以排除逆向因果导致的内生性问题①。

3. 遗漏变量偏误

对于可能的遗漏变量偏误，我们在对国内外已有相关文献进行系统梳理的基础上，结合中国家庭金融调查（CHFS）2011 年、2013 年和 2015 年的农户调查数据，在构建计量模型时尽可能控制了已有文献中可能影响农户风险应对机制效果的变量，以此缓解遗漏变量产生的估计偏差。

当然，本部分的研究也存在一定的局限性。虽然本章在实证研究中尽量控制了现有文献中影响农户风险分担能力的变量，但我们在模型估计和稳健型检验部分使用的主要是截面数据，有可能遗漏农户无法观测的不随时间变化的异质性特征变量，而遗漏的这些变量可能会同时影响农户消费平滑能力以及农户对风险应对机制的选择，从而导致内生性问题，这也是本章研究最大的不足。未来可以在获取多期中国家庭金融（CHFS）调查数据的基础上，通过构建微

---

① 贫困农户其他三个层面的风险应对机制，家庭层面风险应对机制（主要受家庭收入和财富的影响）、村庄层面风险应对机制（主要受网络规模、网络质量和网络紧密度的影响）和社会层面风险应对机制（主要受到转移支付政策的影响）在短期内不会有太大变化。因此，在本书使用的数据期间内可以认为与消费波动间不存在反向因果关系。

观面板数据控制农户不随时间变化的特征,一方面可以得到更加准确的估计结果。另一方面,也可以验证本章研究结论的稳健性,这也是本研究未来可以进一步完善和拓展的方向。

6.3 农户风险应对能力的度量

本节从绝对水平和相对能力视角分别构建农户风险应对能力的代理变量,为第7章和第8章的后续分析奠定基础①。具体来看,6.3.1节基于农户综合风险应对机制模型的估计结果,预测农户消费下降的概率,进行标准化处理以后作为衡量农户绝对风险应对能力的指标。6.3.2节进一步按农户绝对风险应对能力的大小进行排序,利用不同分位值作为门槛,对样本农户进行分层,根据分层结果衡量农户相对风险应对能力。为了保证分层结果的代表性,分别在全国、省域、县域和村级范围内进行分层,建立不同区域范围内的农户风险应对能力分层变量。

6.3.1 农户风险应对能力的度量Ⅰ——绝对风险应对能力视角

1. 农户风险应对机制模型的拟合优度检验

本章基于农户风险应对机制综合效果模型(6-2-6)的估计结果预测农户消费下降的概率,经标准化处理以后作为衡量农户绝对风险应对能力的指标。因此,模型(6-2-6)的拟合情况对于能否准确预测结果具有十分关键的作用。

(1)正确预测的百分比(Percent correctly predicted)。在估计完模型(6-2-6)后,如果消费下降概率的预测值≥0.5,则预测农户消费下降;反之,如果消

---

① 本章还借鉴郭云南等(2012),王晓全等(2016),李立、李春琦(2019)等的方法构建了农户风险应对能力变量。具体来看,用农户所在村的平均消费水平作为家庭持久收入的代理变量,利用当期消费与当前收入和持久收入的关系识别农户的风险应对能力;农户当期消费对当期收入依赖程度越高,则家庭分散风险的能力越低;当期消费对持久收入依赖程度越高,则农户分散风险的能力越强。由于基于以上思路构建的风险应对能力变量,在后文的估计结果与本节构建的两类变量的估计结果基本一致,其经济意义的解释也基本相同,为了使本章的研究更加简洁和精炼,省略了基于该变量的估计结果,而在后文第7章和第8章也主要是根据本节构建的变量进行实证分析。

费下降概率的预测值小于 0.5，则预测农户消费没有下降。将预测值与实际值（样本数据）进行比较，就能计算正确预测的百分比。模型（6-2-6）正确预测的比率达到 92%，远远大于 50%，说明预测是准确的。

（2）受试者操控曲线（Receiver operating characteristic，简称 ROC 曲线）。受试者操控曲线是指敏感性（Sensitivity）与 1-特异性（Specificity）关系的散点图，即预测值等于 1 的准确率与错误率的散点图。模型（6-2-6）的 ROC 曲线如图 6-3-1 所示，曲线下方的面积为 0.8166，进一步说明预测的正确率较高。

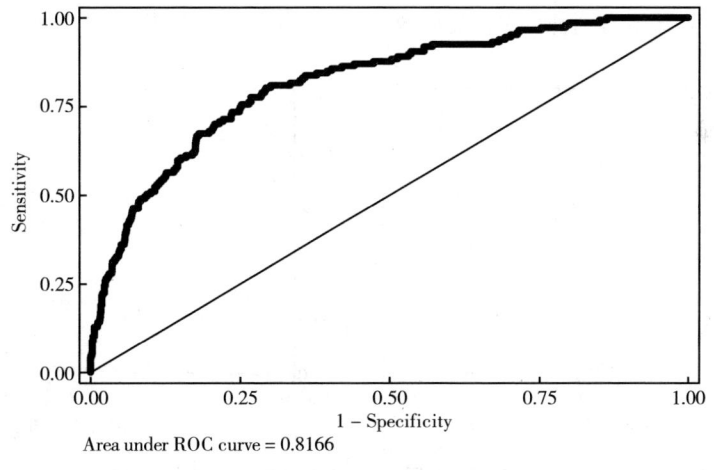

图 6-3-1　模型（6-2-6）的 ROC 曲线

（3）拟合优度检验（goodness-of-fit）。模型（6-2-6）拟合优度检验的卡方值为 1 752.42，对应的 p 值为 0.386，说明模型拟合好。

综上以上三种模型拟合情况的检验结果，可以认为模型（6-2-6）的拟合情况很好，选取消费下降的预测概率来度量农户风险应对能力是可靠的。

2. 农户绝对风险应对能力的度量

根据模型（6-2-6）的估计结果容易获取农户消费下降的概率，预测值越大，说明在遭遇风险冲击后，农户消费下降的概率越高，农户应对风险冲击的能力越差。反之，预测值越小，说明农户应对风险的能力越强。为了便于实证分析和对结果进行解释，对预测值进行如下处理。首先，利用公式（6-3-1）将农户消费下降概率预测值的取值范围限制在［0，100］之间，经过标准化的预测值越大，表示农户风险应对能力越差，反之亦反。其次，利用公式

(6-3-2)定义农户风险应对能力,农户风险应对能力的强弱与其取值大小呈同向变化关系。经过以上处理后,农户风险分担能力变量的取值范围为[0,100],取值越大,表明农户的风险应对能力越强;取值越小,表示风险分担能力越弱。

$$预测值的标准化 = \left(\frac{预测值 - \min}{\max - \min}\right) \times 100 \qquad (6-3-1)$$

$$农户风险应对能力 = 100 - 标准化后的预测值 \qquad (6-3-2)$$

图6-3-2是标准化处理前后农户风险应对能力的分布,左图是农户消费下降概率预测值的概率密度函数,右图是农户风险应对能力变量的分布情况,后文第7章和第8章主要基于农户风险应对能力变量进行实证分析。

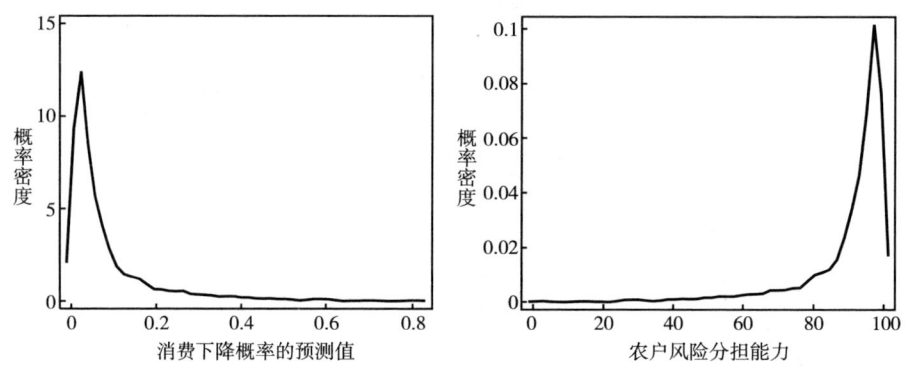

图6-3-2 农户风险应对能力的概率密度函数

6.3.2 农户风险应对能力的度量Ⅱ——相对风险应对能力视角

上一节基于农户风险分担模型的估计结果,利用农户消费下降的预测值衡量农村家庭风险分担能力,这种方法构建的风险分担能力变量为连续性变量。本研究将在接下来的第7章和第8章深入研究农户风险分担能力与农业生产率的关系,并识别可能的影响渠道。但6.3.1节构建的绝对风险分担能力变量是连续型变量,估计系数反映的是风险分担能力变化1单位对因变量的影响。由于农户风险分担能力1个单位的变动过于微小,不能准确反映不同农户风险分担能力的本质差异。为了弥补这一不足,我们进一步基于相对视角,借鉴徐丽鹤、袁燕(2017),王阳、祝娜(2019)等的研究,对农户绝对风险分担能力进行分层,进一步构建农户相对风险分担能力变量,以期在后文实证研究中能更精确刻画风险分担能力差异所导致的农业生产率的不同，并基于分层变量的估计结果检验绝对风险分担能力估计结果的稳健性。

理论上讲，处于不同风险分担能力的农户在农业生产率上存在系统性差异，这也是本研究力图检验的理论假说。为此，本节将基于6.3.1节构建的连续型风险分担能力变量，进一步构建农户风险分担能力分层变量（$Rability_i^k$），检验处于不同风险分担能力阶层的农户在农业生产率上是否存在系统性差异？并进一步识别导致这些差异的影响机制是什么？为了使分层的结果更具代表性，分别在全国、省内、县内和村内四个区域范围内对农户风险分担能力进行分层，进而构建农户多维相对风险应对能力变量。

（1）全国范围内分层。首先，按照农户绝对风险分担能力的取值大小从低到高进行排序。其次，根据排序的结果，分别以25%分位数和75%分位数为门槛值，把样本农户分为3层，第1层为处于0~25%分位数之间的农户，这些农户的风险分担能力相对较低。第2层为处于25%~75%分位数之间的农户，这些农户的风险分担能力一般。第3层是位于75%~100%分位数的农户，这些农户的风险分担能力较强。如果农户i的风险分担能力处于第k层（$k=1,2,3$），定义$Rability_i^k$为1，否则为0。其中，$Rability_i^1$表示风险分担能力弱的虚拟变量，取值为1表示农户风险分担能力处于全国农户风险分担能力排序的0~25%分位数之间，其他情况取值为0。同样，$Rability_i^2$是风险分担能力一般的虚拟变量，$Rability_i^3$代表风险分担能力强的虚拟变量。

基于以上思路，进一步在全国范围内以10%、40%、70%和90%为门槛值对农户风险分担能力进行分层，以更全面、准确地衡量农户相对风险分担能力。

（2）省内分层。在国家层面对变量取值进行分层是已有研究经常采用的方法，但是在全国范围内进行分层也存在一定的不足。因为这种方法没有考虑农村区域经济社会发展的不同水平，忽视了地区间的差异性。我国不同省份之间，尤其是东、中、西部地区之间差异悬殊，仅仅在全国范围划分不同风险分担能力阶层的农户，可能会由于忽略区域差异而导致衡量误差。

为了弥补全国分层的不足，进一步在省域范围内对农户风险分担能力进行分层。首先，以每个省为分层区域，对农户风险分担能力进行排序，分别选取25%和75%分位数作为门槛值，把每个省的样本农户分为3组，第1层为处于25%分位数以下的农户，这些农户属于该省风险分担能力弱的组。第2层为处于25%分位数以上和75%分位数以下的农户，属于省内风险分担能力中等的组。第3层为位于75%分位数以上的农户，属于省内风险分担能力强的组。如果农户 i 的风险分担能力处于该省的第 k 层（k = 1，2，3），可以定义 $Rability_{ip}^{k}$ 为1，否则为0，其中，p 是不同省份的代码。$Rability_{ip}^{1}$ 取值为1，表示农户 i 在 p 省所有农户中的风险分担能力较弱；$Rability_{ip}^{2}$ 取值为1，表示农户 i 在 p 省所有农户中的风险分担能力一般；$Rability_{ip}^{3}$ 取值为1，表示农户 i 在 p 省所有农户中的风险分担能力强。

综合每个省的分层结果，可以构建三个虚拟变量 $Rability_{i}^{k}$（k = 1,2,3），识别所有样本农户在省级区域内的相对风险分担能力。如果 $Rability_{i}^{1}$ 取值为1，则表示农户在其所在的省内的风险分担能力弱。$Rability_{i}^{2}$ 取值为1，则表示农户在其所在的省的风险分担能力一般。$Rability_{i}^{3}$ 取值为1，表示农户在其所在的省的风险分担能力强。

（3）县内分层。为了考虑不同县域之间的差异，进一步在县域范围内对农户风险分担能力进行分层，分层的方法和思路与省内分层基本一致。首先，在每个县域范围内，对农户风险分担能力进行排序，分别选取25%和75%分位数作为门槛值，把县域内的样本农户分为3层，第1层为处于25%分位数以下的农户，第2层为处于25%分位数以上和75%分位数以下的农户，第3层为位于75%分位数以上的农户，这三层分别对应县域内风险分担能力弱、风险分担能力一般和风险分担能力强。

如果农户 i 的风险分担能力处于该县内的第 k 层（k = 1，2，3），可以定义 $Rability_{ic}^{k}$ 为1，否则为0，其中，c 是不同县的代码。$Rability_{ic}^{1}$ 取值为1，表示农户在 c 县所有农户中的风险分担能力较弱；$Rability_{ic}^{2}$ 取值为1，表示农户在 c 县所有农户中的风险分担能力一般；$Rability_{ic}^{3}$ 取值为1，表示农户在 c 县所有农户中的风险分担能力强。

归纳所有县的分层结果，可以构建三个虚拟变量 $Rability_{i}^{k}$（k = 1,2,3），识别所有样本农户在县域内的相对风险分担能力。如果 $Rability_{i}^{1}$ 取值为1，表示农户在其所在的县内属于风险分担能力弱的组。$Rability_{i}^{2}$ 取值为1，表示农户在其所在的县内属于风险分担能力一般的组。$Rability_{i}^{3}$ 取值为1，则表示农户在其所在的县属于风险分担能力强的组。

（4）村内分层。为了进一步考虑不同村之间的差别，按照省内和县内分层的思路和方法，继续在村内对农户风险分担能力进行分层。首先，在每个村内，对农户风险分担能力进行排序，分别选取 25% 和 75% 分位数作为门槛值，把村内的样本农户分为 3 层[①]，第 1 层为处于 25% 分位以下的农户，第 2 层为处于 25% 分位以上和 75% 分位以下的农户，第 3 层为位于 75% 分位以上的农户，这三层分别对应村内风险分担能力弱、风险分担能力一般和风险分担能力强。

如果农户 i 的风险分担能力处于该村内的第 k 层（$k=1,2,3$），可以定义 $Rability_{iv}^{k}$ 为 1，否则为 0，其中，v 是各个村的代码。$Rability_{iv}^{1}$ 取值为 1，表示农户在 v 村所有农户中的风险分担能力较弱；$Rability_{iv}^{2}$ 取值为 1，表示农户在 v 所有农户中的风险分担能力一般；$Rability_{iv}^{3}$ 取值为 1，表示农户在 v 村所有农户中的风险分担能力强。

综合所有村的分层结果，可以构建三个虚拟变量 $Rability_{i}^{k}(k=1,2,3)$，识别所有样本农户在村内的相对风险分担能力。如果 $Rability_{i}^{1}$ 取值为 1，表示农户在其所在村内的风险分担能力弱。$Rability_{i}^{2}$ 取值为 1，表示农户在其所在村内的风险分担能力一般。$Rability_{i}^{3}$ 取值为 1，表示农户在其所在村的风险分担能力强。

6.4 本章小结

本章利用中国家庭金融调查（CHFS）具有全国代表性的农户微观调查数据，在对农户经济特征变量和风险应对机制变量进行初步描述统计的基础上，对农户风险应对机制的有效性进行了规范地计量分析。首先，借鉴已有相关研究，建立中国农户风险应对机制模型作为基础模型，利用 2011 年的 CHFS 数据，检验农户能否在遭遇收入风险冲击后实现完全保险。其次，在基础模型上分别引入农户家庭层面、村庄层面、市场层面和社会层面的风险应对机制变量，构建扩展的农户风险分担模型，不仅识别农户单一层面风险应对机制应对风险冲击的作用大小，还考察由四个层面风险应对机制构成的风险分担网络的综合效果。再次，采用 2013 年和 2015 年的 CHFS 数据对估计结果进行稳健型检验，并对可能的内生性问题进行讨论。最后，基于农户综合风险应对机制模型的估计结果，建立多个维度的指标衡量农户事后风险应对能力，为第 7 章和

---

① 删除样本量少于 3 个农户的村。

第 8 章的研究奠定基础。本章的研究得到以下主要结论：

（1）农村家庭未能在遭遇收入风险时获得完全保险。风险冲击对农户消费水平的下降有显著的负向影响，农户未能实现消费的完全平滑。本书的实证结果与 Jalan 等（2011），陆铭等（2010），王阳、漆雁斌（2016）等的发现一致，再次拒绝了中国农村地区存在对于风险的完全分担的假设。在稳健性检验部分，基于贫困与非贫困户的分组回归结果进一步发现，越是贫困的家庭，为了维持基本的生存，越是极力预防消费下降，风险冲击对贫困家庭有更大的负面影响，这意味着农村贫困家庭在风险冲击下表现出更大的脆弱性。这一发现与 Morduch（1994）和王阳等（2019）研究结论一致。

（2）家庭层面的风险应对机制能够有效帮助农村家庭应对风险冲击，是农户处理风险的重要手段。家庭人均资产（不包括储蓄）水平是影响家庭风险应对能力的重要因素，农户人均资产数量提高 1%，可以使家庭消费水平下降的概率降低 13%，因此富裕农户能够更好地平滑消费。储蓄存款是农户应对风险的有效手段，拥有储蓄存款可以使家庭消费下降的概率显著减少 3%。此外"家庭网"是提高农村家庭风险应对能力的重要渠道，获得家庭网络支持农户消费下降的概率减少 3%。

（3）村庄社会网络可以为遭受收入冲击的农户提供非正规保险，能够显著增强家庭应对风险冲击的能力。但村庄社会网络质量在帮助家庭应对风险冲击上的作用不大。作为一种非正式风险应对机制，村庄网络内的风险统筹建立在互惠互利的基础上，农户能否在遇到困难时获得网络内其他成员的帮助，主要取决于家庭是否曾经帮助过其他网络内的家庭，这种"礼尚往来"的机制可以解释构建村庄"关系网"的投入比关系网的质量本身更加重要。实证结果再次说明，尽管农村经历了 40 多年的市场化洗礼，村庄网络内的非正规风险应对机制，在农户应对风险冲击的过程中仍然发挥着重要的作用。

（4）在市场层面的风险应对机制上，由于中国农村正处在市场化的进程中，信贷和保险市场还很不完善，农户无法有效利用正规信贷和保险市场缓冲风险，非正规的民间借贷在帮助农户应对风险冲击上发挥了重要的作用。在现实中，大多数情况下农户缺乏通过银行等正规金融部门获得贷款的机会，这是因为，一方面银行和农户之间的信息不对称问题比较严重，因此也不敢把贷款贸然借给农户。另一方面，农户没有足够的资产作为抵押品。此外，在落后的发展中国家，信贷是比较稀缺的资源，信贷资源在利益的驱使下"嫌贫爱富"，农户的信贷需求经常被无视。无法从正规金融部门获得信贷的农户往往求助于民间借贷，相比于正规信贷，民间借贷在信息和担保方面具有优势。正因为如此，非正规信贷在帮助农户应对风险冲击上发挥了重要作用。

（5）农户社会层面的风险应对机制能够帮助农户缓冲风险冲击，其中政府补贴发挥了关键性的作用，充当了农村社会的"安全阀"。农业补贴也能够在一定程度上增强农户平滑消费的能力，但新农合和新农保在帮助农户应对收入风险冲击上的效果不大。当前，我国农业生产面临比较收益低和从业人员老龄化的问题，农业劳动力的老龄化不利于现代农业生产管理技术的推广，也给农业新技术和新品种的应用造成了一定的难度。通过农业补贴，一方面可以降低农业生产成本，扩大农业生产的收益；另一方面也可以激励和吸引更多的年轻劳动力从事农业生产，从而缓解农业生产"后继无人"的问题。

（6）对贫困户与非贫困户的分组回归结果进一步表明，贫困农户与非贫困农户的风险分担网络存在显著的异质性，贫困农户无法依靠自身力量应对风险冲击，村庄内社会网络和市场机制（商业保险和正规信贷）亦无法帮助贫困农户分担风险，社会层面的风险应对机制是贫困农户抵御风险冲击的最后一道防线，"社会安全网"对贫困农户的意义重大。非贫困农户能够综合利用家庭、村庄和社会层面的风险应对机制平滑消费，表现出更强的抗风险能力。

第7章 中国农户风险应对机制与农业生产率关系的实证分析

本章是第 6 章研究的继续和深入,也是本书实证分析的第二部分。本章采用 CHFS 的调查数据,在更为丰富的农业生产效率指标体系下,实证检验农户风险应对能力与土地产出率、劳动生产率、技术效率(TE)和全要素生产率(TFP)之间的关系,并利用第 6 章构造的多维风险应对能力变量对估计结果进行稳健性检验。本章共包括 5 个部分的内容,7.1 节和 7.2 节实证检验农户风险应对能力与单要素生产率之间的关系,识别农户风险应对能力对土地生产率和劳动生产率的影响。7.3 节采用异质性随机前沿(SFA)函数模型,将农户风险应对能力因素引入技术效率损失函数,用"一步"估计法检验农户风险应对能力与技术效率的关系。7.4 节采用"两步估计"检验农户风险应对能力与全要素生产率的关系,首先根据柯布—道格拉斯(C-D)生产函数估计农户的农业全要素生产率,然后将农户风险应对能力变量纳入全要素生产率的影响因素模型,检验农户风险应对能力是否会影响农户全要素生产率。7.5 节总结了本章研究发现。

7.1 农户风险应对能力与土地生产率关系的实证分析

我国是人多地少、资源禀赋不足的发展中大国,依靠提高土地单产确保食物安全始终是农业政策的热点和重点问题,也是近年来发展经济学关注的焦点领域。因此,从农户风险管理视角研究农户风险应对能力与土地生产率的关系具有重要的理论意义与政策含义①。本节共包括三个部分的内容:首先对实证分

---

① "土地生产率"也被称为"土地产出率"、"土地单产"或"土地单产价值"。

析的数据来源、变量选取与计量模型进行介绍。其次，将第6章农户风险应对能力变量引入土地生产率影响因素模型，检验农户风险应对能力与土地生产率的关系。最后，用省域、县域和村内定义的风险应对能力变量进行稳健性检验。

7.1.1 数据、变量与模型

1. 数据来源

本章7.1节、7.2节和7.3节均使用2011年的农户调查数据进行实证分析，而没有选择CHFS在2013年和2015年两轮的调查数据①。主要有以下3个方面的原因：

（1）尽管中国家庭金融调查（CHFS）已经公布了2011年、2013年和2015年三轮的调查数据，表面上看可以据此构造农户微观面板数据。但遗憾的是，这3轮调查连续追踪到的农户样本数量偏少，无法满足本部分的研究要求。具体来看，2011年、2013年和2015年三轮调查在跟踪农村家庭样本的过程中存在较大的样本流失，2013年调查追踪到2011年的农户样本量为2 406户，2015年调查连续追踪到2013年和2011年的农户样本量仅有2 176户。无论是构建2011年和2013年调查的两期面板数据，还是构建2011年、2013年和2015年调查的三期面板数据，都不具有全国代表性（徐丽鹤、袁燕，2017），因此CHFS的农户追踪数据并不适合本章的研究。

（2）2011年的调查数据提供了农户消费下降和收入风险的详细信息，基于这些数据信息能更准确地衡量农户风险应对能力变量。正如第6章指出的那样，尽管利用2013年和2015年的调查数据也能间接获得农户消费波动和收入风险的信息，但基于这些间接信息衡量的农户风险能力可能存在较大的测量误差，准确性远不如利用2011年的数据进行衡量。这也是为什么第6章主要基于2011年的农户数据进行实证分析，而仅用2013年和2015年的数据进行稳健性检验的原因。

（3）从计量模型设定和估计方法上看，本章第7.1节、7.2节和7.3节分别实证检验农户风险应对能力与土地产出率、劳动生产率和技术效率的关系，

---

① 本章7.4节在检验农户风险应对能力与全要素生产率的关系时，主要采用CHFS在2013年和2015年的两年面板数据，原因详见本章7.4节的介绍。

土地产出率、劳动生产率和技术效率在计量模型中是因变量，利用 CHFS 在 2011 年、2013 年和 2015 年的数据信息可以准确地选择相关指标度量这些因变量，在估计方法上也是通过"一步法"获得估计结果。因此，建模和估计的核心问题就在于能否准确度量农户风险应对能力这一关键变量，相比于 2013 年和 2015 年的数据，CHFS 在 2011 年的数据能更好地解决这一问题。因此，本章第 7.1 节、7.2 节和 7.3 节均使用 2011 年的农户调查数据进行实证分析，有关数据的详细介绍，参见第 1 章 1.4 节。

综合以上原因，本章 7.1 节、7.2 节和 7.3 节在检验土地产出率、劳动生产率和技术效率与农户风险应对能力的关系时，主要基于 CHFS 在 2011 年的农户调查数据进行分析。尽管是截面数据，但是利用 CHFS 数据提供的丰富、详细的农户家庭信息，可以尽可能地控制相关变量，缓解遗漏变量偏误问题，获得可信的估计结果。

2. 计量模型设定

在传统的农业生产率影响因素研究中，大多基于经典模型（7-1-1）进行最小二乘估计（OLS），以检验关注的因素对生产率的影响方向和作用程度。

$$Efficiency_i = \beta_0 + \beta_1 X_i + \varepsilon_i \qquad (7-1-1)$$

其中，$Efficiency_i$ 是第 i 家样本农户的农业生产率指标，X_i 为关心的影响农业生产率的因素，ε_i 为经典随机扰动项，服从正态分布。根据系数 β_1 的估计值 $\hat{\beta}_1$ 与 0 的关系及其显著性，可以判断关心的因素对生产率的影响方向和显著性。

值得注意的是，基于模型（7-1-1）的估计结果很可能忽略了同时影响农业生产率（$Efficiency_i$）和变量（X_i）的因素，这些遗漏的变量将被纳入扰动项（ε_i）中，导致扰动项与影响因素相关，出现遗漏变量偏误问题。在已有研究中，容易被遗漏的变量包括反映农户家庭经济特征变量以及衡量家庭人口统计特征的变量（Assuncao and Ghatak，2003），如果在建模和估计中没有控制遗漏变量，实证结果将是有偏或非一致的，此时的研究结论将受到质疑。这也是传统的生产率决定模型（7-1-1）受到广泛批评的重要原因。

为了解决模型（7-1-1）中的遗漏变量问题，综合借鉴已有研究成果（Feng et al.，2010；李谷成等，2010；陈海磊等，2014；钱龙、洪名勇，2016 等），并利用 CHFS 在 2011 年调查中收集的农户家庭的详尽数据信息，在传统计量模型（7-1-1）的基础上引入五类外生控制变量，尽可能缓解遗漏变量导致的内生性问题。这些控制变量分别是：农业生产投入变量、家庭特征变量、户主特征变量、村庄特征变量和县级虚拟变量，本章构建了扩展的农业生产率模型（7-1-2）作为基础模型。

$$Efficiency_i = \beta_0 + \beta_1 X_i + \beta_2 INP_i + \beta_3 FC_i + \beta_4 HC_i + \beta_5 V_j + \beta_6 C_m + \varepsilon_i$$

$$(7-1-2)$$

基础模型（7-1-2）中，X_i 为关心的影响农业生产率的因素。INP_i、FC_i 和 HC_i 分别为农户农业投入变量、家庭特征变量和户主特征变量，度量农户的资源禀赋和农业生产能力，通过引入这三类变量控制不同农户的禀赋差异（包括天然拥有和后天获得）。V_j 是村庄特征变量，控制不同村庄的异质性特征。C_m 是县级虚拟变量，控制不同县域社会经济发展水平的差异。β_0、β_1、β_2、β_3、β_4、β_5、β_6 分别为变量的待估系数（向量）。ε_i 为服从正态分布的经典随机扰动项。本章重点关注核心变量 X_i 的系数估计值 $\hat{\beta_1}$ 的大小和统计显著性。

本章实证部分主要在基础模型（7-1-2）的框架内，识别检验农户风险应对能力与多维农业生产效率的关系。具体来看，7.1节和7.2节分别构建土地生产率决定模型（7-1-3）和劳动生产率决定模型（7-1-4），检验农户风险分担能力与单要素生产率的关系。7.3节采用随机前沿方法（SFA），基于技术效率损失函数（7-1-5），利用"一步估计法"检验农户风险应对能力与技术效率的关系。7.4节首先利用柯布-道格拉斯生产函数获得农户全要素生产率（TFP）的估计值，然后将农户风险应对能力纳入农户全要素生产率决定模型（7-1-6），识别两者之间的关系。

本节的目标是实证检验农户风险应对能力与土地产出率的关系，将基础模型（7-1-2）中的生产率指标 $Efficiency_i$ 替换为土地生产率，并取对数。将关心的关键变量 X_i 替换为农户风险应对能力变量，构建检验农户风险应对能力与土地产出率关系的计量模型（7-1-3）。

$$\ln(Efficiency_i^{land}) = \beta_0 + \beta_1 Rability_i^k + \beta_2 INP_i + \beta_3 FC_i + \beta_4 HC_i + \beta_5 V_j + \beta_6 C_m + \varepsilon_i$$

$$(7-1-3)$$

在模型（7-1-3）中，$Efficiency_i^{land}$ 为农户土地产出率变量，$Rability_i^k$ 为第6章定义的农户多维风险应对能力变量，$k(k=1,2,3,4,5,6)$ 表示定义农户风险应对能力的不同方法。本节重点关注系数（向量）β_1 的估计值 $\hat{\beta_1}$ 的经济显著性和统计显著性，若 $\hat{\beta_1} > 0$ 且在统计上显著，则表明农户风险应对能力越强的农户具有越高的土地产出率，反之亦反。

此外，INP_i 是农业生产投入变量，包括耕地面积、农业机械投入和从事农业劳动的时间 3 个变量。FC_i 是家庭特征变量，用劳动力平均教育程度、劳动力平均年龄、非农劳动收入占比、市场化程度和正规信贷共 5 个变量进行衡量。HC_i 是户主特征变量，户主在农业生产决策中通常发挥着至关重要的作用，分别引入户主性别、户主婚姻状况、户主是否党员和户主健康状况 4 个变量予以控制。V_j 是村庄特征变量，用村内农户的平均收入来衡量。C_m 是县级虚拟变量。

3. 变量选择与描述性统计

根据本章实证模型（7 - 1 - 3）的建模思路，结合中国家庭金融调查（CHFS）数据的特点，分别选择相应的指标衡量农户的土地生产率、农业生产投入、家庭经济特征和户主特征。

（1）土地生产率。借鉴钱龙、洪名勇（2016），李谷成等（2010）的研究，用土地"单产价值"衡量农户的土地产出率，定义土地产出率等于农业产值与土地投入的比值。

$$Efficiency_i^{land} = \frac{农业产值}{土地投入}$$

其中，农业产值[①]用农户 2010 年的农产品总产值表示，主要包括粮食作物产值、经济作物产值、林业产值、畜牧业产值和渔业产值。由于不同农户生产的农产品在品种和质量上存在差异，将不同种类的农产品产量进行简单加总来衡量产出的方法无法体现产品质量上的差别，也无法直接进行比较。但是，用农产品总产值来衡量农业产出水平可以解决比较问题，由于农业产值同时考虑了产量和市场价格的因素，且市场价格体现了农产品的质量信息，因此用产值度量农业产出比用产量指标更加科学，这也是大多数有关农业生产率的文献普遍采取的处理方式。

土地投入用农户家庭承包地面积衡量，对土地的利用是农业活动所独有的特征，在农业生产率研究中，播种面积比采用农户承包耕地面积更能体现农户对土地资源的利用效率，能更加科学地度量农户生产率。但是，CHFS 在 2011

[①] 本书用"农业产值"，而非"农业净产值"来度量农户的产出，主要是基于模型估计科学性和准确性的考虑。因为农业净产值等于农业产值减去农业生产的中间投入。如果把农业净产值作为计量模型的因变量，等于无形中对模型施加了一个前提假设，即农业中间投入指标的系数为 1。显然，这一假设在实践中是否正确，是值得怀疑和商榷的。本章为了使模型构建更加符合农业生产的实际，采用"农业产值"而非"农业净产值"衡量农户的生产成果，使得实证研究的结果更加贴近农业生产的实际情况。

年的调查数据没有提供播种面积和复种指数的信息,因此采用家庭承包地面积衡量农地投入情况。

(2) 农户风险应对能力变量。利用第 6 章构造的多个农户风险应对能力指标进行实证分析和稳健性检验,风险分担能力变量的详细定义和赋值方法见第 6 章 6.3 节,此处不再赘述。其中:

$Rability_i^1$ 是农户风险应对能力变量的第 1 种定义方法,衡量农户在全国范围内的绝对风险应对能力。

$Rability_i^2$ 是农户风险应对能力变量的第 2 种定义方法,衡量农户在全国范围内的相对风险应对能力,将农户绝对风险应对能力变量进行排序后的 25% 和 75% 分位数为门槛值,将样本农户相对风险应对能力分为 3 层,位于 0~25% 的为风险应对能力差、25%~75% 为风险应对能力中等、75%~100% 为风险应对能力强,在估计过程中,将风险应对能力最差的 0~25% 农户作为参照组。

$Rability_i^3$ 是农户风险应对能力变量的第 3 种定义方法,将农户绝对风险应对能力变量进行排序后的 10%、40%、70% 和 90% 作为门槛值,将样本农户分为 0~10%、10%~40%、40%~70%、70%~90% 和 90%~100% 共 5 层更加细致地衡量农户在全国范围内的相对风险应对能力。实证分析中,将把风险应对能力最差的 0~10% 农户作为参照组。

$Rability_i^4$ 是农户风险应对能力的第 4 种定义方法,衡量样本农户在不同省份内的相对风险应对能力,将农户绝对风险应对能力变量在省域范围内进行排序后,以 25% 和 75% 分位数作为门槛值,把样本农户分为 3 层,位于 0~25% 的为省内风险应对能力差、25%~75% 为省内风险应对能力中等、75%~100% 为省内风险应对能力强,在估计过程中,将省内风险应对能力最差的 0~25% 农户作为参照组。

$Rability_i^5$ 是农户风险应对能力的第 5 种定义方法,衡量样本农户在不同县域内的相对风险应对能力,将农户绝对风险应对能力变量在县域范围内进行排序后,以 25% 和 75% 分位数为门槛值,把样本农户分为 3 层,位于 0~25% 的为县域内风险应对能力差、25%~75% 为县域内风险应对能力中等、75%~100% 为县域内风险应对能力强,在估计过程中,将县域内风险应对能力最差的 0~25% 农户作为参照组。

$Rability_i^6$ 是农户风险应对能力的第 6 种定义方法,衡量样本农户在不同村内的相对风险应对能力,将农户绝对风险应对能力在村内进行排序后,以 25% 和 75% 分位数作为门槛值,把样本农户分为 3 层,位于 0~25% 的为村内风险应对能力差、25%～75%为村内风险应对能力中等、75%～100%为村内风险应对能力强，在估计过程中，将村内风险应对能力最差的0～25%农户作为参照组。

在后文的实证分析部分，用农户绝对风险应对能力变量（$Rability_i^1$）、农户在国内相对风险应对能力变量（$Rability_i^2$）和（$Rability_i^3$）进行模型估计。用省内、县内和村内的农户风险应对能力变量$Rability_i^4$、$Rability_i^5$和$Rability_i^6$进行稳健性检验。

（3）农业生产投入变量。

耕地面积：耕地面积反映了农户的土地投入和经营规模，用农户承包地面积来表示。类似于已有的农业生产率研究文献，我们将其取对数化后直接引入模型①。

农业机械：CHFS在2011的问卷中会询问受访户，"目前，您家有哪些农用机械？拖拉机除外"，回答共有9个选项：①脱粒机（包括打稻机）；②动力播种机；③收割机；④抽水机（包括水泵）；⑤畜牧业机械；⑥林业机械；⑦渔业机械；⑧其他（请注明）；⑨都没有。根据农户的回答构建农业机械虚拟变量，如果受访户选择"①、②、③、④、⑤、⑥、⑦、⑧"中的任一项，表明家庭拥有农业机械，农业机械虚拟变量取值为1；否则为0。

从事农业劳动的时间：用农户在农业生产经营上所投入的总劳动时间表示，定义从事农业劳动的时间等于家庭投入种植业生产的人数乘以单位劳动力平均从事农业生产的月数。CHFS在2011年的问卷中会询问受访户，"去年，您的家庭成员有几个人从事农业生产经营？"以及"去年，农业劳动力平均有几个月从事农业生产经营？"，利用农户对这两个问题的回答可以计算从事农业劳动的时间。在实证分析中将其取对数化后引入模型。

（4）家庭特征变量。

农业劳动力平均受教育程度变量：把家庭农业劳动力受正规教育年限加总后除以家庭农业劳动力数量。

劳动力平均年龄变量：把家庭农业劳动力年龄加总后除以家庭农业劳动力数量。

非农收入占比变量：用农户农业经营收入占家庭总收入的比重衡量家庭的兼业程度。农村劳动力非农转移对农业生产的影响存在正反两方面的影响：一

---

① 对变量取对数后，可以缓解截面数据异方差的影响。由于对数函数是单调增函数，对耕地面积的对数进行回归，可以考察农户经营规模与农业生产率之间的非线性单调关系。

方面，家庭农业劳动力数量和质量的下降对农业生产可能造成负面影响；另一方面，家庭劳动力从事非农行业能够增加家庭收入，从而降低农户的收入风险，非农收入的增加也能缓解农户的资金约束，使其能及时购置农资和增加农业生产投入，从而会对农业生产带来正向影响。

市场化程度变量：用农户自产自销的农产品产值占家庭农业总产值的比重进行衡量。

正规信贷虚拟变量：农户在农业生产经营中获得正规信贷取值为1，否则为0。

（5）户主特征变量。

户主特征变量包括户主性别、户主婚姻状况、户主政治面貌、户主健康状况，定义和赋值与第6章6.1.2节一致。

（6）村庄特征变量。

用村内户均收入水平衡量不同村庄的经济发展水平，以控制村庄的异质性影响。在实证分析中，将其取自然对数化后引入模型。

（7）县域控制变量。

不同县的农村经济发展水平不同，农业生产的气候条件和资源禀赋差异较大，文化和风俗习惯也存在多样性，这些差异化的因素可能同时影响农户风险分担能力和农业生产率，如果不予控制，将导致遗漏变量偏误。本章通过构建县域虚拟变量来控制不同县之间的异质性。表7-1-1给出了计量模型中涉及变量的定义与赋值情况。

表7-1-1　　　　　　　变量定义及赋值列表

变量分类	变量名	变量赋值
农业生产率	土地产出率	农业产值/土地面积（元）
风险应对能力	绝对风险应对能力	详见6.3.1节
	风险应对能力分层	详见6.3.2节
农业投入	土地投入	承包地面积（亩）
	农业机械	有农业机械为1；其他为0
	劳动投入	务农劳动力人数×平均务农月数（月）
家庭特征	劳动力平均受教育程度	农业劳动力平均受正规教育年限（年）
	劳动力平均年龄	农业劳动力平均年龄（年）
	劳动力平均年龄的平方	农业劳动力平均年龄的平方（年）
	非农收入占比	（非农收入/总收入）×100（%）
	市场化程度	（自产自销的农产品产值/家庭总产值的比重）×100%
	正规信贷	生产经营中获得正规信贷为1，否则为0

续表

变量分类	变量名	变量赋值
户主特征	户主性别	户主是男性为1；否则为0
	户主婚姻状况	户主已婚为1；否则为0
	户主政治面貌	户主是党员为1；否则为0
	户主健康状况	户主健康状况好为1；其他为0
村庄特征	村内户均收入	村庄内每户家庭的平均收入（千元）
县固定效应	县虚拟变量	属于m县（$m=1,2,\cdots,$）取值为1；否则为0

表7-1-2、表7-1-3、表7-1-4和表7-1-5是根据不同方法定义的农户风险应对能力变量进行描述性统计分析的结果，表7-1-2是在全国范围内对农户风险应对能力进行分组后的描述性统计结果，表7-1-3是在省域范围内对农户风险应对能力进行分组后的描述性统计结果，表7-1-4是在县域范围内对农户风险应对能力进行分组后的描述性统计结果，表7-5是在村内对农户风险应对能力进行分组后的描述性统计结果。

表7-1-2　　　　变量的描述性统计（全国分组）

变量	风险分担能力弱 0~25% (1)		风险分担能力一般 25%~75% (2)		风险分担能力强 75%~100% (3)		总体 (4)	
	均值	标准差	均值	标准差	均值	标准差	均值	标准差
土地生产率的对数	6.96	1.10	7.16	1.16	7.28	1.17	7.14	1.15
耕地面积的对数	1.28	0.85	1.33	0.93	1.50	0.88	1.36	0.90
农业机械	0.32	0.47	0.37	0.48	0.39	0.49	0.36	0.48
务农时间的对数	2.47	0.77	2.45	0.77	2.36	0.77	2.43	0.77
劳动力平均年龄	45.72	10.25	46.29	10.89	46.05	10.99	46.09	10.75
劳动力平均受教育程度	6.53	2.84	6.73	2.75	6.79	2.90	6.70	2.81
非农收入占比	36.54	33.07	39.79	33.51	45.72	33.50	40.47	33.54
市场化程度	82.13	29.78	83.19	28.51	85.00	27.19	83.39	28.51
正规信贷	0.15	0.35	0.11	0.32	0.13	0.34	0.13	0.33
户主性别	0.81	0.39	0.86	0.35	0.93	0.26	0.86	0.34

续表

变量	风险分担能力弱 0~25% (1)		风险分担能力一般 25%~75% (2)		风险分担能力强 75%~100% (3)		总体 (4)	
	均值	标准差	均值	标准差	均值	标准差	均值	标准差
户主婚姻状况	0.92	0.27	0.93	0.26	0.90	0.30	0.92	0.27
户主政治面貌	0.08	0.27	0.08	0.27	0.08	0.27	0.08	0.27
户主健康状况	0.20	0.40	0.20	0.40	0.26	0.44	0.22	0.41
村内户均收入的对数	10.04	0.55	9.96	0.55	9.98	0.50	9.99	0.54
N	441		886		446		1 773	

表7-1-3　　变量的描述性统计（省内分组）

变量	风险分担能力弱 0~25% (1)		风险分担能力一般 25%~75% (2)		风险分担能力强 75%~100% (3)		总体 (4)	
	均值	标准差	均值	标准差	均值	标准差	均值	标准差
土地生产率的对数	7.04	1.15	7.14	1.13	7.22	1.19	7.14	1.15
耕地面积的对数	1.31	0.91	1.35	0.92	1.42	0.86	1.36	0.90
农业机械	0.34	0.47	0.34	0.47	0.43	0.49	0.36	0.48
务农时间的对数	2.49	0.78	2.44	0.77	2.37	0.77	2.43	0.77
劳动力平均年龄	45.88	10.37	46.18	10.67	46.12	11.30	46.09	10.75
劳动力平均受教育程度	6.44	2.84	6.76	2.74	6.82	2.92	6.70	2.81
非农收入占比	33.81	32.12	38.90	33.06	50.04	33.83	40.47	33.54
市场化程度	82.11	29.94	84.45	27.19	82.51	29.62	83.39	28.51
正规信贷	0.15	0.36	0.11	0.31	0.13	0.34	0.13	0.33
户主性别	0.79	0.41	0.87	0.34	0.94	0.24	0.86	0.34
户主婚姻状况	0.92	0.27	0.93	0.26	0.89	0.31	0.92	0.27
户主政治面貌	0.07	0.26	0.08	0.28	0.07	0.26	0.08	0.27
户主健康状况	0.20	0.40	0.19	0.39	0.27	0.45	0.22	0.41
村内户均收入的对数	9.99	0.55	9.98	0.54	10.00	0.53	9.99	0.54
N	435		889		449		1 773	

表7-1-2、表7-1-3、表7-1-4和表7-1-5的第（1）列对应风险应对能力弱的样本农户的变量均值与标准差。第（2）列对应风险应对能力一般的样本农户的变量均值与标准差。第（3）列对应风险应对能力强的样本农户的变量均值与标准差。第（4）列对应全部样本农户的变量均值与标准差。

综合分析以上4个表的描述性统计结果可以发现，无论是在全国、省域，还是在县域和村内定义农户风险应对能力，风险应对能力越强的农户，表现出土地产出率更高的特征。此外，风险应对能力越强的农户也拥有更多的承包地；随着风险分担能力的提高，农户更愿意购置农业机械，但务农的时间也更短。

表7-1-4 变量的描述性统计（县内分组）

变量	风险分担能力弱 0~25%		风险分担能力一般 25%~75%		风险分担能力强 75%~100%		总体	
	（1）		（2）		（3）		（4）	
	均值	标准差	均值	标准差	均值	标准差	均值	标准差
土地生产率的对数	7.05	1.13	7.14	1.15	7.20	1.17	7.14	1.15
耕地面积的对数	1.34	0.89	1.35	0.94	1.40	0.85	1.36	0.90
农业机械	0.32	0.47	0.36	0.48	0.40	0.49	0.36	0.48
务农时间的对数	2.48	0.77	2.46	0.76	2.34	0.80	2.43	0.77
劳动力平均年龄	46.09	10.45	46.30	10.88	45.68	10.79	46.09	10.75
劳动力平均受教育程度	6.32	2.87	6.77	2.75	6.91	2.85	6.70	2.81
非农收入占比	32.89	31.95	38.66	32.89	51.16	33.74	40.47	33.54
市场化程度	82.64	29.35	84.74	26.99	81.44	30.47	83.39	28.51
正规信贷	0.15	0.36	0.11	0.32	0.13	0.34	0.13	0.33
户主性别	0.78	0.41	0.86	0.34	0.95	0.23	0.86	0.34
户主婚姻状况	0.93	0.26	0.92	0.27	0.90	0.30	0.92	0.27
户主政治面貌	0.09	0.29	0.08	0.26	0.07	0.26	0.08	0.27
户主健康状况	0.18	0.39	0.18	0.39	0.31	0.46	0.22	0.41
村内户均收入的对数	9.99	0.54	9.97	0.55	10.01	0.50	9.99	0.54
N	429		889		455		1 773	

表 7-1-5　　　　　　　　变量的描述性统计（村内分组）

变量	风险分担能力弱 0~25% (1)		风险分担能力一般 25%~75% (2)		风险分担能力强 75%~100% (3)		总体 (4)	
	均值	标准差	均值	标准差	均值	标准差	均值	标准差
土地生产率的对数	7.05	1.09	7.16	1.19	7.17	1.14	7.14	1.15
绝对风险分担能力	74.61	18.80	92.62	6.98	97.78	2.02	90.07	13.26
耕地面积的对数	1.33	0.87	1.35	0.94	1.40	0.86	1.36	0.90
农业机械	0.35	0.48	0.35	0.48	0.39	0.49	0.36	0.48
务农时间的对数	2.48	0.77	2.46	0.76	2.36	0.80	2.43	0.77
劳动力平均年龄	46.23	10.24	46.10	10.96	45.96	10.79	46.09	10.75
劳动力平均受教育程度	6.31	2.76	6.77	2.79	6.87	2.87	6.70	2.81
非农收入占比	31.17	31.01	39.03	33.13	50.50	33.71	40.47	33.54
市场化程度	83.01	29.43	84.55	26.95	81.58	30.42	83.39	28.51
正规信贷	0.13	0.34	0.12	0.33	0.13	0.34	0.13	0.33
户主性别	0.79	0.41	0.86	0.35	0.94	0.24	0.86	0.34
户主婚姻状况	0.93	0.26	0.92	0.27	0.90	0.30	0.92	0.27
户主政治面貌	0.08	0.27	0.09	0.28	0.07	0.25	0.08	0.27
户主健康状况	0.19	0.39	0.18	0.39	0.30	0.46	0.22	0.41
村内户均收入的对数	9.98	0.54	9.99	0.54	9.98	0.53	9.99	0.54
N	391		891		491		1 773	

7.1.2　实证结果

1. 农户风险应对能力的估计结果

表 7-1-6 是模型（7-1-3）的估计结果，第（1）列对应绝对风险应对能力变量的估计结果。第（2）列对应在全国范围内农户风险应对能力分层变量的估计结果，以风险应对能力最差的 0~25% 农户作为对照组。第（3）列对应进一步细化的全国范围内的农户风险应对能力分层变量的估计结果，以风险应对能力最差的 0~10% 的农户作为对照组。

表 7-1-6 中第（1）列的估计结果显示，农户绝对风险应对能力变量的系数估计值为 0.01，并在 1% 的水平上显著。这说明，农户绝对风险应对能力提高 1 个单位，土地产出率提高 1%。

第（2）列的估计结果说明，风险应对能力一般虚拟变量的系数估计值为 0.234，并在 1% 的水平上显著。这说明，相比于 25% 风险应对能力最差的样本农户，风险应对能力一般农户的土地产出率提高 23.4%。风险应对能力强虚拟变量的系数估计值为 0.46，也在 1% 的水平上显著，这说明相比于 25% 全国风险应对能力最差的样本农户，风险分担能力强的样本农户的土地产出率提高 46%。

第（3）列是对农户风险应对能力进一步细分后的估计结果，相比与风险应对能力最差的 10% 的样本农户，风险应对能力位于 10%~40% 的农户的土地生产率在 5% 的水平上显著提高 18.5%，风险应对能力位于 40%~70%、70%~90%、90%~100% 区间内的农户的土地产出率在 1% 的水平上分别显著提高 28.8%、49.2% 和 57.9%。

综合表 7-1-6 的估计结果可以发现，在全国范围内，无论是从绝对风险应对能力还是从相对风险应对能力看，风险应对能力是影响土地产出率的重要因素，随着农户风险应对能力的增强，土地生产率随之提高。

表 7-1-6　农户风险应对能力与土地产出率的估计结果

变量	OLS 绝对风险分担能力	OLS 相对风险分担能力	
	（1）	（2）	（3）
风险分担能力	0.010 *** （0.002）	—	—
风险分担能力最差的 0~25% 为对比	—	—	—
25%~75%	—	0.234 *** （0.052）	—
75%~100%	—	0.460 *** （0.063）	—
风险分担能力最差的 10% 为对比	—	—	—
10%~40%	—	—	0.185 ** （0.082）
40%~70%	—	—	0.288 *** （0.080）

续表

变量	OLS 绝对风险分担能力	OLS 相对风险分担能力	
	（1）	（2）	（3）
70%～90%	—	—	0.492*** (0.081)
90%～100%	—	—	0.579*** (0.099)
耕地数量的对数	-0.725*** (0.034)	-0.734*** (0.033)	-0.732*** (0.033)
农业机械	0.342*** (0.050)	0.342*** (0.049)	0.333*** (0.049)
务农时间的对数	0.097*** (0.031)	0.101*** (0.031)	0.104*** (0.031)
劳动力平均年龄	0.028* (0.015)	0.027* (0.014)	0.028* (0.015)
劳动力平均年龄的平方	-0.000** (0.000)	-0.000** (0.000)	-0.000** (0.000)
劳动力平均受教育程度	0.033*** (0.010)	0.033*** (0.010)	0.033*** (0.010)
非农收入占比	-0.010*** (0.001)	-0.011*** (0.001)	-0.011*** (0.001)
市场化程度	-0.007*** (0.001)	-0.007*** (0.001)	-0.007*** (0.001)
正规信贷	0.159** (0.070)	0.155** (0.069)	0.159** (0.070)
户主性别	0.067 (0.064)	0.057 (0.064)	0.044 (0.065)
户主婚姻状况	0.319*** (0.071)	0.329*** (0.071)	0.323*** (0.071)
户主政治面貌	0.175** (0.074)	0.197*** (0.074)	0.194*** (0.075)
户主健康状况	-0.239*** (0.049)	-0.258*** (0.049)	-0.261*** (0.049)

续表

变量	OLS 绝对风险分担能力	OLS 相对风险分担能力	
	(1)	(2)	(3)
村内户均收入的对数	0.176*** (0.064)	0.165*** (0.064)	0.160** (0.064)
常数项	3.956*** (0.781)	4.835*** (0.766)	4.780*** (0.768)
县域固定效用	控制	控制	控制
N	1 773	1 773	1 773
Adj. R^2	0.477	0.481	0.482

注：①括号里报告的是县集聚效应的标准误，系数为边际效应；
②*代表10%显著性水平，**代表5%显著性水平，***代表1%显著性水平。

2. 农业生产投入变量的估计结果

（1）耕地面积越大，农户的土地产出率越低。实证结果表明，耕地面积每增加1%，土地生产率显著下降0.7%。单纯从农户土地单产的角度来看，小农户相对于大农户享有土地生产率上的比较优势。这一结论与李谷成等（2010）、陈海磊等（2014）的发现基本一致。这说明，小规模农户的土地单产效率要高于大农户。如果将小规模土地经营视为传统农业的一种特征的话，本章的实证结果支持中国农业仍然具有传统农业的特点。从政策含义上看，由于家庭联产承包责任制下的小农户相对于大农户而言享有土地生产率上的效率优势，小农户在当前农业发展阶段仍然具有存在的必要性和合理性。如果政策目标仅仅定位于保障基本的食物安全，那么继续维持小农户发展战略是实现这种政策目标的有效途径，维持土地均分的家庭联产承包责任制仍然是满足食物需求刚性增长、确保粮食安全的一种有效制度安排，在未来相当长的一段时期内也是完成城市化之前符合我国特定资源禀赋条件的一种制度安排。

（2）农业机械能够显著提高农户的土地生产率。相对于没有农业机械的家庭，购置农业机械可以使土地产出率显著提高33%左右。这一发现与钱龙、洪名勇（2016）的研究结论一致。在农村地区，农业机械投入可以显著正向影响土地生产率，这也说明农机购置补贴等惠农政策，有助于提升土地生产率。

（3）农业劳动时间投入越多，土地产出率也越高。估计结果显示，劳动时间投入每增加 1%，土地产出率提高 0.1%。这一发现与主流文献的研究结论基本保持一致（黄宗智，2000；李谷成等，2010；钱龙、洪名勇，2016），再次映证了中国农户是典型的小规模农业生产者，他们会理性地通过增加单位土地面积上的劳动力投入来提高土地生产率。

3. 家庭特征变量的估计结果

（1）农业劳动力平均年龄对土地产出的影响呈现倒 U 型关系。随着农业劳动力平均年龄的增加，土地产出率先增加，达到最大值以后，再随着平均年龄的增加而减少。这一发现与盖庆恩等（2014）的研究结论基本一致。这也说明，农村日益严重的农业劳动力老年化问题对农业生产十分不利。

（2）劳动力平均受教育程度对土地产出率有显著的正向影响，劳动力平均受教育年限每增加 1 年，土地产出率增加 3.3%。发展现代农业离不开对农民的教育投资，这再次证明，人力资本对提升农户生产效率至关重要（Schultz，1965）。当前，我国农村劳动力的文化程度以小学和初中为主，受教育程度较高的农村劳动力大多流向城市和非农产业，留守农村的大多为"弱质"的农民群体，从而带来粗放经营的问题。此外，务农劳动力的整体素质呈下降趋势还不利于先进农业技术的推广和扩散，也会抑制土地生产率的提高。

（3）非农收入占比越高的家庭，土地生产率越低。农户非农收入比重每提高 1 个百分点，土地产出率显著下降 1%。理性的农户会在农业生产和非农产业之间配置家庭资源以实现福利的最大化。由于当前农业劳动和非农就业之间存在着明显的工资差异，家庭会在自身约束条件下做出理性的选择。在农业比较效益过低和有效的"反哺"机制尚不完善的背景下，农业资源呈现净流出的状态，尤其是农村高素质青壮年劳动力向城市和非农产业的转移，导致高素质的农业劳动力短缺，使农业生产经营相对粗放，有损农业生产率的稳步提升。本章的实证发现支持 Damon（2010）和李谷成等（2010）的研究结论，即农户家庭非农就业显著地负向影响土地生产率。

（4）市场化程度对土地生产率有显著的负向影响。农户是部分参与市场的经济主体，一方面，他们获得参与市场的好处并承担市场风险；另一方面，为了规避风险，他们也保留非市场化的生产内容（艾利思，2006）。本章以农户自产自销农产品价值占农产品总价值的比重来衡量的农户市场化程度。研究发现，市场化程度每提高 1 个百分点，土地生产率下降 0.7%。这一实证结果似乎与理论预期存在矛盾，市场化变量的负效应可能是因为样本农户的农业生产仍然具有传统农业维持生计特点,他们仅部分地参与不完善的农业投入要素市场和农产品产出市场,具有生产与消费复合的二元经济性质。在传统农民向现代农民过渡的过程中,部分参与市场有利于家庭规避市场风险,市场化程度对农业效率的作用显著为负。

(5)正规信贷支持显著提高了土地生产率,相比于没有正规信贷的农村家庭,在农业生产经营中获得正规信贷支持的农户,土地产出率显著提高16%。农户在扩大农业生产或者选择新的生产项目时往往缺乏足够的资金,农户缺乏抵押品以及正规信贷的高交易成本和道德风险等问题,他们在寻求资金支持时经常受到正规信贷约束(Damon,2010)。信贷约束使得农户无法充分地投资农业,如果农村正规信贷机构能够满足农户的信贷需求,支持农户扩大生产或者采纳更能盈利的农业生产技术,将在很大程度上促进土地生产率的提高。

4. 户主特征变量的估计结果

(1)户主为党员的家庭有更高的土地产出率。党员身份代表户主具有更强的能力,而且农村基层干部的社会关系更加广泛,掌握着更多可支配资源及其他非农就业信息等,在农业生产上具有更高的效率。

(2)户主身体健康的家庭有更高的土地产出率。农业生产需要较大的体力消耗,因此健康状况对土地产出率有显著的正向影响。

(3)已婚户主家庭比未婚户主家庭拥有更高的土地产出率。

(4)户主性别对土地产出率没有显著的影响。

5. 村庄特征变量的估计结果

样本农户所在村的平均收入越高,该农户拥有更高的土地产出率。这是因为,越是富裕的村庄,农业基础设施和农业生产服务措施越完善,尤其是与农业生产配套的灌溉、水渠等农业基础设施更加先进,这些因素有利于提高农户土地产出率。

7.1.3 稳健性检验

表7-1-7是稳健性检验的结果,表中第(1)列是对省内农户风险应对能力分层的估计结果,第(2)列是对县内农户风险应对能力分层的估计结

果,第(3)列是对村内农户风险应对能力分层的估计结果。

第(1)列的估计结果表明,相比与省内风险应对能力最差的农户,风险分担能力一般的农户的土地产出率在1%的显著性水平上提高18.6%;风险应对能力强的农户的土地产出率在1%的显著性水平上提高41%。

第(2)列的估计结果表明,相比于县内风险应对能力最差的农户,风险应对能力一般的样本农户的土地产出率在1%的显著性水平上提高16.3%,风险应对能力强的农户的土地产出率在1%的显著性水平上提高38.9%。

第(3)列的估计结果表明,相比于村内风险应对能力最差的农户,风险应对能力一般的农户的土地产出率在1%的显著性水平上提高19.1%,风险应对能力强的农户的土地产出率在1%的显著性水平上提高37.1%。

表7-1-7的估计结果发现,在省域、县域和村内对农户风险应对能力重新分组的估计结果与上文基本一致。这也再次证明,农户风险应对能力与土地生产率存在稳健的正向影响关系,农户风险应对能力的提高能够显著促进土地产出率的增长。

表7-1-7   稳健性检验

变量	OLS 省内 (1)	OLS 县内 (2)	OLS 村内 (3)
风险应对能力最差的25%为对比	—	—	—
25%~75%	0.186*** (0.050)	0.163*** (0.050)	0.191*** (0.051)
75%~100%	0.410*** (0.061)	0.389*** (0.061)	0.371*** (0.058)
其他控制变量	控制	控制	控制
县域固定效应	控制	控制	控制
N	1 773	1 773	1 773
Adj. R^2	0.480	0.480	0.478

注:①括号里报告的是县集聚效应的标准误,系数为边际效应;
②*代表10%显著性水平,**代表5%显著性水平,***代表1%显著性水平;
③其他控制变量的估计结果与表7-1-6基本相同,未做报告。

7.2 农户风险应对能力与劳动生产率关系的实证分析

"三农"问题的核心是农民问题。千方百计增加农民收入从根本上讲,还要依靠提高农民的劳动生产率。尽管中国农业政策的重点内容之一是通过提高土地生产率确保食物安全。但以确保增加农产品产量为主导的农业政策和以增加农民收入为核心的农民政策并非是完全内在统一的。一谓强调总产量增长而忽视提高劳动生产率的农业政策,有可能会陷入只有增长而没有发展的农业陷阱(黄宗智,2006;黄宗智、彭玉生,2007)。在实践中,无论是农业生产结构朝着更符合比较优势的劳动密集型农产品转变,还是大规模转移农村劳动力以转变城乡就业结构,目标指向都是通过提高劳动生产率增加农民收入。因此,在新的时代背景下从农户风险管理视角探讨农户风险应对能力与劳动生产率间的关系,具有重要的现实意义和丰富的政策含义。

本节实证检验农户风险应对能力与劳动生产率的关系,研究思路与7.1节基本一致。首先,对数据来源、变量选取与模型构建进行介绍。其次,把第6章构建的农户风险应对能力变量引入劳动生产率影响因素模型,识别农户风险应对能力是否会影响劳动生产率。最后,利用多维风险应对能力变量对实证结果进行稳健性检验。

7.2.1 数据、变量与模型

1. 数据来源

本节的数据来源与本章7.1节一致,此处不再赘述。

2. 计量模型设定

将基础模型(7-1-2)中的生产率指标替换为劳动生产率并取对数,将关心的核心变量 X_i 替换为风险分担能力变量,从而构建农户风险应对能力与劳动生产率关系的计量模型(7-2-1)检验农户风险分担能力与劳动生产率的关系:

$$\ln(Efficiency_i^{labor}) = \beta_0 + \beta_1 Rability_i^k + \beta_2 INP_i + \beta_3 FC_i + \beta_4 HC_i + \beta_5 V_j +$$

$$\beta_6 C_m + \varepsilon_i \tag{7-2-1}$$

其中，$Efficiency_i^{labor}$ 为劳动生产率变量，其他变量的定义与 7.1 节中模型（7-1-3）一致。本节重点关注系数（向量）β_1 的估计值 $\hat{\beta_1}$ 的经济显著性和统计显著性。如果 $\hat{\beta_1} > 0$ 且在统计上显著，则说明风险应对能力越强的农户，也具有更高的劳动生产率；反之亦反。

3. 变量选择与描述性统计

借鉴已有研究，用单位劳动力的农业产值衡量劳动生产率，定义劳动生产率等于农业产值与农业劳动力数量的比值，在实证分析中将劳动生产率取对数后引入模型（7-2-1）。其他控制变量定义与赋值与 7.1 节一致，在此省略。

$$Efficiency_i^{labor} = \frac{农业产值}{农业劳动力数量}$$

表 7-2-1 是根据不同维度的农户相对风险应对能力变量分组后对劳动生产率进行描述性统计分析的结果，第（1）行是在全国范围内对农户风险应对能力进行分组后的描述性统计结果，第（2）行是在省域范围内对农户风险应对能力进行分组后的描述性统计结果，第（3）行是在县域范围内对农户风险应对能力进行分组后的描述性统计结果，第（4）行是在村内对农户风险应对能力进行分组后的描述性统计结果。

表 7-2-1 描述性统计结果

劳动生产率	风险应对能力弱 0~25%		风险应对能力一般 25%~75%		风险应对能力强 75%~100%		总体	
	（1）		（2）		（3）		（4）	
	均值	标准差	均值	标准差	均值	标准差	均值	标准差
国内分组（1）	7.57	1.08	7.84	1.08	8.16	1.06	7.85	1.09
省内分组（2）	7.67	1.04	7.85	1.08	8.02	1.14	7.85	1.09
县内分组（3）	7.72	1.03	7.84	1.08	8.00	1.16	7.85	1.09
村内分组（4）	7.71	1.04	7.85	1.08	7.96	1.15	7.85	1.09

注：其他变量的描述性统计结果与 7.1 节中（表 7-1-2）~（表 7-1-5）一致，在此省略。

表中第（1）列是风险应对能力弱的样本农户劳动生产率的均值与标准差，第（2）列是风险应对能力一般的样本农户劳动生产率的均值与标准差,第(3)列是风险应对能力强的样本农户劳动生产率的均值与标准差,第(4)列是全部样本农户的统计结果。表7-2-1的描述性统计结果初步显示,无论是在全国、省域、县域和村内定义农户风险应对能力,风险应对能力越强的农户,劳动生产率也越高。农户风险应对能力与劳动生产率表现出正相关关系。

7.2.2 实证结果

1. 农户风险应对能力的估计结果

表7-2-2是模型(7-1-4)的估计结果,第(1)列对应绝对风险应对能力变量的估计结果。第(2)列对应全国范围风险应对能力分层变量的估计结果,以风险应对能力最差的25%农户作为对照组。第(3)列是进一步细化的全国范围风险应对能力分层变量的估计结果,以风险应对能力最差的0~10%的农户作为对照组。

表7-2-2中第(1)列的估计结果显示,农户绝对风险应对能力变量的系数估计值为0.01,并在1%的水平上显著。这说明,农户绝对风险应对能力提高1个单位,劳动生产率也将提高1%。

第(2)列的估计结果说明,风险应对能力一般虚拟变量的系数估计值为0.242,并在1%的水平上显著。这说明,相比于全国风险应对能力最差的25%农户,风险应对能力一般农户的劳动生产率要高24.2%。风险应对能力强虚拟变量的系数估计值为0.478,也在1%的水平上显著。这说明,相比与全国风险应对能力最差的25%样本农户,风险分担能力强的样本农户的劳动生产率要提高47.8%。

第(3)列是对全国农户风险应对能力进一步细分后的估计结果,相比于全国风险应对能力最差的0~10%的样本农户,风险应对能力位于10%~40%的农户的劳动生产率没有显著差异,风险应对能力位于40%~70%、70%~90%、90%~100%区间内的农户的劳动生产率分别在1%的显著性水平提高28.9%、47.1%和57.2%。

综合表7-2-2的估计结果可以认为,无论是从绝对风险应对水平还是从相对风险应对能力看,抗风险能力都是影响劳动生产率的重要因素,随着农户风险应对能力的增强,劳动生产率也随之提高。这意味着,在实践中,提高农户风险应对能力的措施可以成为促进农户劳动生产率提高的重要抓手。

表 7-2-2　农户风险应对能力与劳动生产率的估计结果

变量	绝对风险分担能力	相对风险分担能力	
	（1）	（2）	（3）
风险分担能力	0.010*** （0.002）	—	—
风险应对能力最差的25%为对比	—	—	—
25%~75%	—	0.242*** （0.054）	—
75%~100%	—	0.478*** （0.068）	—
风险分担能力最差的10%为对比	—	—	—
10%~40%	—	—	0.136 （0.085）
40%~70%	—	—	0.289*** （0.083）
70%~90%	—	—	0.471*** （0.084）
90%~100%	—	—	0.572*** （0.104）
耕地数量的对数	0.257*** （0.033）	0.246*** （0.033）	0.249*** （0.033）
农业机械	0.339*** （0.051）	0.339*** （0.051）	0.333*** （0.051）
务农时间的对数	-0.214*** （0.033）	-0.212*** （0.033）	-0.208*** （0.033）
劳动力平均年龄	0.022 （0.014）	0.026* （0.013）	0.027** （0.013）
劳动力平均年龄的平方	-0.000* （0.000）	-0.000** （0.000）	-0.000** （0.000）
劳动力平均受教育程度	0.032*** （0.009）	0.032*** （0.009）	0.032*** （0.009）

续表

变量	绝对风险分担能力 (1)	相对风险分担能力 (2)	相对风险分担能力 (3)
非农收入占比	-0.010*** (0.001)	-0.011*** (0.001)	-0.011*** (0.001)
市场化程度	-0.007*** (0.001)	-0.007*** (0.001)	-0.007*** (0.001)
正规信贷	0.131* (0.074)	0.131* (0.073)	0.136* (0.073)
户主性别	0.051 (0.067)	0.035 (0.067)	0.024 (0.068)
户主婚姻状况	0.116 (0.075)	0.128* (0.075)	0.121 (0.075)
户主政治面貌	0.209*** (0.078)	0.228*** (0.078)	0.225*** (0.078)
户主健康状况	-0.220*** (0.050)	-0.245*** (0.051)	-0.249*** (0.051)
村内户均收入的对数	0.158** (0.069)	0.147** (0.069)	0.143** (0.069)
常数项	4.602*** (0.832)	5.326*** (0.807)	5.262*** (0.812)
县域固定效用	控制	控制	控制
N	1 773	1 773	1 773
Adj. R^2	0.363	0.369	0.370

注：①括号里报告的是县集聚效应的标准误，系数为边际效应；
②*代表10%显著性水平，**代表5%显著性水平，***代表1%显著性水平。

2. 农业投入变量的估计结果

（1）耕地面积越大，农户的劳动生产率越高。实证结果表明，耕地面积每增加1%，劳动生产率显著提高0.25%，单纯从劳动生产率的角度看，规模大的农户相对于小农户享有劳动生产率上的比较优势，耕地规模与劳动生产率呈现正相关关系。该结论同耕地规模与土地生产率的负向关系截然不同，这一发现与已有文献的结论基本一致（例如李谷成等，2010；孙屹等，2014；钱龙、洪名勇，2016），再次证实了通过农地流转带来的土地使用权集中有利于提升劳动生产率，促进农民增收。农户劳动生产率与耕地规模之间的正向关系恰恰为土地生产率与耕地规模之间负向关系提供了实证证据，即小农户相对于大农户在单位土地面积上投入了更多的劳动。在缺乏非农就业机会和生产要素市场二元分割的条件下，小农户往往倾向于投入过多的自有劳动来替代其他要素，以使单位土地上的产出最大化，在传统农业中更容易形成精耕细作的特点以提高土地利用强度从而表现出更高的劳动生产率和较低的土地产出率。

（2）农业机械能够显著提高家庭的劳动生产率。相对于没有农业机械的家庭，购置农业机械可使劳动生产率显著提高34%。本节的这一发现与 Jietal（2012）、钱龙、洪名勇（2016）的研究结论一致。在农村地区，由于农业机械投入可以显著提高劳动生产率，提高农业机械化水平是增加农民收入的重要手段。

（3）农业劳动时间投入越多，劳动生产率越低。估计结果显示，劳动时间每增加1%，劳动生产率下降0.21%。本节的这一发现也与主流文献的结论基本一致（李谷成等，2010；钱龙、洪名勇，2016）。这也预示着，尽管农户可以通过增加单位土地面积上的劳动力投入来提高土地生产率，但这是以降低劳动生产率为代价取得的（黄宗智，2000）。

3. 家庭特征变量的估计结果

家庭特征变量对劳动生产率的影响与7.1节基本一致，具体来看：

（1）农业劳动力平均年龄对劳动生产率的影响呈现倒U型关系。随着农业劳动力平均年龄的增加，劳动生产率先增加后减少。这一发现与盖庆恩等（2014）的研究结论一致，农村劳动力的日益老龄化不利于农户劳动生产率的提高和农民持续增收。

（2）劳动力平均受教育程度对劳动生产率有显著的正相影响。农业劳动力平均受教育年限每增加1年，土地产出率增加3.2%。这再次证明，发展现代农业离不开对农民的教育投资，表现为教育水平的人力资本对提升劳动生产率至关重要（Schultz，1965）。

（3）非农收入占比越高的家庭，劳动生产率越低。非农收入比重每提高1个百分点，农业生产率显著下降1%。这一发现支持Damon（2010），李谷成等（2010），钱龙、洪名勇（2016）的研究结论，即农户家庭非农就业显著负向影响劳动生产率。

（4）市场化程度对劳动生产率有显著的负向影响。在传统农业向现代农业过渡的过程中，市场化程度对劳动生产效率的提高有一定的负向影响。

（5）获得正规信贷支持显著提高了劳动生产率。相比于没有正规信贷的农村家庭，在农业生产经营中获得正规信贷支持可以使农户劳动生产率显著提高13%。如果农村正规信贷机构能够满足农户生产中的信贷需求，将在很大程度上促进劳动生产率的提高。

4. 户主特征变量的估计结果

户主特征变量对劳动生产率的影响也与7.1节基本一致。具体来看：（1）户主为党员的家庭有更高的劳动生产率，党员身份代表户主具有更强的能力和更多的社会资本，有利于劳动生产率的提高。（2）户主身体健康的家庭有更高的劳动生产率，农业生产需要较大的体力消耗，因此健康状况对农业生产率有显著的正向影响。（3）户主婚姻状况和户主性别对土地产出率没有显著的影响。

5. 村庄特征变量的估计结果

农户所在村的平均收入越高，劳动生产率也越高。这是因为，越是富裕的村庄，农户可以利用的农业基础设施和农业生产服务越完善，这些因素有利于提高劳动生产率。

7.2.3 稳健性检验

表7-2-3是稳健性检验的结果，表中第（1）列是对省内农户风险应对能力分层的估计结果，第（2）列是对县内农户风险应对能力分层的估计结果，第（3）列是对村内农户风险应对能力分层的估计结果。

第（1）列的估计结果表明，相比于省内风险应对能力最差的农户，风险分担能力一般的农户的劳动生产率在1%的显著性水平上提高19.5%；风险应对能力强的农户的劳动生产率在1%的显著性水平上提高42%。

第（2）列的估计结果表明，相比于县内风险应对能力最差的农户，风险应对能力一般的样本农户的劳动生产率在1%的显著性水平上提高16.9%，风险应对能力强的农户的劳动生产率在1%的显著性水平上提高41.4%。

第（3）列的估计结果表明，相比于村内风险应对能力最差的农户，风险应对能力一般的农户的劳动生产率在1%的显著性水平上提高20.7%，风险应对能力强的农户的劳动生产率在1%的显著性水平上提高39%。

表7-2-3的估计结果发现,在省域、县域和村内对农户相对风险应对能力进行重新分组后的估计结果与上文基本一致。这也再次证明,农户风险应对能力对农户劳动生产率增长具有稳健的促进作用。

表7-2-3　　　　　　　　　　稳健性检验

变量	相对风险分担能力		
	省内	县内	村内
	(1)	(2)	(3)
风险分担能力最差的25%为对比	—	—	—
25%~75%	0.195*** (0.052)	0.169*** (0.052)	0.207*** (0.053)
75%~100%	0.422*** (0.064)	0.414*** (0.064)	0.390*** (0.062)
其他控制变量	控制	控制	控制
县域固定效应	控制	控制	控制
N	1 773	1 773	1 773
$Adj.\ R^2$	0.367	0.368	0.366

注:①括号里报告的是县集聚效应的标准误,系数为边际效应;
②*代表10%显著性水平,**代表5%显著性水平,***代表1%显著性水平;
③其他控制变量的估计结果与表7-2-2基本相同,未做报告。

7.3　农户风险应对能力与农业技术效率关系的实证分析

本节利用随机前沿函数模型(SFA),采用"一步估计法"检验农户风险应对能力与农业生产技术效率的关系。共包括3个部分:首先,对实证分析的数据来源、变量选取以及随机前沿生产函数方法进行介绍。其次,农户风险应对能力变量纳入技术效率损失函数,识别农户风险应对能力与技术效率的关系。最后,对估计结果进行稳健性检验。

7.3.1 数据、变量与模型

1. 数据来源

本部分实证分析的数据源自中国家庭金融调查（CHFS）在2011年收集的农户数据，不同于7.1节和7.2节对单要素生产率（土地生产率，劳动生产率）的估计方法，本节根据"一步法"估计农业生产技术效率，包括的数据信息共有两部分：一是农户农业生产的投入产出数据；二是技术效率的影响因素数据。在数据整理中，剔除了一些异常值和数据不全的样本，计量分析中的农户样本共有1 773户。

2. 随机前沿函数模型

农户生产技术效率（Technical Efficiency，TE）是从农业生产投入产出的角度衡量农户能够在多大程度上运用现有技术达到最大产出（生产前沿）的能力，一般用生产单位的实际产出与其所能实现的最大潜在产出的距离来度量：距离越大，技术效率越低；距离越小，则技术效率越高。通过对农业技术效率的研究，可以集中反映农业产出能力和资源利用效率等多方面信息（王阳，2016）。

近年来，从技术效率视角出发衡量农户效率状况的研究大量涌现。从测算技术效率的方法上看，主要有基于非参数方法的数据包络分析（DEA）法和基于参数方法的随机前沿生产函数（Stochastic Frontier Analysis，SFA）法。由于SFA方法能够在实现对生产单元的生产过程精确描述的同时，通过纳入经典的噪声项，充分考虑随机因素对生产前沿面的影响，从而使该方法与农业生产的特征高度一致（农业生产经常面临天气、水灾、旱灾、虫害等自然灾害的影响），因此随机前沿生产函数法是测算农户生产效率最常用的方法。此外，在大样本条件下，相较于DEA方法对异常数据的敏感性，SFA方法可以通过统计检验作为样本拟合度和统计性质的参考。Coelli（1996）和Battese and Coelli（1995）提出了采用"一步法"同时估计随机生产前沿和技术效率损失函数，从而可以保证估计结果在无偏、有效的前提下分析影响技术效率损失的因素，由此克服了"两步估计法"①中估计结果有偏的问题（Wang等，

---

① 两步法的基本思路是：第一步，在忽略生产效率影响因素的情况下先估计生产函数和技术效率值；第二步，用技术效率的估计值对影响技术效率的因素进行回归。尽管在技术效率估计方法发展的早期，两步估计法被认为是一种有用的方法，但由于两步估计时对技术效率分布的假设不同，两步估计法中第一步估计的结果是有偏的（Wang and Schmidt，2002）。

2002;连玉君,2018)。其理论模型为式(7-3-1):

$$\ln y_{it} = \ln f(x_{it}, \beta) + v_{it} - u_{it} \qquad (7-3-1)$$

其中:y_{it} 为实际产出;$f(x_{it}, \beta)$ 为生产可能性边界的确定部分,表示在当前投入水平和技术条件下的最大产出;x_{it} 为投入要素向量;β 为待估参数向量;v_{it} 为包括观测误差和其他随机因素的经典噪声项,服从正态分布,即 $v_{it} \sim N(0, \sigma_v^2)$;$u_{it}$ 为技术非效率项,服从截断型正态分布,即 $u_{it} \sim N(\overline{\omega}, \sigma_u^2)$;$v_{it}$ 与 u_{it} 相互独立。技术效率损失函数的形式为:

$$u_{it} = \delta_0 + \sum_{j=1}^{k} \delta_j z_{jit} + \mu_{it} \qquad (7-3-2)$$

式中:μ_{it} 为服从极值分布的随机变量;z_{jit} 为影响生产技术效率的外生变量;δ_0 和 δ_j 为待估参数,若 δ_j 为正值,说明外生变量对技术效率有负效应;若 δ_j 为负值,说明有正效应。

由于式(7-3-1)中包括两个不可观测的误差项(即服从正态分布的经典噪声项和服从截断型正态分布的技术非效率项),复合扰动项不满足最小二乘估计的经典假设,无法用 OLS 方法进行估计,借鉴 Battese and Coelli(1922)提出的基本思路,在已知 v_i 和 u_i 的分布形式的条件下,可以用极大似然估计方法进行参数估计。根据 Battese and Coelli(1992)提出的方法,在似然函数中利用如下的方差参数:

$$\begin{cases} \lambda = \sigma_u^2 / (\sigma_u^2 + \sigma_v^2) \\ \sigma^2 = \sigma_u^2 + \sigma_v^2 \end{cases} \qquad (7-3-3)$$

其中,λ 反映随机扰动项中技术非效率项的占比,对 λ 值的统计检验可以反映出技术效率的变异在统计上是否具有显著性。当 λ 值趋于 0 时,表明实际产出与最优产出的差距主要来自不可控的噪声项,模型设定存在偏误,应当去掉非效率项;当 λ 趋近于 1 时,说明技术非效率因素占主导地位,采用随机前沿生产函数模型是合适的。式(7-3-4)是样本农户生产技术效率(TE)的表达式:

$$TE_{it} = \frac{y_{it}}{f(x_{it}, \beta) \exp(v_{it})} = \exp(-u_{it}) \qquad (7-3-4)$$

3. 变量选择与描述性统计

作为一种参数估计法,SFA 方法需要事先设定生产函数的具体形式。由于传统的 C-D 生产函数假设各种生产投入要素的替代弹性为 0 或 1,但由于并不知道各种生产投入要素之间的弹性替代情况,所以在构建生产函数时,应采用形式比较灵活、可近似反映任何生产技术的超越对数(Translog)生产函数(Boisvert,1982)。因此,本节采用超越对数随机前沿生产函数模型测算农户的生产技术效率,并采用技术效率损失函数分析农户生产技术效率的差异及其影响因素。式(7-3-5)是超越对数随机前沿生产函数模型:

$$\ln Y_i = \beta_0 + \beta_1 \ln L_i + \beta_2 \ln K_i + \beta_3 \ln L_i \ln K_i + \frac{1}{2}\beta_4 (\ln L_i)^2 + \frac{1}{2}\beta_5 (\ln K_i)^2 + \beta_6 D_w + \beta_7 D_m + v_i - u_i \tag{7-3-5}$$

其中,i 为样本农户编号;Y_i 为农产品的亩均产值;L_i 为亩均生产投工时间,等于家庭总的农业劳动时间除以实际耕地面积;K_i 为亩均的资本投入量(包括化肥、农药、种子、农膜、水电费和机械作业的总投入金额)。因为部分地区的农资是由政府免费提供,而且不同农户使用的农资品种存在较大差异,所以没有细化农户的资本投入类别,而是用单位面积的总投入表示;v_i 为经典噪声项,u_i 为技术非效率项;D_w 和 D_m 分别表示以东部地区为参照,西部地区、中部地区为虚拟变量;β_0、β_1、β_2、…、β_7 为待估参数。

表7-3-1是样本农户投入产出变量的描述性统计结果。表7-3-1显示,农户投入产出的绝对水平较低,差异巨大。其中,亩均收入的均值为1 670.7元,最低的只有180元,最高的达到6 667元;亩均投工时间的均值为3.7个月,最少的不足半个月,最多的为12个月;亩均资本投入的均值为659元,最少的仅有88元,最大的达到2 540元。

表7-3-1　　　　　生产投入产出变量的描述性统计

变量名	变量解释	平均值	标准差	最小值	最大值
产出	单位面积产值(元)	1 670.7	1 602.7	180	6 666.7
劳动投入	单位面积投工(月)	3.7	3.24	0.43	12
资本投入	单位面积资本投入(元)	659.4	624.2	87.5	2 539.7

由于技术效率不是用来衡量收入或者产出,而是对管理效率和生产效率的测量(Wouterse,2010),因此技术效率的影响因素不同于单要素生产率的影响因素。本节的变量选择也不同于7.1节和7.2节。为了更加准确地估计农户风险应对能力对农业技术效率的影响,根据已有关于中国农户农业生产技术效率的研究文献(黄祖辉、王建英等,2014;李谷成等,2007;李谷成等,2008;王阳、漆雁斌,2015;Rahman and Rahman,2008;Feng,2008;Chen et al.,2009),结合CHFS在2011年的数据特点,选择影响技术效率的因素,

建立农户技术效率损失的影响因素模型（7-3-6）：

$$u_i = \delta_1 Rability_i + \delta_2 z_i + \mu_i \qquad (7-3-6)$$

式（7-3-6）中，u_i 表示技术非效率。$Rability_i$ 是第 6 章定义的农户风险分担能力变量，本节重点关注农户风险分担能力与农业生产技术效率的关系，通过考察变量 $Rability_i$ 系数估计值 $\hat{\delta}_1$ 的大小和统计显著性可以检验农户风险应对能力是否影响农业生产技术效率。z_i 是其他影响技术效率的因素，包括两类：

第一类，农户家庭特征变量。包括，农业劳动力比重、家庭年收入、家庭实际耕地面积、正规信贷、农业补贴和风险偏好共 6 个变量。其中，前 5 个变量的定义与前文一致。

在"风险偏好"的定义上，根据 CHFS 在 2011 年的问卷中的询问受访者的风险态度的问题，"如果您有一笔钱，您愿意选择哪种投资项目？"，对这一问题的回答共有 5 个选项："①高风险，高回报项目；②略高风险，略高回报的项目；③平均风险，平均回报的项目；④略低风险，略低回报的项目；⑤不愿意承担任何风险"。根据受访户对该问题的回答定义农户的风险偏好，具体来看，如果选择①或②选项的，定义风险偏好虚拟变量取值为 1，否则为 0；选择选项③的定义风险中性虚拟变量取值为 1，否则为 0；选择③或④选项的定义风险厌恶虚拟变量取值为 1，否则为 0。在模型估计中，将风险厌恶的农户作为对照组。

第二类，户主特征变量。包括，户主年龄、户主受教育程度和户主很健康状况 3 个变量，定义与前文一致，在此省略。

$\hat{\delta}_2$ 是相应变量的系数估计值向量。μ_i 为随机扰动项。技术效率影响因素变量的定义与描述性统计结果见表 7-3-2。

表 7-3-2　　　　　技术效率影响因素的描述性统计

变量名	变量解释	均值	标准差	最小值	最大值
农业劳动力比重	家庭农业劳动力比重/人（%）	57.06	24.17	20	93
家庭年收入	家庭总收入/万元	2.41	1.96	0.25	7.36
耕地面积	实际耕地面积/亩	5.57	3.97	1	28
信贷可得性	是否面临信贷约束（1 = 有；0 = 没有）	0.21	0.41	0	1
农业补贴	是否获得农业补贴（1 = 是；0 = 否）	0.87	0.31	0	1

续表

变量名	变量解释	均值	标准差	最小值	最大值
风险偏好	风险偏好（1=风险偏好；0=其他）	0.12	0.33	0	1
风险中性	风险中性（1=风险中性；0=其他）	0.23	0.40	0	1
户主年龄	户主年龄/岁	53.68	12.59	36	74
户主受教育程度	户主受教育程度/年	6.99	3.53	0	16
户主很健康	很健康（1=很健康；0=其他）	0.37	0.46	0	1
户主健康一般	健康状况一般（1=一般；0=其他）	0.44	0.51	0	1

表7-3-2是影响农户生产技术效率变量的描述性统计结果，从农户家庭特征变量来看，农业劳动力比重的均值为57%；家庭年收入的均值为2.4万元；家庭实际耕地面积的均值为5.6亩；信贷可得性虚拟变量的均值为20%，表明农户面临较强的信贷约束；农业补贴虚拟变量的均值为88%，说明绝大部分农户都获得了农业补贴，政府针对"三农"的支农政策已经覆盖了大部分农户；农户风险偏好虚拟变量的均值是12%，风险中性虚拟变量的均值为23%，说明大部分农户（66%）是风险厌恶者，只有少部分农户对待风险持积极态度。从户主特征来看，户主年龄的均值为54岁，说明从事农业劳动的人口平均年龄较高，这也反映了当前农村青壮年劳动力大量外出务工的现实；户主受教育程度的均值是7年，显示农户的平均受教育程度为初中水平，这表明农业劳动力的知识水平普遍不高；户主很健康虚拟变量的均值为37%，户主健康状况一般虚拟变量的均值为44%，表明绝大部分的户主身体状况较好，只有19%的户主身体状况不佳。

最后，在农户技术效率的衡量方法上，选取Battese and Coelli（1988）提出的方法计算样本农户的技术效率（$Efficiency_i^{te}$），表达式如下：

$$Efficiency_i^{te} = E\{\exp(-u_i) | \varepsilon_i\}, \text{其中 } \varepsilon_i = v_i - u_i \qquad (7-3-7)$$

7.3.2 实证结果

1. 随机前沿生产函数模型估计

利用Stata15.0中的scfcross命令程序，采用"一步估计法"对随机前沿生产函数模型（7-3-5）和技术效率函数模型（7-3-6）进行极大似然估计。表7-3-3是模型（7-3-5）超越对数随机前沿生产函数的估计结果。

表 7-3-3 的显示：亩均资本投入和亩均劳动力投工的参数估计值都为正，与理论预期的方向一致，其中，资本投入、劳动力投工以及两者的平方项和交互项的参数估计都在 5% 的水平上通过显著性检验。这表明，资本和劳动力投入对产出具有显著的正向影响。地区虚拟变量的参数符号均为负，其中，西部地区虚拟变量 D_w 在 10% 水平上通过显著性检验，中部地区虚拟变量 D_m 在 5% 水平上通过显著性检验，这说明农业生产率的地域性差异是显著存在的，西部地区和中部地区的显著低于东部地区。λ 的值为 0.91，说明复合误差项的变异主要来自技术非效率 u_i 的变异，占 91%，而来自随机误差 v_i 的变异仅占 9%。此外，λ 在 1% 的水平上显著，说明存在显著技术效率损失的，技术效率在解释产出差异时十分重要。

表 7-3-3　　　　随机前沿生产函数模型的估计结果

变量名称	参数估计	变量名称	参数估计
常数项	4.346*** (21.33)	西部地区虚拟变量	-0.081* (-1.98)
劳动投入的对数	0.632*** (8.12)	中部地区虚拟变量	-0.112** (-2.56)
资本投入的对数	0.173** (3.12)	总体方差	3.760*** (9.02)
劳动投入对数的平方	0.098*** (5.13)	技术非效率占比	0.921*** (134.56)
资本投入对数的平方	0.097*** (9.04)	似然函数值	-2 161.862
劳动投入对数 * 资本投入对数	-0.101*** (-6.85)		

注：*、**、*** 分别表示在 10%、5%、1% 的统计水平上显著。

2. 技术效率函数的估计结果分析

表 7-3-4 是农户生产技术效率影响因素的估计结果，有助于我们深入剖析导致农户技术效率差异背后的深层次原因。如果变量估计系数为正，表示技术效率和变量之间是负相关关系；如果为负，则表示它们之间是正相关关系。

（1）农户风险应对能力的估计结果。就本节重点关注的农户风险应对能力而言，绝对风险应对能力变量的估计系数为 -0.034，并在 5% 的水平上显著，这表明农户绝对风险分担能力提高1%，农户技术效率将提高3.4%。农户风险应对能力是影响农业生产技术效率的重要因素。

表7－3－4　　　　农户技术效率影响因素的估计结果

变量	系数	与技术效率的关系
绝对风险缓冲能力	－0.034** （－1.90）	正向关系
农业劳动力比重	－0.013* （－1.69）	正向关系
家庭年收入	－0.222*** （－5.59）	正向关系
耕地面积	－0.013* （－1.72）	正向关系
信贷可得性	1.101** （2.42）	正向关系
农业补贴	－1.451*** （－2.65）	正向关系
风险偏好	－1.142** （1.97）	正向关系
风险中性	－0.495 （－0.98）	正向关系
户主年龄	－0.062*** （－2.81）	正向关系
户主受教育程度	－0.211*** （－3.29）	正向关系
户主很健康	－1.912*** （－3.26）	正向关系
户主健康一般	－0.877* （－1.87）	正向关系
常数项	3.130** （2.22）	—

注：*、**、*** 分别表示在10%、5%、1%的统计水平上显著。

（2）家庭特征变量的估计结果。农户劳动力比重对生产技术效率有正效应,并在 1%的水平上显著。劳动力的产出弹性大于资本的产出弹性,由于目前我国农业生产仍是一项劳动密集型的生产活动,家庭劳动力的投入数量和质量能够在一定程度上提高生产技术效率。

家庭收入对生产技术效率存在正向影响,并通过 1%的显著性检验。在家庭耕地面积有限的情况下,家庭收入越高,农户能够投入的生产资料就越多,以此来弥补土地面积的不足。

家庭耕地面积对技术效率有显著的促进效应。农产品大多具有土地密集型的特点,土地在农产品的生产过程中是必要的物质载体。耕地面积的扩大会优化资源配置效率,减少单位投入成本、产生规模效益;同时大规模种植农户更容易采用先进的生产技术和优良品种,科技进步也更快(刘玉铭、刘伟,2007)。

信贷可得性对技术效率产生显著的抑制作用。信贷约束通过影响农户的预算约束,进而作用于农户家庭的生产技术效率。由于农村地区的信贷市场还很不完善,有信贷需求的农户从信用社等正规金融机构获取信贷支持的难度较大,即使少数经营规模较大的农户能获得信贷资金,但在信贷额度、还款期限以及贷款手续等方面还与农户的需求存在较大的不适应性。

农业补贴虚拟变量在 1%的显著性水平上对技术效率有正向影响。政府通过农业补贴,可以有效提高农户对农业生产资料的购买力,增强农户对农业生产投入的积极性,进而提高农户的生产技术效率。

(3)户主特征变量的估计结果。户主年龄在 1%的显著性水平上对农户技术效率有正向的影响。随着农户年龄的增长,积累的农业生产经验就越多,掌握的农业生产技术和农田经营管理的技巧也越多,因而对促进生产率有积极的作用。

户主受教育程度的符号为负,并在 1%的水平上通过了显著性检验,说明教育水平对农户生产技术效率有显著的正效应。再一次证明了教育对技术效率具有显著的促进作用。教育作为人力资本投资,不但能提高农户自身应用现代农业技术的能力,而且教育具有非常强的正外部性,可以激励更多的人力资本投资。

风险态度对生产技术效率有一定影响。具体来看,与风险厌恶的农户相比,风险偏好的农户有更高的技术效率,并在 1%的水平上通过显著性检验;相较于风险厌恶的农户,风险中性的农户的技术效率更高,但是在统计上不显著。风险态度会影响到农户的农业投入数量、采纳新品种和新技术的程度以及专业化经营的水平,从而影响农业生产的技术效率。

健康状况显著影响农户生产技术效率。与户主身体不健康的家庭相比,户主身体健康与户主身体一般的家庭拥有更高的技术效率,并分别在1%的显著性水平上通过检验。对农村家庭来说,健康是重要的人力资本,短期的疾病会给农业生产带来一定的冲击,但长期的健康状况恶化,会降低农户的投资和生产能力,进而对农户的技术效率产生不利影响。

7.3.3 稳健性检验

将农户相对风险应对能力的变量引入效率损失函数,构建模型(7-3-8)对以上实证结果进行稳健性检验:

$$u_i = \sum_{k=2}^{K} \delta_1^k Rability_i^k + \delta_2 z_i + \mu_i \qquad (7-3-8)$$

表7-3-5是稳健性检验的结果,第(1)列对应在全国范围农户风险应对能力分层变量的估计结果,以风险应对能力最差的0~25%农户作为对照组。第(2)列对应进一步细化的全国范围内的风险应对能力分层变量的估计结果,以风险应对能力最差的0~10%的农户作为对照组。

第(1)列的估计结果说明,风险应对能力一般虚拟变量的系数估计值为0.134,说明相比于全国风险应对能力最差的农户,风险应对能力一般农户的技术效率提高13.4%,但这一结果在统计上不显著。风险应对能力强虚拟变量的系数估计值为0.25,并在5%的水平上显著,这说明相比于全国风险应对能力最差的农户,风险分担能力强的样本农户的技术效率提高25%。

第(2)列是对农户风险应对能力进一步细分的估计结果,相比于全国风险应对能力最差的0~10%的样本农户,风险分担能力位于10%~40%和40%~70%农户的农业技术效率在统计上没有显著差异,风险应对能力位于70%~90%、90%~100%区间内的农户的技术效率分别在1%的水平上显著提高29.2%和37.9%。

综合表7-3-4和表7-3-5的估计结果可以认为,无论是从绝对风险应对能力还是从相对风险应对能力看,农户风险应对能力促进农业技术效率提升的作用具有稳健性。

表 7-3-5　　　　　　　　　稳健性检验的结果

变量	相对风险分担能力（国家层面）	
	（1）	（2）
风险分担能力最差的 25% 为对比	—	—
25%～75%	0.134 (0.127)	—
75%～100%	0.250** (0.091)	—
风险分担能力最差的 10% 为对比	—	—
10%～40%	—	0.115 (0.182)
40%～70%	—	0.188 (0.171)
70%～90%	—	0.292** (0.139)
90%～100%	—	0.379*** (0.031)
其他变量	控制	控制
东中西部控制变量	控制	控制

注：①括号里报告的是标准误；
②* 代表 10% 显著性水平，** 代表 5% 显著性水平，*** 代表 1% 显著性水平；
③其他控制变量的估计结果与表 7-3-5 基本一致，未做报告。

7.4　农户风险应对能力与农业全要素生产率关系的实证分析

本章 7.1 节和 7.2 节识别了农户风险应对能力与单要素生产率（土地产出率与劳动生产率）的关系，7.3 节利用随机前沿模型检验了农户风险应对能力是否影响农业技术效率，这些研究对我们深入理解中国农户风险应对机制与农业生产率的关系有着重要的理论和现实意义。但以上考察也存在局限性，因为单要素生产率只能反映土地（或劳动）的变化对农业产出的影响，而技术效率也只是从产出前沿面对生产率进行度量（金福良等，2013）。由于农业生产过程需要同时投入多种生产要素，而且各种要素之间存在相互替代关系，当外部要素市场价格变化时农户会做出积极、主动的响应，根据自己的禀赋特点和市场价格对农业生产作出调整。这就需要一个能全面反映要素综合使用情况的指标来度量生产率，而全要素生产率（TFP）是农业经济学中常用的衡量农户生产过程效率的指标（李谷成等，2010），即用总产出与加权要素投入的比率来度量农户生产过程的综合效率。

本节采用"两步估计法"检验农户风险应对能力与全要素生产率的关系：首先根据柯布道格拉斯（C-D）生产函数估计农户的农业全要素生产率，然后将农户风险应对能力变量纳入全要素生产率的影响因素模型，识别检验农户风险应对能力与农户全要素生产率的关系。

7.4.1 数据、变量与模型

1. 数据来源

不同于本章 7.1 节、7.2 节和 7.3 节的数据来源，本节综合使用 CHFS 在 2013 年和 2015 年的两期数据进行实证分析。原因如下：

（1）本章 7.1 节、7.2 节和 7.3 节利用 CHFS 在 2011 年的数据和"一步估计法"可以准确衡量农户单要素生产率和技术效率。本节实证检验农户风险应对能力与农户全要素生产率（TFP）的关系时，首先需要准确度量农户的全要素生产率（TFP），但 2011 年的数据无法胜任这一要求。因为 2011 年的数据是截面数据，无法控制农户不随时间变化的异质性特征，在估计农业全要素生产率时将产生较大的偏误。尽管 2011 年的数据可以比较准确地度量农户风险应对能力，但在估计全要素生产率时却不是明智的选择。

（2）在估计农户全要素生产率时，农户微观面板数据更有优势。中国家庭金融调查（CHFS）2013 年和 2015 年的两轮调查共追踪到 8 027 家样本农户，样本量足够大，可以构建农户两期面板数据。在估计生产函数时，利用固定效应模型能够控制农户不随时间变化的异质性对生产的影响，比 2011 年的数据可以更准确地估计全要素生产率。

（3）总体上看，在目前 CHFS 仅有三轮调查数据的限制下，本节实证分析的数据选取面临两难选择：一方面，2011 年的数据能够准确度量农户风险应对能力，却无法准确估计农户全要素生产率；另一方面，2013 年和 2015 年的两期面板数据可以更准确地估计农户全要素生产率,但牺牲了度量农户风险应对能力的准确性。本节研究聚焦在农户全要素生产率,关键是要准确估计全要素生产率。因此两害相权取其轻,本节选择 2013 年和 2015 年的数据进行实证分析。有关数据的详细介绍,参见第 1 章 1.4 节。

2. 计量模型

本部分的实证分析思路可以概括为"两步法"。第一步,利用 CHFS 在 2013 年和 2015 年的农户投入产出数据估计 C-D 生产函数模型,得到不同投入要素产出弹性的估计值,进而获得农业生产率的估计值。第二步,利用农户全要素生产率决定模型来检验农户风险应对能力对全要素生产率的影响。李谷成等(2010)和陈海磊等(2014)采用相同的思路检验了农户土地规模与全要素生产率的关系。

在农户生产函数模型的选择上,借鉴已有研究,采用 Cobb-Douglas 生产函数估计农户全要素生产率,该函数具有简洁、易于分解和经济含义明显的优点。众多实证研究也表明,Cobb-Douglas 生产函数能够较好地描述中国农业经济增长,绝大部分有关中国农业生产率问题的研究(Fan,1991;Lin, 1992;Zhang and Carter,1997;乔榛等,2006;李谷成等(2010);朱喜等, 2011)都采用了经典的 Cobb-Douglas 函数形式。

$$Y_{it} = A_{it} K_{it}^{\alpha_K} L_{it}^{\alpha_L} N_{it}^{\alpha_N} \exp(\varepsilon_{it}) \quad (7-4-1)$$

其中,Y_{it} 代表农户 i 的农产品产值,K_{it}、L_{it} 和 N_{it} 分别代表农户 i 进行农业生产所投入的物质资本、劳动和耕地面积,α_K、α_L、α_N 分别表示物质资本、劳动和土地投入的产出弹性。为了估计方程(7-4-1),对等式两边取自然对数,得到:

$$\ln Y_{it} = \ln A_{it} + \alpha_K \ln K_{it} + \alpha_L \ln L_{it} + \alpha_N \ln N_{it} + \varepsilon_{it} \quad (7-4-2)$$

定义要素产出弹性之和为规模报酬(Returns to Scale,RTS),即 $RTS = \alpha_K + \alpha_L + \alpha_N$。

一般认为纯粹经济学意义上的农业生产具有规模报酬不变的性质(林毅夫,1994、弗兰克·艾利思,2006;许庆等,2011)。通过比较规模报酬指标与 1 的大小关系,可以验证以上论点是否成立。参照李谷成(2010)、朱喜等(2011)、陈海磊等(2014)的做法,对投入要素的产出弹性 α_K、α_L、α_N 进行标准化处理,将农户全要素生产率定义为:

$$Efficiency_{it}^{tfp} = \frac{Y_i}{K_{it}^{\alpha_{\tilde{K}}} L_{it}^{\alpha_{\tilde{L}}} N_{it}^{\alpha_{\tilde{N}}}} \qquad (7-4-3)$$

利用式（7-4-2）得到要素产出弹性的估计结果，代入式（7-4-3），可以得到农户 2013 年和 2015 年全要素生产率的估计值。把农户在 2015 年的全要素生产率 $Efficiency_{i2015}^{tfp}$ 与农户 2015 年的风险应对能力 $Rability_{i2015}^{k}$ 进行匹配，作为估计模型（7-4-4）的关键数据，以此检验农户风险应对能力与全要素生产率之间的关系。

模型（7-4-4）为农户风险分担能力与全要素生产率关系的模型：

$$\ln(Efficiency_{i2015}^{tfp}) = \beta_0 + \beta_1 Rability_{i2015}^{k} + \beta_2 INP_{i2015} + \beta_3 FC_{i2015} + \beta_4 HC_{i2015} + \beta_5 V_{j2015} + \beta_6 C_{m2015} + \varepsilon_{i2015} \qquad (7-4-4)$$

其中，$Efficiency_{i2015}^{tfp}$ 为农户 2015 年的全要素生产率。$Rability_{i2015}^{k}$ 是农户 2015 年风险应对能力变量，k（$k=1, 2, 3, 4, 5, 6$）是农户不同维度风险应对能力指标的编号。我们重点关注系数（向量）β_1 的估计值 $\hat{\beta}_1$ 的经济显著性和统计显著性，如果 $\hat{\beta}_1 > 0$ 且在统计上显著，则表明风险分担能力强的农户有更高的土地产出率，反之亦反。

INP_{i2015}、FC_{i2015} 和 HC_{i2015} 分别表示农户 2015 年的农业投入变量、家庭特征变量和户主特征变量，反映了农户所拥有的资源和农业生产能力，通过引入这三类变量控制不同家庭的禀赋差异（包括天然拥有及后天获得）。V_{j2015} 是 2015 年的村庄特征变量，用以控制不同村庄的异质性特征。C_{m2015} 是 2015 年的县级虚拟变量，控制不同县域社会经济发展水平的异质性。β_0、β_1、β_2、β_3、β_4、β_5、β_6 分别为各个待估系数（向量），ε_{i2015} 为服从正态分布的经典随机扰动项。

3. 变量选择

（1）生产函数的变量选择。农业产值：用农户 2013 年和 2015 年样本农户的农产品总产值表示。

农业资本投入变量：用农户 2013 年和 2015 年在农业生产上投入的物质费用数量表示，单位为元。农业生产中的投入成本包括两部分：一是物资服务费用；二是人工成本。前者是指直接在农业生产过程中所消耗的各种农业生产资料的费用支出，但不包括其间发生的与直接生产过程无关的期间费用，主要包括种子秧苗、肥料、农药、农膜、机械畜力作业、水电灌溉、燃料动力、小农具购置修理费、固定资产折旧、保险、管理费等的总和。后者是指家庭用工折价和雇工费用。农业领域内性质不同的资本产品没有共同的物质单位，必须在一定程度上进行适度综合，用投入品的价值量来衡量也便于计算。本节用农业生产物质费用这一综合性指标度量家庭农业生产资本投入①。

农业劳动力投入变量：采用农户 2013 年和 2015 年投入农业生产活动的劳动力人数与家庭雇佣的劳动力人数的总和表示农业劳动力投入，单位为人。

土地投入变量：对土地的利用为农业活动所独有的特征。在农业生产函数中，播种面积比农户承包耕地面积更能体现农户对土地资源的利用效率，能更加准确和科学的度量农户生产率。但 CHFS2013 年和 2015 年的调查没有播种面积和复种指数的信息，因此本节采用农户家庭承包地面积来衡量农地投入情况，单位为亩。

（2）农户风险应对能力变量。利用本书第 6 章 6.2.3 节稳健性检验部分的思路构建农户风险应对能力变量：首先，基于中国家庭金融调查（CHFS）在 2013 年和 2015 年的数据获得农户在 2013 年和 2015 年间的收入波动与消费波动信息。其次，基于 2015 年中国家庭金融调查（CHFS）主观态度模块设计的两个问题，建立农户家庭层面、村庄层面与社会层面的风险应对机制变量，利用信贷和保险市场模块的问卷信息构建农户市场层面的风险应对机制变量。最后，用以上新构建的变量，估计农户风险应对机制模型，基于模型估计结果预测消费下降的概率，并将其作为农户风险应对能力水平的度量指标。

本节基于稳健型检验结果（第 6 章的表 6-2-5），建立农户不同维度的风险应对能力变量，2015 年农户风险应对机制变量的定义与赋值思路与第 6 章 6.3 节完全一致，此处省略。最后定义了 6 种衡量农户 2015 年的风险应对能力变量 $Rability_{i2015}^{k}$，$k(k=1, 2, 3, 4, 5, 6)$。

$Rability_{i2015}^{1}$ 是农户风险应对能力变量的第 1 种定义方法，衡量农户绝对风险应对能力。

$Rability_{i2015}^{2}$ 是农户风险应对能力变量的第 2 种定义方法，衡量农户全国范围内的相对风险应对能力，以农户绝对风险应对能力变量进行排序后的 25% 和 75% 分位数为门槛值，将样本农户风险应对能力分为 3 层，位于 0~25% 的为风险应对能力差、位于 25%~75% 为风险应对能力中等、位于 75%~100%

---

① 不对农业生产资本投入进行细化还可以为后文全要素生产率（TFP）和农业生产技术效率（TE）模型的估计中减轻多重共线性的困扰。

为风险应对能力强。

$Rability_{i2015}^{3}$ 是农户风险应对能力变量的第 3 种定义方法，衡量农户在全国范围内的相对风险应对能力，以农户绝对风险应对能力变量进行排序后的 10%、40%、70% 和 90% 为门槛值，将样本农户分为 0~10%、10%~40%、40%~70%、70%~90% 和 90%~100% 共 5 层。

$Rability_{i2015}^{4}$ 是农户风险应对能力的第 4 种定义方法，分为 0~25%、25%~75%、75%~100% 3 层衡量样本农户在不同省份内的相对风险应对能力。

$Rability_{i2015}^{5}$ 是农户风险应对能力的第 5 种定义方法，分为 0~25%、25%~75%、75%~100% 3 层衡量样本农户在不同县域内的相对风险应对能力。

$Rability_{i2015}^{6}$ 是农户风险应对能力的第 6 种定义方法，分为 0~5%、25%~75%、75%~100% 3 层衡量样本农户在不同村内的相对风险应对能力。

（3）其他控制变量。其他变量的定义与赋值与单要素生产率决定模型一致，详见本章 7.1.1 节。

7.4.2 实证结果

1. 农业生产函数的估计结果

表 7-4-1 是生产函数模型（7-4-2）的估计结果，从各生产要素投入产出弹性的估计值来看，以耕地面积代表的土地要素产出弹性最大，达到 0.632；其次是以农业生产投入代表的资本要素的产出弹性为 0.261，劳动投入要素的产出弹性最小，为 0.108。估计结果与已有研究的结论基本一致（李谷成等，2010；陈海磊等，2014），大体反映了中国农业资源禀赋的一般特征：①农业劳动力相对充裕，因此生产弹性值也最小；②资本投入在农业发展过程中扮演了重要角色，生产弹性值一般；③而土地是农业生产中最为稀缺的生产要素，生产弹性值最大。从规模报酬系数来看，基本接近 1 的取值，再次为农业规模报酬不变的论点提供了经验证据。

表 7-4-1　　　　　　农业生产函数的估计结果

变量	系数估计值	标准误
$\ln A_i$	-0.390	0.251
α_K	0.261***	0.021

续表

变量	系数估计值	标准误
α_L	0.108***	0.028
α_N	0.632***	0.025
N	2 594	
F	134.448***	
$Adj. R^2$	0.752	
$RTS = \alpha_K + \alpha_L + \alpha_N$	1.001	
α_K^*	0.261	
α_L^*	0.108	
α_N^*	0.631	

注：* 代表 10% 显著性水平，** 代表 5% 显著性水平，*** 代表 1% 显著性水平。

2. 风险应对能力与全要素生产率的估计结果

表 7-4-2 是模型（7-4-4）的估计结果，第（1）列对应绝对风险应对能力变量的估计结果。第（2）列是在全国范围农户风险应对能力分层的估计结果，以风险应对能力最差的 0~25% 农户作为对照组。第（3）列对应进一步细化的全国范围内的风险应对能力分层的估计结果，以风险应对能力最差的 0~10% 的农户作为对照组。

表 7-4-2 中第（1）列的估计结果显示，农户绝对风险应对能力变量的系数估计值为 0.011，并在 1% 的水平上显著。这说明，农户绝对风险应对能力每提高 1 个单位，全要素生产率显著提高 1.1%。

第（2）列的估计结果说明，风险应对能力一般虚拟变量的系数估计值为 0.151，并在 1% 的水平上显著。这说明，相比于全国风险应对能力最差的 25% 样本农户，风险应对能力一般农户的全要素生产率提高 15.1%。风险应对能力强的系数估计值为 0.318，也在 1% 的水平上显著，说明相比于全国风险应对能力最差的农户，具有强风险应对能力的农户的全要素生产率提高 31.8%。

第（3）列的是对农户风险应对能力进一步细分的估计结果，相比于全国风险应对能力最差的 0~10% 的样本农户，风险应对能力位于 10%~40% 的农户的全要素生产率在统计上没有显著差别，风险应对能力位于 40%~70%、70%~90%、90%~100% 区间内农户的全要素生产率均在 1% 的水平上分别显著提高 20.3%、33.2% 和 38.3%。

综合表 7-4-2 的估计结果可以认为，无论是从绝对风险应对水平还是从相对风险应对能力看，随着农户风险应对能力的增强，农业全要素生产率显著提高。

表 7-4-2　　　　　　　全要素生产率的实证结果

变量	OLS 绝对风险分担能力 (1)	OLS 相对风险分担能力 (2)	(3)
风险分担能力	0.011*** (0.002)	—	—
风险分担能力最差的 25% 为对比	—	—	—
25%~75%	—	0.151*** (0.033)	—
75%~100%	—	0.318*** (0.037)	—
风险分担能力最差的 10% 为对比	—	—	—
10%~40%	—	—	0.165 (0.134)
40%~70%	—	—	0.203*** (0.032)
70%~90%	—	—	0.332*** (0.041)
90%~100%	—	—	0.383*** (0.045)
耕地数量的对数	-0.009 (0.022)	-0.009 (0.022)	-0.009 (0.022)
农业机械	0.171*** (0.025)	0.172*** (0.023)	0.166*** (0.025)
务农时间的对数	0.087*** (0.021)	0.10*** (0.021)	0.103*** (0.029)
劳动力平均年龄	0.014* (0.008)	0.013* (0.008)	0.014* (0.007)

续表

变量	OLS 绝对风险分担能力	OLS 相对风险分担能力	
	(1)	(2)	(3)
劳动力平均年龄的平方	-0.000** (0.000)	-0.000** (0.000)	-0.000** (0.000)
劳动力平均受教育程度	0.015*** (0.005)	0.016*** (0.005)	0.015*** (0.006)
非农收入占比	-0.005*** (0.001)	-0.006*** (0.001)	-0.005*** (0.001)
市场化程度	-0.007*** (0.011)	-0.007*** (0.011)	-0.007*** (0.011)
正规信贷	0.131** (0.040)	0.146** (0.042)	0.147** (0.060)
户主性别	0.017 (0.041)	0.018 (0.041)	0.021 (0.041)
户主婚姻状况	0.219*** (0.061)	0.229*** (0.053)	0.313*** (0.062)
户主政治面貌	-0.008 (0.089)	-0.001 (0.093)	-0.010 (0.091)
户主健康状况	0.107*** (0.030)	0.106*** (0.030)	0.108*** (0.030)
村内户均收入的对数	0.187*** (0.025)	0.183*** (0.025)	0.185*** (0.025)
常数项	1.060*** (0.187)	1.301*** (0.277)	1.083*** (0.194)
县域固定效用	控制	控制	控制
N	2 557	2 557	2 557
Adj. R^2	0.207	0.209	0.210

注：①括号里报告的是县集聚效应的标准误；
②系数为边际效应；
③ * 代表10%显著性水平，** 代表5%显著性水平，*** 代表1%显著性水平。

3. 农业生产投入变量的估计结果

（1）耕地面积对数变量的估计系数仅为 -0.009，在统计上也不显著。这表明，耕地规模对农户全要素生产率没有影响。这一发现与李谷成等（2010）的结论基本一致。得到这一结论并不意外，因为全要素生产率（TFP）的含义反映的是农户综合利用各种农业投入要素的效率，本章7.1节的研究发现，农地规模与土地生产率呈正相关关系，7.2节的实证结果发现，农地规模与劳动生产率有反向关系。由于土地与劳动两种要素存在替代关系，因此，从总体上看，农地规模与农户全要素生产率基本无关，规模化生产的大农户与精耕细作的小农户相比，在全要素生产率上并不具有优势。

（2）农业机械能够显著提高农户的全要素生产率。相对于没有农业机械的家庭，购置农业机械的农户的全要素生产率显著提高17%。这一实证结果同农业机械与单要素生产率的关系一致。

（3）农业劳动时间投入越多，全要素生产率越高。估计结果显示，劳动时间投入增加1%，全要素生产率提高0.08%~0.1%。本节的这一发现同农业劳动时间与土地生产率的关系一致，同农业劳动时间与劳动生产率的关系相反。

4. 家庭特征变量的估计结果

（1）农业劳动力平均年龄对全要素生产率的影响基本呈现倒U型关系。随着农业劳动力平均年龄的增加，劳动生产率先增加后减少。这一发现与单要素生产率的结论一致。这再次说明，农村劳动力老龄化不利于农业生产率的提高。

（2）劳动力平均受教育程度对全要素生产率有显著的正向影响。劳动力平均受教育年限每增加1年，全要素生产率大概增加1.5%。这一结论与单要素生产率的发现一致，说明发展现代农业离不开对农民的教育投资，人力资本对提升农业全要素生产率至关重要。

（3）非农收入占比越高的家庭，全要素生产率越低。农户非农收入比重每提高1个百分点，全要素生产率显著下降0.5%左右，这一发现也支持单要素生产率的研究结论。

（4）市场化程度对全要素生产率有显著的负向影响。这一发现也与单要素生产率模型的发现一致。说明在传统农民向现代农民过渡的过程中，市场化程度对全要素生产效率有一定的负向影响。

（5）正规信贷显著提高了全要素生产率，相比于没有正规信贷的农村家庭，在农业生产经营中获得正规信贷支持可以使农户全要素生产率显著提高

13%~15%。这一发现与单要素生产率模型的结论一致。

5. 户主特征变量的估计结果

户主健康状况正向影响农户全要素生产率,已婚户主家庭有更高的全要素生产率。户主政治面貌和户主性别对全要素生产率没有显著的影响。

6. 村庄特征变量的估计结果

农户所在村的经济状况越好,该农户的全要素生产率越高。这一发现与单要素生产率模型的结论一致。说明建设富美乡村改善农业生产的外部环境能够提高农户全要素生产率。

7.4.3 稳健性检验

表 7-4-3 是稳健性检验的结果,表中第(1)列是对省内农户风险应对能力分层的估计结果,第(2)列是对县内农户风险应对能力分层的估计结果,第(3)列是对村内农户风险应对能力分层的估计结果。

第(1)列的估计结果表明,相比于省内风险应对能力最差的农户,风险分担能力一般的农户的全要素生产率在 1% 的显著性水平上提高 16.1%;风险应对能力强的农户的全要素生产率在 1% 的显著性水平上提高 32.8%。

第(2)列的估计结果表明,相比于县内风险应对能力最差的农户,风险应对能力一般的农户的全要素生产率在 1% 的显著性水平上提高 17.1%,风险应对能力强的农户的全要素生产率在 1% 的显著性水平上提高 33.7%

第(3)列的估计结果表明,相比与村内风险应对能力最差的农户,风险应对能力一般的农户的全要素生产率没有显著差别,风险应对能力强的农户的劳动生产率在 5% 的显著性水平上提高 33.9%。

表 7-4-3 说明,在省域、县域和村内对农户风险应对能力进行重新分组的估计结果与上文基本一致。这也再次证明,农户风险应对能力对全要素生产率之间具有稳定的促进作用。本节的研究结论为风险分担能力与全要素生产率的关系提供了微观证据,也为促进经济增长政策提供了新的思路的视角。

表 7-4-3　　　　　　稳健性检验的结果

变量	相对风险分担能力		
	省内	县内	村内
	(1)	(2)	(3)
风险分担能力最差的 25%	—	—	—
25%~75%	0.161*** (0.032)	0.171*** (0.029)	0.181 (0.130)
75%~100%	0.328*** (0.035)	0.337*** (0.032)	0.339** (0.156)
其他控制变量	控制	控制	控制
县域固定效应	控制	控制	控制
N	2 557	2 557	2 557
Adj. R^2	0.207	0.208	0.207

注：①括号里报告的是县集聚效应的标准误；

②系数为边际效应；

③ * 代表 10% 显著性水平，** 代表 5% 显著性水平，*** 代表 1% 显著性水平，其他控制变量的估计结果与表 7-4-2 基本一致，未做报告。

7.5　本章小结

本章是本书实证分析的第二部分，也是第 6 章研究的继续和深入，本章基于 CHFS 在 2011 年、2013 年和 2015 年的农户调查数据，从土地产出率、劳动生产率、技术效率（TE）和全要素生产率（TFP）的角度，检验农户风险应对能力与农户生产率的关系，并利用第 6 章构造的多维农户风险应对能力指标对估计结果进行稳健性检验。本章实证研究有以下发现：

（1）农户风险应对能力与土地生产率的关系。人多地少是中国的基本国情，国情的特殊性决定了必须优先确保国家的粮食安全，这也是我国农业政策优先实现的目标，依靠提高土地单产确保食物安全始终是农业政策的重点内容。本章从农户风险管理的视角，实证检验了农户风险应对能力与土地生产率的关系。研究发现，无论是从绝对风险应对水平还是从相对风险应对能力看，风险应对能力都是影响土地产出率的重要因素：随着农户风险应对能力的增强，土地产出率也随之提高。在省域、县域和村内对农户风险应对能力进行重新分组的稳健型检验结果也再次说明，农户风险应对能力与土地生产率存在稳定的正向影响关系，农户风险应对能力的提高能够显著促进土地生产率的增长。这一发现蕴含丰富政策含义，提高农户风险应对能力的政策措施是促进土地生产率提高的重要抓手。

(2) 农户风险应对机制与劳动生产率的关系。"三农"问题的核心是农民问题，千方百计增加农民收入从根本上讲还是要依靠提高农民劳动生产率。因此，在新的时代背景下从农户风险管理的视角，探讨农户风险应对能力与劳动生产率的关系，具有重要的现实意义和政策含义。本章实证检验了农户风险应对能力与劳动生产率关系。研究发现，无论是从绝对风险应对水平还是从相对风险应对能力看，相对于风险能力弱的农户风险应对能力强的农户在劳动生产率方面具有比较优势。在省域、县域和村内对农户风险应对能力进行重新分组的稳健型检验结果表明，农户风险应对能力与劳动生产率之间存在稳定的正向关系，农户风险应对能力的提高能够显著促进劳动生产率的增长。因此，如果从以提高农民收入为核心的政策目标出发的话，解决农民问题的有效途径是增强农户的抗风险能力。

(3) 农户风险应对机制与技术效率的关系。农业生产技术效率是从农业生产投入产出的角度衡量生产单位能够在多大程度上运用现有技术达到最大产出（生产前沿）的能力。通过对农业技术效率的研究，可以集中反映农业产出能力和资源利用效率等多方面信息。本章采用超越对数函数形式的随机前沿模型，对农户风险应对能力与农业生产技术效率的关系进行了实证分析。研究表明：无论是从绝对风险应对水平还是从相对风险应对能力看，风险应对能力都是影响技术效率的重要因素；随着农户风险应对能力的增强，农业生产技术效率有显著提高。研究还发现，在现有技术水平和要素投入下，通过改善农户技术效率来提高生产率的潜力很大。因此，在不断促进农业技术进步的同时，也不能忽视对现有技术和资源的利用。此外，对技术效率影响因素的实证分析发现，劳动力比重、家庭收入、耕地面积、户主年龄、户主受教育程度、农业补贴、健康状况对农户生产经营的技术效率有显著的促进作用；而信贷约束有显著的负效应；与风险厌恶的农户相比，风险偏好的农户有更高的技术效率。

(4) 农户风险应对机制与全要素生产率关系。由于农业生产过程需要同时投入多种生产要素，而且各种要素之间存在相互替代关系，这就需要一个能全面反映要素综合使用情况的指标来度量生产率，而全要素生产率（TFP）是农业经济学中常用的衡量农户生产过程综合效率的指标。本章基于"两步估计法"的思路，首先根据柯布—道格拉斯（C—D）生产函数估计农户的农业全要素生产率，然后将农户风险应对能力变量纳入全要素生产率的影响因素模型，识别检验农户风险应对能力是否会影响农户全要素生产率。研究发现，无论是从绝对风险应对水平还是从相对风险应对能力看，风险应对能力对全要素生产率有显著的正向影响。在省域、县域和村内对农户风险应对能力进行重新分组的稳健型检验表明，农户风险应对能力的提高能够稳健地促进土地生产率的增长。这一发现蕴含的政策含义是，提高农户风险应对能力是改进农户全要素生产率的重要政策工具。

总体上看，由于中国农村信贷和保险市场还很不完善，社会保障机制也很不健全，农户在利用市场层面和社会层面的风险应对机制时受到很大制约。在实践中，他们主要借助家庭层面和村庄层面的风险应对机制管理风险。但是，受收入和财富水平的限制，农户利用家庭层面风险应对机制的能力较弱。由于缺乏强制实施机制，村庄层面的风险统筹经常受到限制。这些因素综合起来，导致中国农户的事后风险能力普遍不足。遵循"安全第一"的生计原则，他们被迫在农业生产中提前采取措施规避风险，这将阻碍农业生产率的提高。本章的研究证实，农户事后风险应对能力不足对农业生产率有多重负面影响，而提高农户应对风险冲击的能力可以显著提高中国农户的生产率。本章的研究结论为提高农户微观农业生产率的政策提供了新的思路和经验证据，有利于从风险管理视角深化发展经济学对微观农户生产率决定因素的研究，也拓展了这一领域的研究成果。

第8章 农户风险应对能力影响农业生产率的机制识别

本章是本书实证分析的第三部分，亦是第6章和第7章研究的深入和拓展。本章在前两章实证研究的基础上，继续利用中国家庭金融调查（CHFS）数据识别农户风险应对能力影响农业生产率的可能渠道。本章共包括5个部分的内容：8.1节基于文献综述和理论分析的内容，归纳梳理农户风险应对能力影响农业生产率的机理，并提出可供实证检验的假设。8.2节说明数据来源和变量选取情况，对变量进行初步的描述性统计分析，并介绍计量模型的估计与检验方法，为实证分析做方法论的准备。8.3节利用影响机制模型，检验农户风险应对能力能否通过5种可能的渠道（农业新技术采用、农业短期投入、农业长期投入、人力资本积累和家庭资产积累）影响农业生产率。8.4节对机制识别的结果进行稳健性检验。8.5节对本章的研究发现进行小结。

8.1 影响机制分析

农户风险应对机制对农业生产经营行为的消极影响是20世纪80年代以来发展经济学的重要研究领域。农户事后风险处理机制不会带来经济效率的损失，因此是一种较为理想的风险处理方式（马小勇，2006）。从理论上看，如果农户能够采用事后风险应对机制（家庭层面、村庄层面、市场层面和社会层面）有效地处理风险，农户就不会提前在农业生产经营中采取预防性的措施规避风险，农户的生产经营决策也就不会偏离最优选择。但是，这样理想化的情况与中国农村的现实显然不符。本书的理论分析和实证研究也表明，在经济转型期的中国农村，农户不同层面风险应对机制受到诸多限制，农村家庭的事后风险应对能力普遍不足。

农户风险应对能力对农业生产率的影响可分为负向冲击（negative shocks）效应和规避风险效应（Clarke and Dercon，2009）。规避风险效应是指当农户面临的风险过大时，未来发生重大损失的可能性也较高。如果家庭风险应对能力比较差，无法承担可能的损失，出于"安全第一"的考虑，会在风险事件发生以前就采取措施进行规避风险，通常的做法就是在农业生产中选择低风险、低收益的生产项目，从而导致家庭农业生产率和收入的增长因风险规避行为而降低。负面冲击效应是指当风险事件发生以后，农户由于缺乏风险应对能力，家庭将直接暴露于风险冲击中。为了确保基本生活，他们会被迫选择一些极端的风险应对措施。这些措施将损害农户生产率长期增长的基础，进而减弱家庭的创收能力（王小龙、何振，2018），甚至使家庭陷入"贫困的恶性循环"。

纵观已有相关文献，国内外学者主要从理论上分析了农户风险应对能力影响农户生产率的机理，研究方法以理论推演为主。虽然也有少数实证研究问世，但用到的方法也只是简单的描述性统计方法。尽管个别学者使用了多元线性回归的方法，但考虑的因素不够全面，模型的检验也不严谨，经常出现同一时期、同一问题却得出不同结论的现象，本书第2章第2.3节对这些研究进行了详细的述评，在此不再赘述。总体上看，国内外学者对农户风险应对能力影响农户生产率的机理进行了全面、深入的理论分析，但囿于农户微观数据可获性的限制，少有文献对这些理论假设进行严谨的检验。为了弥补已有研究的不足，本章在已有理论分析的基础上，采用中国家庭金融调查（CHFS）细致、全面的农户微观数据，实证检验农户风险应对能力影响农业生产率的可能机制，深化农户风险应对机制与农业生产率关系的研究。根据第2章文献综述和本书对中国农户风险应对机制的理论与实证分析，将中国农户风险应对能力影响农业生产率的机制归纳为5种渠道（图8-1-1）。

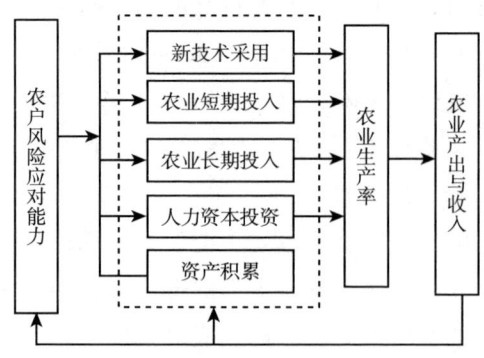

图8-1-1 农户风险应对能力影响农业生产率的机理

图 8-1-1 表示,农户风险应对能力可以通过 5 种渠道影响农业生产率。从短期来看,具有较强风险应对能力的农户在农业生产活动中会更积极地采纳先进的农业生产技术和生产经营管理方法,不断提高专业化程度,增加对农业生产经营的投入,从而促进农业生产率和家庭收入的增长。从长期来看,随着农户处理风险能力的增强,农户更有能力和意愿对农业生产进行长期投入,也更愿意进行人力资本投资提高农业劳动力素质,从而为农业生产率的长期提高奠定基础,有利于农户生产率的稳步提高和家庭收入的持续增长。因此,农户风险应对能力的改善会在短期和长期促进农业生产率的提高和家庭收入的增长,而农户生产率和收入的改善将反过来增强家庭的风险应对能力,从而形成风险应对能力与农业生产率互相促进和相互增强的良性循环。此外,农户风险应对能力是影响家庭资产积累的重要因素,风险应对能力越强的农户越可能进行资产积累,尤其是投资于高收益的风险性金融资产。随着家庭财产性收入和财富的增长,家庭应对风险冲击的能力进一步增强,进而通过以上短期和长期机制影响农业生产率。

基于以上分析,结合中国家庭金融调查(CHFS)数据的特点,本章提出农户风险应对能力影响农业生产率的 5 个可供检验的假设:

假设 H1:农户风险应对能力可以通过新技术采用渠道影响农业生产率。

假设 H2:农户风险应对能力可以通过农业短期投入的渠道影响农业生产率。

假设 H3:农户风险应对能力可以通过农业长期投入的渠道影响农业生产率。

假设 H4:农户风险应对能力可以通过人力资本投资的渠道影响农业生产率。

假设 H5:农户风险应对能力可以通过资产积累的渠道影响农业生产率。

下文将分别建立影响机制模型,实证检验这些机制是否存在。本章的研究可以加深我们对转型期中国农户风险应对机制与农业生产率关系的理解,对于阻断风险冲击对农户生产率的短期影响和长期侵蚀具有重要的现实意义。

8.2 数据、模型与估计方法

8.2.1 数据来源

本章使用的数据来自中国家庭金融调查(CHFS)在 2011 年的农户调查数据,对该数据的详细介绍见第 1 章 1.4 节。

8.2.2 模型设定与变量选择

1. 农业新技术采用渠道的计量模型

建立模型（8-2-1）识别农户风险应对能力能否通过新技术采用的渠道影响农业生产率。由于模型中的因变量为二分类离散变量，所以建立 logit 模型，采用二分 logistic 方法进行回归分析。

$$\ln \frac{p_i}{1-p_i} = \gamma_0 + \gamma_1 Rability_i^k + \gamma_2 Z_i + \varepsilon_i \quad (8-2-1)$$

模型（8-2-1）中，p_i 表示农户采用新技术的概率；$(1-p_i)$ 表示不采用新技术的概率，$p_i/(1-p_i)$ 表示新技术采纳的发生比，等于农户采纳新技术的概率除以不采纳新技术的概率。已有研究发现，风险态度与农业技术采纳行为高度相关（冯晓龙等，2018；徐婵娟等，2018；张小有等，2018），越是偏好风险的农户采用新技术的概率越大，越是厌恶风险的农户越不愿意采纳新技术。因此，利用 CHFS 数据中的农户风险态度作为农业新技术采纳意愿的代理变量。中国家庭金融调查（CHFS）在 2011 年问卷中的主观态度模块设计了专门的问题询问受访者的风险态度，"如果您有一笔钱，您愿意选择哪种投资项目？"，对这一问题的回答共有 5 个选项："①高风险，高回报项目；②略高风险，略高回报的项目；③平均风险，平均回报的项目；④略低风险，略低回报的项目；⑤不愿意承担任何风险"。根据受访户对该问题的回答来定义农户风险态度，具体来看，将选择①和②选项的农户界定为风险偏好型，将风险偏好虚拟变量赋值为 1；否则为 0。

$Rability_i^k$ 是农户从多个维度定义的风险应对能力变量，k（$k=1, 2, 3, 4, 5, 6$），赋值方法详见第 6 章 6.3 节。在后文的实证部分，用农户绝对风险应对能力变量（$Rability_i^1$）、农户相对风险应对能力变量（$Rability_i^2$）和（$Rability_i^3$）进行模型估计。用省内、县内和村内的农户相对风险应对能力变量 $Rability_i^4$、$Rability_i^5$ 和 $Rability_i^6$ 进行稳健性检验。

Z_i 是影响新技术采纳的其他变量，具体包括：农业生产的投入变量、家庭特征变量、户主特征变量、村庄特征变量和县控制变量。这些变量的定义与赋值与第 7 章 7.1 节一致，此处略去。γ_0 是常数项，γ_1、γ_2 分别为对应变量的系数（向量）。ε_i 是服从正态分布的经典随机误差项。重点关注系数（向量）

γ_1 的估计值 $\hat{\gamma}_1$ 的经济显著性和统计显著性，如果 $\hat{\gamma}_1 > 0$ 且在统计上显著，则表明风险应对能力越强的农户，越愿意采用新技术。

2. 农业短期投入渠道的计量模型

建立模型（8-2-2）识别农户风险应对能力是否能够通过农业短期投入渠道影响农业生产率。

$$\ln(Vinp_i) = \delta_0 + \delta_1 Rability_i^k + \delta_2 Z_i + \varepsilon_i \quad (8-2-2)$$

其中，$Vinp_i$ 为农业短期投入变量，用农户农业生产投入的总成本衡量，CHFS 在 2011 年的问卷中会询问受访户，"去年，您家从事农业生产经营的总成本是多少？"，基于该信息获得农户短期投入信息，在实证分析中将该变量取对数后直接引入模型（8-2-2）。

$Rability_i^k$ 是农户多个维度的风险应对能力变量，$k(k=1,2,3,4,5,6)$ 的定义与赋值方法详见第 6 章 6.3 节。在实证部分，用农户绝对风险应对能力变量（$Rability_i^1$）、农户相对风险应对能力变量（$Rability_i^2$）和（$Rability_i^3$）进行模型估计。用省内、县内和村内的农户相对风险应对能力变量 $Rability_i^4$、$Rability_i^5$ 和 $Rability_i^6$ 进行稳健性检验。

其他变量的定义与赋值与第 7 章 7.1 节一致，此处略去。δ_0 是常数项，δ_1、δ_2 分别为对应变量的系数（向量）。ε_i 是服从正态分布的经典随机误差项。根据变量 $Rability_i^k$ 的系数估计值 $\hat{\delta}_1$ 的经济显著性和统计显著性，识别风险分担能力与农业投入的关系是否存在，如果 $\hat{\delta}_1 > 0$ 且在统计上显著，则表明随着农户风险应对能力的增强，农户短期农业投入越大。

3. 农业长期投入渠道的计量模型

将农户拥有的农业机械设备情况作为农业长期投入的代理变量。具体来看，用农户是否拥有农业机械度量农户进行长期投资的意愿，用农业机械的价值衡量农业长期投资的数量（能力）。在建模和估计方法上，采用 Logit 模型检验农户风险应对能力与农业长期投资意愿的关系，利用 Tobit 模型检验农户风险应对能力与农业长期投入水平的关系，综合 Logit 模型和 Tobit 模型的估计结果，识别农户风险应对能力能否通过农业长期投入渠道影响农业生产率。

CHFS 在 2011 年的调查问卷中设计了两个问题来询问受访户农业机械设备的使用情况。第一个问题是，"目前，您家有哪些农用机械（拖拉机除外)?",基于该问题的回答,构建农户长期投资意愿的虚拟变量,如果农户有农业机械取值为1,否则为0。另一个问题是,"目前,这些农业机械总共值多少钱?",根据农户对这个问题的回答获取农业长期投资数量(能力)的信息。

(1) 风险分担能力与农业机械投资意愿关系的 Logit 模型。

基于 Logit 模型 (8-2-3) 检验农户风险应对能力与长期投资意愿的关系,进而发现农户风险应对能力是否能够通过影响农业长期投入意愿的渠道间接作用于农业生产率。

$$\ln \frac{p_i}{1-p_i} = \varphi_0^1 + \varphi_1^1 Rability_i^k + \varphi_2^1 Z_i + \varepsilon_i \qquad (8-2-3)$$

模型 (8-2-3) 中,p_i 表示农户愿意进行长期投资的概率;$(1-p_i)$ 表示不愿意进行长期投资的概率,$p_i/(1-p_i)$ 表示愿意长期投资的发生比,等于农户愿意长期投资的概率除以不愿意长期投资的概率。$Rability_i^k$ 是农户多个维度的风险应对能力变量,$k(k=1,2,3,4,5,6)$,定义与赋值方法详见第6章6.3节。用农户绝对风险应对能力变量 ($Rability_i^1$)、农户相对风险应对能力变量 ($Rability_i^2$) 和 ($Rability_i^3$) 进行模型估计。用省内、县内和村内的农户相对风险应对能力变量 $Rability_i^4$、$Rability_i^5$ 和 $Rability_i^6$ 进行稳健性检验。

其他变量的定义与赋值与第7章7.1节一致,此处略去。φ_0^1 是常数项,φ_1^1、φ_2^1 分别为对应变量的系数(向量)。ε_i 是服从正态分布的经典随机误差项。根据变量 $Rability_i^k$ 的系数估计值 $\hat{\varphi_1^1}$ 的经济显著性和统计显著性,识别风险分担能力与农机投资意愿的关系是否存在,如果 $\hat{\varphi_1^1}>0$ 且在统计上显著,则表明风险分担能力越强的农户在农业长期投入上的意愿也越强。

(2) 风险分担能力与农业机械投入数量关系的 Tobit 模型。

基于 Tobit 模型 (8-2-4) 实证检验农户风险应对能力与农业长期投入数量(能力)的关系,进而识别农户风险应对能力能否通过影响农业长期投入能力的渠道间接作用于农业生产率。由于 CHFS 在 2011 年调查的样本农户中,很多家庭没有农业机械设备,农业机械投入的相应取值为0。因此,用农业机械价值衡量的农业长期投入数据属于典型的截断数据类型(censored)。所以,利用 Tobit 模型进行估计,对 Tobit 模型的详细介绍参见本章8.2.4节。

$$\begin{aligned} y^M &= \varphi_0^2 + \varphi_1^2 Rability_i^k + \varphi_2^2 Z_i + \varepsilon_i \\ Y^M &= \max(0, y^M) \end{aligned} \qquad (8-2-4)$$

模型（8-2-4）中，Y^M是农户投资农业机械的价值，y^M表示农机价值大于0的部分。

$Rability_i^k$是农户多个维度的风险应对能力变量，$k(k=1,2,3,4,5,6)$，定义与赋值方法详见第6章6.3节。在实证部分，用农户绝对风险应对能力变量（$Rability_i^1$）、农户相对风险应对能力变量（$Rability_i^2$）和（$Rability_i^3$）进行模型估计。用省内、县内和村内的农户相对风险应对能力变量$Rability_i^4$、$Rability_i^5$和$Rability_i^6$进行稳健性检验。

其他变量的定义与赋值与第7章7.1节一致，此处略去。φ_0^2是常数项，φ_1^2、φ_2^2分别为对应变量的系数（向量）。ε_i是服从正态分布的经典随机误差项。根据变量$Rability_i^k$的系数估计值$\hat{\varphi}_1^2$的经济显著性和统计显著性，识别风险分担能力与农机购置数量的关系，如果$\hat{\varphi}_1^2>0$且在统计上显著，则表明风险分担能力越强的农户在农业长期投入上的能力也越强。

4. 人力资本投资渠道的计量模型

基于模型（8-2-5）检验农户风险应对能力与人力资本投资的关系，识别农户风险应对能力能否通过人力资本投资渠道影响农业生产率。

$$\ln(Einp_i) = \eta_0 + \eta_1 Rability_i^k + \eta_2 Z_i + \varepsilon_i \qquad (8-2-5)$$

其中，$Einp_i$为人力资本投入变量，用农户教育培训支出进行衡量。CHFS在2011年的问卷中会询问受访户，"去年，您家的教育、培训支出有多少"，基于农户对该问题的回答获得人力资本投入的信息。在实证分析中将该变量取对数后直接引入模型（8-2-5）。由于CHFS在2011年的调查中，很多农户没有教育培训支出，人力资本投入的相应取值为0，属于截断数据类型（censored），因此，利用Tobit模型进行估计。需要强调的是，在模型（8-2-5）中，为了避免遗漏重要变量导致的偏误，控制了家庭的在校人数。

$Rability_i^k$是农户多个维度的风险应对能力变量，$k(k=1,2,3,4,5,6)$，定义与赋值方法详见第6章6.3节。在实证分析中，用农户绝对风险应对能力变量（$Rability_i^1$）、农户相对风险应对能力变量（$Rability_i^2$）和（$Rability_i^3$）进行模型估计。用省内、县内和村内的农户相对风险应对能力变量$Rability_i^4$、$Rability_i^5$和$Rability_i^6$进行稳健性检验。

其他变量的定义与赋值第7章7.1节一致，此处略去。η_0是常数项，η_1、η_2分别为对应变量的系数（向量）。ε_i是服从正态分布的经典随机误差项。根

据变量 $Rability_i^k$ 的系数估计值 $\hat{\eta}_i$ 的经济显著性和统计显著性,识别风险分担能力与教育投入的关系是否存在,如果 $\hat{\delta}_1 > 0$ 且在统计上显著,则表明风险分担能力越强的农户在教育上的投入也越大,也就验证了风险分担能力可以通过人力资本积累的渠道间接影响农业生产率。

5. 资产积累渠道的计量模型

选择农户风险性金融资产的持有情况作为农村家庭资产积累情况的代理变量,用家庭是否持有风险性金融资产衡量农户进行资产积累的意愿,用农户持有的风险性金融资产的价值衡量资产积累的数量(能力)。在建模和估计上,采用 Logit 模型检验农户风险应对能力与资产积累意愿的关系,利用 Tobit 模型检验农户风险应对能力与资产积累数量的关系,综合 Logit 模型和 Tobit 模型的估计结果识别农户风险应对能力能否通过资产积累渠道影响农业生产率。

根据 CHFS 在 2011 年的问卷设计,家庭金融资产被分为无风险金融资产和风险金融资产两部分。其中,无风险金融资产包括:现金、活期存款、定期存款以及各类账户(社保账户、年金账户、医保账户和公积金账户)余额。风险金融资产包括:理财产品(银行理财产品和其他理财产品)、股票、基金、债券、金融衍生品、贵金属、非人民币资产、借出款(王阳,2019)。如果农户持有风险性金融资产,则资产积累虚拟变量取值为 1,否则为 0。用农户持有的理财产品、股票、基金、债券、金融衍生品、贵金属、非人民币资产和借出款的总额度量资产积累数量。

(1)农户风险应对能力与资产积累意愿的 Logit 模型。

基于 Logit 模型(8-2-6)实证检验农户风险应对能力与资产积累意愿的关系,进而识别农户风险应对能力能否通过资产积累意愿的渠道影响农业生产率。

$$\ln \frac{p_i}{1-p_i} = \pi_0^1 + \pi_1^1 Rability_i^k + \pi_2^1 Z_i + \varepsilon_i \qquad (8-2-6)$$

模型(8-2-6)中,p_i 表示农户进行资产积累的概率;$(1-p_i)$ 表示农户没有资产积累的概率,$p_i/(1-p_i)$ 表示资产积累的发生比,等于农户进行资产积累的概率除以没有进行资产积累的概率。

$Rability_i^k$ 是农户多个维度的风险应对能力变量,$k(k=1,2,3,4,5,6)$,定义与赋值方法详见第 6 章 6.3 节。在实证部分,用农户绝对风险应对能力变量($Rability_i^1$)、农户相对风险应对能力变量($Rability_i^2$)和($Rability_i^3$)进行模型估计。用省内、县内和村内的农户相对风险应对能力变量 $Rability_i^4$、

$Rability_i^5$ 和 $Rability_i^6$ 进行稳健性检验。其他变量的定义与赋值第 7 章 7.1 节基本一致，此处略去①。

π_0^1 是常数项，π_1^1、π_2^1 分别为对应变量的系数（向量）。ε_i 是服从正态分布的经典随机误差项。根据变量 $Rability_i^k$ 的系数估计值 $\hat{\pi}_1^1$ 的经济显著性和统计显著性，识别农户风险应对能力与家庭进行资产积累意愿的关系是否存在，如果 $\hat{\pi}_1^1 > 0$ 且在统计上显著，则表明风险分担能力越强的农户进行资产积累的意愿越高。

（2）农户风险应对能力与资产积累数量关系的 Tobit 模型。

基于 Tobit 模型（8-2-7）实证检验农户风险应对能力与资产积累数量的关系，进而识别农户风险应对能力能否通过资产积累数量的渠道间接作用于农业生产率。由于 2011 年的农户样本数据中，很多农村家庭没有风险性金融资产，这些样本的相应取值为 0，属于典型的截断数据类型（censored）。根据因变量的数据特点，构建 Tobit 模型进行计量分析，对 Tobit 模型的详细介绍见本章 8.2.4 节。

$$y^A = \pi_0^2 + \pi_1^2 Rability_i^k + \pi_2^2 Z_i + \varepsilon_i$$
$$Y^A = \max(0, y^A)$$
(8-2-7)

模型（8-2-7）中，Y^A 是农户持有的风险性金融资产数量，y^A 表示持有风险性金融资产大于 0 的部分。其他变量的定义与模型（8-2-6）一致，π_0^2 是常数项，π_1^2、π_2^2 分别为对应变量的系数（向量）。

$Rability_i^k$ 是农户多个维度的风险应对能力变量，$k(k = 1, 2, 3, 4, 5, 6)$，定义与赋值方法详见第 6 章 6.3 节。在实证部分，用农户绝对风险应对能力变量（$Rability_i^1$）、农户相对风险应对能力变量（$Rability_i^2$）和（$Rability_i^3$）进行模型估计。用省内、县内和村内的农户相对风险应对能力变量 $Rability_i^4$、$Rability_i^5$ 和 $Rability_i^6$ 进行稳健性检验。其他变量的定义与赋值第 7 章 7.1 节基本一致，此处略去②。

ε_i 是服从正态分布的经典随机误差项。根据变量 $Rability_i^k$ 的系数估计值

---

① 我们在模型中还引入了文献中常见的影响家庭金融资产配置的因素，对这些因素的详细介绍可参见：王阳. 财富分层、社会资本与家庭金融资产选择：基于中国家庭金融调查（CHFS）数据的实证研究 [M]. 北京：中国经济出版社，2019.

② 在模型（8-2-6）与模型（8-2-7）的构建中还引入了文献中常见的影响家庭金融资产配置的因素，详见：王阳. 财富分层、社会资本与家庭金融资产选择：基于中国家庭金融调查（CHFS）数据的实证研究 [M]. 北京：中国经济出版社，2019.

$\hat{\pi}_1^2$ 的经济显著性和统计显著性,识别农户风险应对能力与资产积累数量的关系是否存在,如果 $\hat{\pi}_1^2>0$ 且在统计上显著,则表明随着农户风险应对能力的增强,农户进行资产积累的能力也越强。

8.2.3 描述性统计

表 8-2-1 和表 8-2-2 分别是影响机制变量的赋值和描述性统计结果。表 8-2-2 是在全国范围内对农户风险应对能力进行分组后的描述性统计结果①。第(1)列对应风险应对能力弱的农户样本的变量均值与标准差。第(2)列对应风险应对能力一般的农户样本的变量均值与标准差。第(3)列对应风险应对能力强的农户样本的变量均值与标准差。第(4)列对应全部农户样本的变量均值与标准差。

表 8-2-1　　　　　影响机制变量的赋值

影响渠道	变量名	变量赋值
新技术采纳	是否偏好风险	风险偏好取值为1;否则为0
农业生产短期投入	农业生产的中间投入	农业生产中的物资投入(元)
农业生产长期投入	农业机械投资意愿	有农业机械取值为1;否则为0
	农业机械价值	家庭拥有农业机械的市场价值(元)
人力资本投资	教育培训支出	家庭年度教育培训支出总额(元)
资产积累	投资风险性金融资产意愿	有风险性金融资产取值为1;否则为0
	风险性金融资产持有量	持有风险性金融资产的数量(元)

表 8-2-2　　影响机制变量的描述性统计(全国分组)

变量	风险分担能力弱 0~25% (1)		风险分担能力一般 25%~75% (2)		风险分担能力强 75%~100% (3)		总体 (4)	
	均值	标准差	均值	标准差	均值	标准差	均值	标准差
风险偏好	0.07	0.27	0.09	0.28	0.19	0.39	0.11	0.31
农业生产投入的对数	7.44	0.98	7.57	1.06	7.76	1.17	7.58	1.08
农业机械投入意愿	0.32	0.47	0.37	0.48	0.39	0.49	0.36	0.48

---

① 本部分还根据省内、县内和村内定义的农户风险应对能力分层结果对机制变量进行描述性统计,结果与表(8-2-2)基本一致,所以省略。

续表

变量	风险分担能力弱 0~25% (1)		风险分担能力一般 25%~75% (2)		风险分担能力强 75%~100% (3)		总体 (4)	
	均值	标准差	均值	标准差	均值	标准差	均值	标准差
农业机械价值的对数	2.15	3.23	2.45	3.35	2.70	3.49	2.44	3.36
风险性资产投入意愿	0.04	0.20	0.09	0.29	0.15	0.36	0.09	0.29
风险性资产数量的对数	0.35	1.73	0.79	2.56	1.37	3.30	0.83	2.62
教育投入的对数	2.95	3.77	3.27	3.93	3.47	3.94	3.24	3.86
N	443		889		447		1 779	

8.2.4 估计与检验方法①

本部分内容对本章使用的归并回归模型（Tobit 模型）进行介绍，重点分析该模型的适用条件、估计方法以及模型的检验问题。在此基础上，综合本章研究的实际情况，确定适用于本章数据的具体方法，从而为下文的实证分析奠定方法论基础。

本章使用的部分因变量数据在问卷调查和后续的数据处理过程中，采用了"上不封顶"（top coding）的处理办法，即当 $y_i \geq c$（或 $y_i \leq c$）时所有的 y_i 都取值为 c，这种数据属于典型的归并数据。对于这类取值特点的因变量，虽然有的全部观测数据，但是，对于某些观测数据，因变量被压缩到一个具体的点上②。

当被解释变量有归并数据特点时，其概率分布就变成由一个连续分布和一个离散点构成的混合分布。在这种情况下，如果使用传统的 OLS 方法进行估计，不论使用的是整个样本，还是去掉归并点后的子样本，都无法得到一致估计（陈强，2013）。下文将分析普通最小二乘估计在估计归并数据模型时"失灵"的原因，并进一步探讨克服 OLS 缺陷的其他估计方法。

---

① 本部分内容主要参照："陈强. 高级计量经济学及 Stata 应用（第二版）[M]. 高等教育出版社，2014."、"伍德里奇. 横截面与面板数据的经济计量分析 [M]. 中国人民大学出版社，2008."、"A. 科林·卡梅伦，普拉温·K. 特里维迪. 用 Stata 学微观计量经济学 [M]. 重庆大学出版社，2015."

② 归并回归（censored regression）不同于断尾回归，后者是缺失了相关数据。

1. Tobit 模型的估计方法

(1) 普通最小二乘法估计归并数据模型时的缺陷。

在实证分析中发现,最小二乘回归估计的 Tobit 模型估计量并不适当。我们以数据的左归并为例①。假设 $y_i^* = x_i'\beta + \varepsilon_i$,其中 y_i^* 不可观测,扰动项服从正态分布 $\varepsilon_i | x_i \sim N(0, \sigma^2)$。不失一般性,假定左截取点为 $c = c^*$,如果总的样本量为 N,即总样本中有 N_1 个样本的被解释变量观测值大于 c^*($y_i^* > c^*$),N_2 个样本被解释变量的观测值小于 c^*($y_i^* \leq c^*$),其中 $N = N_1 + N_2$。假设可以观测到 y,以上左归数据可以表述为:

$$y_i = \begin{cases} y_i^*, 若 y_i^* > c^* \\ c^*, 若 y_i^* \leq c^* \end{cases}$$

由于回归的本质就是估计条件期望函数,下面以左归并数据为例分别分析仅包含子样本和包含全部样本时归并分布的条件期望,在此基础上探寻传统 OLS 方法失灵的原因。

① 仅包含子样本的条件期望。

如果仅对 N_1 个满足条件 $y_i > c^*$ 的子样本进行 OLS 估计,那么 $y_i > c^*$ 时的条件期望 $E(y_i | x_i; y_i > c^*) = E(y_i^* | x_i; y_i > c^*)$(当 $y_i > c^*$ 时,必然有 $y_i = y_i^*$)

$$= E(x_i'\beta + \varepsilon_i | x_i; y_i^* > c^*)$$
$$= x_i'\beta + E(\varepsilon_i | x_i; x_i'\beta + \varepsilon_i > c^*)$$
$$= x_i'\beta + E(\varepsilon_i | x_i; \varepsilon_i > c^* - x_i'\beta) \quad (8-2-8)$$

对于任意实数 c,定义"反米尔斯比率"(Inverse Mill's Rato,简记为 IMR)为:

$$\lambda(c) = \frac{\phi(c)}{1 - \Phi(c)}$$

那么,当随机变量服从标准正态分布 $\varepsilon_i \sim N(0,1)$ 时,$E(\varepsilon | \varepsilon > c) = \lambda(c)$,反米尔斯比率在 c 点的取值等于标准正态的密度函数 $\phi(c)$ 除以密度函数曲线下比 c 大的阴影部分面积 $[1 - \Phi(c)]$。对于更一般的正态分布 $\varepsilon_i \sim N(\mu, \sigma^2)$,

定义 $z \equiv \dfrac{\varepsilon - \mu}{\sigma} \sim N(0,1)$,那么 $\varepsilon = \mu + \sigma z$。所以:

---

① 右归并的情形可以做类似分析。

$$E(\varepsilon \mid \varepsilon > c) = E(\mu + \sigma z \mid \mu + \sigma z > c) = E\left(\mu + \sigma z \mid z > \frac{c - \varepsilon}{\sigma}\right)$$

$$= \mu + \sigma E\left(z \mid z > \frac{c - \varepsilon}{\sigma}\right)$$

$$= \mu + \sigma \lambda\left(\frac{c - \varepsilon}{\sigma}\right)$$

由于 $\varepsilon_i \mid x_i \sim N(0, \sigma^2)$，把反米尔斯比率应用到式（8-2-8）中，最终可以得到仅包含子样本的条件期望：

$$E(y_i \mid x_i; y_i > c^*) = x_i'\beta + \sigma \cdot \lambda\left(\frac{c^* - x_i'\beta}{\sigma}\right) \qquad (8-2-9)$$

观察上式不难发现，在使用子样本进行回归时，由于忽略了非线性项 $\sigma \cdot \lambda\left(\frac{c^* - x_i'\beta}{\sigma}\right)$，该项将被纳入扰动项中。由于该非线性项中包含解释变量 x_i，从而导致扰动项与解释变量相关，因此在使用子样本进行 OLS 估计时，参数估计是不一致的。

②包含整个样本的条件期望。

包含全部 N 个样本观测值的条件期望为 $E(y_i \mid x_i)$

$$E(y_i \mid x_i) = c^* \cdot P(y_i \leq c^* \mid x_i) + E(y_i \mid x_i; y_i > c^*) \cdot P(y_i > c^* \mid x_i)$$
$$(8-2-10)$$

其中，$P(y_i > c^* \mid x_i) = P(y_i^* > c^* \mid x_i) = P(x_i'\beta + \varepsilon_i > c^* \mid x_i) = P(\varepsilon_i > c^* - x_i'\beta \mid x_i) = P\left(\frac{\varepsilon_i}{\sigma} > \frac{c^* - x_i'\beta}{\sigma} \mid x_i\right) = 1 - \Phi\left(\frac{c^* - x_i'\beta}{\sigma}\right) \qquad (8-2-11)$

由式（8-2-10）可知，$P(y_i \leq c^* \mid x_i) = \Phi\left(\frac{c^* - x_i'\beta}{\sigma}\right) \qquad (8-2-12)$

把式（8-2-9）、式（8-2-11）和式（8-2-12）带入式（8-2-10）可得到包含整个样本的条件期望：

$$E(y_i \mid x_i) = c^* \cdot \Phi\left(\frac{c^* - x_i'\beta}{\sigma}\right) + \left[x_i'\beta + \sigma * \lambda\left(\frac{c^* - x_i'\beta}{\sigma}\right)\right] \cdot \left[1 - \Phi\left(\frac{c^* - x_i'\beta}{\sigma}\right)\right] \qquad (8-2-13)$$

容易发现，式（8-2-13）是解释变量 x_i 的非线性函数，在这种情况下，如果使用 OLS 对整个样本进行线性回归，其包含解释变量的非线性项将被纳入扰动项中，使扰动项与解释变量相关，从而导致参数估计的非一致性。

（2）极大似然法估计归并数据模型。

Tobin (1958) 提出用极大似然估计法 (MLE) 估计因变量为归并数据的模型，因此该方法被称为"Tobit"①。Amemiya (1973) 证明了用极大似然法估计 Tobit 模型时获得的估计量具有 MLE 方法所具有的全部优良特性。随后，Olsen (1978) 进一步简化了 Amemiya (1973) 提出的似然函数。

如果数据是左归并数据，当 $y_i \leqslant c^*$ 时，y_i 的概率密度不会发生变化，即：

$$f(y_i) = \frac{1}{\sigma}\phi[(y_i - x_i'\beta)/\sigma], \forall y_i > 0$$

但当 $y_i \leqslant c^*$ 时，y_i 的分布却被挤到一个点 $y_i = c^*$ 上，即：

$$P(y_i = c^* \mid x) = 1 - P(y_i > c^* \mid x) = \Phi\left(\frac{c^* - x_i'\beta}{\sigma}\right)$$

因此，y_i 的分布变成由一个离散点和一个连续分布构成的混合分布，该混合分布的概率密度函数可以写成：

$$f(y_i \mid x) = \left[\Phi\left(\frac{c^* - x_i'\beta}{\sigma}\right)\right]^{1(y_i = c^*)} \left[\frac{1}{\sigma}\phi((y_i - x_i'\beta)/\sigma)\right]^{1(y_i > c^*)}$$

其中，$1(\cdot)$ 为示性函数，其含义为：如果括号里的表达式成立，取值为 1；反之，取值为 0。基于上式，我们可以写出整个样本的似然函数和对数似然函数，进而使用 MLE 的方法来对参数进行估计②。

2. Tobit 模型的边际效应

在 Probit 模型和 Logit 模型等非线性模型中，估计量 β_{MLE} 并非边际效应 (marginal effects)，要得到边际影响需要进行一定的转换。Tobit 模型也是一个非线性模型，估计量 β 无法直接作为被解释变量 y 的边际效应，但可以作为潜变量 y^* 的边际效应，因为 β 与潜变量 y^* 是线性关系。此外，β 可以表示变量 $y \mid y > 0$（相当于截断型被解释变量）的期望。下面我们从期望和偏效应入手，介绍 β 与三种变量 y、y^* 和 $y \mid y > 0$ 的边际效应的关系。见表 8-2-3。

(1) 潜变量 y^* 的期望和边际效应。

潜变量 y^* 关于 x 的期望：$E(y^* \mid x) = x\beta$

变量 x_j 对潜变量 y^* 的偏效应 (partial effects)：$\partial E(y^* \mid x)/\partial x_j = \beta_j$

(2) 截断型被解释变量 $y \mid y > 0$ 的期望和边际效应。

---

① 该方法又被称做"归并回归"(censored regression) 或 "Type I Tobit"。
② 极大似然法估计就是求使得对数似然函数值达到最大的参数估计值 $\hat{\beta}$，$\hat{\sigma}$。

被解释变量 y 关于 $y>0$ 的期望（又称为"条件期望"）：

$$E(y|y>0) = x\beta + E(u|u>-x\beta)$$
$$= x\beta + \sigma E[(u/\sigma)|(u/\sigma)>-x\beta/\sigma]$$
$$= x\beta + \sigma\phi(x\beta/\sigma)/\Phi(x\beta/\sigma)$$
$$= x\beta + \sigma\lambda(x\beta/\sigma)$$

其中，$\lambda(c) = \phi(c)/\Phi(c)$ 被称为逆米尔斯比率（inverse Mills ratio），是标准正态分布概率密度函数和标准正态累积分布函数在 c 处之比。

变量 x_j 对变量 y 在 $y>0$ 条件下的偏效应（partial effects）：

$$\partial E(y|y>0,x)/\partial x_j = \beta_j + \sigma \cdot \frac{d\lambda}{dc}\frac{dc}{dx_j} = \beta_j + \beta_j \cdot \frac{d\lambda}{dc} = \beta_j\{1 - \lambda(x\beta/\sigma)[x\beta/\sigma + \lambda(x\beta/\sigma)]\}$$

上式说明 x_j 对变量 y 在 $y>0$ 条件下的偏效应不仅取决于 β_j，而且受到 $\{\cdot\}$ 项的影响。

（3）截堵型被解释变量 y 的期望和边际效应。

被解释变量 y 关于 x 的期望（又称为"无条件期望"）：

$$E(y|x) = P(y>0|x) \cdot E(y|y>0,x) = \Phi(x\beta/\sigma) \cdot E(y|y>0,x)$$

变量 x_j 对 y 在 x 条件下的偏效应（partial effects）：

$$\frac{\partial E(y|x)}{\partial x_j} = \frac{\partial P(y>0|x)}{\partial x_j} \cdot E(y|y>0,x) + P(y>0|x) \cdot \frac{\partial E(y|y>0,x)}{\partial x_j}$$

经过化简后可得：$\dfrac{\partial E(y|x)}{\partial x_j} = \beta_j \Phi(x\beta/\sigma)$

表 8-2-3　　　　　　　　　Tobit 模型的三种边际效应

解释变量的偏效应	函数形式
对潜变量 y^* 的偏效应	$\partial E(y^*|x)/\partial x_j = \beta_j$
对变量 y（左截断 0）偏效应	$\partial E(y|y>0;x)/\partial x_j = \beta_j 1 - \lambda(c)[c + \lambda(c)]$
对变量 y（左截堵 0）偏效应	$\partial E(y|x)/\partial x_j = \beta_j \Phi(c)$

注：其中 $c = x\beta/\sigma$。

3. Tobit 模型的检验

（1）模型参数估计值的显著性检验。

沃尔德检验（Wald Test）可以用来检验 Tobit 模型系数估计值的显著性[①]。对

[①] 这种检验是由著名的数理统计学家——亚伯拉罕·沃尔德（Abraham Wald）于 20 世纪前叶提出的。

于回归模型,检验的原假设可以表示为:$H_0: \beta = \beta_0$,其中 β 为 k 行 1 列的未知参数向量,β_0 为 k 行 1 列的已知向量,原假设表示对模型参数施加了 k 个约束。Wald 检验的基本思想是:如果原假设 H_0 是正确的,那么无约束模型的估计量 $\hat{\beta}_u$ 与 β_0 的差距的绝对值($|\hat{\beta}_u - \beta_0|$)就不应该很大,因此可以通过分析模型参数 β 的无约束估计量 $\hat{\beta}_u$ 与 β_0 的距离来检验原假设。Wald 统计量可以表示为:

$$W \equiv (\hat{\beta}_u - \beta_0)'[Var(\hat{\beta}_u)]^{-1}(\hat{\beta}_u - \beta_0) \sim \chi^2(k)$$

值得注意的是,对于更一般的线性假设 $H_0: R\beta = c$,其中 R 为系数矩阵,c 为常数向量;以及非线性假设 $H_0: h(\beta) = 0$,Wald 检验有同样的结果。计算 Wald 统计量时,只需估计无约束模型,而无需估计有约束的模型。因此,可以直接根据 Tobit 模型参数的极大似然估计结果对模型进行 Wald 检验。Tobit 模型参数的显著性检验,就是对 Tobit 模型估计参数逐个实施单一约束下的 Wald 检验。具体检验过程如下:

$$H_0: \beta_i = 0 \; vs \; H_1: \beta_i \neq 0$$

此时,Wald 统计量为:

$$W = (\hat{\beta}_i - 0)Var(\hat{\beta}_i)^{-1}(\hat{\beta}_i - 0) = \frac{\hat{\beta}_i^2}{Var(\hat{\beta}_i)} \sim \chi^2(1)$$

上式表明,我们可以依据参数估计值和参数估计值的方差①直接计得到 Wald 统计量,进而对 Tobit 模型参数的显著性进行检验。

(2)模型整体显著性检验。

对于线性回归模型的整体显著性检验,传统的方法是基于方差分析的 F 统计量或者拟合优度的决定系数 R^2 来衡量模型的整体拟合效果。方差分析的 F 检验统为:

$$F = \frac{ESS/(k-1)}{RSS/(n-k)} \sim F[(k-1),(n-k)]$$

其中,ESS 表示回归平方和;RSS 表示残差平方和。F 统计量的本质是检验解释变量的线性组合是否是回归方差的主要来源。但是,在 Tobit 模型中,部分样本的解释变量被压缩到一个点上,此时解释变量不再是由解释变量的线性组合所决定。如果采用 F 统计量,这部分样本也将按照与非归并样本同样

---

① 极大似然估计量具有一致性,参数估计值的方差等于参数估计值标准差的平方对于多元线性回归模型需要用修正后的 R^2。

的线性组合形式,参与回归平方和与残差方差平方和的计算。此时,F 统计量就无法正确反映所有非截取样本的线性组合的显著性,更不能衡量包括全部两部分样本的整个模型的显著性。由于 F 统计量不符合模型的实际情况,不能用于检验 Tobit 模型的拟合效果。为此,我们需要基于 Tobit 模型的特点,寻求其他方法来检验 Tobit 模型整体的显著性。

①Wald 检验。

根据 Wald 检验的思想,对模型整体显著性的检验相当于检验如下约束形式:

$H_0: \beta = 0$

其中,β 为 k 行 1 列的未知参数向量,该约束等价于检验 $\beta_1 = \beta_2 = \cdots = \beta_k = 0$。于是,检验统计量为:

$$W \equiv (\hat{\beta})'[\text{Var}(\hat{\beta})]^{-1}(\hat{\beta})$$

在参数估计值互相独立的情况下,$\text{Var}(\hat{\beta})$ 是一个对角矩阵,因此上式可以简化为:

$$W \equiv \sum_{i=1}^{k} \frac{\hat{\beta}_i^2}{\text{Var}(\hat{\beta}_i)} \sim \chi^2(k)$$

显然,通过将回归方程中各个参数 β_i 检验的 Wald 统计量累加,便可得到检验模型总体显著性的 Wald 统计量。

②似然比检验(Likelihood Ratio Test,简记为 LR)。

由于无约束条件下的模型参数空间比有约束条件下(即 H_0 成立时)的参数空间更大,因此,无约束的对数似然函数最大值比有约束的对数似然函数最大值更大。似然比检验(LR)的基本思想是:如果约束条件 H_0 正确,那么 $[\ln L(\hat{\beta}_u) - \ln L(\hat{\beta}_r)]$ 不应该很大,其中 $L(\hat{\beta}_u)$ 表示无约束对数似然函数最大值;$\ln L(\hat{\beta}_r)$ 表示有约束的对数似然函数最大值。也就是说,如果 H_0 有效,加上该约束不会导致对数似然函数的大幅度降低,因此,通过检验似然函数的差异,可以确定该解释变量是否应该存在于模型中。定义似然比 $\lambda = \dfrac{\ln L(\hat{\beta}_u)}{\ln L(\hat{\beta}_r)}$,其取值在 0 和 1 之间,如果 λ 的取值太小,则怀疑约束不成立,需要拒绝原假设。如果原假设为 $H_0: \beta = \beta_0$,那么 $\hat{\beta}_r = \beta_0$。此时 LR 统计量如下:

$$LR \equiv -2\ln\left[\frac{\ln L(\hat{\beta}_0)}{\ln L(\hat{\beta}_u)}\right] = 2[\ln L(\hat{\beta}_u) - \ln L(\hat{\beta}_0)] \sim \chi^2(k)$$

式中，k 为约束条件的个数。若似然比统计量大于自由度为 k 的 χ^2 统计量的临界值，则说明约束无效，无约束方程优于有约束方程。反之，若似然比统计量小于 χ^2 统计量的临界值，则说明约束方程与无约束方程拟合效果没有显著差异。在本章的实证分析部分中，将主要利用似然比检验，对比有约束[①]与无约束方程的显著性选取最优的回归模型。值得注意的是，似然比检验需要估计有约束模型与无约束模型的两组参数向量。也就是说，它只能用于比较两个回归方程哪个更显著，而不能在只有一个回归方程的情况下确定其是否显著，这也是似然比检验的不足之处。为了弥补这个缺陷，在检验模型整体显著性时，本章还需要用 Wald 检验作为似然比检验的补充。

8.3 影响机制的识别结果

8.3.1 农业技术采用渠道

基于模型（8-2-1），表 8-3-1 报告了利用 Logit 模型对农业技术采用渠道进行识别的结果。第（1）列对应绝对风险应对能力变量的估计结果。第（2）列对应在全国范围对农户风险应对能力进行分层的估计结果，以风险应对能力最差的 0~25% 农户作为对照组。第（3）列对应进一步细化的在全国范围对农户风险应对能力分层的估计结果，以风险应对能力最差的 0~10% 的农户作为对照组。

表 8-3-1 中第（1）列的估计结果显示，农户绝对风险应对能力变量的系数估计值为 0.004，并在 1% 的水平上显著。这说明，农户绝对风险应对能力每提高 1 个单位，农户采用农业新技术的概率显著提升 0.4%。

第（2）列的估计结果发现，风险应对能力一般虚拟变量的系数估计值为 0.026，并在 1% 的水平上显著。这说明，相比于全国风险应对能力最差的 25% 的样本农户，风险应对能力一般的农户采用农业新技术的概率要高 2.6%，但估计结果在统计上不显著；风险应对能力强虚拟变量的系数估计值为 0.154，这说明，风险应对能力强的农户采用农业新技术的概率在 1% 的水平上比风险能力差的农户提高 15.5%。

---

① 本章研究中的约束为模型中部分参数为 0。

第（3）列是对农户风险应对能力进一步细分的估计结果，相比于全国风险应对能力最差的 0～10% 的样本农户，风险应对能力位于 10%～40% 和 40%～70% 的农户采用农业新技术的概率分别提高 1% 和 1.2%，但在统计上不显著；风险应对能力位于 70%～90% 的农户采用农业新技术的概率在 1% 的显著性水平上提高 12.9%；风险应对能力最强的 10% 农户采用农业新技术的概率在 1% 的显著性水平上提高 18.5%。

综合表 8-3-1 的估计结果可以发现，在全国范围内，无论是从农户绝对风险应对水平还是从相对风险应对能力看，风险应对能力都是影响农业新技术采纳的重要因素。风险应对能力越强的农户，采用农业新技术的概率越大，农户风险应对能力可以通过农业技术采用的渠道间接影响农业生产率，假说 H1 得到验证。

表 8-3-1　　　　　　农业技术采用渠道的识别结果

解释变量	Logit (1)	Logit (2)	Logit (3)
风险分担能力	0.004*** (0.001)	—	—
风险分担能力最差的 25% 为对比	—	—	—
25%～75%	—	0.026 (0.022)	—
75%～100%	—	0.154*** (0.024)	—
风险分担能力最差的 10% 为对比	—	—	—
10%～40%	—	—	0.010 (0.032)
40%～70%	—	—	0.012 (0.031)
70%～90%	—	—	0.129*** (0.030)
90%～100%	—	—	0.185*** (0.035)
其他解释变量	控制	控制	控制
县域固定效用	控制	控制	控制
N	1 749	1 749	1 749
LL	-550.608	-534.926	-524.220
Pseudo R^2	0.100	0.125	0.143

注：①括号里报告的是稳健标准误；
②系数为边际效应；
③*、**、*** 分别表示在 10%、5%、1% 的水平上显著。

8.3.2 农业短期投入渠道

基于模型（8-2-2），表8-3-2报告了农业短期投入渠道的识别结果。第（1）列是绝对风险应对能力变量的估计结果。第（2）列是在全国范围对农户风险应对能力分层的估计结果，并以风险应对能力最差的0~25%农户作为对照组。第（3）列对应进一步细化的全国范围内的农户风险应对能力分层的估计结果，以风险应对能力最差的0~10%的农户作为对照组。

表8-3-2　　　农业生产短期投入渠道的识别结果

解释变量	OLS (1)	OLS (2)	OLS (3)
风险分担能力	0.006 *** (0.002)	—	—
风险分担能力最差的25%为对比	—	—	—
25%~75%	—	0.115 ** (0.050)	—
75%~100%	—	0.262 *** (0.065)	—
风险分担能力最差的10%为对比	—	—	—
10%~40%	—	—	0.112 (0.076)
40%~70%	—	—	0.198 *** (0.074)
70%~90%	—	—	0.291 *** (0.076)
90%~100%	—	—	0.392 *** (0.101)
其他解释变量	控制	控制	控制
县域固定效用	控制	控制	控制
N	1 773	1 773	1 773
Adj. R^2	0.386	0.386	0.388

注：①括号里报告的是稳健标准误；
②系数为边际效应；
③*、**、*** 分别表示在10%、5%、1%的统计水平上显著。

表 8-3-2 中第（1）列的估计结果显示，农户绝对风险应对能力变量的系数估计值为 0.006，并在 1% 的水平上显著。这说明，农户绝对风险应对能力每提高 1 个单位，农户在农业生产上的短期投入上显著提高 0.6%。

第（2）列的估计结果发现，风险应对能力一般虚拟变量的系数估计值为 0.115，并在 5% 的水平上显著。这说明，相比于全国风险应对能力最差的 25% 的样本农户，风险应对能力一般的农户在农业生产的短期投入上要高 11.5%；风险应对能力强虚拟变量的系数估计值为 0.262，这说明，风险应对能力强的农户的短期投入比风险应对能力差的农户在 1% 的显著性水平上提高 26.2%。

第（3）列是对农户风险应对能力进一步细分的估计结果，相比于全国风险应对能力最差的 0~10% 的样本农户，风险应对能力位于 10%~40% 的农户短期投入要高 11.2%，但在统计上不显著。风险应对能力位于 40%~70% 农户的农业短期投入在 1% 的显著性水平上提高 19.8%；风险应对能力位于 70%~90% 农户的短期投入在 1% 的显著性水平上提高 29.1%；风险应对能力最强的 10% 农户短期投入在 1% 的显著性水平上提高 39.2%。

综合表 8-3-2 的估计结果可以认为，在全国范围内，无论是从绝对风险应对水平还是从相对风险应对能力衡量，农户风险应对能力都是影响农业短期投入的重要因素。风险应对能力越强的农户，在农业生产上的短期投入越大。因此，农户风险应对能力可以通过农业短期投入的渠道间接影响农业生产率，假说 H2 得到验证。

8.3.3　农业长期投入渠道

表 8-3-3 报告了基于模型（8-2-3）对农户长期投入意愿渠道的识别结果。第（1）列是绝对风险应对能力变量的估计结果。第（2）列是在全国范围对农户风险应对能力分层的估计结果，并以风险应对能力最差的 0~25% 农户作为对照组。第（3）列对应进一步细化的全国范围内的农户风险应对能力分层的估计结果，并以风险应对能力最差的 0~10% 的农户作为对照组。

表 8-3-3 中第（1）列的估计结果显示，农户绝对风险应对能力变量的系数估计值为 0.002，并在 1% 的水平上显著。这说明，农户绝对风险应对能力提高 1 个单位，农户进行长期投资的概率显著提高 0.2%。

第（2）列的估计结果说明，相比于全国风险应对能力最差的 25% 样本农户,风险应对能力一般虚拟变量的系数估计值为 0.019,这说明,相对于风险应用能力差的农户风险应对能力一般农户进行农业长期投资的概率提高了 1.9%,但估计结果在统计上不显著;风险应对能力强虚拟变量的系数估计值为 0.078,这表明,风险应对能力强的农户进行农业长期投资的概率在 1% 的显著性水平上比风险应对能力差的农户提高 7.8%。

表 8-3-3　　　　　农业长期投入意愿的估计结果

解释变量	Logit (1)	Logit (2)	Logit (3)
风险分担能力	0.002*** (0.001)	—	—
风险分担能力最差的 25% 为对比	—	—	—
25%~75%	—	0.019 (0.026)	—
75%~100%	—	0.078** (0.033)	—
风险分担能力最差的 10% 为对比	—	—	—
10%~40%	—	—	0.054 (0.038)
40%~70%	—	—	0.041 (0.037)
70%~90%	—	—	0.103*** (0.039)
90%~100%	—	—	0.147*** (0.051)
其他解释变量	控制	控制	控制
县域固定效用	控制	控制	控制
N	1 758	1 758	1 758
LL	-893.604	-894.000	-890.758
Pseudo R^2	0.225	0.224	0.227

注:①括号里报告的是稳健标准误;
②系数为边际效应;
③*、**、*** 分别表示在 10%、5%、1% 的统计水平上显著。

第(3)列是对农户相对风险应对能力进一步细分的估计结果,与全国风险应对能力最差的 0~10% 的农户相比,风险应对能力位于 10%~40% 和

40%~70%的农户在农业长期投入意愿上没有显著差别;风险应对能力位于70%~90%农户的长期投入意愿在1%的显著性水平上提高10.3%;风险应对能力最强的10%农户的长期投入意愿在1%的显著性水平上提高14.7%。

综合表8-3-3的估计结果,在全国范围内,无论是从农户绝对风险应对水平还是从相对风险应对能力进行度量,农户风险应对能力都是影响农业长期投入意愿的重要因素。风险应对能力越强的农户,进行农业长期投入的意愿越高。因此,农户风险应对能力可以通过农业长期投入意愿的渠道间接影响农业生产率。

表8-3-4报告了基于模型(8-2-4)对农户长期投入能力渠道的估计结果。第(1)列是绝对风险应对能力变量的估计结果。第(2)列是在全国范围对农户风险应对能力分层的估计结果,并以风险应对能力最差的0~25%农户作为对照组。第(3)列对应进一步细化的全国范围内的风险应对能力分层的估计结果,并以风险应对能力最差的0~10%的农户作为对照组。

表8-3-4　　　　　农业生产长期投入数量的估计结果

解释变量	Tobit (1)	Tobit (2)	Tobit (3)
风险分担能力	0.046*** (0.017)	—	—
风险分担能力最差的25%为对比	—	—	—
25%~75%	—	0.348 (0.503)	—
75%~100%	—	1.618*** (0.626)	—
风险分担能力最差的10%为对比	—	—	—
10%~40%	—	—	0.962 (0.773)
40%~70%	—	—	0.708 (0.743)
70%~90%	—	—	2.030*** (0.773)
90%~100%	—	—	3.182*** (0.978)
其他解释变量	控制	控制	控制
县域固定效用	控制	控制	控制

续表

解释变量	Tobit (1)	Tobit (2)	Tobit (3)
N	1 773	1 773	1 773
N_lc	1 139	1 139	1 139
N_unc	634	634	634
Pseudo R^2	0.092	0.092	0.093

注：①括号里报告的是稳健标准误；
②系数为边际效应；
③ *、**、*** 分别表示在10%、5%、1%的统计水平上显著。

表8-3-4中第（1）列的估计结果显示，农户绝对风险应对能力变量的系数估计值为0.046，并在1%的水平上显著。这说明，绝对风险应对能力越强的农户进行农业长期投入的数量越多。

第（2）列的估计结果说明，与风险应对能力最差的25%农户相比，风险应对能力一般的农户在农业长期投资数量上没有显著差异；但风险应对能力强的农户进行农业长期投资数量在1%的显著性水平上更高。

第（3）列是对农户风险应对能力进一步细分的估计结果，相比于风险应对能力最差的0~10%农户，风险应对能力位于10%~40%和40%~70%的农户在农业长期投入数量上没有显著差别；风险应对能力位于70%~90%农户的长期投入数量在1%的显著性水平更大；风险应对能力位于90%~100%的农户的农业长期投入在1%的显著性水平上也更高。

归纳表8-3-4的估计结果，在全国范围内，无论是从农户绝对风险应对水平还是从相对风险应对能力进行衡量，风险应对能力都是影响农业长期投入数量的重要因素。风险应对能力越强的农户，对农业长期投入的数量越大。因此，农户风险应对能力能够通过农业长期投入数量的渠道间接影响农业生产率。

综合表8-3-3和表8-3-4的估计结果可以认为，风险应对能力都是影响农业长期投入意愿和数量的重要因素。风险应对能力越强的农户，进行农业长期投入的意愿越高，数量也越大。因此，农户风险应对能力能够通过影响农业长期投入的渠道间接影响农业生产率。假说H3得到验证。

8.3.4 人力资本投资渠道

表8-3-5报告了基于模型（8-2-5），对农户人力资本投入渠道的估

计结果。第（1）列是绝对风险应对能力变量的估计结果。第（2）列是在全国范围对农户风险应对能力分层的估计结果，并以风险应对能力最差的0~25%农户作为对照组。第（3）列是进一步细化的全国范围内的农户风险应对能力分层的估计结果，以风险应对能力最差的0~10%的农户作为对照组。

表8-3-5中第（1）列的估计结果显示，农户绝对风险应对能力变量的系数估计值为0.015，并在1%的水平上显著。这说明，绝对风险应对能力越强的农户人力资本投资的数量越多。

第（2）列的估计结果说明，相比于风险应对能力最差的农户，风险应对能力一般的农户在人力资本投资上没有显著差异；风险应对能力强的农户进行人力资本投资的数量在1%的显著性水平上更高。

第（3）列的估计结果显示，相比于风险应对能力最差的0~10%的农户，风险应对能力位于10%~40%和40%~70%的农户在人力资本投入数量上没有显著差别；风险应对能力位于70%~90%农户的人力资本投资在5%的显著性水平更大；风险应对能力最强的10%农户的人力投入也更大，但在统计上不显著。

综合表8-3-5的估计结果可以发现，无论是从绝对风险应对水平还是从相对风险应对能力进行度量，农户风险应对能力都是影响农户人力资本投资的重要因素，风险应对能力越强的农户，进行人力投资的数量越大。可以认为，农户风险应对能力能够通过影响人力资本投入的渠道间接影响农业生产率，假说H4得到验证。

表8-3-5 人力资本投资渠道的估计结果

解释变量	Tobit	Tobit	Tobit
	（1）	（2）	（3）
风险分担能力	0.015*** (0.015)	—	—
风险分担能力最差的25%为对比	—	—	—
25%~75%	—	0.144 (0.116)	—
75%~100%	—	0.247*** (0.015)	—
风险分担能力最差的10%为对比	—	—	—

续表

解释变量	Tobit (1)	Tobit (2)	Tobit (3)
10%~40%	—	—	0.0597 (0.340)
40%~70%	—	—	0.128 (0.117)
70%~90%	—	—	0.270** (0.139)
90%~100%	—	—	0.378 (0.121)
其他解释变量	控制	控制	控制
县域固定效用	控制	控制	控制
N	1 773	1 773	1 773
N_lc	1 034	1 034	1 034
N_unc	739	739	739
Pseudo R^2	0.053	0.053	0.053

注：①括号里报告的是稳健标准误；

②*、**、*** 分别表示在10%、5%、1%的统计水平上显著。

8.3.5 家庭资产积累渠道

表8-3-6报告了基于模型（8-2-6），对农户资产积累意愿的估计结果。第（1）列是绝对风险应对能力变量的估计结果。第（2）列是在全国范围对农户风险应对能力分层后的估计结果，并以风险应对能力最差的0~25%农户作为对照组。第（3）列对应进一步细化的全国范围内的农户风险应对能力分层的估计结果，并以风险应对能力最差的0~10%的农户作为对照组。

表8-3-6中第（1）列的估计结果显示，农户绝对风险应对能力变量的系数估计值为0.005，并在1%的水平上显著。这说明，农户绝对风险应对能力每提高1个单位，农户进行资产积累的概率显著提高0.5%。

第（2）列的估计结果发现，相比于风险应对能力最差的农户，风险应对能力一般的农户进行资产积累的概率在1%的显著性水平上提高7.9%；风险应对能力强的农户进行资产积累的概率在1%的显著性水平上提高14.9%。

第（3）列的估计结果表明，相比于风险应对能力最差的0~10%农户，风险应对能力位于10%~40%农户在资产积累意愿上没有显著差别；风险应对能力在40%~70%农户的资产积累意愿在5%的显著性水平上提高10%；风险应对能力位于70%~90%农户在1%的显著性水平上提高17.4%；风险应对能力最强的10%农户在1%的显著性水平上提高19.6%。

表8-3-6　　　　　资产积累渠道的识别结果

解释变量	Logit (1)	Logit (2)	Logit (3)
风险分担能力	0.005*** (0.002)	—	—
风险分担能力最差的25%为对比	—	—	—
25%~75%	—	0.079*** (0.023)	—
75%~100%	—	0.149*** (0.027)	—
风险分担能力最差的10%为对比	—	—	—
10%~40%	—	—	0.059 (0.043)
40%~70%	—	—	0.100** (0.043)
70%~90%	—	—	0.174*** (0.043)
90%~100%	—	—	0.196*** (0.047)
其他解释变量	控制	控制	控制
县域固定效用	控制	控制	控制
N	1647	1647	1647
LL	-459.192	-456.971	-452.014
Pseudo R^2	0.150	0.154	0.164

注：①括号里报告的是稳健标准误；
②系数为边际效应；
③*、**、*** 分别表示在10%、5%、1%的统计水平上显著。

综合表 8-3-6 的估计结果表明，在全国范围内，从绝对风险应对水平还是从相对风险应对能力看，风险应对能力越强的农户，进行资产积累的概率越高。

表 8-3-7 报告了基于模型（8-2-7），对农户资产积累数量渠道的估计结果。第（1）列是绝对风险应对能力变量的估计结果。第（2）列是在全国范围对农户风险应对能力分层的估计结果，并以风险应对能力最差的 0~25% 农户作为对照组。第（3）列对应进一步细化的全国范围内的农户风险应对能力分层的估计结果，以风险应对能力最差的 0~10% 的农户作为对照组。

表 8-3-7 中第（1）列的估计结果显示，农户绝对风险应对能力变量的系数估计值为 0.46，并在 1% 的水平上显著。这说明，绝对风险应对能力越强的农户资产积累的数量越多。

第（2）列的估计结果说明，风险应对能力一般的农户在资产积累数量上与风险应对能力最差的农户没有显著差异；风险应对能力强的农户的资产积累数量在 1% 的显著性水平上高于风险应对能力最差的农户。

第（3）列的估计结果发现，相比于全国风险应对能力最差的 0~10% 的样本农户，风险应对能力位于 10%~40%、40%~70%、70%~90% 和 90%~100% 的农户的估计系数分别为 5.808、9.68、16.21 和 18.537，都在 1% 的水平上显著。这说明，随着农户风险应对能力的增强，农村家庭进行资产积累的能力也随之增强。

综合表 8-3-7 的估计结果，风险应对能力是影响农户资产积累能力的重要因素，风险应对能力越强的农户，在进行资产积累的数量也越大。

表 8-3-7　　　　　　　　　　资产积累渠道的识别结果

解释变量	Tobit (1)	Tobit (2)	Tobit (3)
风险分担能力	0.460*** (0.005)	—	—
风险分担能力最差的 25% 为对比	—	—	—
25%~75%	—	7.316*** (0.397)	—

续表

解释变量	Tobit (1)	Tobit (2)	Tobit (3)
75%~100%	—	13.456*** (0.410)	—
风险分担能力最差的10%为对比	—	—	—
10%~40%	—	—	5.808*** (0.369)
40%~70%	—	—	9.680*** (0.358)
70%~90%	—	—	16.210*** (0.393)
90%~100%	—	—	18.537*** (0.410)
其他解释变量	控制	控制	控制
县域固定效用	控制	控制	控制
N	1 773	1 773	1 773
N_lc	1 607	1 607	1 607
N_unc	166	166	166
Pseudo R^2	0.094	0.095	0.101

注：①括号里报告的是稳健标准误，系数为边际效应；
②*、**、***分别表示在10%、5%、1%的统计水平上显著。

归纳表8-3-6和表8-3-7的估计结果，可以认为，农户风险应对能力都是影响资产积累意愿和数量的重要因素，风险应对能力越强的农户，进行资产积累的意愿越高，资产积累的数量也越大。因此，农户风险应对能力能够通过影响家庭资产积累的渠道间接影响农业生产率。假说H5得到验证。

8.4 稳健性检验

我国农村地区发展并不平衡，8.3节按照全国范围内定义的农户风险应对能力进行估计的结果，有可能忽略了中国农村地区之间的差异。因此，本节在省域、县域和村内对农户风险应对能力进行重新分组，并对8.3节的估计结果进行稳健性检验。

1. 农业新技术采用渠道的稳健性检验

表8-4-1是新技术采用渠道的稳健性检验结果,表中第(1)列是对省内农户风险应对能力分层的估计结果,第(2)列是对县内农户风险应对能力分层的估计结果,第(3)列是对村内农户风险应对能力分层的估计结果。

表8-4-1 技术采用渠道的稳健性检验

变量	省内 Logit (1)	县内 Logit (2)	村内 Logit (3)
风险分担能力最差的25%为对比	—	—	—
25%~75%	0.036 (0.022)	0.018 (0.022)	0.052** (0.024)
75%~100%	0.151*** (0.024)	0.136*** (0.022)	0.158*** (0.024)
其他控制变量	控制	控制	控制
县域固定效应	控制	控制	控制
N	1 749	1 749	1 749
LL	-534.430	-532.258	-532.075
Pseudo R^2	0.126	0.130	0.130

注:①括号里报告的是稳健标准误;
②系数为边际效应;
③*、**、***分别表示在10%、5%、1%的统计水平上显著。

第(1)列的估计结果表明,相比于省内风险应对能力最差的农户,风险分担能力一般的农户采用农业新技术的概率提高3.6%,但在统计上不显著;风险应对能力强的农户采用农业新技术的概率在1%的显著性水平上提高15.1%。

第(2)列的估计结果表明,相比于县内风险应对能力最差的农户,风险应对能力一般的农户采用农业新技术的概率没有显著差别;风险应对能力强的农户采用农业新技术的概率在1%的显著性水平上提高13.6%。

第(3)列的估计结果表明,相比于村内风险应对能力最差的农户,风险应对能力一般的农户采用农业新技术的概率在5%的显著性水平上提高5.2%,风险应对能力强的农户采用农业新技术的概率在1%的显著性水平上提高15.8%。

综合表 8-4-1 的估计结果，在省域、县域和村内对农户风险应对能力进行重新分组的估计结果与 8.3 节基本一致。这也再次证明，风险应对能力对农户采纳农业技术存在稳定的促进作用，农户风险应对能力可以通过技术采用渠道间接影响农业生产率的估计结果是稳健的。

2. 农业短期投入渠道的稳健性检验

表 8-4-2 是农业短期投入渠道的稳健性检验结果，表中第 (1) 列是对省内农户风险应对能力分层的估计结果，第 (2) 列是对县内农户风险应对能力分层的估计结果，第 (3) 列是对村内农户风险应对能力分层的估计结果。

表 8-4-2　　　　　　短期投入渠道的稳健性检验

变量	省内 OLS (1)	县内 OLS (2)	村内 OLS (3)
风险分担能力最差的 25% 为对比	—	—	—
25%~75%	0.099** (0.049)	0.104** (0.050)	0.105** (0.051)
75%~100%	0.209*** (0.061)	0.302*** (0.060)	0.272*** (0.060)
其他控制变量	控制	控制	控制
县域固定效应	控制	控制	控制
N	1 773	1 773	1 773
Adj. R^2	0.385	0.390	0.388

注：①括号里报告的是稳健标准误；
②系数为边际效应；
③ *、**、*** 分别表示在 10%、5%、1% 的统计水平上显著。

第 (1) 列的估计结果表明，相比于省内风险应对能力最差的农户，风险分担能力一般农户进行农业短期投入的数量在 5% 的显著性水平上提高 9.9%；风险应对能力强的农户在 1% 的显著性水平上提高 20.9%。

第 (2) 列的估计结果表明，相比于县内风险应对能力最差的农户，风险应对能力一般农户进行农业短期投入的数量在 5% 的显著性水平上提高 10.4%；风险应对能力强的农户在 1% 的显著性水平上提高 30.2%。

第 (3) 列的估计结果表明，相比于村内风险应对能力最差的农户，风险应对能力一般的农户进行农业短期投入的数量在 5% 的显著性水平上提高

10.5%；风险应对能力强的农户在1%的显著性水平上提高27.2%。

综合表8-4-2的估计结果，在省域、县域和村内对农户风险应对能力进行重新分组的估计结果与8.3节基本一致。这也再次证明，农户风险应对能力对农业短期投入具有稳定的促进作用，农户风险应对能力通过农业短期投入渠道影响农业生产率的实证结果是稳健的。

3. 农业长期投入渠道的稳健性检验

表8-4-3是农业长期投入意愿渠道的稳健性检验结果，表中第（1）列是对省内农户风险应对能力分层的估计结果，第（2）列是对县内农户风险应对能力分层的估计结果，第（3）列是对村内农户风险应对能力分层的估计结果。

表8-4-3　　农业生产长期投入渠道的稳健性检验

变量	省内 Logit (1)	县内 Logit (2)	村内 Logit (3)
风险分担能力最差的25%为对比	—	—	—
25% ~ 75%	-0.011 (0.025)	0.041* (0.025)	-0.001 (0.025)
75% ~ 100%	0.091*** (0.031)	0.101*** (0.030)	0.057** (0.029)
其他控制变量	控制	控制	控制
县域固定效应	控制	控制	控制
N	1 758	1 758	1 758
LL	-888.893	-891.229	-893.987
Pseudo R^2	0.229	0.227	0.224

注：①括号里报告的是稳健标准误；
②系数为边际效应；
③*、**、***分别表示在10%、5%、1%的统计水平上显著。

第（1）列的估计结果表明，相比于省内风险应对能力最差的农户，风险应对能力一般农户的农业长期投资意愿没有显著差别；风险应对能力强的农户的农业长期投资意愿在1%的显著性水平上提高9.1%。

第（2）列的估计结果表明，相比于县内风险应对能力最差的农户，风险应对能力一般农户的农业长期投资意愿在在10%的显著性水平上提高4.1%；

风险应对能力强的农户在 1% 的显著性水平上提高 10.1%。

第（3）列的估计结果表明，相比于村内风险应对能力最差的农户，风险应对能力一般的农户的农业长期投资意愿没有显著差别；风险应对能力强的农户在 1% 的显著性水平上提高 5.7%。

归纳表 8-4-3 的估计结果，农户风险应对能力对农业长期投入意愿具有稳定的促进作用，农户风险应对能力通过农业长期投入意愿的渠道影响农业生产率的估计结果是稳健的。

表 8-4-4 是农业长期投入数量渠道的稳健性检验结果，表中第（1）列是省内农户风险应对能力分层的估计结果，第（2）列是县内农户风险应对能力分层的估计结果，第（3）列是村内农户风险应对能力分层的估计结果。

表 8-4-4　　　　农业长期投入渠道的稳健性检验

变量	省内 Tobit (1)	县内 Tobit (2)	村内 Tobit (3)
风险分担能力最差的 25% 为对比	—	—	—
25%~75%	-0.186 (0.493)	0.857* (0.484)	0.169 (0.477)
75%~100%	1.828*** (0.591)	2.030*** (0.582)	1.309** (0.556)
其他控制变量	控制	控制	控制
县域固定效应	控制	控制	控制
N	1 773	1 773	1 773
N_lc	1 139	1 139	1 139
N_unc	634	634	634
Pseudo R^2	0.094	0.093	0.092

注：①括号里报告的是稳健标准误；
②*、**、*** 分别表示在 10%、5%、1% 的统计水平上显著。

第（1）列的估计结果表明，相比于省内风险应对能力最差的农户，风险应对能力一般农户的农业长期投资数量没有显著差别；风险应对能力强的农户的农业长期投资数量在 1% 的显著性水平上更高。

第（2）列的估计结果表明，相比于县内风险应对能力最差的农户，风险应对能力一般虚拟变量和风险应对能力强虚拟变量的估计系数分别为 0.857 和

2.03，分别在10%和1%的水平上显著，说明在县域范围内，风险应对能力越强的农户，进行长期投资的数量越大。

第（3）列的估计结果表明，相比于村内风险应对能力最差的农户，风险应对能力一般农户的农业长期投资数量没有显著差别；风险应对能力强的农户在5%的显著性水平上更高。

归纳表8-4-4的估计结果，农户风险应对能力对农业长期投入数量存在稳定的促进作用，农户风险应对能力可以通过提升农业长期投入数量的渠道影响农业生产率。

综合表8-4-3和表8-4-4的估计结果可以认为，在省域、县域和村内对农户风险应对能力进行重新分组的估计结果与8.3节基本一致。这也说明，风险应对能力越强的农户，进行农业长期投入的意愿越高，数量也越大。因此，农户风险应对能力通过农业长期投入的渠道影响农业生产率的机制是稳健的。

4. 人力资本投入渠道的稳健性检验

表8-4-5是人力资本投入渠道的稳健性检验结果，表中第（1）列是对省内农户风险应对能力分层的估计结果，第（2）列是对县内农户风险应对能力分层的估计结果，第（3）列是对村内农户风险应对能力分层的估计结果。

第（1）列的估计结果表明，相比于省内风险应对能力最差的农户，风险应对能力一般的农户进行人力资本投资的数量没有显著差别；风险应对能力强的农户在1%的显著性水平上更高。

第（2）列的估计结果表明，相比于县内风险应对能力最差的农户，风险应对能力一般农户的人力资本投资没有显著差别；风险应对能力强的农户在5%的显著性水平上更高。

第（3）列的估计结果表明，相比于村内风险应对能力最差的农户，风险应对能力一般农户人力资本投资无显著差别；风险应对能力强的农户在10%的显著性水平上更高。

综合表8-4-5的估计结果，从总体上看，在省域、县域和村内对农户风险应对能力进行重新分组后的估计结果与8.3节基本一致。这也再次证明，农户风险应对能力对人力资本投资存在稳定的促进作用，农户风险应对能力通过人力资本投资渠道影响农业生产率的机制是稳健的。

表 8-4-5　人力资本投入渠道的稳健性检验结果

变量	省内 Tobit (1)	县内 Tobit (2)	村内 Tobit (3)
风险分担能力最差的25%为对比	—	—	—
25%~75%	0.134 (0.131)	0.138 (0.131)	-0.561 (0.528)
75%~100%	0.226** (0.016)	0.233** (0.016)	0.301* (0.185)
其他控制变量	控制	控制	控制
县域固定效应	控制	控制	控制
N	1 773	1 773	1 773
N_lc	1 034	1 034	1 034
N_unc	739	739	739
Pseudo R^2	0.053	0.053	0.054

注：①括号里报告的是稳健标准误；
②*、**、*** 分别表示在10%、5%、1%的统计水平上显著。

5. 资产积累渠道的稳健性检验

表 8-4-6 是资产积累意愿渠道的稳健性检验结果，表中第（1）列是省内农户风险应对能力分层的估计结果，第（2）列是县内农户风险应对能力分层的估计结果，第（3）列是村内农户风险应对能力分层的估计结果。

第（1）列的估计结果表明，相比于省内风险应对能力最差的农户，风险应对能力一般农户的资产积累意愿在5%的显著性水平上提高5.2%；风险应对能力强的农户在1%的显著性水平上提高13.8%。

第（2）列的估计结果表明，相比于县内风险应对能力最差的农户，风险应对能力一般农户的资产积累意愿在在1%的显著性水平上提高7%；风险应对能力强的农户在1%的显著性水平上提高13.4%。

第（3）列的估计结果表明，相比于村内风险应对能力最差的农户，风险应对能力一般农户的资产积累意愿在5%的显著性水平上提高4.8%；风险应对能力强的农户在1%的显著性水平上提高11%。

表 8-4-6 的估计结果再次说明，农户风险应对能力可以通过影响资产积累意愿的渠道间接影响农业生产率。

表 8-4-6　　　　　　　　　资产积累渠道的稳健性检验

变量	省内 Logit (1)	县内 Logit (2)	村内 Logit (3)
风险分担能力最差的 25% 为对比	—	—	—
25% ~ 75%	0.052** (0.023)	0.070*** (0.024)	0.048** (0.023)
75% ~ 100%	0.138*** (0.025)	0.134*** (0.025)	0.110*** (0.024)
其他控制变量	控制	控制	控制
县域固定效应	控制	控制	控制
N	1 647	1 647	1 647
LL	-453.887	-456.776	-461.099
Pseudo R^2	0.160	0.155	0.147

注：①括号里报告的是稳健标准误；

②*、**、*** 分别表示在 10%、5%、1% 的统计水平上显著。

表 8-4-7 是资产积累数量渠道的稳健性检验结果，表中第（1）列是对省内农户风险应对能力分层的估计结果，第（2）列是对县内农户风险应对能力分层的估计结果，第（3）列是对村内农户风险应对能力分层的估计结果。

第（1）列的估计结果表明，相比于省内风险应对能力最差的农户，风险应对能力一般与风险应对能力强的农户的估计系数分别为 5.003 和 12.422，都在 1% 的水平上显著，说明在省域范围内，农户的风险应对能力越强，进行资产积累的能力越大。

第（2）列的估计结果表明，相比于县内风险应对能力最差的农户，风险应对能力一般农户和风险应对能力强的农户的估计系数分别为 6.672 和 12.137，均在 1% 的水平上显著，说明在县域范围内，农户风险应对能力越强，家庭进行资产积累的数量越多。

第（3）列的估计结果表明，相比于村内风险应对能力最差的农户，风险应对能力一般与风险应对能力强的农户的估计系数分别为 4.212 和 9.663，都在 1% 的水平上显著，说明在村庄范围内，农户风险应对能力越强，家庭进行资产积累的数量也越多。

表 8-4-7 的估计结果再次说明，农户风险应对能力可以通过影响资产积累数量的渠道间接影响农业生产率。

表 8-4-7　　　　　　　　资产积累渠道的稳健性检验

变量	省内 Tobit (1)	县内 Tobit (2)	村内 Tobit (3)
风险分担能力最差的25%为对比	—	—	—
25%~75%	5.003*** (0.395)	6.672*** (0.399)	4.212*** (0.398)
75%~100%	12.422*** (0.399)	12.137*** (0.384)	9.663*** (0.385)
其他控制变量	控制	控制	控制
县域固定效应	控制	控制	控制
N	1 773	1 773	1 773
N_lc	1 607	1 607	1 607
N_unc	166	166	166
Pseudo R^2	0.097	0.095	0.090

注：①括号里报告的是稳健标准误；
②*、**、*** 分别表示在10%、5%、1%的统计水平上显著。

综合表8-4-6和表8-4-7的估计结果可以认为，在省域、县域和村内对农户风险应对能力进行重新分组的估计结果与8.3节的发现基本一致。这也说明，农户风险应对能力都是影响资产积累意愿和能力的重要因素。风险应对能力越强的农户，进行资产积累的意愿越高，数量也越大。因此，农户风险应对能力通过资产积累渠道影响农业生产率的机制是稳健的。

8.5　本章小结

本章是本书实证分析的第三部分，亦是第6章和第7章研究的拓展和深入。第6章的实证结果表明，由于农村家庭利用事后风险应对机制时受到不同程度的限制，在风险发生以后，农户无法进行完全的风险分担。第7章进一步检验了在事后风险应对机制受限的情况下，家庭风险应对能力的强弱与农业生产率的关系。实证结果发现，农户事后风险应对能力不足将抑制农业生产率的提高。本章试图在第6章和第7章的基础上，继续探寻农户事后风险应对能力不足影响农业生产率的机理和可能渠道。具体来看，本章把农户风险应对能力不足对农业生产率的负面影响归纳为五个可能的机制，分别是农业技术采用渠道、农业短期投入渠道、农业长期投入渠道、人力资本投入渠道和家庭资产积累渠道，通过构建影响机制模型，并利用中国家庭金融调查（CHFS）的农户调查数据识别这些渠道是否存在，以及在多大程度上存在。研究发现：

（1）风险应对能力与农业新技术采用之间存在显著的正向关系。风险应对能力越是不足的农户，风险暴露对家庭的冲击也就越强，其预期损失也越大。因此，他们会主动规避风险（Karlan et al.，2014），放弃具有高风险、高收益的生产技术（Zhang and Zhao，2015；郭云南、王春飞，2016）。而风险应对能力越强的农户，越倾向于采用风险更大同时收益也更高的农业生产技术，未来有可能获得更高的生产率和收入增长。也就是说，风险应对能力越强农户，越有能力和愿意采用先进的农业生产技术，农业生产经营就越有效率，收入增长会越快，未来的风险应对能力将更强风险应对能力提高与农业生产率增长之间形成良性循环。

（2）农户风险应对能力不足将抑制其在农业生产中的短期投入。风险应对能力强的农村家庭在农业短期投入上更有优势。这是因为，风险能力不足的农户更有可能增加预防性储蓄（Kimball，1991），从而挤出农业生产性投入。本章的研究证实了农户风险应对能力可以通过提高农业短期投入的渠道影响农业生产率的理论假设，越是风险应对能力强农户，越有能力加大农业短期投入，农业生率和收入也就越高，家庭未来的风险应对能力将更强，从而形成一种良性循环。

（3）农户风险应对能力的提升可以显著促进家庭购置农业机械的意愿和农机购买能力，但风险应对能力弱的农业机械设备等长期投入上意愿和能力不足，这将有损农业生产率长期增长的基础。研究结论证实了农户风险应对水平能够通过农业长期投入的渠道影响农业生产率的假说。

（4）农户风险应对能力显著地正向影响人力资本投资数量。风险应对能力越差的农村家庭，他们投资人力资本的数量越少，不利于农业劳动力素质的提高，容易导致粗放经营的问题。此外，务农劳动力的素质下降还不利于先进农业技术的推广和扩散，阻碍农业生产率的提高。实证研究的结果证实了农户风险应对能力可以通过人力资本的渠道影响农业生产率的假说。

（5）农户风险应对能力能够显著影响家庭投资风险性金融资产的广度和深度。风险应对能力越强的农户进行资产投资的意愿和能力越高，而风险应对能力弱的农户则缺乏进行资产积累的意愿和能力，无法获取财产性收入，不利于家庭财富水平的提高。实证研究的结果证实了农户风险应对能力可以通过资产积累的渠道影响农业生产率。较强的资产积累能力之所以有助于提高农户生产率。是因为，一方面，资产积累多的家庭，自身投资于农业生产的能力较强。另一方面，较多的财富有助于家庭获得信贷支持，及时满足农业生产对资金的需求。这两方面的优势可以帮助农户采用更先进的农业生产管理技术，从事风险更高、收益更大的农业项目，从而有助于农业生产率的提升。

综合以上分析可以发现，农户事后风险应对能力不仅可以通过以上五种影响机制与农业生产率（家庭收入）产生互相影响，而且这种影响随时间的变化会彼此加强，即"农户风险应对能力增强—风险应对机制途径增多—农业生产率提高—家庭收入增长"是相互促进的动态循环关系。这种循环不断运行的结果，一方面会加大农村内部的贫富差距，另一方面可能使风险脆弱性的农户陷入"贫困的恶性循环"。

第 9 章 研究结论与政策启示

通过本书第 3 章、第 4 章和第 5 章的理论分析，第 6 章、第 7 章和第 8 章的实证研究，我们得到了一些阶段性的研究结论。本章首先将理论和实证分析的结论归纳综合在一起，以便更加直观、深入地回答本书提出的关键问题，对农户风险应对机制与农业生产率关系这一主题进行全面剖析。在此基础上，阐述构建中国农户综合风险应对机制体系应当遵循的基本原则，并分别提出建立健全农户不同层面风险应对机制的政策建议。最后，说明本研究存在的不足和未来研究的方向，以此作为本书的结束语。

9.1 研究结论

本书的理论分析部分聚焦中国农村经济社会的特点，从多维视角考察农户风险应对机制，把中国农户风险应对机制看做由家庭层面、村庄层面、市场层面和社会层面风险应对机制构成的整体，深入探讨中国农户不同层面风险应对机制的内涵、特点、作用及其局限性，进而提出具有中国特色的农户风险应对机制分析框架。下文主要归纳基于这一分析框架进行实证研究得到的结论。

9.1.1 农户风险应对机制及其有效性的研究结论

本书第 6 章是本书实证分析的第一部分，利用中国家庭金融调查（CHFS）具有全国代表性的农户微观数据，对农户风险应对机制的有效性进行了计量分析。首先，构建中国农户风险应对机制模型作为基础模型，采用 2011 年的 CHFS 数据检验农户能否在遭遇收入风险后实现完全保险。其次，在基础模型上分别引入农户家庭层面、村庄层面、市场层面和社会层面的风险应对机制变量，构建扩展的农户风险应对机制模型，进一步识别农户不同层面风险应对机制的效果。再次，采用2013年和2015年的CHFS数据进行稳健型检验。最后，基于农户综合风险应对机制模型的估计结果，建立多个维度的指标衡量农户事后风险应对能力，为第7章和第8章的研究奠定基础。第6章研究有如下主要发现：

（1）农户未能在遭遇风险冲击时获得完全保险，风险冲击对农户消费水平的下降有显著负面影响，越是收入水平低的农户，风险冲击的负面作用越大。实证结果再次拒绝了中国农村地区存在对于风险的完全分担的假设。在稳健性检验部分，基于贫困与非贫困户的分组回归结果进一步显示，贫困农户，为了维持基本的生存，会极力预防消费下降，农村贫困家庭在风险冲击下表现出更大的脆弱性。

（2）农户家庭层面的风险应对机制能够有效帮助农户应对风险的负面冲击，是农户处理风险的重要手段。家庭人均资产（不包括储蓄）水平是影响家庭风险应对能力的重要因素，富人能够更好地实现消费平滑。储蓄存款是农户应对风险的有效手段，拥有储蓄存款可以帮助家庭熨平消费波动。"家庭网"也是提高农村家庭风险应对能力的重要渠道，获得家庭网络支持能够降低消费波动。

（3）农户在村庄社会网络上的投资为农户提供了非正式保险，能够显著增强家庭应对风险冲击的能力，证实了农村社会网络具有公共品的性质和较强的正外部性。但村庄社会网络质量在帮助家庭应对风险冲击上的作用不大。作为一种非正规风险应对机制，村庄网络内的风险统筹建立在互惠互利的基础上，农户能否在自己遇到困难时获得网络内其他成员的帮助，主要取决于家庭是否曾经帮助过网络内的其他家庭，这种"礼尚往来"的机制可以解释构建村庄"关系网"的投入比关系网的质量本身更加重要。尽管经历了40多年的市场化改革，村庄网络内非正规风险应对机制，在帮助农户应对收入风险的过程中仍然发挥着重要的作用。随着城镇化和农村劳动力的流动，农村社会的互动有减弱的趋势，正不断削弱农村社会资本的作用。可以预见，社会资本缓冲风险的功能将随着市场经济在农村的发展而不断减弱。因此，正规保险和信贷服务应该尽快覆盖到农村，取代非正规保险的作用，帮助农户应对各类风险冲击。

（4）在农户市场层面的风险应对机制上，农户无法有效利用正规信贷和保险市场缓冲风险，在农村地区，农户缺乏通过银行等正规金融部门获得贷款的机会，这是因为，一方面银行和农户之间的信息不对称问题比较严重，因此也不敢把贷款贸然借给农户。另一方面，农户没有足够的资产作为抵押品。因此，正规信贷在农村是比较稀缺的资源，信贷资源在利益的驱使下"嫌贫爱富"，农户的信贷需求经常被无视。无法从正规金融部门获得信贷的农户往往求助于民间信贷，相比于正规信贷，民间借贷在信息和担保方面具有优势。正因为如此，非正规信贷在帮助农户应对风险冲击上发挥了重要作用。

（5）社会层面的风险应对机制能够帮助农户缓冲风险冲击，其中政府补贴发挥了关键性的作用，充当了农村社会的"安全阀"。农业补贴也能够在一定程度上增强农户平滑消费的能力，但新农合和新农保在帮助农户应对收入风险冲击上的政策效果不大。这一结论与熊吉峰、丁士军（2010）的发现基本一致，由于补偿率偏低、门诊费用无法报销、医药服务价格上涨太快等因素的制约，新农合的作用有限。我国新农合和新农保的覆盖率虽然很高，但支持水平较低，在减轻农民的医疗和养老负担方面所起的作用有待进一步提高。

（6）对贫困与非贫困户的分组分析进一步显示，贫困农户与非贫困农户的风险分担网络存在显著的异质性。贫困农户无法依靠自身力量应对风险冲击，村庄社会网络和市场机制（商业保险和正规信贷）也无法帮助贫困农户分担风险，社会层面的风险应对机制是贫困农户抵御风险的最后一道防线，说明"社会安全网"对贫困农户的意义重大。非贫困户能够综合利用家庭、村庄和社会层面的风险应对机制平滑消费，表现出更强的抗风险能力。值得注意的是，已有关于农户风险应对机制的研究很少区分贫困农户与非贫困农户风险分担网络存的系统性差异，研究结果很可能掩盖贫困农户风险分担网络的特征。更重要的是，基于研究结论"一刀切"的政策措施和对策建议并不一定适合贫困农户，导致政策效果大打折扣。

9.1.2 农户风险应对机制与农业生产率关系的研究结论

第 7 章实证检验了农户风险应对机制与农户多维生产率的关系。第 7 章在逻辑上是第 6 章研究的继续，构成本书实证分析的第二部分。在中国农村，农户事后风险应对机制（家庭层面、村庄层面、市场层面和社会层面）受到诸多限制，制约了他们利用事后风险应对机制管理风险的能力，家庭无法借助事后风险应对机制实现完全的风险分担，中国农户普遍表现出事后风险应对能力不足的特点。由于缺乏足够的事后风险应对能力，外部风险的微小波澜都有可能威胁农户的生计。因此，农户遵循"安全第一"的生存原则，选择在事前规避风险就成为无奈之举。在农业生产中选择保守的生产措施是农户事前规避风险的普遍做法。尽管事前风险应对机制能够帮助家庭规避部分风险，但却有损农业生产率的提高。

基于这一思路，第 7 章在第 6 章的基础上，利用 CHFS 的农户调查数据，全面地、综合性地考察农户生产率与农户风险应对能力之间的关系。除了实证检验单要素生产率（土地生产率、劳动生产率）与农户风险应对能力的关系外，还重点考察农业生产技术效率（TE）和全要素生产率（TFP）与农户风险应对能力的关系。第七章的实证研究发现：

（1）农户风险分担能力的提高能够稳健地提高土地产出率。中国作为一个人多地少的发展中大国，必须优先确保国家的粮食安全，这也是我国农业政策优先实现的目标（高梦滔、张颖，2006），依靠提高土地单产确保食物安全始终是农业政策的重点内容。第 7 章从农户风险管理的视角，实证检验了农户风险应对能力与土地生产率的关系。研究发现，在全国范围内，无论是从绝对风险应对能力还是从相对风险应对能力看，农户抗险能力都是影响土地产出率的重要因素。随着农户风险应对能力的增强，土地产出率显著提高。在省域、县域和村内对农户风险应对能力进行重新分组的稳健型检验结果也再次证明，农户风险应对能力与土地生产率存在稳定的正向影响关系。这一发现蕴含的政策含义是，增强农户风险应对能力的政策是促进土地生产率提高的重要抓手。

（2）农户风险应对能力对土地产出率具有稳健的促进作用。"三农"问题的核心是农民问题，千方百计增加农民收入从根本上讲，还是要依靠提高农民劳动生产率。因此，在新的时代背景下从农户风险管理的视角，探讨农户风险应对能力与劳动生产率间的关系，具有重要的现实意义和政策含义。第 7 章实证检验了农户风险应对能力与劳动生产率的关系，研究发现，无论是从绝对风险应对能力还是从相对风险应对能力看，风险应对能力强的农户相对于风险能力弱的农户在劳动生产率方面均具有比较优势。在省域、县域和村内对农户风险应对能力进行重新分组的稳健型检验结果表明，农户风险应对能力与劳动生产率之间存在稳定的正向关系，农户风险应对能力的提高可以显著促进劳动生产率的增长。因此，如果从农民政策角度（以提高农民生产率为核心的政策目标）出发，解决农民问题的有效途径是增强农户的抗风险能力。

（3）农户风险应对能力对农业技术效率具有稳健的正向影响。农户生产技术效率是从农业生产投入产出的角度衡量生产单位能够在多大程度上运用现有技术达到最大产出（生产前沿）的能力。通过对农业技术效率的研究，可以集中反映农业产出能力和资源利用效率等多方面信息。第 7 章采用超越对数函数形式的随机前沿模型，利用 CHFS 调查的数据，对农户风险应对能力与农业生产技术效率的关系进行了实证分析。研究发现，在全国范围内，无论是从绝对风险应对能力还是从相对风险应对能力看，风险应对能力是影响技术效率的重要因素。随着农户风险应对能力的增强，农业生产技术效率有显著提高。研究还发现，在现有技术水平和要素投入下，通过改善农户技术效率来提高生产率的潜力很大。因此，在不断重视农业技术进步的同时，也不能忽视对现有技术和资源的利用。

（4）农户风险应对能力的提升能够促进全要素生产率的改善。由于农业生产过程需要同时投入多种生产要素，而且各种要素之间存在相互替代关系，这就需要一个能全面反映要素综合使用情况的指标来度量生产率，而全要素生产率（TFP）是农业经济学中常用的衡量农户生产过程综合效率的指标。第 7 章基于"两步估计法"的思路，首先根据柯布－道格拉斯（C－D）生产函数估计农户的农业全要素生产率，然后将农户风险应对能力变量纳入全要素生产率的影响因素模型，检验农户风险应对能力是否会影响农户全要素生产率。研究发现，在全国范围内，无论是从绝对风险应对能力还是从相对风险应对能力看，风险应对能力对全要素生产率均有显著的正向影响。在省域、县域和村内对农户风险应对能力进行重新分组的稳健型检验表明，农户风险应对能力的提高能够稳健地促进土地生产率的增长。这一发现蕴含的政策含义是，提高农户风险应对能力是改进农户全要素生产率的重要政策工具。

总体上看，第 7 章的研究证实，农户事后风险应对能力不足对农业生产率有多重负面影响，而提高农户应对风险冲击的能力可以显著提高中国农户的生产率。如果站在农民政策的角度，解决农民问题的有效途径是增强农户的抗风险能力。第 7 章的研究结论为提高农业生产率的政策提供了新的思路和经验证据，有利于从风险管理视角深化发展经济学对微观农户生产率决定因素的研究，拓展和丰富了该领域的研究文献。

9.1.3　农户风险应对机制影响农业生产率的机制识别

第 8 章实证考察了农户风险应对机制影响农业生产率的机理，构成本书实证分析的第三部分，也是第 6 章和第 7 章研究的拓展和深入。本书第 6 章和第 7 章的实证研究发现，在我国农村现阶段，农户事后风险应对机制（家庭层面、村庄层面、市场层面和社会层面）受到诸多制约，限制了他们利用事后风险应对机制管理风险的能力，导致他们无法借助事后风险应对机制实现完全的风险分担。由于农村家庭的收入普遍不高，外部风险的微小波澜都有可能威胁到他们的基本生存，农户大多遵循"安全第一"的生计原则提前规避风险。在农业生产中采取保守的生产措施规避风险是农户的普遍做法。虽然保守的生产措施可以在短期内减少家庭的生计风险，却是以牺牲农业生产率的提高为代价。更糟糕的是，在遭遇严重的风险冲击时，如果农户事后风险应对能力不足，他们将被迫承受风险导致的不利后果，不得不采取一些极端的风险应对方法，这将有损农户的长期生产能力，侵蚀农户生产率增长的基础，甚至使他们落入"贫困陷阱"无法自拔。第 8 章的目的就是在第 6 章和第 7 章实证研究的基础上，继续利用中国家庭金融调查（CHFS）数据识别农户风险应对能力影响农业生产率的可能渠道。第 8 章的研究发现：

（1）以农户风险态度作为新技术采纳意愿的代理变量，实证检验农户风险应对能力与新技术采用的关系。研究发现，风险应对能力与新技术采用存在显著的正向关系。风险应对能力越差的农户越是倾向于选择低风险低收益的保守型农业生产技术，农业生产率和收入水平较低。而风险应对能力越强的农户越倾向于采用风险更大、收益也更高的农业生产技术，未来有可能获得更高的生产率和收入增长。

从农业技术采纳的渠道看，技术进步是我国农业经济发展的主要推动力（王阳、温虎，2019）。一方面，随着城市化进程的加快，农业劳动力从事农业生产的机会成本在不断提高，而且农业生产的周期性使劳动力投入具有明显的季节性，依靠增加劳动力的投入来增加产出越来越困难。因此，解决这一问题需通过加大科技投入和改变传统的农业生产经营方式来提升农业生产率。另一方面，农业是一个植物活体的生产过程，受自然气候和周围生态环境、基础设施条件的影响很大，对农业技术的掌握需要一个经过自然环境条件适应性调整和基础设施改良、"干中学"的过程（李谷成等，2010）。因此，有必要继续加大对农户的技术培训，使其更加了解农业技术特点，掌握应用技术的能力。

（2）以农村家庭的农业生产成本衡量农业短期投入能力，实证检验农户风险应对能力对农业生产短期投入的影响。研究发现，农户风险应对能力不足将抑制农户在农业生产中的短期投入，风险应对能力强的农村家庭在农业短期投入上更有优势。研究结论支持农户风险应对能力可以通过提高农业短期投入的渠道影响农业生产率的理论假设。

（3）把家庭是否拥有农业机械作为农业长期投资意愿的代理变量，以农业机械的价值作为农业生产长期投入能力的代理变量，实证检验农户风险应对水平与农业长期投入意愿和能力的关系。研究发现，农户风险应对能力的提升可以显著提高家庭购置农业机械的意愿和能力，但风险应对能力弱的农户在农业生产经营中的长期投入意愿和能力不足，有损生产率长期增长的基础。研究结论支持了农户风险应对水平能够通过农业长期投入的渠道影响农业生产率的假说。因此，政策制定部门要高度重视农业机械在农业生产中的作用，发挥农业机械投入对于提升农户生产率的积极作用。特别是，在农业劳动力大量转移至非农产业后，政府应进一步加大对农户的农机补贴，鼓励农机社会化服务体系发展，提升农业生产机械化水平。

（4）用家庭教育投入数量作为农户人力资本资本投资能力的代理变量，检验家庭风险应对能力与农户人力资本投入的关系。研究发现，风险应对能力显著正向影响人力资本投资数量。对于风险应对能力越差的农村家庭而言，他们投资于人力资本的数量越少，越不利于农业劳动力素质的提高，容易带来粗放经营的问题。此外，务农劳动力的素质下降还不利于先进农业技术的推广和扩散，阻碍农业生产率的增长。实证研究的结果支持了农户风险应对能力可以通过人力资本的渠道影响农业生产率的假说。农户人力资本已经成为农业增长的新引擎（王阳、温虎，2019）。教育作为重要的人力资本，是影响农业生产率的主要渠道。这表明，对农民进行人力资本投资十分必要，仍需出台相关政策进一步提升农业从业者的受教育水平，特别是加大扶持、鼓励有文化、有见识的年轻人加入农业生产行列，成为新型职业农民，逐步实现传统农业向现代农业转变。

（5）以农户是否持有风险性金融资产作为家庭资产积累意愿的代理变量，把家庭持有风险性金融资产的数量作为家庭资产积累能力的代理变量，实证检验农户风险应对能力与资本积累意愿和能力的关系。研究发现，风险应对能力能够显著影响家庭参与风险性金融资产的广度和深度，风险应对能力越强的农户进行资产积累的意愿和能力越高，而风险应对能力弱的农户则缺乏进行资产积累的意愿和能力，更无法获取财产性收入，不利于家庭财富水平的提高。实证研究的结果证实了农户风险应对能力可以通过资产积累的渠道影响农业生产率的假说。

综合第 6 章、第 7 章和第 8 章实证研究的结果可以发现，农户不同层面风险应对机制决定了农户事后风险应对能力，而农户风险应对能力会通过多种途径影响农业生产效率。本书的研究证实，农户事后风险应对能力与农业生产率（家庭收入）并非单向影响的关系，而是随着时间发展互相影响的过程，"农户风险应对机制有效—事后风险应对能力增强—事前风险应对机制弱化—农业生产率提高—家庭收入增长"之间存在相互促进的动态关系。对于能够应用多种风险应对机制处理风险冲击的农户而言，风险应对能力与农业生产率会形成良性互动。也就是说，越是风险应对能力强农户，越有能力和意愿通过以上五种渠道促进农业生产效率的提高，家庭收入增长会越快，未来的风险应对能力也就越强。对于无法有效利用风险应对机制缓冲风险的农村家庭而言，有可能导致"低生产率的恶性循环"。

由此推论，缺乏风险应对能力也是造成农村内部收入差距的重要因素。因为有着较高收入和较为富裕的农村家庭，即使做出了高风险、高收益的农业生产经营决策，也能够较好地承受可能由生产项目失败而带来的亏损。越是富裕的农户，农业生产率和家庭收入也越高，未来的风险应对能力也越强，从而形成风险应对能力增强与农业生产率（家庭收入）提高的良性循环。从风险管理的角度看，富裕农户与贫困农户之间抗险能力的差距越大，农村收入不平等以及收入差距扩大的现象就越严重。

实证研究的结论表明，通过构建和完善农户风险应对机制体系有利于农业生产效率的提升。本书的研究从风险管理的视角扩展我们对农户生产率决定因素的认识，为制定提高农户生产率的政策提供新的思路和经验证据，对于阻断风险对农户生产率的短期影响和长期侵蚀也具有重要的理论和现实意义。

9.2　政策启示

农业是国民经济的基础，保障农产品的有效供给是社会稳定和经济繁荣的必备前提。中国农业发展正面临着人口增长放缓、大规模非农就业和农业生产结构转型三大变迁交汇的历史性阶段。作为世界上最大的发展中国家，国家要强，农业必须强，这也是世界上发达国家发展道路和经验的总结。经济越发展，农业的基础性地位越是不容忽视，这一重大要求的提出是基于我国经济社会特别是农业发展的现实。在实现中华民族伟大复兴中国梦的宏大历史叙事中，农业不仅是基础和支撑，而且关系到梦想能否实现以及梦想实现的速度、质量和品位。

改革开放以来，中国农业分别经历了解决食品问题和解决农民收入问题的阶段。随着中国经济跨越刘易斯拐点，资源禀赋发生了根本性的变化。当前中国农业面临的主要问题在于农业生产效率的优化和提高。新时期，通过提高农业生产率是我国跨越刘易斯转折点后保障粮食安全、实现农业健康发展的关键。小农户是我国农业生产经营的主体，农户生产率的提高是中国农业生产率提高的基石和根本保障。但农村实行家庭承包制改革后，农户成为独立的生产经营主体，他们在享有改革红利的同时，也成为风险的承担者。当前，中国农村正处在经济转型期，农民面临的风险因素更多，风险的种类和形式也更加多样化。如果农户风险应对机制充分有效，他们可以借助事后机制较为理想地应对风险，在农业生产活动中会更积极地采用先进的农业生产技术和管理手段，不断提高专业化程度，扩大生产规模和要素投入。风险应对能力越强的农户，风险冲击对农业生产效率的负面影响越小。从风险管理的角度看，"农户风险应对机制有效—事后风险应对能力增强—事前风险应对机制弱化—农业生产率提高—家庭收入增长"之间存在相互促进的动态关系。

本研究发现，农户风险应对机制是否有效，直接关系到家庭抗风险能力的强弱，并通过多种渠道间接影响农业生产率。因此，本书的研究结论蕴含着重要的政策含义：从提高农业生产率和农民增收长效机制的视角看，政府的农民政策必须涵盖提高农户风险管理水平的内容。为了弥补农户风险应对能力不足对农业生产率和农业增长的不利影响，政策制定部门应当多措并举建立健全农户风险应对机制体系。从而为提高我国宏观农业生产率奠定坚实的微观基础，也为当前打赢脱贫攻坚战和未来解决"相对贫困"问题提供新的思路和工作抓手。

9.2.1 构建农户综合风险应对机制体系遵循的原则

1. 坚持全面和综合的原则

农户在生产生活实践中拥有一整套风险应对策略。因此，旨在提高农户风险应对水平的政策必须要有一个综合的视野，全面看待农户可能遭遇的风险及其选择的风险应对策略（黄祖辉等，2011）。本书的理论分析与实证研究表明，农户在实践中采用了多个层面（家庭层面、村庄层面、市场层面和社会层面）的风险应对机制来应对风险冲击。当前，农户四个层面风险应对机制应当分别承担不同的功能。其中，家庭层面风险应对机制应当成为农户应对一般性风险的主要方式。村庄层面风险应对机制可以在发生较严重风险时发挥重要作用，使农户在获得最低生活保障外进一步得到村庄社会网络的支持。市场层面风险应对机制的作用主要是帮助农户利用正规和非正规的市场机制，"熨平"消费的波动。社会层面的风险应对机制的主要功能应当是保障农户的基本生活水平。因此，在完善农户风险应对机制体系时，既要发挥不同风险应对机制的比较优势，又要使农户不同层面的风险应对机制互相补充，形成农村多层次综合性的风险应对机制体系。

2. 动态地看待正规与非正规风险应对机制的关系

在中国农村，现代社会保障体系、正规信贷市场以及保险市场严重缺失或不完善的现象普遍存在，导致正规风险应对机制在农村地区的作用十分有限，农户很难完全利用正规风险规避机制应对风险冲击。因此，农户主要依靠非正规风险规避机制来处理风险，社会网络内的互助、参与非正规金融市场、在生产经营中采取保守行为是常见的方法。随着农村市场化进程的加快和城镇化水平的提高，农户独立经济意识不断增强，村庄传统伦理日益弱化，传统乡土社会中的互助机制在帮助农户应对风险中的作用趋于弱化。尽管民间借贷在提高农户风险应对能力上起到了较为重要的作用，但由于民间借贷市场的"非法"状态，其作用的发挥受到相当大的制约。

总体上看，随着时间的推移，农村非正规风险应对机制的作用正在削弱，有可能导致农户同时缺乏正规与非正规的风险应对机制。贫困农户面对风险冲击时更加脆弱，如果正规与非正规保险机制同时缺失，他们更容易掉入"贫困陷阱"。因此，正规的保险和信贷市场应该尽快覆盖到农村，取代非正规保险的作用，帮助农户应对各类风险冲击。此外，政府也应该通过非市场化的转移支付和构建农村社会基本保障体系来减少农村家庭，特别是贫困家庭遭遇负向冲击的影响。

3. 警惕贫富差距与风险应对能力之间的恶性循环

本书的研究发现，贫困农户与非贫困农户的风险应对机制网络存在显著的异质性，贫困农户无法依靠自身力量应对风险的冲击，村庄内社会网络和市场机制（商业保险和正规信贷）也无法帮助贫困农户分担风险，社会层面的风险应对机制是贫困农户抵御风险冲击的最后一道防线。非贫困户能够综合利用家庭、村庄和社会层面的风险应对机制平滑消费，表现出更强的抗风险能力。因此，政策制定者需要进一步关注农村贫富差距扩大的各种负面影响，并将贫困与非贫困农户的收入差距管控在合理的范围内。这是因为，贫富差距对农户风险应对能力产生了重要影响，而农户风险应对能力又会反过来通过影响农业生产率和家庭收入的渠道进一步扩大贫富差距，从而形成贫富差距与风险应对能力之间的恶性循环。

4. 重视区域差异与制度变迁

由于我国区域发展不平衡，东、中、西部农村发展差距巨大，导致不同区域的农村社会经济条件千差万别。本书也发现，东、中、西部农户的风险应对机制存在显著差异。此外，随着农村经济社会的发展，农户风险应对机制发挥作用的"土壤环境"也在随之变化，这就需要动态地看待农户不同层面风险应对机制的优势和不足。区域差异要求制定政策时因地制宜，环境的变迁要求政策制定者与时俱进。因此，在构建农户风险应对机制体系时，政府相关部门既要立足转型期农村的时代特征，既要与时俱进地看待农户不同层面风险应对机制的作用效果，又要结合东、中、西部的区域差异，因地制宜地发挥不同风险应对机制的地方优势，有针对性地"因时因地"制定政策，帮助农户最大限度地提高风险应对能力，减少风险冲击的不利影响。

基于以上原则，下文立足于农户生产率提高和家庭收入增长的目标，从风险管理视角，分别提出了建立健全农户四个层面风险应对机制的对策建议，尝试构建具有中国特色的农户风险应对机制体系。

9.2.2 构建家庭层面风险应对机制的对策建议

家庭层面的风险应对机制是农户通过金融储蓄、资产积累和"家庭网"应对风险冲击的机制。与其他层面风险应对机制相比，农户家庭层面风险应对机制在农户风险应对机制体系中发挥着重要作用，尤其是遭遇一般性风险冲击时，是农户首选的风险应对方式。由于家庭层面风险应对机制与农村市场化改革的方向相一致，避免了基于"关系"的村庄层面风险应对机制的消极后果。

由于这种机制完全由农户自主决策，解决了个体理性与集体理性之间的矛盾，是实践中最容易实施的风险应对机制。但是，由于受到收入和资源禀赋等因素的制约，家庭层面的风险应对机制仍有很多方面亟待完善和提高，主要体现在以下几个方面。

1. 提高农村家庭的财富水平

本书研究发现，家庭人均资产（不包括储蓄）水平是影响家庭风险应对能力的重要因素，家庭人均资产数量的提高能够显著增强农户的风险应对能力。通过提高家庭财富水平来增强农户风险应对能力有两种途径：一是从家庭资产结构的角度，制定相关政策，促进具有风险管理作用的资产增长。资产有多重属性，不同的属性决定了资产的不同用途，有的家庭资产主要是为了获取收入，有的则是为了储蓄财富，还有的充当了风险管理的功能。对于不同的家庭而言，各种功能的资产具有不同的组合，而且这种组合随着时间发生变化，在不同时期具有不同特点（黄祖辉等，2011）。因此，政府可以针对性地优化家庭资产结构提高农户应对风险的效率。二是增加农户资产数量，在我国农村，农户的物质资本最为直接的表现形式就是家庭的农业生产资本。为了增加农户物质资本存量，政府应当进一步落实农户购置农机的补贴政策，加大对农户物质资本形成的补贴力度，鼓励农户进行农业生产投资，为农业生产效率的提高以及农户家庭收入的长期增长奠定坚实的基础。

2. 多渠道增加农民收入

本书研究发现，储蓄存款是帮助农户抵御风险冲击的重要因素，而影响农户家庭储蓄的关键因素是家庭收入水平。此外，如果农户能够平滑家庭消费，就能有效抵御和防范风险，而收入是平滑消费最为重要的变量。因此，要抵御和防范风险，首要的渠道和手段便是多方增加农户的收入。根据我国农村家庭的就业渠道和就业形式特点，应当采取区别对待的政策增加农民收入。

第一，对于没有兼业经营，仅从事农业生产经营的"纯农户"，他们的主要收入来源于农业生产，为了增加他们的收入，应该在落实现有农业补贴的同时，鼓励农村土地合理地流转，培育新型农业生产经营主体，畅通融资渠道，促进农业生产能够规模化，从而提高农户从事农业生产的利润率。

第二，对于靠外出务工而获取工资性收入的"农民工"，政府应进一步优化现有政策措施，为农村劳动年龄人口创造更多合适的就业岗位，并进行相关就业指导和培训，使农村劳动力向城市的流动更加畅通，在保障进程务工人员"同工同酬"的同时，更要做到"同制同策"，不断完善现有体制机制，使广大农民工既能来得了，也能留得住，为农民工的市民化创造更好的条件。

第三，对于主要从事经营活动而获取经营性收入的"农民商人"，应从政策上给予更多的财政金融支持，降低他们的融资成本，鼓励有条件的金融机构向其发放小额贷款，在税收上给予部分减免。

3. 强化"家际"关系，发挥"家庭网"的作用

家庭的主要功能之一就是在其成员遭遇风险后为他们提供保护。近几十年来，中国的家庭结构出现了"核心化"趋势，即由传统的三代（或世代）同堂家庭向现代核心家庭转变。随着农村市场化水平的不断提高，农村家庭不断趋向"小型化"和"核心化"，家庭功能发挥由"家内"向"家际"转化。伴随农村家庭的"小型化"和"核心化"，"家庭网"孕育而生，"家庭网"是提高农户风险应对能力的重要渠道，乡土民众仍可以借助非正式的家庭关系资源来弥补社会"福利"和"保障"的不足（王跃生，2013）。但是，随着农村劳动力转移和城镇化进程的加快，家庭直系成员因流动而异地居住增加，这对"家庭网"造成了一定的消极影响，分居、分住的直系成员之间情感沟通降低、日常互助减少，空间分割导致关系疏离，特别是不同代际姻缘成员因无日常协助导致"家际"关系淡漠。因此，政府和社会组织应通过制定相关政策措施，如为成年子代与老年亲代同地居住提供就业和户籍政策上的协助。通过这些制度建设，引导不同代际成员之间加强联络，避免代际关系过度削弱带来的"家际"关系资源缺失。

9.2.3 构建村庄层面风险应对机制的对策建议

村庄层面的风险应对机制是指农户利用村庄社会网络来实现风险分担。我国农村"乡土社会"特征明显，在农村经济发展水平还不高的当下，村庄层面的非正规风险机制在帮助农户应对风险冲击上仍然具有重要意义。但是，村庄层面的风险应对机制也存在明显的局限性，随着农村市场化和城镇化进程的加快，农村社会的互动有减弱的趋势，正不断削弱农村社会资本（王阳、漆雁斌，2016）。可以预见，未来村庄层面风险应对机制缓冲风险的作用将减弱，但在当前阶段，应当因势利导，充分发挥村庄网络的风险统筹功能，避免其负面效应。

1. 允许民间自发形成的具有组织形态的民间组织的存在与发展

中国正处在市场化进程中，农村正规信贷和保险市场还很不完善，特别是欠发达地区的农村，正规风险应对机制仍未发展起来，因此农村社会网络为农户提供非正规保险的作用就非常重要。在我国历史上，以社会网络为基础的互助性质的民间组织曾长期存在。例如，20 世纪的合会，即是以解决短期资金需求为目的民间组织，尽管在缺乏监管的情况下，合会有演变为投机性组织的可能，从而引发农村金融风险，但是，合会的确在一定程度上满足了农户的资金需求，缓解了信贷约束。从合会组织的历史规律来看，如果政府能够制定相应的制度规范和引导其发展，这类自组织能够在帮助农户应对风险冲击上发挥积极作用。

2. 努力培育与市场经济相适应的农民合作经济组织

由于传统的以亲缘和地缘为基础的社会网络具有妨碍创新和排外等消极影响，而且在市场化过程中农村社会网络的作用正在逐步弱化。农民合作组织能够实现农户之间的风险共担，并在相当程度上消除劳动力及市场上的风险（Foster et al., 2001; Arcand et al., 2012）。因此，应当顺应农村市场化的趋势，通过与市场化相适应的途径来强化村庄层面风险应对机制的作用，规避其不足。2007 年 7 月 1 日，《农民专业合作经济组织法》正式颁布执行。近年来，各种农民专业合作经济组织在我国农村迅速发展壮大，这类组织是农户在自愿互利基础上建立起来的互助性质的合作组织，农户可以依托这一组织建立相应的社会网络，从而实现多方面的合作。因此，政府在大力扶持农民专业合作组织发展的同时，应当出台相应政策措施，引导农户利用这一合作平台建立生活方面的互助机制，帮助农户实现村庄层面的风险统筹。

3. 协调正规风险应对机制与村庄层面风险应对机制的关系

正规风险应对机制会改变社会网络内成员违背协议后自我承担风险的成本收益，从而改变该村庄层面风险应对机制自我实施的条件，使村庄层面风险应对机制的效果受到损害，即正规风险应对机制产生了挤出效应，这种效应可能会使农户净福利增加有限，甚至减少。当正规风险应对机制仅针对个人或者异质风险时，挤出效应会更加明显。因此，为了避免挤出效应，正规风险应对机制应当瞄准群体而非农户个人，应主要用于应对共同风险而非异质风险，使其具备公共性，并向公共领域转移，使其朝向与公共利益相重叠的方向发挥更大作用。

4. 充分发挥政府主导作用，建设和谐乡村

村庄社会网络作为一种非正式的制度安排，不但具有"信息桥"的作用，通过网络成员缓解信息不对称，降低交易成本，而且有助于改变家庭的主观风险态度，帮助家庭改变保守的风险态度，形成合理的风险投资态度（王阳，2019）。因此，应该加强建设社会主义和谐乡村建设，有效发挥村庄社会网络的保险与保障功能。通过建立广泛的、高质量的村庄社会网络，一方面，可以降低家庭投资农业生产项目的风险；另一方面，有助于家庭拓展信贷渠道，缓解信贷约束。

通过建立社会主义和谐乡村，还可以扩展农户相对封闭和狭窄的关系网络，通过增加民生领域公共开支，如提高广播电视网络覆盖，降低宽带上网费用等途径提高基于关系网络的社会资源的摄取量和利用率，以此减少各种制度性的和社会性的排斥，增加农户的社会参与度。在和谐乡村建设过程中，应当注意农村乡土社会的特点，避免引起社会矛盾与邻里纠纷事件的发生，引导农户维护亲友、邻里之间的和睦关系，发挥社会网络在农村经济发展和农民生活水平提高方面的积极作用（师丽娟、李锐，2018）。

5. 针对性地加强贫困农户社会网络建设

贫困户与非贫困户在村庄层面风险分担能力（非正规风险分担能力）上存在显著差异。贫困农户缺乏社会资本投资能力，无法有效扩展社会网络，是其无法利用村庄层面风险应对机制的重要原因。

良好的社会网络需要社会资本投资来维系和提高。为了提高贫困农户的风险应对能力，要有针对性地培育和提升农村贫困家庭的社会资本，有效发挥村庄社会网络的风险分担作用，以弥补正规风险应对机制的不足。首先，政府相关部门要充分发挥引导作用，通过在农村建立多层次的互助机构等方式，积极搭建农村公共社交平台，为建立贫困农户与其他村民间的和谐关系创造条件。其次，努力培育与发展适合贫困农户的农村社会网络，拓宽贫困农户的信息交流渠道，发挥村庄社会网络在农村经济社会发展中的积极作用。尤其要结合贫困农户的特点，建立针对贫困农户的组织和互助机构等公共服务设施，支持和鼓励贫困农户参与相应的组织，进一步提升其参与社会网络的层次和水平。

9.2.4　构建市场层面风险应对机制的对策建议

农户市场层面的风险应对机制是指农户利用正规信贷市场和商业保险市场等市场化的手段来应对风险的机制。党的十八届三中全会在《中共中央关于全面推进依法治国若干重大问题的决定》中指出，我国要建设统一开放、竞争有序的市场体系，使市场在资源配置中起决定性作用。未来市场化的风险分担机制将越来越重要。但是，市场层面的风险机制在帮助农户应对风险方面的作用仍没有充分发挥出来，这与当前农村信贷市场和商业保险市场不健全有很大关系。

1. 完善农村正规信贷市场的对策建议

当前，农户通过正规渠道借款面临很多困难。农村金融体系尚不能满足农户的金融需求。建议从以下几个方面完善农村正规信贷市场的功能，提高农户利用金融工具应对风险冲击的能力。

第一，完善农村金融市场服务农业的功能，改善农户农业信贷获取环境，提高农户信贷可得性。不断完善农村金融市场服务农业的功能，特别是满足农户发展高效农业生产的信贷需求，根据农产品产业特征和农户家庭禀赋特征多样化开发农村信贷产品，提高农户信用支持的可得性。

第二，进一步改革农村信用合作社。农信社要坚持合作制的方向，使其真正成为"农民自己的银行"。此外，在业务范围方面，增加消费贷款的发放，帮助农户平滑消费波动。由于消费波动对农户生产行为的消极影响，消费信贷也将有助于农业收入的提高。

第三，积极开展抵押贷款的试点工作。深入推进承包土地和农民住房财产权抵押贷款试点，探索开展大型农机具、农业生产设施抵押贷款，不断扩宽在农村的贷款，同时改进授权授信和担保机制，提供便利化的贷款手续和多样化的分期还款服务，减轻农民的还款压力。

第四，发展农村普惠金融。金融普惠通过向农村家庭提供他们所需的金融服务或避险工具，帮助其提升家庭风险应对能力，进而降低家庭贫困脆弱性（尹志超等，2019）。在家庭收入面临较大波动的情况下，金融普惠通过提供风险管理的手段，在改善家庭福利上发挥着重要作用。金融普惠可以促进农户对金融服务的可获性,通过提高家庭应对风险冲击的能力降低贫困脆弱性。

第五,农户大多因为缺乏有效的担保,而无法从正规金融机构获得融资,因此,政策要在农村地区加强征信知识的宣传,不断培育农村征信市场,逐步建立、健全农村个人征信体系,优化农村金融信用环境。

2. 促进农业保险市场发展的对策建议

农业保险作为分散农业生产风险、补偿经济损失、稳定农民收入和促进农业发展的一种机制,可以帮助农户"熨平"农业生产过程中自然灾害所带来的收入波动。在发达市场经济国家,商业保险市场相对成熟,具有不可替代的作用。小规模农户是我国农户结构的主体,促进小规模农户农业保险市场的发展是农业农村现代化的重要保障。发展小规模农户农业保险是推动我国农业保险制度可持续发展的重要保障,也是实现小农户和现代农业发展有机衔接的必要措施(郭军、马晓河,2018)。

通过十余年的发展,我国农业保险取得了一系列成绩。但值得注意的是,农业保险在发展过程中也面临着一些新形势、新情况和新问题,除了系统性风险和信息不对称等共性问题,还有以下几个特殊的问题需要重视和解决:一是农户收入较低,对商业保险的购买能力不足。二是农村家庭对农业保险的认识不够,保险业务的复杂性和保险公司经营过程中的不规范行为也会使农户购买保险时普遍持怀疑态度。三是我国农户经营规模狭小,保险机构面临较高的交易成本。四是农业生产经营在地域上较为分散,各地地形气候条件千差万别,导致保险公司运营费用较高。五是农村专业保险人才的不足、农业保险政策支持的缺位以及农业保险法律和制度缺失,也是阻碍农业保险发展的重要因素。综合起来看,当前我国农业保险在我国农户的收入风险应对中没有显著作用,其主要原因是保险市场上的供需错配。未来可以从以下几个方面推动农业保险市场的发展:

第一,逐步加大政府支持力度。由于农业保险具有公共产品的性质,政府应当对其进行补贴。可以考虑将救灾救济的部分资金用于对商业保险公司的农业保险业务进行补贴,通过商业保险机制来扩大这些救灾救济资金的功效,提高救灾救济资金的使用效率。

第二,建立农业再保险机制。目前,国内针对农业保险的再保险政策还没有出台可操作性的措施,农业保险公司购买商业再保险的成本非常高,这一问题严重制约了我国农业保险的发展。

第三，加快建立政策性农业保险制度。有条件的地方可对参加种养业保险的农户给予一定的保费补贴。开展政策性农业保险试点，扩大农业保险保费补贴的品种和区域覆盖范围，加大对农业保险保费的支持力度（姜岩、李扬，2012）。

3. 规范农村非正规信贷市场的对策建议

在农村正规信贷市场普遍缺位的情况下，非正规信贷市场成为农户融通资金，应对风险冲击的重要手段。民间信贷由于能够较好地解决信息不对策问题，在满足我国农户的资金需求方面发挥着非常重要的作用。但是，我国农村非正规信贷长期受正规金融机构的排挤，其发展无法取得政府的认可和法律的保护，甚至一度成为金融监管当局围追堵截和取缔的对象，很长一段时间只能以地下金融的方式存在和发展。由于缺少政府的监管和保护，农村非正规借贷市场在发展过程中必然面临较高的风险和不规范性，为了获得风险溢价，农村非正规信贷要求的利率普遍较高。鉴于此，可以从以下几个方面进一步完善农村非正规金融市场：

第一，从提高农村信贷供给能力和农村信贷效率的角度出发，政府应当加大对农村非正规借贷的监管，使其在政府的监督下规范发展，逐步走向合法化，促使其从"地下"转入"地上"，成为农村正规信贷市场的补充，推动农村金融市场的健康发展。

第二，加强农村金融服务的竞争，这不仅可以促使正规借贷机构不断改善农村金融服务质量，为农户提供更好的金融服务，提高农村信贷市场的整体效率，又可以增加农村贷款供给，从而帮助农民更好地应对风险。

第三，鼓励金融业务的创新，不断推出能满足农民需要的金融产品，促进农村金融供给的多元化。此外，不断提供符合农民习惯的金融服务，通过宣传转变农民理财理念，提高农民金融知识水平。

4. 重视提高贫困农户利用市场层面风险应对机制处理风险的能力

与非贫困农户相比，贫困农户无法有效利用农村保险和信贷市场分担风险。随着农村市场化进程加速发展，应当鼓励农户利用农村信贷与保险市场分担风险和平滑消费。由于农村保险业务高成本、高风险的特点，对于在农村开展商业性保险的机构，政府应给予政策支持和优惠，使其获得正常利润和实现可持续发展。与此同时，激励保险公司开发适合于不同收入阶层农户需要的保险产品和服务，不断降低贫困农户参与保险市场的门槛，提高其参保率。积极推进农村金融机构改革，鼓励其他金融信贷机构进入农村，实现农村信贷的多元化供给，建立真正面向农户，尤其是贫困农户的农村信用体系。

9.2.5 构建社会层面风险应对机制的对策建议

社会层面的风险应对机制是农户依靠国家财政和社会力量应对风险冲击的机制，社会层面的风险机制是家庭的最后一道"安全网"，也是农村社会重要的"减压阀"，对于农村低收入群体，尤其是贫困农户具有举足轻重的作用。在实践中，农户社会层面风险应对机制主要包括：农村社会保障制度、农村最低生活保障制度、政府农业补贴以及农地的社会保障功能。未来进一步完善农户社会层面风险应对机制可以从以下几个方面着手。

1. 完善农业补贴政策的对策建议

农业补贴是各国农业支持保护的重要手段，对调动农民生产积极性、促进农民增收具有重要作用。尤其是进入 21 世纪以来，党中央坚持农业农村优先发展，一系列的支农惠农政策对促进农业发展、推动农村发展、增加农民收入起到了重要的作用，在客观上也起到了提高农户风险应对能力的作用。但是，随着中国农村经济和农业发展转型，中国农业补贴政策也面临一些新的问题和挑战。比如，补贴政策之间缺少衔接配套、补贴的指向性和精准性不够、补贴和市场的关系不顺、补贴资金"撒胡椒面儿"的现象严重（汤敏，2017）。建议借鉴国际先进经验，从以下几个方面进一步完善农业补贴政策。

第一，发挥农业补贴政策的"组合拳"优势，明确不同农业补贴的内容、范围、确定补贴的优先序。与此同时，根据政策目标将现有的农业补贴政策做进一步明确分类，形成多目标、多层次的农业补贴政策体系，从而进一步提高补贴资金的使用效率。

第二，提高农业补贴政策的精准性。农业补贴应当随着农业生产方式和农业发展目标的转变而变化，从单一的鼓励农业投入的目标转向鼓励农业技术创新、技术培训和生产信贷等有针对性的目标，推动中国农业发展由外延型发展向内涵型发展转变。

第三，避免补贴资金"撒胡椒面儿"现象，发挥资金合力。一是加快建设农业基础信息平台，基于该平台收集补贴数据，检验补贴效果，为农业补贴政策的高效科学实施奠定基础。二是实施责权利对等原则，享受补贴农户必须履行一定的责任和义务，约束家庭的农业经营行为，提高资金使用效率。

第四，厘清市场与农业补贴的关系。农业补贴政策有双重任务：一是要确保小规模农户增收，二是要推动农业规模经营。为了实现好这个政策目标，需要改革以往将补贴资金"一发了之"的情况，要充分利用市场配置资源的优势，更好地激励农户发展农业产业。

2. 完善农村最低生活保障制度的对策建议

最低生活保障制度是我国城乡社会救助的重要内容，也是保障社会公平与和谐发展的重要手段。农村最低生活保障制度自2007年实施以来，在经济、社会与文化等方面取得了十分显著的效果，在满足农村绝对贫困人口的最低生活物质需求、化解生存危机和保障社会稳定等方面均发挥了积极作用。随着政策的深入实施以及政策环境的变动，出现了一系列亟待解决的问题，制约了农村最低生活保政策效果的发挥。未来可以从以下几个方面入手进一步提升政策实施的综合效果。

首先，避免"瞄准偏差"和"瞄准遗漏"，提高资金使用效率。政府关注的重点应转向中低收入群体，进一步加大农村社会保障的财政支持力度，使公共支出在一定程度上偏向农村中低收入家庭，进一步提高我国农村最低生活保障水平。为了拓宽农村最低生活保障制度的资金来源，除了财政资金外，应当多措并举，多层次、多渠道筹措农村最低生活保障资金。

其次，改进现行最低生活保障制度的制度设计，提升管理水平。我国农村最低生活保障制度目前存在着标准不统一、退出机制不健全、对象确定随意性大、资金管理不规范等问题，应当结合当前"精准扶贫"战略的实施，通过改进现行农村最低生活保障的制度设计和提升管理水平来解决这些问题，以便在现有资金有限的条件下尽可能大地发挥其功能。

最后，完善以最低生活保障制度为核心的综合性社会救助制度，实现农村最低生活保障制度与扶贫开发的有机衔接，助力农村反贫困目标的实现。

3. 完善新农保制度的对策建议

随着我国迈入老龄化社会，农村地区的老年人口不断增加，农村地区的养老问题日益突显。政府在全国大力推进"低费率、广覆盖、能转移、可持续"的新型农村养老保险制度减轻了农村家庭养老支出成本，减少了家庭养老的预防储蓄，提高了农户应对消费波动的能力。但新农保在实行过程中也存在一些问题。例如，我国新农保起步的水平低，养老金发放额度较少。此外，综合配套政策与服务滞后，农村配套性金融机构网点覆盖面低，影响新农保工作的开展。未来可以从以下几个方面进一步完善我国新农保制度。

第一，加大政策宣传力度，增强农民的参保信心。农民对"新农保"的认知和接纳需要一个过程，要通过加强新农保政策的宣传，尤其是引导农民了解新农保资金的"安全性"和"收益性"，增强农民的参保信心，不断提高家庭参保意愿。

第二，不断提高养老金的保障水平，保障农村居民老年时的基本生活。一方面，鼓励有经济能力的农村居民选择较高的缴费档次；另一方面，地方财政应按照参保者所选基本缴费档次给予补贴。

第三，在确保新农保基金安全性的前提下，通过逐步实现新农保基金的投资运营、保值增值，不断提高参保农民的养老保险待遇水平。

第四，进一步完善新农保的综合配套措施：加强新农保运行平台建设；尽快出台新农保基金投资运营办法和新农保基金管理办法；加强金融服务网点建设，提升金融服务水平。

第五，农户家庭收入水平低，除去其他家庭消费支出，能用于养老方面的支出相当有限。因此，我国的养老保险应当本着降低养老保险缴费中的个人缴费的比重，提高政府补贴和集体补助比重的原则来实施，对部分特殊困难农户免费提供养老保险，尽可能最大范围内保证农民能够安度晚年，解决农民"老有所依"问题。

4. 完善新农合制度的政策建议

自 2003 年起，我国逐步在全国农村建立了新农合制度，2012 年将大病保险政策引入新农合制度，新农合的政策初衷是缓解农民"看病难、看病贵"，通过降低医疗服务价格，增强农村居民应对疾病风险冲击的能力，提高农村居民特别是贫困居民的健康状况。尽管新农合的覆盖率很高，但支持水平却很低，在减轻农民医疗负担、改善医疗服务利用率等健康绩效方面所起的作用有待进一步提高。完善新型农村医疗保险体系可以从以下几个方面着手。

第一，不断提高新农合的满意度。简化新农合的参保和报销手续。进一步提高"新农合"报销便利性，提高实际报销比例。搭建国家级信息共享平台，尽快解决异地支付和结算问题，提高外地"参合"农民工报销的便利性。

第二，进一步创新和改善"新农合"服务水平。加快农村医疗服务改革，优化配置农村医疗卫生资源。要加大对中西部地区的投入，特别是增加对农村公共卫生领域的投入。要加大对农村医务人员的培训，提高农村医务人员素质，不断提升农村医疗服务质量。

第三，不断拓宽新农合融资渠道，积极引入商业保险资源，提高保障水平。通过引入市场机制，促进商业保险机构与新农合管理机构间相互监督，实现新农合资金保值增效。

5. 重视社会层面风险应对机制对贫困农户的特殊重要性

对贫困农户而言，由于收入低和缺乏资产，他们无法依靠家庭自身的力量应对风险冲击。由于农村正规金融和保险市场需求方和供给方的共同制约，农户也很难利用市场机制分担风险。此外，贫困还限制了农户的社会资本投资能力，导致他们无法扩展社会网络，在风险发生后很难利用村庄层面的非正规风险应对机制应对困难。因此，社会层面的风险机制是贫困农户可以依赖的最后一道屏障。当前，农户社会层面的风险应对机制主要是农村最低生活保障制度和救灾救济制度，其主要作用是保障农户的基本生存。农村针对自然灾害和贫困人口所建立的社会救助制度对缓解贫困农户消费波动发挥了重要作用，未来应当结合"精准扶贫战略"的实施，进一步完善农村社会救助制度，识别和帮助返贫农户渡过难关，提高农村弱势群体的福利水平。

9.3 有待进一步研究的问题

农户风险管理与农户生产经营决策关系的研究面临度量和建模两个方面的挑战，而正是这两个方面的挑战支撑了该领域未来研究的广阔前景。本书试图对农户风险应对机制与农业生产率之间的关系及其可能的影响机制进行深入系统地探讨，不可避免地存在一些不足，有待未来做进一步地研究，不断丰富和完善这一领域的成果。

（1）本书结合中国农村社会特点，在理论上构建了农户不同层面应对机制的选择模型、转型期农户风险应对机制有效性模型、农户风险应对能力与农业生产率关系的模型。这些模型的建立仅是初步的尝试，未来还需要综合运用期望效用理论、最优选择理论、线性规划和概率论等更为先进的分析工具，对模型蕴含的内涵进行更加精确的挖掘和解释。

（2）本书实证部分采用的数据仅限于中国家庭金融调查（CHFS）在 2011 年、2013 年和 2015 年三轮调查的数据，由于时间跨度较短，未能实证考察农户风险应对机制与农业生产率关系的动态关系。未来还需要进一步搜集农户较长时间内的追踪数据，在获取更大范围和更长时间数据的基础上，对中国农户风险应对机制与农业生产率之间的动态关系进行研究。

（3）尽管本书使用了具有全国代表性的农户调查数据，克服了以往研究大多使用区域性数据导致研究结论不具有代表性的局限，但受 CHFS 数据连续追踪到的样本农户偏少的限制，在实证研究中主要还是采用截面数据进行分析。尽管在实证分析过程中尽量控制了现有文献中常见的影响因素，但还是有可能遗漏农户无法观测的、不随时间变化的异质性特征变量。未来可以在获取 CHFS 多期调查数据的基础上，通过构建微观面板数据控制农户个体之间不随时间变化的特征，则既能得到更加准确的估计结果，也可以验证本书的研究结论是否稳健。

（4）本书的发现仅对应于农户不同层面风险应对机制缓冲收入风险冲击的作用，这些风险应对机制在应对其他类型的风险冲击（例如：自然灾害、重大疾病等）时能否起到缓冲作用或者起到多大缓冲作用，还有待更加严谨的研究给出答案。在未来的研究中，可以进一步深入探讨面对不同形式的风险时，农户不同层面风险应对机制如何发挥作用，以深化我们对中国农户风险应对机制的理解。

参考文献

中文文献

[1] 安东尼·哈尔,詹姆斯·梅志里. 发展型社会政策 [M]. 罗敏等译. 北京:社会科学文献出版社,2006.

[2] 蔡昉,王美艳. 从穷人经济到规模经济——发展阶段变化对中国农业提出的挑战 [J]. 经济研究,2016 (51):26.

[3] 曹和平. 制度缺失与储蓄替代——中国农户防卫性储蓄机制的行为发现与理论检验 [J]. 北京大学学报(哲学社会科学版),2002,Vol. 39 (5):9-16.

[4] 柴时军,王聪. 社会网络与农户民间放贷行为——基于中国家庭金融调查的研究 [J]. 南方金融,2015 (06):33-41.

[5] 陈冲. 收入不确定性、前景理论与农村居民消费行为 [J]. 农业技术经济,2014 (10):67-76.

[6] 陈传波,丁士军. 中国小农户的风险及风险管理研究 [M]. 北京:中国财政经济出版社,2005.

[7] 陈传波,张利庠,苏振斌. 农户消费平滑与收入平滑——基于湖北省农村住户调查月度数据的分析 [J]. 统计研究,2006 (09):50-53.

[8] 陈传波. 农户风险与脆弱性:一个分析框架及贫困地区的经验 [J]. 农业经济问题,2005 (08):47-50.

[9] 陈风波,陈传波,丁士军. 中国南方农户的干旱风险及其处理策略 [J]. 中国农村经济,2005 (06):61-67.

[10] 陈海磊,史清华,顾海英. 农户土地流转是有效率的吗?——以山西为例 [J]. 中国农村经济,2014 (07):61-71.

[11] 陈凯,黄滋才. 基于期望效用与前景理论的行为决策精算定价模型 [J]. 保险研究,2017 (01):56-67.

[12] 陈强. 高级计量经济学及 Stata 应用(第二版) [M]. 北京:高等教

育出版社, 2014: 116-133.

[13] 陈玉宇, 行伟波. 消费平滑、风险分担与完全保险——基于城镇家庭收支调查的实证研究 [J]. 经济学（季刊）, 2007, 6 (1): 253-272.

[14] 陈钊, 陆铭, 金煜. 中国人力资本和教育发展的区域差异: 对于面板数据的估算 [J]. 世界经济, 2004 (12): 25-31.

[15] 陈志, 丁士军. 新农保实施前后农民养老期望变化研究——基于2009年和2014年农户调查数据的对比分析 [J]. 中国行政管理, 2016 (07): 83-89.

[16] 程国强, 朱满德. 中国工业化中期阶段的农业补贴制度与政策选择 [J]. 管理世界, 2012 (01): 9-20.

[17] 程琳琳, 张俊飚, 何可. 网络嵌入与风险感知对农户绿色耕作技术采纳行为的影响分析——基于湖北省615个农户的调查数据 [J]. 长江流域资源与环境, 2019, 28 (07): 1736-1746.

[18] 戴维·罗默. 高级宏观经济学 [M]. 苏剑等译. 北京: 商务印书馆, 2003.

[19] 德布拉吉·瑞. 发展经济学 [M]. 陶然等译. 北京: 北京大学出版社, 2002.

[20] 狄百瑞. 亚洲价值与人权: 儒家社群主义的视角 [M]. 北京: 社会科学文献出版社, 2012.

[21] 丁继红, 徐永仲. 新农合对农村家庭资产配置的影响 [J]. 农业技术经济, 2018 (12): 18-29.

[22] 丁霞, 颜鹏飞. 农村保险市场创新发展探析 [J]. 福建论坛（人文社会科学版）, 2010 (09): 16-20.

[23] 范里安. 微观经济学（高级教程）. 北京: 经济科学出版社, 2002.

[24] 费孝通. 江村经济 [M]. 南京: 江苏人民出版社, 1986.

[25] 费孝通. 乡土中国 [M]. 北京: 三联书店, 1978.

[26] 封福育. 收入不确定性对城镇居民消费率的不对称影响——基于前景理论的实证分析 [J]. 财经理论与实践, 2019, 40 (01): 129-136.

[27] 冯晓龙, 仇焕广, 刘明月. 不同规模视角下产出风险对农户技术采用的影响——以苹果种植户测土配方施肥技术为例 [J]. 农业技术经济, 2018 (11): 120-131.

[28] 弗兰克·艾丽思. 农民经济学: 农民家庭农业和农业发展 [M].

上海：上海人民出版社，2006.

［29］盖庆恩，朱喜，史清华. 劳动力转移对中国农业生产的影响［J］. 经济学（季刊），2014，13（03）：1147－1170.

［30］甘犁，徐立新，姚洋. 村庄治理、融资和消费保险：来自8省49村的经验证据［J］. 中国农村观察，2007（02）：2－13.

［31］甘犁，尹志超，贾男等. 中国家庭资产状况及住房需求分析［J］. 金融研究，2013（04）：1－14.

［32］甘犁，吴雨，何青等. 中国家庭金融研究（2016）［M］. 成都：西南财经大学出版社，2019.

［33］甘犁，尹志超，贾男等. 中国家庭金融调查报告·2012［M］. 成都：西南财经大学出版社，2012.

［34］甘犁，尹志超，谭继军. 中国家庭金融调查报告·2014［M］. 成都：西南财经大学出版社，2015.

［35］高帆. 我国农村土地的保障功能应逐步弱化［J］. 经济纵横，2003（06）：6－9.

［36］高梦滔，张颖. 小农户更有效率？——八省农村的经验证据［J］. 统计研究，2006（08）：21－26.

［37］高杨，牛子恒. 风险厌恶、信息获取能力与农户绿色防控技术采纳行为分析［J］. 中国农村经济，2019（08）：109－127.

［38］郭军，马晓河. 小规模农户农业保险的"缺位"与"补位"［J］. 改革，2018（03）：134－143.

［39］郭云南，王春飞. 新型农村合作医疗保险与自主创业［J］. 经济学（季刊），2016，15（04）：1463－1482.

［40］郭云南，张琳弋，姚洋. 宗族网络、融资与农民自主创业［J］. 金融研究，2013（09）：136－149.

［41］杭斌，申春兰. 中国农户预防性储蓄行为的实证研究［J］. 中国农村经济，2005（03）：44－52.

［42］何广文等. 中国农村金融发展与制度变迁［M］. 北京：中国财政经济出版社，2005.

［43］贺寨平. 社会网络与生存状态［M］. 北京：中国社会科学出版社，2004.

［44］胡枫，陈玉宇. 社会网络与农户借贷行为——来自中国家庭动态跟

踪调查（CFPS）的证据 [J]. 金融研究, 2012 (12): 178 - 192.

[45] 黄金波, 李仲飞, 周鸿涛. 期望效用视角下的风险对冲效率 [J]. 中国管理科学, 2016, 24 (03): 9 - 17.

[46] 黄晓慧, 张家俊. 我国农村社会保障若干问题研究综述 [J]. 理论月刊, 2006 (4): 183 - 185.

[47] 黄正军, 袁杰. 中国农业保险市场失灵的成因探讨 [J]. 社科纵横, 2006 (04): 67 - 69.

[48] 黄宗智, 彭玉生. 三大历史性变迁的交汇与中国小规模农业的前景 [J]. 中国社会科学, 2007 (04): 74 - 88.

[49] 黄宗智. 华北小农经济与社会变迁 [M]. 中华书局, 2000.

[50] 黄宗智. 中国农业面临的历史性契机 [J]. 读书, 2006 (10): 120 - 131.

[51] 黄祖辉, 金铃, 陈志钢, 喻冰心. 经济转型时期农户的预防性储蓄强度: 来自浙江省的证据 [J]. 管理世界, 2011 (05): 81 - 92.

[52] 黄祖辉, 王建英, 陈志钢. 非农就业、土地流转与土地细碎化对稻农技术效率的影响 [J]. 中国农村经济, 2014 (11): 4 - 16.

[53] 惠炜, 姜伟. 中国居民消费平滑的风险分担机制研究 [J]. 北京工业大学学报（社会科学版）, 2019, 19 (04): 94 - 104.

[54] 季爱民. 阿莱斯悖论: 对主观期望效用理论的挑战 [J]. 安徽大学学报（哲学社会科学版）, 2007 (05): 43 - 46.

[55] 江治强. 湖南省实施农村最低生活保障制度调查报告 [J]. 调研世界, 2007 (09): 26 - 28.

[56] 姜岩, 李扬. 政府补贴、风险管理与农业保险参保行为——基于江苏省农户调查数据的实证分析 [J]. 农业技术经济, 2012 (10): 65 - 72.

[57] 蒋远胜, 肖诗顺, 宋青锋. 家庭风险分担机制对农村医疗保险需求的影响——对四川省的初步调查报告 [J]. 人口与经济, 2003 (01): 74 - 80.

[58] 蒋远胜. 中国西部农户的疾病成本及其应对策略分析——基于一个四川省样本的经验研究 [J]. 复印报刊资料: 农业经济导刊, 2006 (03): 158.

[59] 解垩. 中国农村最低生活保障: 瞄准效率及消费效应 [J]. 经济管理, 2016, 38 (09): 173 - 185.

[60] 金福良, 王璐, 李谷成, 冯中朝. 不同规模农户冬油菜生产技术效

率及影响因素分析——基于随机前沿函数与1707个农户微观数据 [J]. 中国农业大学学报, 2013, 18 (01): 210-217.

[61] 李斌, 王阳. 收入不确定性、风险应对机制与农户生产经营决策——川东北传统粮区的实证 [J]. 江西社会科学, 2011, 31 (11): 92-97.

[62] 李博伟, 张士云, 江激宇. 种粮大户人力资本、社会资本对生产效率的影响——规模化程度差异下的视角 [J]. 农业经济问题, 2016 (05): 22-31.

[63] 李根蟠. 从《管子》看小农经济与市场 [J]. 中国经济史研究, 1995 (03): 3-22.

[64] 李谷成, 冯中朝, 范丽霞. 小农户真的更加具有效率吗? 来自湖北省的经验证据 [J]. 经济学 (季刊), 2010, 9 (01): 99-128.

[65] 李谷成, 冯中朝, 范丽霞. 农户家庭经营技术效率与全要素生产率增长分解 (1999~2003年) ——基于随机前沿生产函数与来自湖北省农户的微观证据 [J]. 数量经济技术经济研究, 2007 (08): 25-34.

[66] 李谷成, 冯中朝, 范丽霞. 小农户真的更加具有效率吗? 来自湖北省的经验证据 [J]. 经济学 (季刊), 2010, 9 (01): 95-124.

[67] 李谷成, 冯中朝, 占绍文. 家庭禀赋对农户家庭经营技术效率的影响冲击——基于湖北省农户的随机前沿生产函数实证 [J]. 统计研究, 2008 (01): 35-42.

[68] 李谷成, 冯中朝. 中国农业全要素生产率增长: 技术推进抑或效率驱动——一项基于随机前沿生产函数的行业比较研究 [J]. 农业技术经济, 2010 (05): 4-14.

[69] 李立, 李春琦. 我国消费平滑的地区性差异及其根源: 家庭、社区和政府的比较分析 [J]. 财经研究, 2019, 45 (04): 124-139.

[70] 李庆海, 吕小锋, 李锐, 孙光林. 社会资本能够缓解农户的正规和非正规信贷约束吗?——基于四元Probit模型的实证分析 [J]. 南开经济研究, 2017 (05): 77-98.

[71] 李锐, 朱喜. 农户金融抑制及其福利损失的计量分析 [J]. 经济研究, 2007 (02): 146-155.

[72] 李小云, 董强, 刘启明. 农村最低生活保障政策实施过程及瞄准分析 [J]. 农业经济问题, 2006 (11): 29-33.

[73] 李郁芳. 试析土地保障在农村社会保障制度建设中的作用 [J]. 暨南学报 (哲学社会科学版), 2001 (06): 63-69.

[74] 连玉君. 随机边界模型: 进展及 Stata 应用 [J]. 郑州航空工业管理学院学报, 2018 (01): 97-112.

[75] 梁鸿. 苏南农村家庭土地保障作用研究 [J]. 中国人口科学, 2000 (05): 32-39.

[76] 梁腾坚, 刘奇, 郭志芳. "家庭网"中的风险分担 [J]. 西安交通大学学报 (社会科学版), 2019, 39 (04): 131-139.

[77] 林光华. 农户收入风险与预防性储蓄——基于江苏农户调查数据的分析 [J]. 中国农村经济, 2013 (01): 55-66.

[78] 凌晨, 张安全. 中国城乡居民预防性储蓄研究: 理论与实证 [J]. 管理世界, 2012 (11): 20-27.

[79] 刘建国. 我国农户消费倾向偏低的原因分析 [J]. 经济研究, 1999 (03): 52-58.

[80] 刘民权. 中国农村金融市场研究. 北京: 中国人民大学出版社, 2006: 112-113.

[81] 刘西川, 程恩江. 贫困地区农户的正规信贷约束: 基于配给机制的经验考察 [J]. 中国农村经济, 2009 (06): 37-50.

[82] 刘亚飞. 农村风险分担网络的形成与效率分析 [D]. 武汉大学, 2012.

[83] 刘玉铭, 刘伟. 对农业生产规模效益的检验: 以黑龙江省数据为例 [J]. 经济经纬, 2007 (02): 110-113.

[84] 陆铭, 张爽, 佐藤宏. 市场化进程中社会资本还能够充当保险机制吗?——中国农村家庭灾后消费的经验研究 [J]. 世界经济文汇, 2010 (01): 16-38.

[85] 路晓蒙, 李阳, 甘犁, 王香. 中国家庭金融投资组合的风险——过于保守还是过于冒进? [J]. 管理世界, 2017 (12): 92-108.

[86] 马光荣, 杨恩艳. 社会网络、非正规金融与创业 [J]. 经济研究, 2011, 46 (03): 83-94.

[87] 马小勇, 白永秀. 经济转型中农户非正规收入风险处理机制的变迁 [J]. 复印报刊资料: 农业经济导刊, 2007 (12): 67-71.

[88] 马小勇, 金涛. 农户收入风险与生产行为: 一个文献综述 [J]. 贵

州社会科学, 2012 (03): 60-64.

[89] 马小勇, 薛新娅. 中国农村社会保障制度改革: 一种"土地换保障"的方案 [J]. 宁夏社会科学, 2004 (03): 59-63.

[90] 马小勇, 白永秀. 农地制度改革: 农民自主选择的"土地换保障方案" [J]. 安徽大学学报, 2006 (05): 127-132.

[91] 马小勇, 白永秀. 中国农户的收入风险应对机制与消费波动: 来自陕西的经验证据 [J]. 经济学 (季刊), 2009, 8 (04): 1221-1238.

[92] 马小勇. 中国农户收入风险应对机制与消费波动的关系研究 [D]. 西北大学, 2008.

[93] 马小勇. 中国农户的风险规避行为分析——以陕西为例 [J]. 中国软科学, 2006 (02): 22-30.

[94] 玛雅. 乡土中国与文化自觉 [J]. 南风窗 (18): 83-84.

[95] 毛慧, 周力, 应瑞瑶. 风险偏好与农户技术采纳行为分析——基于契约农业视角再考察 [J]. 中国农村经济, 2018 (04): 74-89.

[96] 潘允康, 林南. 中国城市现代家庭模式 [J]. 社会学研究, 1987 (03): 54-67.

[97] 彭炎辉. 农业补贴溢出效应国外研究进展及启示 [J]. 现代经济探讨, 2016 (12): 78-80.

[98] 普兰纳布·巴德汉等. 发展微观经济学 [M]. 陶然等译. 北京: 北京大学出版社, 2002.

[99] 钱龙, 洪名勇. 非农就业、土地流转与农业生产效率变化——基于CFPS的实证分析 [J]. 中国农村经济 (12): 4-18.

[100] 阮荣平, 郑风田, 刘力. 信仰的力量: 宗教有利于创业吗? [J]. 经济研究, 2014, 49 (03): 171-184.

[101] 邵全权, 柏龙飞, 张孟娇. 农业保险对农户消费和效用的影响——兼论农业保险对反贫困的意义 [J]. 保险研究, 2017 (10): 65-78.

[102] 盛勇炜. 城市性还是农村性: 农村信用社的运行特征和改革的理性选择 [J]. 金融研究 (05): 121-129.

[103] 史晋川. 人格化交易与民间金融风险 [J]. 浙江社会科学, 2011 (12): 25-26.

[104] 史清华, 卓建伟. 农户家庭储蓄借贷行为的实证分析——以山西农村203个农户的调查为例 [J]. 当代经济研究, 2003 (08): 52-58.

[105] 宋全云,吴雨,尹志超. 金融知识视角下的家庭信贷行为研究 [J]. 金融研究,2017(06):95-110.

[106] 宋士云. 中国农村社会保障制度结构与变迁透视(1979—1992) [J]. 中国特色社会主义研究,2006(01):69-74.

[107] 苏小松,何广文. 农户社会资本对农业生产效率的影响分析——基于山东省高青县的农户调查数据 [J]. 农业技术经济,2013(10):66-74.

[108] 孙屹,杨俊孝,刘凯辉. 农户农地流转的土地生产效率影响因素实证研究——以新疆天山北坡经济带玛纳斯县为例 [J]. 干旱区研究,2014,31(06):1170-1175.

[109] 孙永苑,杜在超,张林,何金财. 关系、正规与非正规信贷 [J]. 经济学(季刊),2016,15(02):597-626.

[110] 邰秀军,黎洁,李树茁. 贫困农户消费平滑研究评述 [J]. 经济学动态,2008(10):106-110.

[111] 邰秀军,李树茁,李聪,黎洁. 中国农户谨慎性消费策略的形成机制 [J]. 管理世界,2009(07):85-92.

[112] 谭燕芝,彭千芮. 贷款利率、农户特征与正规信贷约束 [J]. 湘潭大学学报(哲学社会科学版),2016,40(06):56-61.

[113] 汤敏. 中国农业补贴政策调整优化问题研究 [J]. 农业经济问题,2017,38(12):17-21.

[114] 田国强. 高级微观经济学(上册) [M]. 北京:中国人民大学出版社,2016.

[115] 田珍,应瑞瑶. 从前景理论看扩大消费的有效途径:一个行为经济学的视角 [J]. 科学经济社会,2010,28(01):70-73.

[116] 王春超,袁伟. 社会网络、风险分担与农户储蓄率 [J]. 中国农村经济,2016(03):25-35.

[117] 王海娟,胡守庚. 土地细碎化与农地制度的一个分析框架 [J]. 社会科学,2018(11):62-74.

[118] 王海燕,闫磊. 粮食供给侧:"按量补贴"与"按质补贴" [J]. 中国农业资源与区划,2017,38(09):1-7.

[119] 王海洋. 中国农业保险发展的影响因素分析 [J]. 沈阳农业大学学报(社会科学版),2007(01):25-28.

[120] 王江. 金融经济学 [M]. 北京:中国人民大学出版社,2006.

[121] 王晶, 毕盛, 李芸, 吕开宇. 正规信贷约束对农户粮食生产的影响分析 [J]. 农业技术经济, 2018 (05): 28-39.

[122] 王铭铭. 社区的历程——溪村汉人家族的个案研究 [M]. 天津人民出版社, 1997.

[123] 王瑞雪. 土地换保障制度的逻辑困境与出路 [J]. 中国土地科学, 2013, 27 (06): 42-47.

[124] 王小龙, 何振. 新农合、农户风险承担与收入增长 [J]. 中国农村经济, 2018 (07): 79-95.

[125] 王晓青. 社会网络、民间借出款与农村家庭金融资产选择——基于中国家庭金融调查数据的实证分析 [J]. 财贸研究, 2017, 28 (05): 47-54.

[126] 王晓全, 骆帝涛, 王奇. 非正式保险制度与农户风险分担建模与政策含义——来自 CFPS 数据的实证研究 [J]. 经济科学, 2016 (06): 89-101.

[127] 王阳, 漆雁斌. 农户风险规避行为对农业生产经营决策影响的实证分析 [J]. 四川农业大学学报, 2010, 28 (03): 376-382.

[128] 王阳, 漆雁斌. 农户金融市场参与意愿与影响因素的实证分析——基于3238家农户的调查 [J]. 四川农业大学学报, 2013, 31 (04): 474-480.

[129] 王阳, 漆雁斌. 农户生产技术效率差异及影响因素分析——基于随机前沿生产函数与1906家农户微观数据 [J]. 四川农业大学学报, 2014, 32 (04): 462-468.

[130] 王阳, 漆雁斌. 贫困农户的风险分担网络及其有效性研究——基于中国农村家庭数据的实证 [J]. 四川农业大学学报, 2019, 37 (04): 566-578.

[131] 王阳, 温虎. 农业经济增长新引擎: 网络普及、教育投资抑或制度变革——基于2003~2015年省域面板数据的实证研究 [J]. 江苏农业科学, 2019, 47 (04): 340-346.

[132] 王阳, 祝娜. 财富分层与农户金融资产选择——基于8662家农户的实证研究 [J]. 浙江金融, 2019 (07): 56-65.

[133] 王阳. 财富分层、社会资本与家庭金融资产选择: 基于中国家庭金融调查 (CHFS) 数据的实证研究 [M]. 北京: 中国经济出版社, 2019.

[134] 王阳. 四川省农业全要素生产率增长测算与分解——基于超越对数随机前沿生产函数法的实证 [J]. 四川行政学院学报, 2016 (01): 77-83.

[135] 王阳. 四川省农业生产技术效率的变迁及影响因素分析——基于产出异质性随机前沿生产函数的实证 [J]. 四川行政学院学报, 2016 (05): 58-63.

[136] 王阳. 四川省县域农业全要素生产率增长: 技术进步、效率驱动抑或规模改善——基于超越对数随机前沿生产函数法的实证 [J]. 四川行政学院学报, 2017 (02): 78-85.

[137] 王跃生, Lin Wanping. 中国城乡家庭结构变动分析: 基于2010年人口普查数据 (英文) [J]. Social Sciences in China, 2014 (04): 60-77.

[138] 王跃生. 中国城乡家庭结构变动分析——基于2010年人口普查数据 [J]. 中国社会科学, 2013 (12): 60-77.

[139] 王增文, 邓大松. 农村家庭风险测度及风险抵御和防范机制研究——兼论农村社会保障制度抵御风险的有效性 [J]. 中国软科学, 2015 (07): 182-192.

[140] 王增文. 社会网络对受助家庭再就业收入差距的影响 [J]. 中国人口科学, 2012 (02): 78-86.

[141] 王志刚, 李圣军, 宋敏. 农业收入风险对农户生产经营的影响: 来自西南地区的实证分析 [J]. 农业技术经济, 2005 (04): 46-50.

[142] 魏昊, 李芸, 吕开宇, 王晶. 社会资本能否缓解农户正规信贷需求抑制?——基于4省粮食种植户的实证分析 [J]. 中国农业大学学报, 2018, 23 (01): 164-177.

[143] 温虎, 王阳. 农业保险对农业生产影响的效应分析——基于云贵川三省46个市面板数据的实证研究 [J]. 新疆农垦经济, 2019 (04): 34-41.

[144] 温铁军. 农户信用与民间借贷研究研究报告 [EB]. 中经网50人论坛. 2001年6月7日.

[145] 文贯中. 现代制度经济学在中国的可喜突破——评林毅夫《制度、技术与中国农业发展》一书 [J]. 经济研究, 1992 (11): 69-72.

[146] 吴本健, 郭晶晶, 马九杰. 贫困地区农户的风险应对与化解: 正规金融和社会资本的组合效应 [J]. 华南师范大学学报 (社会科学版), 2019 (01): 66-73.

[147] 吴雨, 宋全云, 尹志超. 农户正规信贷获得和信贷渠道偏好分析——基于金融知识水平和受教育水平视角的解释 [J]. 中国农村经济,

2016 (05): 43-55.

[148] 武翔宇, 兰庆高, 董运来. 农户借款的供求约束及解除 [J]. 沈阳农业大学学报 (社会科学版), 2006 (04): 609-611.

[149] 西爱琴. 农业生产经营风险决策与管理对策研究 [D]. 浙江大学, 2006.

[150] 熊吉峰, 丁士军. "新农合"对农户生计策略影响的无效性检验 [J]. 经济问题, 2010 (01): 87-90.

[151] 徐婵娟, 陈儒, 姜志德. 外部冲击、风险偏好与农户低碳农业技术采用研究 [J]. 科技管理研究, 2018, 38 (14): 248-257.

[152] 徐丽鹤, Nico Heerink. 正规、非正规借贷对农户支出总量及其结构的影响 [J]. 农业技术经济, 2015 (03): 71-83.

[153] 徐丽鹤, 袁燕. 财富分层、社会资本与农户民间借贷的可得性 [J]. 金融研究, 2017 (02): 131-146.

[154] 徐伟, 章元, 万广华. 社会网络与贫困脆弱性——基于中国农村数据的实证分析 [J]. 学海, 2011 (04): 122-128.

[155] 许庆, 尹荣梁, 章辉. 规模经济、规模报酬与农业适度规模经营——基于我国粮食生产的实证研究 [J]. 经济研究, 2011 (03): 59-71.

[156] 许庆, 陆钰凤. 非农就业、土地的社会保障功能与农地流转 [J]. 中国人口科学, 2018 (05): 30-41.

[157] 薛薇, 谢家智. 农户借贷约束、金融机构效率与农村金融制度结构演进 [J]. 农村经济 (11): 58-61.

[158] 杨汝岱, 陈斌开, 朱诗娥. 基于社会网络视角的农户民间借贷需求行为研究 [J]. 经济研究, 2011, 46 (11): 116-129.

[159] 姚东旻, 许艺煊, 张鹏远. 再论中国的"高储蓄率之谜"——预防性储蓄的决策机制和经验事实 [J]. 世界经济文汇, 2019 (02): 13-36.

[160] 姚海祥, 李仲飞. 基于非参数估计框架的期望效用最大化最优投资组合 [J]. 中国管理科学, 2014, 22 (01): 1-9.

[161] 姚明明, 王磊. 基于双重差分法的农村最低生活保障制度减贫效果研究 [J]. 辽宁大学学报 (哲学社会科学版), 2018, 46 (03): 71-76.

[162] 姚洋著. 土地、制度和农业发展 [M]. 北京大学出版社, 2004.

[163] 尹燕飞. 家庭层面、社会网络层面的中国农户平滑消费行为机制研究 [D]. 武汉大学, 2013.

[164] 尹志超, 刘泰星, 张诚. 农村劳动力流动对家庭储蓄率的影响 [J]. 中国工业经济, 2020 (01): 24-42.

[165] 尹志超, 彭嫦燕, 里昂安吉拉. 中国家庭普惠金融的发展及影响 [J]. 管理世界, 2019, 35 (02): 74-87.

[166] 余兴厚, 李美进. 农村最低生活保障制度建设中存在的问题及设想 [J]. 农村经济, 2003 (11): 68-70.

[167] 袁航, 刘景景. 农户非正规风险分担机制的有效性检验——基于 2004~2012 年农村固定观察点数据的分析 [J]. 大连理工大学学报 (社会科学版), 2019, 40 (02): 58-64.

[168] 詹姆斯·C. 斯科特. 农民的道义经济学: 东南亚的反叛与生存 [M]. 程立显等译. 南京: 译林出版社, 2001.

[169] 张栋浩, 尹志超. 金融普惠, 风险应对与农村家庭贫困脆弱性 [J]. 中国农村经济, 2018 (04): 54-73.

[170] 张广科. 新农合对农户疾病风险共担效果跟踪研究 [J]. 中南财经政法大学学报, 2012 (03): 35-41.

[171] 张杰. 中国农村金融制度: 结构、变迁与政策 [M]. 北京: 中国人民大学出版社, 2003: 326.

[172] 张杰. 中国农村金融制度调整的绩效: 金融需求视角 [M]. 北京: 中国人民大学出版社, 2007: 80.

[173] 张乃亭. 中国农村最低生活保障适度水平与支付能力研究 [J]. 山东社会科学, 2015 (07): 142-147.

[174] 张爽, 陆铭, 章元. 社会资本的作用随市场化进程减弱还是加强?——来自中国农村贫困的实证研究 [J]. 经济学 (季刊), 2007, 6 (02): 539-560.

[175] 张思锋, 张文学. 我国新农保试点的经验与问题——基于三省六县的调查 [J]. 西安交通大学学报 (社会科学版), 2012, 32 (02): 33-39.

[176] 张文宏, 阮丹青. 城乡居民的社会支持网 [J]. 社会学研究, 1999 (03): 14-19.

[177] 张文宏, 阮丹青, 潘允康. 天津农村居民的社会网 [J]. 社会学研究, 1999 (02): 110-120.

[178] 张五常. 佃农理论——应用于亚洲的农业和台湾的土地改革 [M]. 北京: 商务印书馆, 2000.

[179] 张小有, 刘红, 赖观秀. 基于农户风险偏好的农业低碳技术采用行为研究——以江西为例 [J]. 科技管理研究, 2018, 38 (05): 253-259.

[180] 赵佳佳, 刘天军, 魏娟. 风险态度影响苹果安全生产行为吗——基于苹果主产区的农户实验数据 [J]. 农业技术经济, 2017 (04): 95-105.

[181] 赵剑治, 陆铭. 关系对农村收入差距的贡献及其地区差异——一项基于回归的分解分析 [J]. 经济学（季刊）, 2010, 9 (01): 363-390.

[182] 赵锐, 吴比. 贫困农户生产投入决策与贫困状态的转变 [J]. 农业现代化研究, 2016, 37 (04): 747-753.

[183] 钟甫宁, 顾和军, 纪月清. 农民角色分化与农业补贴政策的收入分配效应——江苏省农业税减免、粮食直补收入分配效应的实证研究 [J]. 管理世界, 2008 (05): 65-70.

[184] 周建. 经济转型期中国农村居民预防性储蓄研究——1978~2003年实证研究 [J]. 财经研究, 2005 (08): 61-69.

[185] 周晔馨, 叶静怡. 社会资本在减轻农村贫困中的作用: 文献述评与研究展望 [J]. 南方经济, 2014 (07): 35-57.

[186] 朱光伟, 杜在超, 张林. 关系、股市参与和股市回报 [J]. 经济研究, 2014, 49 (11): 87-101.

[187] 朱守银, 张照新, 张海阳, 汪承先. 中国农村金融市场供给和需求——以传统农区为例 [J]. 管理世界, 2003 (03): 88-95.

[188] 朱喜, 史清华, 盖庆恩. 要素配置扭曲与农业全要素生产率 [J]. 经济研究, 2011, 46 (05): 86-98.

[189] 宗国富, 周文杰. 农业保险对农户生产行为影响研究 [J]. 保险研究, 2014 (04): 23-30.

[190] 邹宝玲, 罗必良. 农地功能的再认识: 保障、福利及其转化 [J]. 天津社会科学, 2019 (06): 90-97.

[191] 佐藤宏. 中国农村收入增长: 1990—2002 [J]. 世界经济文汇, 2009 (04): 52-62.

英文文献

[1] Alderman H, Hoddinott J, Kinsey B. Long term consequences of early childhood malnutrition [J]. Oxford Economic Papers, 2006, 58 (3): 450-474.

[2] Ambrus, A.; Mobius, M. and Szeidl, A.: Consumption Risk-Sharing

in Social Networks, The American Economic Review, 104 (1): 149 - 182, 2014.

[3] Antle J M. Econometric Estimation of Producers' Risk Attitudes [J]. American Journal of Agricultural Economics, 1987, 69 (3): 509 - 522.

[4] Börner J, Shively G, Wunder S, et al. How do rural households cope with economic shocks? Insights from global data using hierarchical analysis [J]. Journal of Agricultural Economics, 2015, 66 (2): 392 - 414.

[5] Banerjee A V, Duflo E. The Economic Lives of the Poor [J]. Journal of Economic Perspectives, 2007, 21 (1): 141 - 168.

[6] Bardhan and Udry, Development Microeconomics. New York: Oxford University Press. 1999, 90 - 102.

[7] Bar - Shira, Z. Nonparametric Test of the Expected Utility Hypothesis [J]. American Journal of Agricultural Economics, 1992, 74 (3): 523 - 533.

[8] Battese, G. E, Coelli, T. J. Frontier Production Functions, Technical Efficiency and Panel Data: With Application to Paddy Farmers in India [J]. Journal of Productivity Analysis, 1992, 3 (1/2): 153 - 169.

[9] Bekabil Fufa and R. M. Hassan, "Stochastic Technology and Crop roduction Risk: The Case of Small - Scale Farmers in East Hararghe Zone of Oromiya Regional State in Ethiopia." ISSER, working paper 16, 2003.

[10] Berardi M. Credit Rationing in Markets With Imperfect Information [J]. SSRN Electronic Journal, 2007, 71 (3): 393 - 410.

[11] Binswanger, H. P. & Sillers, D. A. (1983). Risk aversion and credit constraints in farmers' decision - making: a reinterpretation. Journal of Development Studies, Vol. 20, No. 1.

[12] Boisvert R N. The Translog Production Function: Its Properties, Its Several Interpretations and Estimation Problems [J]. Research Bulletins, 1982.

[13] Bottomley (1975). Interest Rate Determination in Underdeveloped Rural Areas [J]. American Journal of Agricultural Economics. 279 - 291.

[14] Cai, R., Ma, W., Su, Y., 2016. Effects of member size and selective incentives of agricultural cooperatives on product quality. Br. Food J. 118 (4), 858 - 870.

[15] Campbell, John Y., 2006, "Household Finance", Journal of Finance, Vol. 61 (4): 1553 - 1604.

[16] Cancian, F. "Economic behavior in peasant communities" in Risk and uncertainty in tribal and peasant economies [M]. Edited by E. cashdan. Boulder: Westview Press, 1989: 127 – 170.

[17] Carter, Michael R. , J. Maluccio. Social Capital and Coping with Economic Shocks: An Analysis of Stunting of South African Children [J]. World Development, 2003, 31 (7), 1147 – 1163.

[18] Christiaensen L J, Subbarao K. Towards an Understanding of Household Vulnerability in Rural Kenya [J]. Policy Research Working Paper, 2005, 14 (4): 520 – 558.

[19] Clarke, D. , and S. Dercon, 2009, "Insurance, Credit and Safety Nets for the Poor in a World of Risk", DESA Working Paper 81.

[20] Coate, Stephen and Martin Ravallion. Reciprocity without Commitment: Characterization and Performance of Informal Insurance Arrangements [J]. Journal of Development Economics, 1993, 40, 1 – 24.

[21] Cochrane J H. A Simple Test of Consumption Insurance. [J]. Nber Working Papers, 1988, 99 (5): 957 – 976.

[22] Coelli T J. Measurement of Total Factor Productivity Growth and Biases in Technological Change in Western Australian Agriculture [J]. Journal of Applied Econometrics, 1996, 11 (1): 77 – 91.

[23] Damon, A. L. Agricultural Land Use and Asset Accumulation in Migrant Households: The Case of El Salvador [J]. The Journal of Development Studies, 46 (1): 162 – 189, 2010.

[24] Deaton A. On Risk, Insurance and Intra – Village Consumption Smoothing [J]. Preliminary Draft, Research Program in Development Studies. Princeton University, 1990.

[25] Deaton, Angus (1991). Saving and Liquidity Constraints. Econometric. 59 (5). 1221 – 1248.

[26] Deaton, Angus. Saving and income smoothing in Côte d'Ivoire [J]. Papers, 1992, 1 (1): 1 – 24.

[27] Deaton, A Saving in Developing Countries: Theory and Review [J]. World Bank Econ. Rev. , Proceedings of the World Bank Annual Conference on Development Economics 1989: 61 – 96.

[28] Dercon S. Growth and shocks: evidence from rural Ethiopia [J]. Journal of Development Economics, 2004, 74 (2): 309-329.

[29] Dercon S. Income Risk, Coping Strategies, and Safety Nets [J]. World Bank Research Observer, 2002, 17 (2): 141-166.

[30] Dercon, Stefan. Risk, Crop Choice, and Savings: Evidence from Tanzania [J]. Economic Development & Cultural Change, 1996, 44 (3): 485-513.

[31] Dercon S. Wealth, risk and activity choice: cattle in Western Tanzania [J]. Journal of Development Economics, 1998, 55 (1): 1-42.

[32] Dillon J L, Scandizzo P L. Risk Attitudes of Subsistence Farmers in Northeast Brazil: A Sampling Approach [J]. American Journal of Agricultural Economics, 1978, 60 (3): 425.

[33] Durlauf, Steven and Marcel Fafchamps. Social Capital [J]. NBER working paper, 2004, No. 10485.

[34] E. Rose. Ex ante and ex post labour supply response to risk in a low income area [J]. Journal of Development Economics, 2001, Vol. 64 (2): 371-388.

[35] Ellis F. Peasant economics: farm households and agrarian development. [J]. Cambridge England Cambridge University Press, 1988, 93 (1): 213-214.

[36] Elaine Meichen Liu. Time to Change What to Sow: Risk Preferences and Technology Adoption Decisions of Cotton Farmers in China [J]. Review of Economics and Statistics, 2013, 95 (4): 1386-1403.

[37] Emerick K, Janvry A D, Sadoulet E, et al. Technological Innovations, Downside Risk, and the Modernization of Agriculture [J]. American Economic Review, 2016, 106 (6): 1537-1561.

[38] Mukesh E, Ashok K. Implications of Credit Constraints for Risk Behaviour in Less Developed Economies [J]. Oxford Economic Papers, 1990, Vol. 42 (2), 473-482.

[39] Fafchamps M, Lund S. Risk-sharing networks in rural Philippines [J]. Journal of Development Economics, 2003, 71.

[40] Fafchamps M, Udry C, Czukas K. Drought and Saving in West Africa: Are Livestock a Buffer Stock? [J]. Working Papers, 1998, 55 (2): 273-305.

[41] Fafchamps M. Cash Crop Production, Food Price Volatility, and Rural

Market Integration in the Third World [J]. American Journal of Agricultural Economics, 1992, 74 (1): 90 – 99.

[42] Fafchamps, M. Social roles, human capital, and the intrahousehold division of labor: evidence from Pakistan [J]. Oxford Economic Papers, 2003, 55 (1): 36 – 80.

[43] Fafchamps, Marcel, Lund, Susan. Risk – sharing networks in rural Philippines [J]. Journal of Development Economics, 2003, 71.

[44] Fafchamps, Marcel. Solidarity Networks in Preindustrial Societies: Rational Peasants with a Moral Economy [J]. Economic Development & Cultural Change, 1992, 41 (1): 147 – 174.

[45] Fafchamps M, Gubert F. Risk Sharing and Network Formation [J]. American Economic Review, 2007, 97 (2): 75 – 79.

[46] Feng S, Heerink N, Ruben R, et al. Land rental market, off – farm employment and agricultural production in Southeast China: A plot – level case study [J]. China Economic Review, 2010, 21 (4): 598 – 606.

[47] Fleur Wouterse. Migration and technical efficiency in cereal production: evidence from Burkina Faso [J]. Agricultural Economics, 41 (5): 385 – 395.

[48] Franklin Allen, Jun Qian, Meijun Qian. Law, finance, and economic growth in China [J]. journal of financial economics, 2005, 77 (1): 57 – 116.

[49] Friedman M. The Permanent Income Hypothesis: Comment [J]. The American Economic Review, 1958, 48 (5): 990 – 991.

[50] G. E. Battese, T. J. Coelli. A model for technical inefficiency effects in a stochastic frontier production function for panel data [J]. Empirical Economics, 20 (2): 325 – 332.

[51] Gautam M, Hazell P B R, Alderman H. Rural demand for drought insurance [M]. World Bank Publications, 1994.

[52] Gertler P, Gruber J. Insuring Consumption against Illness [J]. American Economic Review, 2002, 92 (1): 51 – 70.

[53] Glauber M J W. Systemic Risk, Reinsurance, and the Failure of Crop Insurance Markets [J]. American Journal of Agricultural Economics, 1997, 79 (1): 206 – 215.

[54] Grootaert, C., 2001, Does Social Capital Help the Poor: A Synthesis

Findings from the Local Level Institutions Studies in Bolivia, Burkina Faso and Indonesia, in Local Level Institutions Working Paper, No. 10, Washington DC: World Bank.

[55] Günther I, Harttgen K. Estimating households vulnerability to idiosyncratic and covariate shocks: a novel method applied in Madagascar. [J]. World Development, 2009, 37 (7): 1222 - 1234.

[56] Hakansson N H, Arrow K J. Essays in the Theory of Risk - Bearing [J]. The Journal of Finance, 1972, 27 (5): 1193.

[57] Hall, R. E. 1978. "Stochastic Implications of the Life Cycle - Permanent Income Hypothesis: Theory and Evidence." Journal of Political Economy, 86 (6): 461 - 481.

[58] Hazell P B R. Application of Risk Preference Estimates in Firm - Household and Agricultural Sector Models [J]. American Journal of Agricultural Economics, 1982, 64 (2): 384 - 390.

[59] Heltberg R, Lund N. Shocks, coping, and outcomes for Pakistan's poor: health risks predominate. [J]. Social Science Electronic Publishing, 2009, 45 (45): 889 - 910.

[60] Heltberg, R., Hossain, N., Reva, A., & Turk, C. Coping and Resilience during the Food, Fuel, and Financial Crises [J]. Journal of Development Studies, 2013, 49 (5): 705 - 718.

[61] Heltberg R, Oviedo, Ana María, Talukdar F. What do Household Surveys Really Tell Us about Risk, Shocks, and Risk Management in the Developing World? [J]. Journal of Development Studies, 2015: 1 - 17.

[62] Hoddinott J, Kinsey B. Child Growth in the Time of Drought [J]. Oxford Bulletin of Economics & Statistics, 2010, 63 (4): 409 - 436.

[63] Hoogeveen J, Klaauw B V D, Lomwel G V. On the Timing of Marriage, Cattle, and Shocks [J]. Economic Development & Cultural Change, 2011, 60 (1): 121 - 154.

[64] Hung - jen, WangPeter, Schmidt. One - Step and Two - Step Estimation of the Effects of Exogenous Variables on Technical Efficiency Levels [J]. Journal of Productivity Analysis, 2002.

[65] Jalan, Jyostsna and Martin Ravallion. Behavioral Response to Risk in Ru-

ral China [J]. Journal of Development Economics, 2001, 66, 23 -49.

[66] Joachim De Weerdt, Marcel Fafchamps. Social Identity and the Formation of Health Insurance Networks [J]. Journal of Development Studies, 2011, 47 (8): 1152 -1177.

[67] Juliano J. Assunção, Maitreesh Ghatak. Can unobserved heterogeneity in farmer ability explain the inverse relationship between farm size and productivity [J]. Economics Letters, 2003, 80 (2): 189 -194.

[68] Just, Richard E. Risk Response Models and Their Use in Agricultural Policy Evaluation [J]. American Journal of Agricultural Economics, 1975, 57 (5): 836.

[69] Justino P. Social security in developing countries: MYTH or necessity? Evidence from India [J]. Journal of International Development, 2007, 19.

[70] Kahneman D, Tversky A. 1979. Prospect theory: An analysis of decision under risk. Econometrica, 47 (2): 263 -292.

[71] Karlan, D. R. Osei, I. Osei -Akoto, and C. Udry, 2014, "Agricultural Decisions after Relaxing Credit and Risk Constraints", Quarterly Journal of Economics, 129 (2): 597 -652.

[72] Katz, Eliakim, Stark, Oded. Labor Migration and Risk Aversion in Less Developed Countries [J]. Journal of Labor Economics, 4 (1): 134 -149.

[73] Kazianga H, Udry C. Consumption smoothing? Livestock, insurance and drought in rural Burkina Faso [J]. Journal of Development Economics, 2006, 79 (2): 413 -446.

[74] Key N. and D. Runsten. Contract Farming, Smallholders, and Rural Development in Latin America: The Organization of Agroprocessing Firms and the Scale of Outgrower Production [J]. World Development, 1999, 27 (2): 381 -401.

[75] Khandker S R. Fighting poverty with microcredit: experience in Bangladesh [M]. New York: Oxford University Press, 1988.

[76] Kimball, M. S., 1991, "Precautionary Motives for Holding Assets", NBER Working Paper 3586.

[77] Kinnan, C. and Townsend, R.: Kinship and Financial Networks, Formal Financial Access and Risk Reduction, The American Economic Review, 2012, 102 (3): 289 -293.

[78] Kochar A. Explaining Household Vulnerability to Idiosyncratic Income Shocks [J]. American Economic Review, 1995, 85 (2): 159 – 164.

[79] Krishna Vijesh V., Zilberman David and Qaim Matin, "GM Technology Adoption, Production Risk and On – farm Varietal Diversity", Agricultural and Applied Economies Association 2009 Annual Meeting, July, Milwaukee, Wisconsin.

[80] Kuznar, Lawrence, A. Application of General Utility Theory for Estimating Value in Non – Western Societies. [J]. Field Methods, 2000.

[81] Liang, Shuming, 1949, The Essential Meanings of Chinese Culture, Chengdu: Lu Ming Shudian.

[82] Ligon E. Targeting and Informal Insurance [J]. Wider Working Paper, 2004: 176 – 195.

[83] Lin, N. Social Capital: A Theory of Social Structure and Action [M]. New York: Cambridge University Press, 2001.

[84] Mace B J. Full Insurance in the Presence of Aggregate Uncertainty [J]. Journal of Political Economy, 1991, 99 (5): 928 – 956.

[85] Maurice Juma, "Production Risk and Farm Technology Adoption in Rain – Fed, Semi – Arid Lands of Kenya". EFD discussion paper, 2009.

[86] Mccarl B A. Interpretations and Transformations of Scale for the Pratt – Arrow Absolute Risk Aversion Coefficient: Implications for Generalized Stochastic Dominance: Comment [J]. Western Journal of Agricultural Economics, 1987, 12 (2): 228 – 230.

[87] Menale Kassie and Mahmud Yesuf, "The Role of Production Risk in Sustainable Land – management Technology Adoption in the Ethiopian Highlands". EFD discussion paper, 2008.

[88] Modigliani F, Brumberg R. Utility analysis and the consumption function: An interpretation of cross – section data [A]. Kurihara K. Post Keynesian economics [C]. New Brunswick: Rutgers University Press, 1954.

[89] Mogues, Tewodaj. Shocks, Livestock Asset Dynamics and Social Capital in Ethiopia [C]. DSGD Discussion Papers, 2006.

[90] Morduch J. Poverty and vulnerability [J]. American Economic Review, 1994, 84 (2): 221 – 225.

[91] Morduch Jonathan, "Income Smoothing and Consumption Smoothing".

[92] Munshi, K. and Rosenzweig, M. : Why is Mobility in India so Low? Social Insurance, Inequality and Growth, NBER WorkingPapers, No. 14850, 2009.

[93] Newbery D, Stern N. The Theory of Taxation for Developing Countries [J]. The Economic Journal, 1988.

[94] Norman, D. W. Rationalisting mixed cropping under indigenous conditions: the example of northern Nigeria [J]. Journal of Development Studies, 1974, Vol. 11.

[95] Ostrom, E. Social Capital: A Fad or a Foundamental Concept? in Dasgupta, P. and I. Serageldin, Social Capital: A Multifaceted Perspective [R]. World Bank, 1999.

[96] Petesch P. How communities manage risks of crime and violence [J]. World Bank Washington Dc, 2013.

[97] Platteau J P. Formalization and privatization of land rights in sub – Saharan Africa: a critique of current orthodoxies and structural adjustment programmes [J]. Discussion Paper – Development Economics Research Programme, Suntory – Toyota International Centre for Economics and Related Disciplines (United Kingdom), 1992.

[98] Pope R D. Empirical Estimation and Use of Risk Preferences: An Appraisal of Estimation Methods That Use Actual Economic Decisions [J]. American Journal of Agricultural Economics, 1982, 64 (2): 376 – 383.

[99] Pratt, J. W. Risk aversion in the small and in the large [J]. Economica, 1962 (32): 122 – 136.

[100] Putnam, R. D. , R. Leonardi and R. Y. Nanetti. Making Democracy Work: Civic Traditions in Modern Italy [M]. Princeton, NJ: Princeton University Press, 1993.

[101] Randall J Olsen. Note on the Uniqueness of the Maximum Likelihood Estimator for the Tobit Model [J]. Econometrica, 1978, 46 (5): 1211 – 1215.

[102] Ravallion M, Chaudhuri S. Risk and Insurance in Village India: Comment [J]. Econometrica, 1997, 65 (1): 171.

[103] Ray D. Development economics [M]. Princeton University Press, 1998.

[104] Rosenzweig M R, Wolpin K I. Credit Market Constraints, Consumption

The Journal of Economic Perspectives, 1995, Vol. 9 (3): 103 – 114.

Smoothing, and the Accumulation of Durable Production Assets in Low – Income Countries: Investments in Bullocks in India [J]. Journal of Political Economy, 1993, 101 (2): 223 –244.

[105] Rosenzweig Mark and R. Stark. Consumption Smoothing, Migration, and Marriage: Evidence from Rural India [J]. Journal of Political Economy, 1989, Vol. 97 (4): 905 –926.

[106] Rosenzweig Mark R. and Binswanger Hans P. Wealth, Weather Risk and the Composition and Profitability of Agricultural Investments [J]. Economic Journal, 1993, Vol. 103 (416): 56 –78.

[107] Rosenzweig, M. R. and O. Stark. Consumption Smoothing, Migration, and Marriage: Evidence from Rural India [J]. Journal of Political Economy, 1989, 97 (4): 905 –926.

[108] Roumasset, J. A. (1976). Rice and Risk: Decision – Making Among Low – Income Farmers. Amsterdam: North Holland.

[109] Sato, H. The Impact of Village – Specific Factors on Household Income in Rural China: An Empirical Study Using the 2002 CASS CHIP Survey [J]. Discussion Papers 2006, Graduate School of Economics, Hitotsubashi University, 2006.

[110] Schultz, T. W. : Transforming Traditional Agriculture, New Haven: Yale University Press, 1965.

[111] Shajari, Sh. and M. Bakhshoodeh, "The Economics of Risk and Technology Adoption: Evidence from Wheat in Iran". The International Conference on Policy Modelling, EcoMod 2006, June 28 –30, the Hong Kong Convention and Exhibition Centre.

[112] Stefan Dercon, Pramila Krishnan. Income portfolios in rural ethiopia and tanzania: choices and con – straints [J]. Journal of Development Studies, 1996, 32 (6): 850 –875.

[113] Stiglitz, Joseph E. , " Incentives and Risk Sharing in Sharecropping", Review of Economic Studies, 1974, Vol. 41 (2): 219 –255.

[114] Sukhatme V. Bliss, C. J. and N. H. Stern. Palanpur: The Economy of an Indian Village. Oxford: Clarendon Press, 1982.

[115] Takeshi, Amemiya. Regression Analysis when the Dependent Variable

Is Truncated Normal [J].

[116] Tamim Bayoumi. Explaining Consumption: A Simple Test of Alternative Hypotheses [J]. Staff Papers, 44 (4): 462 - 484.

[117] Thai T Q, Falaris E M. Child Schooling, Child Health, and Rainfall Shocks: Evidence from Rural Vietnam [J]. Journal of Development Studies, 2014, 50 (7): 1025 - 1037.

[118] Tobin J. Liquidity Preference as Behavior Towards Risk [J]. The Review of Economic Studies, 1958, 25 (2): 65 - 86.

[119] Tobin, James. Estimation of Relationships for Limited Dependent Variables [J]. Econometrica, 26 (1): 24.

[120] Townsend R M. Risk and Insurance in Village India [J]. Econometrica, 1994, 62 (3): 539 - 591.

[121] Waibel H, Duc T P. Diversification in land and labor allocation in response to shocks among small - scale farmers in central Vietnam [C] // German Association of Agricultural Economists (GEWISOLA), 2009.

[122] Tversky K A. Prospect Theory: An Analysis of Decision under Risk [J]. Econometrica, 1979, 47 (2): 263 - 292.

[123] Udry, Chrisiopher. Risk and insurance in a rural credit market: An empirical investigation in Northern Nigeria [J]. Review of Economic Studies, 1994, 61 (3): 495 - 526.

[124] Wik M, Holden S T. Experimental studies of peasant's attitudes toward risk in Northern Zambia [J]. Diskusjonsnotater fra IOES, 1998.

[125] Woolcock, M., D. Narayan. Social Captal: Implications for Development Theory, Research and Policy [J]. The World Bank Research Observer, 2000, 15 (2): 225 - 249.

[126] Yan, Yunxiang. The Flow of Gifts - Reciprocity and Social Networks in a Chinese Village [M]. Stanford University Press, 2000.

[127] Yilma Z, Mebratie A, Sparrow R, et al. Coping with shocks in rural Ethiopia [J]. Journal of Development Studies, 2014, 50 (7): 1009 - 1024.

[128] Young, D. L. Risk preferences of agricultural producers: their use in extension and research [J]. American Journal of Agricultural Economics, 1979, 61 (5): 1063 - 1070.

[129] Zhang J, Zhao Z. Social – family network and self – employment: evidence from temporary rural – urban migrants in China [J]. IZA Journal of Labor & Development, 2015, 4 (1): 4.

[130] Zimmerman, F. Structural Evolution under Imperfect Markets in Developing Country Agriculture: A Dynamic Programming Simulation. Department of Economics and Global Studies Research Program, University of Wisconsin, Madison, 1993 (mimeograph).

附录：主要变量的来源[①]

一、人口统计学特征模块

[A2003]【CAPI加载姓名】的性别？

1. 男
2. 女

[A2005]【CAPI加载姓名】的出生年月？

[A2012]【CAPI加载姓名】的文化程度是？

1. 没上过学
2. 小学
3. 初中
4. 高中
5. 中专/职高
6. 大专/高职
7. 大学本科
8. 硕士研究生
9. 博士研究生

[A2015]【CAPI加载姓名】的政治面貌是？（只询问受访者及其配偶）

---

① 附录中的内容主要来自西南财经大学中国家庭金融与调查研究中心（CHFS）在2011年、2013年和2015年的入户调查问卷。有关调查问卷的详细内容，参见中国家庭金融调查与研究中心官方网站：https://chfs.swufe.edu.cn/chubanchengguo.aspx。

1. 共青团员
2. 中共党员
3. 民主党派或其他党派
4. 群众

[A2022]【CAPI加载姓名】是农业户口，还是非农业户口？（只询问国籍为中国大陆的家庭成员）
1. 农业
2. 非农业

[A2023] 在本地，您/【CAPI加载配偶姓名】的姓氏是大姓吗？（只询问受访者及其配偶）
1. 是
2. 不是

[A2024]【CAPI加载姓名】的婚姻状况是？（仅询问16岁以上）
1. 未婚
2. 已婚
3. 同居
4. 分居
5. 离婚
6. 丧偶

[A2028]【CAPI加载姓名】有几个亲兄弟，不包括自己？（只询问受访者及其配偶）

[A2029]【CAPI加载姓名】有几个亲姐妹，不包括自己？（只询问受访者及其配偶）

[A3003] 该工作的性质是？
1. 受雇于他人或单位
2. 经营个体或私营企业；自主创业

3. 在家务农

4. 返聘

5. 自由职业

6. 其他（志愿者）

[A3014] 工作单位是哪种类型的？

1. 军队

2. 政府部门

3. 事业单位

4. 企业

5. 非营利非政府组织

6. 其他（请注明）

二、主观态度模块

[A4003] 如果您有一笔资产，您愿意选择哪种投资项目？

1. 高风险、高回报的项目

2. 略高风险、略高回报的项目

3. 平均风险、平均回报的项目

4. 略低风险、略低回报的项目

5. 不愿意承担任何风险

[A4006] 您觉得本地的社会治安怎么样？

1. 非常好

2. 好

3. 一般

4. 不太好

5. 很差

三、农业模块

[B1001] 去年，您家是否从事农业生产经营？包括农、林、牧、渔，不

包括受雇于他人的农业生产经营。

1. 是
2. 否

［B1001a］您家是否为贫困户？（仅询问农村受访户）

1. 是
2. 否

［B1001b］您家是否有家庭成员担任村干部？包括村长、村主任、村支书、妇女主任等。（仅询问农村受访户）

1. 是
2. 否

［B1001c］您家属于下列哪种农业生产经营户？（可多选）

1. 农业企业
2. 农业合作社
3. 家庭农场
4. 专业大户
5. 普通农户
6. 其他（请注明）＿＿＿＿＿＿＿＿

［B1004a］去年，您家从事了哪些农业生产经营？（可多选）

1. 种植粮食作物
2. 种植经济作物
3. 林木种植和采运
4. 畜禽饲养
5. 水产养殖和捕捞
6. 其他（请注明）＿＿＿＿＿＿＿＿

［B1004b］去年，您家种植的粮食作物有哪些？（可多选）（仅当 B1004 = 1 时询问）

1. 水稻

2. 小麦

3. 玉米

4. 马铃薯

5. 甘薯

6. 其他（请注明）_____

[B1004c] 去年，您家主要种植的经济作物有哪些？（可多选）（仅当 B1004 = 2 时询问）

1. 大豆　　　　　　7. 甘蔗

2. 花生　　　　　　8. 烟叶

3. 油菜　　　　　　9. 蔬菜

4. 茶　　　　　　　10. 瓜果

5. 棉花　　　　　　11. 香料作物

6. 甜菜　　　　　　12. 其他（请注明）_____

[B1004d] 去年，您家【CAPI 逐一加载 B1004b、B1004c 所选项】的播种面积是？

[B1004e] 去年，您家【CAPI 逐一加载 B1004b、B1004c 所选项】的总产量是多少公斤？

[B1004f] 去年，您家养殖了下列哪些牲畜/家禽/水产品？（可多选）

1. 牛　　　　　　　10. 狗（非宠物）

2. 猪　　　　　　　11. 马

3. 羊　　　　　　　12. 驴

4. 鸡　　　　　　　13. 鱼类

5. 鸭　　　　　　　14. 虾蟹类

6. 鹅　　　　　　　15. 贝类

7. 鸽子　　　　　　16. 藻类

8. 鹌鹑　　　　　　17. 其他（请注明）_____

9. 兔

［B1004g］去年，您家【CAPI 逐一加载 B1004 所选项】的总产值是？（单位：元）

［B1004h］去年，您家销售【CAPI 逐一加载 B1004 所选项】的毛收入是多少？

［B1002］去年，您的家庭成员有几个人从事农业生产经营？

［B1003］去年，他们平均有几个月从事农业生产经营？（单位：月）

［B1011］去年，除了您的家庭成员之外，您家是否因农业生产经营雇佣其他人？
1. 是
2. 否

［B1011a］去年，您家因农业生产经营一共雇佣多少人？

［B1011b］去年，您家因为农业生产经营雇人一共花了多少钱？（单位：元）

［B1005a］您家是否有用于农业生产的牲畜？
1. 是
2. 否

［B1005b］您家用于农业生产经营的牲畜总共价值多少钱？（单位：元）

［B1014］您家的农业机械总共价值多少钱？若无农业机械，则填"0"（单位：元）

［B1015a］去年，您家租赁农用机械以及农用运输车辆（包括设备操作人员）一共花了多少钱？（单位：元）

［B1017］去年，您家采购了下列哪些农资品？（可多选）

1. 种子
2. 种苗
3. 幼崽
4. 幼苗
5. 农药
6. 生长剂
7. 鱼药
8. 除草剂
9. 化肥
10. 饵料
11. 农膜
12. 小型农机具
13. 其他（请注明）_____
14. 未采购农资品

[B1019] 采购【CAPI 逐一加载 B1017 所选项】花费了多少钱？（单位：元）

[B1012] 除以上提到的成本支出外，去年您家从事农业生产经营的其他成本是多少？（单位：元）

[B1100] 去年，您家是否出售了自家生产的农产品？
1. 是
2. 否

[B1013a] 目前，您家留存的所有农产品拿到市场上可以卖多少钱？（单位：元）

[B1013b] 目前，您家是否因出售农产品有尚未完全收回的应收款？
1. 是
2. 否

[B1013d] 目前，您家是否因购买农资品有尚未还清的赊销款？
1. 是
2. 否

[B1013e] 目前，这些赊销款没有还清的金额是多少？（单位：元）

[B1006] 去年，您家从事农业生产经营是否获得了补贴？不含退耕还林、

还草补贴。

1. 是
2. 否

[B1007] 补贴的类型是什么？

1. 钱
2. 实物
3. 两者都有

[B1008] 货币补贴的金额是多少？（单位：元）

[B1010] 以市价折算，您家因农业生产经营所获得的实物补贴大概价值多少钱？（单位：元）

[B1115] 在进行农业生产过程中，您家是否获取了一些农业技术指导？

1. 是
2. 否

[B1116] 您家通过下列哪些方式获得农业技术指导？（可多选）

1. 政府免费提供
2. 农资品销售方免费提供
3. 邻居、亲戚、朋友口口相传
4. 通过网络、书报、杂志获取
5. 自费参与相关培训
6. 其他（请注明）_____

四、工商业模块

[B2001] 去年，您家是否从事工商业生产经营项目？

1. 是
2. 否

五、农业/工商业相关的银行贷款模块

[B3001] 为以上的【CAPI 加载：若 B1001 为 1，显示农业；若 B2001 为

1，显示工商业；若都为1，显示农业和工商业】生产经营活动，目前您家有银行贷款吗？

1. 有
2. 无

［B3002］为什么没有贷款？

1. 不需要
2. 需要，但没有申请过
3. 申请过被拒绝
4. 曾经有贷款，现已经还清

［B3002a］您家没申请的原因是什么？（可多选）

1. 不知道如何申请贷款
2. 估计贷款申请不会被批准
3. 申请过程麻烦
4. 其他（请注明）_____

［B3003］您认为您家申请贷款被拒的原因是什么？（可多选）

1. 有欠款未还清
2. 没有人为我担保
3. 与信贷员不熟悉
4. 收入低，信贷员担心还不起
5. 没有抵押品
6. 不良的信用记录
7. 项目风险较大
8. 政策原因
9. 其他（请注明）_____

［B3004］目前共有几笔贷款？

［B3004a］一共贷了多少钱？（单位：元）

[B3005] 目前,这【CAPI 加载 B3004 选项】笔贷款还欠多少钱?(单位:元)

[B3006] 这笔贷款您家是哪一年贷的?

[B3007] 去年这笔贷款的利息支出是多少?(单位:元)

[B3008] 当时贷了多少钱?(单位:元)

[B3030] 除了银行贷款以外,目前您家还有没有从其他渠道借过钱来从事生产经营?
1. 有
2. 没有

[B3031] 当时,总共借了多少钱?(单位:元)

[B3033] 目前,这些借款还欠多少?(单位:元)

[B3035] 这些借款是从哪里借的?(可多选)
1. 父母
2. 子女
3. 兄弟姐妹
4. 其他亲属
5. 朋友/同事
6. 民间金融组织
7. 其他

[B3039a] 当时有没有明确约定还清期限?
1. 有
2. 没有

六、房产产权形式模块

[C2001] 您家拥有自有的房屋吗？
1. 有
2. 没有

七、土地状况模块

[C5001] 您家是否有土地？
1. 是
2. 否

[C5002] 这些土地属于？（可多选）
1. 农用土地
2. 农村集体建设用地（宅基地）
3. 国有土地使用权土地
4. 其他（请注明）_____

[C5003]【CAPI 加载 C5002 的选项】土地面积是多大？

[C5005]【CAPI 加载 C5002 的选项】土地是否出租？
1. 是
2. 否

[C5006] 出租的土地面积是？

八、金融资产模块

[D1101] 目前，您家是否有人民币活期存款账户？
1. 有
2. 没有

[D1104] 您家经常使用的活期存款账户有几个？

[D1105] 目前，这【CAPI 加载 D1104】个活期账户的存款余额大概有多少元？

[D2101] 目前，您家有未到期的人民币定期存款吗？
1. 有
2. 没有

[D2103] 您家存定期存款的主要目的是什么？（可多选）
1. 有利息
2. 资产的安全性
3. 购买/建造/装修住房
4. 购买汽车
5. 购买家具、家电等耐用品
6. 为农业/工商业准备资金
7. 金融投资
8. 教育或培训
9. 偿还债务
10. 为养老做准备
11. 旅游或度假
12. 留给子女
13. 婚丧嫁娶
14. 看病
15. 无其他投资渠道
16. 其他（请注明）＿＿＿＿＿＿

[D2103a] 您家共有几笔定期存款？

[D2104] 目前，这【CAPI 加载 D2103a】笔定期存款的总额是多少元？

[D3101] 目前，您家是否持有股票账户？

1. 是
2. 否

[D3103] 这些股票账户里的现金余额有多少钱?

[D4101] 目前,您家有下列哪种债券?
1. 国库券
2. 地方政府债券
3. 金融债券
4. 公司(企业)债券
5. 其他债券(请注明)_____

[D4103] 您家持有的【CAPI 加载债券名称】总面值是多少元?

[D5107] 目前,您家拥有的这些基金的总市值是多少钱?(单位:元)

[D6106a] 这些期货目前值多少钱?(单位:元)

[D6110] 目前,您家投资的这些权证值多少钱?(单位:元)

[D6115] 这些金融衍生品目前值多少钱?(单位:元)

[D7106a] 目前,您家持有的银行理财产品总价值多少?(单位:元)

[D7110] 目前,您家持有的其他金融理财产品总价值多少?(单位:元)

[D8104] 目前,【CAPI 加载 D8102 选中的资产名称】大约值多少钱?

[D9103] 以目前的金价计算,您家拥有的这些黄金值多少钱?

[K1101] 目前,您家持有多少现金?(单位:元)

［K2101］目前，您家有没有借钱给别人，这里的别人指的是家庭成员以外的人或机构？

1. 有

2. 没有

［K2102a］总共借出多少钱？

［K2103］这笔借款是借给谁的？

1. 父母

2. 子女

3. 兄弟姐妹

4. 其他亲属

5. 朋友/同事

6. 民间金融组织

7. 其他（请注明）_____

［B3035］这些借款是从哪里借的？（可多选）

1. 父母

2. 子女

3. 兄弟姐妹

4. 其他亲属

5. 朋友/同事

6. 民间金融组织

7. 其他

九、社会保障模块

［F1002］请问【CAPI加载姓名】参加的是何种社会养老保险？

1. 社会基本养老保险

2. 新型农村社会养老保险

［F2001］目前是否拥有社会医疗保险，不包括商业医疗保险？

1. 有

2. 没有

［F2003］目前拥有的医疗保险最主要的是哪一种？

1. 公费医疗

2. 单位报销

3. 城镇职工基本医疗保险

4. 城镇居民基本医疗保险

5. 新型农村合作医疗保险

6. 学生医疗保险

7. 大病医疗统筹

8. 医疗救助

9. 红军及离休干部配偶或遗孀的医疗保险

10. 其他（请注明）＿＿＿＿＿＿＿

十、商业保险模块

［F6001］【CAPI加载姓名】有没有以下的商业保险？

1. 商业人寿保险

2. 商业健康保险

3. 商业养老保险

4. 商业财产保险（汽车保险除外）

5. 其他商业保险

6. 都没有

十一、消费性支出模块

［G1010］您家上个月书报、杂志、光盘、影剧票、歌舞厅和网吧等文化娱乐总支出有多少钱？（单位：元）

［G1016］去年，您家的教育、培训支出有多少？（单位：元）

十二、基层治理模块

［A4012］如果您与本社区居民发生矛盾或纠纷，您会求助谁来调解？（最多可选三项）（仅询问 A 问卷受访户）

1. 亲朋好友
2. 自己解决
3. 社区干部
4. 上级政府
5. 社会组织
6. 宗族/宗教
7. 企业单位
8. 其他（请注明）＿＿＿＿＿＿＿＿

［A4013］如果您生活有困难，您会向谁寻求帮助？（最多可选三项）（仅询问 B 问卷受访户）

1. 亲朋好友
2. 自己解决
3. 社区干部
4. 上级政府
5. 社会组织
6. 宗族/宗教
7. 企业单位
8. 其他（请注明）＿＿＿＿＿＿＿＿

十三、转移性支出模块

［G2001］去年，您家是否曾给予非家庭成员超过 100 元的现金或非现金？
1. 是
2. 否

［G2002］支出对象是？（可多选）

1. 父母

2. 岳父母/公婆

3. 子女

4. 儿媳/女婿

5. 孙子/孙女

6. 孙媳/孙女婿

7. 兄弟姐妹

8. 其他亲属

去年，给非家庭成员的现金或非现金中，下列各项各有多少钱，如果是非现金支出，请换算成现金价值

［G2004a］春节、中秋节等节假日支出（包括压岁钱）_____元

［G2004b］红白喜事（包括做寿、庆生等）_____元

［G2004c］教育、医疗、生活费支出 _____元

［G2004d］除上述各项外，其他 _____元

十四、转移性收入模块

［H1001］您家去年是否从非家庭成员那里获得超过100元的现金或非现金收入？

1. 是

2. 否

［H1002］从谁那儿获得的？（可多选）

1. 父母

2. 岳父母/公婆

3. 子女

4. 儿媳/女婿

5. 孙子/孙女

6. 孙媳/孙女婿

7. 兄弟姐妹

8. 其他亲属

9. 非亲属

10. 机构

去年，您家收到的现金或非现金收入中，下列各项各有多少钱，如果是非现金收入，请换算成现金价值

[H1004a] 春节、中秋节等节假日收入（包括压岁钱）_____ 元

[H1004b] 红白喜事（包括做寿、庆生等）_____ 元

[H1004c] 教育、医疗、生活费收入 _____ 元

[H1004d] 继承遗产 _____ 元

[H1004e] 除上述各项外，其他（请注明）_____ 元

[H2001] 去年，您家是否从政府那里获得以下补贴/补助，这里政府补贴不包括前面提到的农业生产经营补贴？（可多选）

1. 没有获得

2. 特困户补助金

3. 独生子女奖励金

4. 五保户补助金

5. 抚恤金

6. 救济金、赈灾款

7. 食物补贴

8. 退耕还林

9. 其他（请注明）_____

[H2002] 去年，【CAPI 加载类型 H2001】领取了多少？

十五、其他模块

[H3001a] 去年，您家的总支出与正常年份比较是偏高还是偏低？

1. 偏高

2. 偏低

3. 持平

[H3003] 如果存在不足,您家会通过哪些途径来弥补的?(可多选)

1. 动用以往储蓄
2. 信用卡透支
3. 赊账
4. 向亲戚朋友、民间金融组织等借款
5. 银行贷款
6. 出售资产
7. 其他(请注明)_____

[H3004] 去年,您家的总收入与正常年份比较是偏高还是偏低?

1. 偏高
2. 偏低(跳至[H3006])
3. 持平(跳至[H3007])

[H3006] 偏低的原因是?(可多选)

1. 投资收入下降
2. 商业收入下降
3. 工资降低/降职;换工作
4. 工作时间减少;下岗;失业
5. 停止工作/入学/生小孩/退休/其他
6. 生病;残废
7. 家庭结构改变/离婚
8. 捐赠/捐款
9. 法律诉讼
10. 社会保障/退休金/帮扶措施停止或减少
11. 其他(请注明)_____

致　　谢

本书是国家社科基金西部项目的研究成果，回望5年来的研究历程，从阅读海量的国内外文献，历经问卷调查、数据处理、模型构建、文稿撰写，真可谓充满艰辛与汗水。问卷设计之初的重重困难仍历历在目，入户调查被拒访的失望仍记忆犹新……"书山有路勤为径，学海无涯苦作舟。"我虽然不够聪颖，却能坚持，项目结题申请一次通过，30余万字的专著也终于完成。在本书定稿付梓之际，涌上心头的不仅是顺利完成后的成就感，更有浓浓的感激之情。

国家哲学社会科学规划办对本书出版给予了支持和资助，匿名评审专家在项目立项和结项中也提出了宝贵的意见和建议，这些金玉良言是我在学术研究道路上不断提升研究水平的钥匙，在此深表谢意！

感谢西南财经大学郑景骥教授在八十岁高龄为本书作序。郑老师是我的博士生导师。恩师虚怀若谷、治学严谨、学识渊博。我能够成为郑老师的学生，实属三生有幸。我不仅从恩师那里学到了知识，更重要的是，恩师的言传身教为我树立了为人、为学、为师的榜样，"高山仰止，景行行止，虽不能至，然心向往之"。

感谢国务院发展研究中心赵昌文教授的悉心指导。赵教授是我在四川大学工商管理博士后流动站的合作导师，赵教授严谨朴实的治学精神、渊博的知识、敏锐的学术洞察力、求真务实的学术作风使我受益匪浅。

感谢四川农业大学漆雁斌教授对我的耐心帮助和大力支持。作为我的硕士生导师，漆老师总是在我"山穷水尽"时"雪中送炭"，恩师的亲切关怀和热情鼓励是鞭策我不断进步的动力之源。

感谢美国新罕布什大学商学院Yixin. Liu教授对本书提出的修改建议。Liu教授是我在美做访问学者期间的指导老师。与教授的交流讨论，使我有机会深入了解风险管理领域的前沿理论和先进方法，这对本书的完善起到了至关重要的作用，也为我今后的研究积累了十分宝贵的经验。

在本书的写作过程中，首都经贸大学的尹志超教授、西南财经大学的贾晋教授、西南财经大学中国家庭金融调查与研究中心的吴雨老师、西南民族大学的姜太碧教授、广州大学的李强副教授、四川大学的陈勇副教授都给了我关键性的支持和帮助。本书参阅和借鉴了国内外学者的优秀研究成果，是他们的思想启迪了我的研究灵感，正是站在前人的肩膀上，本书才得以完成。我要对这些作者表示衷心的感谢，并致以诚挚的敬意。

感谢中国财政经济出版社陆宗祥主任对本书出版的大力支持。他严谨、细致的工作态度和专业的编辑功底为本书增色不少。

感谢我的两位硕士研究生，现正在西南财经大学攻读博士学位的孙月、温虎同学。他们在问卷设计与数据整理上的优秀工作给了我很大的帮助。我的研究生赵淼然、祝娜、李克旺、杨高月、魏才怡、李涵玉和王嘉琦参加了入户访谈和资料收集工作，对他们的辛勤付出再次表示感谢！

感谢王诗颖小朋友在书稿中侦查出的错别字，让我避免了小学五年级水平的错误。

特别感谢西南财经大学中国家庭金融调查与研究中心（CHFS）无偿提供的数据支持。

感谢家人多年来对我学业和工作的理解与包容，你们是我一生中最宝贵的财富！

虽然本书完稿前进行了大量修改，但限于作者水平，难免有错漏和不足之处，恳请学界同仁和读者批评指正。

最后，将最诚挚的祝福送给所有关怀、鼓励、支持、帮助过我的领导、同事、同学、师长、学生和亲友，谢谢你们！

王阳

2020 年 12 月 26 日于温江孔雀城